新疆文物保护研究丛书（丙种本之二）

丝绸之路史前史

〔俄〕叶莲娜·伊菲莫夫纳·库兹米娜　著
（Elena Efimovna Kuzmina）

〔美〕梅维恒　英文编译
（Victor H. Mair）

李春长　译

科学出版社
北京

图字：01-2014-5990
丝绸之路史前史
The Prehistory of the Silk Road/by E. E. Kuzmina
First edition 2008 University of Pennsylvania Press
ISBN 978-0-8122-4041-2

内 容 简 介

本书结合气候、地理、环境变化、历史、考古等多个学科知识，分析了丝绸之路沿线游牧经济形成和发展的动力，特别是作为游牧和游牧经济发展的首要工具——马的驯养、马车的起源及发展历史，结合众多资料确定了游牧经济的起源地，游牧经济发展各个阶段的情况，以及丝绸之路沿线的人群在红铜时代和青铜时代的迁徙、商品的运输和贸易情况，中亚东西部和欧亚草原人群的相互关系。

图书在版编目（CIP）数据

丝绸之路史前史/（俄罗斯）库兹米娜著；李春长译. —北京：科学出版社，2015. 10
（新疆文物保护研究丛书. 丙种本；2）
书名原文：The Prehistory of the Silk Road
ISBN 978-7-03-045992-3

Ⅰ.①丝… Ⅱ.①库…②李… Ⅲ.①西域-地方史 Ⅳ.①K294.5

中国版本图书馆CIP数据核字（2015）第244944号

责任编辑：孙 莉 赵 越 / 责任校对：张凤琴
责任印制：张 伟 / 封面设计：张 放

科学出版社出版
北京东黄城根北街16号
邮政编码：100717
http://www.sciencep.com
北京虎彩文化传播有限公司 印刷
科学出版社发行 各地新华书店经销
*
2015年10月第 一 版 开本：889×1194 1/16
2022年1月第六次印刷 印张：18
字数：460 000
定价：180.00元
（如有印装质量问题，我社负责调换）

编辑委员会

主　编：梁　涛

编　辑：彭　杰　包　宾

叶　卫　赵　岩

“新疆文物保护研究丛书”序

新疆维吾尔自治区，位于亚欧大陆中部，地处我国西北边陲，总面积166.49万平方公里，占全国陆地总面积的六分之一，周边与俄罗斯、哈萨克斯坦、吉尔吉斯斯坦、塔吉克斯坦、巴基斯坦、蒙古、印度、阿富汗8个国家接壤；陆地边境线长达5600多公里，占全国陆地边境线的四分之一，是我国面积最大、陆地边境线最长、毗邻国家最多的省区。

新疆历史悠久，古称西域，自古以来就是中国不可分割的重要组成部分。新疆位于古代丝绸之路的重要枢纽地段，是东西方古代文明的交融荟萃之地。由于特殊的地理区位优势，中原文化、印度文化、希腊文化、阿拉伯文化在这里交流、碰撞和融合，在漫长的历史长河中，各民族人民共同创造了辉煌璀璨的优秀文化，丰富了中华民族悠久灿烂的文化底蕴。在这片广袤的土地上，美丽的阿尔泰山、巍峨的昆仑山、雄伟的天山以及干燥的准噶尔盆地和塔里木盆地，形成了新疆“三山夹两盆”自然地貌和环境，雨量稀少、风沙诸多、气候干燥，这些特殊的气候特征，为文化遗产的长期保存创造了良好的自然条件，使新疆拥有大量弥足珍贵的文物古迹，无论是地上还是地下的文化遗存，都极为丰富，有“天然博物馆”之称。据统计，截至2012年，新疆已发现各类文物点4000余处。其中，全国重点文物保护单位116处（含第七批待批），自治区级文物保护单位675处（含第七批待批），县（市）级文物保护单位2000余处；各级文物收藏机构现有各类馆藏文物30余万件。其中国家一级文物707件，二级文物1339件，三级文物4038件。此外，还有大量的未定级文物点和一般文物。

新疆作为中国境内涉及世界文明史发展的重要的历史文化遗产地区，其文物资源真实地展现了各民族共同创造的灿烂文化，是中华民族文化宝库的重要组成部分，是各族人民共同缔造中华文明的真实历史见证，是维系中华民族大团结的精神纽带。它们对于保持人类文化的多样性，维持人类文明和社会的可持续发展，具有重要的意义，因此历来是历史学、地理学、生态学、人类学、民族学、宗教学、语言学等多学科广泛关注的研究领域。

更为重要的是，由于文物自身所具有的客观性和直观性，使其在反对民族分裂主义，维护新疆大局稳定的斗争中，发挥着无可替代的特殊功能和积极作用，尤其是对新疆广大各族群众开展爱国主义教育，阐明“新疆自古以来是祖国不可分割的一部分”这一历史事实，具有重要的现实政治意义。同时，作为我国西部地区重要的人文景观资源的重要组成部分，新疆的文物资源分布广、种类全、数量多、内涵丰富，极具展示和观赏价值，已成为拉动新疆的旅游业，促进地方经济发展的重要资源。所以，保护好这些弥足珍贵的历史文化遗产，对于发展中国特色社会主义先进文化，传承中华民族的优秀文化，维护祖国统一和领土完整，促进经济发展和社会全面进步，具有特殊的重要的现实意义。

自20世纪70年代以来，新疆文物保护工作者带着强烈的责任感，以科学、严谨的态度，克服种种实际困难，筚路蓝缕，长期奔波在条件极为恶劣的辽阔大地上，书写了新疆文物保护事业从起步、成长到逐渐壮大的历程。

1989年6月，新疆文化厅克孜尔千佛洞石窟维修办公室成立，隶属于自治区文化厅。1992年3月，更名为“新疆文化厅文物保护维修办公室”。2001年7月，更名为“新疆维吾尔自治区文物古迹保护中心”。在不断前进的历程中，新疆文物古迹保护中心立足新疆，放眼西北，励精图治，奋发有为，先后在区内外主持承担了一大批文物保护项目，在全国文物保护行业赢得了良好的口碑。尤其是在“十一五”和“十二五”期间，以中心主要业务人员组成的新疆重点文物保护项目领导小组执行办公室，组织实施了新中国成立以来我国文物保护行业的重大系统工程——丝绸之路新疆段重点文物保护项目（“十一五”期间总投资额达4.7亿元）。该项目的多个子项目被国家文物局评为样板工程。其中，交河故城二期抢险加固工程名列“2010年度全国文物保护十大工程”之首，柏孜克里克石窟抢险加固工程被评为“2011年度全国文物保护十大工程”，高昌故城三期抢险加固工程被评为“2012年度全国最佳文物工程”。2011年，中心被中国文物保护基金会评为“中国文化遗产保护与传承典范单位”。2012年，中心被人力资源和社会保障部、国家文物局授予“全国文物系统先进集体”荣誉称号。

经过二十多年的发展，新疆文物古迹保护中心已成为目前新疆唯一拥有国家文物保护勘察设计甲级资质和施工一级资质，集产学研为一体的科研单位，主要业务范围包括各级各类文物保护单位的保护规划编制和文物保护工程的勘察设计、施工，以及区域性文物保护规划编制、文物信息咨询、文物修复、文物保护科学研究、《新疆文物保护》学术期刊的编辑出版等。

文物保护是一项专业性很强的学科，涉及自然科学和社会科学的多个领域。在实际工作中，我们深切地感到，文物保护项目的实施过程同时也是开展科学研究的过程。工欲善其事，必先利其器。要想做好文物保护工作，在全面系统收集整理基础资料的基础上开展科学研究是不可或缺的重要步骤。为此，我们决定编辑出版新疆文物保护研究丛书，以期不仅为文物保护工作者提供宝贵的参考和借鉴，而且为关注新疆文物保护的社会各界人士提供一个从多层面了解新疆文物保护工作的窗口。根据工作实际，本丛书拟分为甲、乙、丙、丁四个系列。其中，甲种本是规划、勘察设计方案的汇集，乙种本是文物保护项目的工程报告及监理报告，丙种本是文物保护研究的中文著作及外文译著，丁种本是文物保护研究的中文、译文及外文论文的汇集。集腋成裘，堆沙为塔。我们衷心地希望，通过不断的努力，为新疆文物保护事业的可持续发展尽一份绵薄之力。

梁涛

2012年5月

中译本序

我知晓《丝绸之路史前史》这本书，是在北京大学文博学院的阅览室查阅中亚考古资料的时候。当我看到这本书的时候，就爱不释手，因为书的内容比较精湛，文献资料翔实，涉及了大量有关中亚考古的资料，包括中文文献和俄文文献，还有英文和法文文献。由于是外文资料，我就挑了重点内容复印（尽管我不懂俄语等语言）。然而，看了几次后，我复印了整本书。

回到新疆以后，我就把这本书的内容简单地给原新疆文物考古研究所研究员吕恩国先生介绍了一下。他非常高兴，也想看看这本书，可是他懂的是俄语，又找不到俄语版本（后来得知俄文原稿并未出版），就让我把大概内容翻译一下，于是我就简单地翻译了一下。而到2012年，我再次翻阅此书的时候，把以前的初稿拿出来对照，并与吕先生说了一下，索性把这本书全部翻译出来。后来我们希望能找到《丝绸之路史前史》的俄文版，遂与编译此书的梅维恒先生联系，才得知，英文版是直接从俄文原稿翻译过来的，俄文稿并未出版。我只能作罢。当我们要求翻译此书时，梅维恒先生欣然同意，并且借着来新疆考察的机会还约我在乌鲁木齐见了面。交谈期间，他担心我的英文水平，还提及翻译此书的很多难点，特别是地名及相关名词的转写。我心里忐忑不安，但还是想继续完成此书的翻译工作。正如梅维恒先生所说，我在翻译过程中遇到了很多困难，一方面因为自己的英文水平确实有限；另一方面因为自己的知识面狭窄。在名词的转写中，困难重重，除了《中国大百科全书·考古学卷》外，还参考了俄汉名词词典，同时，借助于互联网技术，查阅了好多与中亚考古研究相关的文章，采用和借鉴了文章涉及的名词翻译。即便如此，在遇到转写名词的时候，还是拿捏不准，例如，Olgina与Ol’gino，同一个地方，书写方法不一样，在一个地名翻译过程中，因为转写的方式不同，或者俄语的格不同，一个地名出现了名词、形容词等格，如“Novonikolskoe”“Novonikull’skoe”

“Novonikolskye”“Novonikolskoye”，在此则统一译为“新尼科利斯科耶”。在涉及环境气候专业名词上，遇到一个大的问题，如“Hadjibek regression of the Black Sea”，就很难解说，请教了古环境古气候方面的专家后，得知这个词应该是黑海地域以一个小地名命名的一次大海退事件。翻译期间有几次真想作罢，但是，对此书我还是情有独钟，正如梅维恒先生所说，此书的参考文献也是不可多得的资料库，有助于学界借鉴东西方研究方法和资料。

梅维恒先生在2012年夏天给我们寄来了本书的英文版，接下来又按照我们的出版要求，寄来了允许我翻译出版的授权书。

后来，我因借调到“‘丝绸之路：长安和天山廊道的路网’申报世界文化遗产工作”办公室工作，大部分工作都是在这里和新疆维吾尔自治区文物古迹保护中心完成，并在主任梁涛研究员和彭杰研究员的鼓励和支持下，以及韩明、包宾等同事的帮助下，完成了此书的译校工作。在出版过程中，科学出版社的孙莉女士和赵越女士也给予大量帮助，对汉语翻译中的错误等问题给予悉心指导和校正。在此一并表示感谢。

由于时间和本人水平有限，本书错漏之处在所难免，恳请方家指正，有机会再版时不断修正。

李春长

英文版编者话

叶莲娜·伊菲莫夫纳·库兹米娜的《丝绸之路史前史》是一部重要著作。我因能为此书的问世助一臂之力而感到荣幸。当然，许多人对丝绸之路非常感兴趣，但是我们不得不等待库兹米娜博士论述和分析丝绸之路形成先决条件的这本书。她描述的内容令人着迷，几乎覆盖了青铜时代和铁器时代早期的整个欧亚地区。

20世纪90年代，我在美国和哈萨克斯坦的几次会议上见到库兹米娜博士的时候，就已经开始意识到她具有渊博的中亚青铜时代文化知识。我拜读了她的大量著作和文章，特别是《印度–阿兰人的由来》［*Otkuda prishli Indoarii*?（*Whence Came the Indo-Aryans*?）］，更让我记忆犹新的是她熟练地运用包括印欧人（Indo-Europeans）（特别是印度–伊朗人）早期向东扩张在内的大量考古学资料。于是，我在1997年前后征询库兹米娜博士的意见，问她是否愿意写一本关于丝绸之路史前史方面的专著。因为尚无人尝试对历史时期丝绸之路形成之前的几千年间整个中亚形势进行系统研究，所以此项工作迫在眉睫。当库兹米娜博士同意我的请求后，我自然感到非常欣慰。

从根本上说，《丝绸之路史前史》是一部重构历史的著作，同样亦是对田野考古工作的补充。虽然这两种方法是用来解决不同问题的，并且在使用的时候也相互独立，但对于正确甄别史前史研究中的一系列争端至关重要。

库兹米娜的专著既很好地总结了一个特殊的历史研究传统，同时也升华了该历史传统。她的工作根植于一个特殊的苏维埃学术体系，其现在的焦点着重于人类学和历史学术研究。然而，对于库兹米娜博士来说，《丝绸之路史前史》不仅仅是苏维埃学术体系的实例，也是她熟知西方研究方法和出版资料的例证。她在各种讨论中吸收和利用了西方研究方法和出版资料，但是没有动摇她的学术根基。目前，本书代表着俄语和西方语言学界在过去研究欧亚草原上迁徙和交流研究的最高水平。可以公正地说，它源自于18世纪所提及的丝绸之路研究核心问题的最基本调查研究。库兹米娜博士拟定的项目绝对是个奇迹，其取得的成绩也同样非凡卓越。

总体来说，本书的思想观点源自不同的知识体系（苏维埃/马克思主义者、俄罗斯、中国和西方）。因而，这是对多年来一直在多个领域备受争论的历史文化的重建；而库兹米娜博士自己也参与了这些争论达50年之久。

也许库兹米娜博士这本书对英文读者最有益的地方并且也是令人望而生畏的问题就是如何去应对多种学术背景下形成的观点。例如，对于俄罗斯学者（在这件事上，中国学者也是如此），说到人种进化、基因遗传关系，甚至种族，都非常自然；而这些话题在美国人当中或多或少是个敏感话题，并且由于目前西方研究者通常不考虑体质人类学研究，这类话题自然而然地就遭到普遍拒绝。此外，因为目前西方学者通常忽视了俄罗斯学者和中国学者常见的人类体质特征的形态学分析，我也不得不适当地调整提出此类问题的方式。例如，当绝大多数西方学者谈到基因库时，他们非常关心所提及的长头型人种和蒙古人种。然而，当尽可能地忠实地保留库兹米娜博士的言辞和资料时，我也经常选择一些委婉的方式以防止偏离主题或者令讨论的主题晦涩难懂。类似地，我也经常把库兹米娜博士对于“部落”“人群”“族群”或者同类语的使用替换掉过时的马克思主义术语，例如“生产型经济”。这种术语对于美国读者而言更容易理解。为简单起见，我保留了重复出现的“farmer（农民）”一词，而没有将其替换为更繁缛的“agriculturalist（务农者）”或基于史实却并不那么准确但更常见的词“peasant（乡下人）”。至于库兹米娜所使用的“barbarians（野蛮人）”，我并没有替换，因为她将这个词的特殊用法具象为非贬义的“出现于定居者中的入侵群体”。我还发现，保留“car（车）”和“cattle（牛）”的古老而通用的用法在某些情况下是相当方便的。更进一步说，俄罗斯（苏联）的考古学家和历史学家有他们自己详尽的系统去断代、测年和判定时期。就这一点而言，我并不愿意在库兹米娜博士的作品中作任何修正，因为我相信，它对于西方学者去理解俄罗斯（苏联）的研究方法非常重要。

库兹米娜博士因其在史前欧亚草原研究上的渊博学识，在此类研究上比其他健在的学者掌握更多的文献。有一个不争的事实，她所掌握的非俄语资料和俄语资料同样令人惊叹。因而，仅参考文献就使《丝绸之路史前史》成为一个不可多得的资料库。

库兹米娜博士在此书中还梳理了大量迄今为止仍然模糊而晦涩的议题争端。例如，她筛选大量有关最早轮式交通工具的分散资料，令人信服地展示了第一批双轮马拉轻型战车的产生并不在此前所认为的美索不达米亚，而在黑海周围的南乌拉尔和东欧大草原。她列举了令人叹服的考古学证据证实了游牧业在公元前第三千纪向东亚大陆核心区西北边缘传播的事实。这个证据完全与绵羊身上古DNA研究的最新成果相匹配。库兹米娜博士在本书中的另一杰出成就则是建立中亚青铜时代文化的序列，以及与欧洲考古学文化的相互关系。

本书所讨论的地区在生态、文化和艺术方面都具有多样性。对库兹米娜博士来说，最了不起的是将这广阔的时空置于统一分类法中并将其看成一个整体来认知。同样，作者也综合了大量的有关气候、地理和文化方面的资料（其中有许多是迄今为止不可多得的英文资料），将它们整合成简洁而完整的专著。这本书因其丰富的材料而毫无疑问地吸引了一部分读者的关注。然而，我们对青铜时代中亚的丰富理解肯定使这部杰作物有所值。

参阅《丝绸之路史前史》的读者要想最大限度地理解这本书，必须要熟悉诸如降水和全新世等气候术语，或者主动查阅大量地图，寻找广大地区的地理位置。读者遇到不熟悉的考古学专业术语，可参考马洛里（J. P. Mallory）和亚当斯（D. Q. Adams）等人的《印欧文化百科全书》[*Encyclopedia of Indo-European Culture*（London：Fitzroy Dearborn 1997）]。这本书的资料既新颖又权威。

我很自信，那些沉迷于丝绸之路历史或中亚史的人将会在此书中找到有价值的资料。库兹米娜博士具有独特的能力去收集大量的考古资料，并整理成连贯而令人信服的形式，这种能力将证明，它对不同领域和背景的读者都是有益的。考虑到这一点，我很乐意将此大作介绍给此领域的专家和门外汉。

马洛里、狄宇宙（Nicola Dicosmo）、林嘉琳（Katheryn Linduff）、邦克（Emma Bunker）、奥尔森（Sandra Olsen）、鲁宾逊（Karen Rubinson）、白若思（Kostislav Berezkin）、斯托奇（Tanya Storch）和罗伯斯（Paula Roberts）在各个阶段审校整部书稿，并因他们的审校不断地提高了本书质量。另外，安东尼（David Anthony）爽快地解决了特殊技术问题，还校对了书稿。Claudia Chang给予我特别大的帮助：她凭借中亚考古调查的丰富经历和对此领域俄文出版物的熟悉，仔仔细细地通读了全篇手稿，对本书的准确性和习惯用语表述做出了贡献。最后，苏珊·多夫（Susan Dorf）和诺琳·奥康纳–亚伯（Noreen O’Connor-Abel）在准备出版此书时对手稿进行了大量修正。我深深地感谢对出版此书从各个方面给予帮助的所有人。

最后，我希望此书将成为向英语世界介绍俄罗斯关于中亚研究系列著作中的第一本。考虑到中亚的日趋重要性，除俄罗斯学者外很少有人深入到此项研究的丰富的俄语学界，这着实是一大憾事。俄罗斯在中亚研究中无出其右，而那些不懂俄语却将广泛使用这些资料的群体正迫切需要这些资料。库兹米娜博士这本代表作的内在意义和高水平恰恰是一个开始，但我由衷地希望这并不是最后一本。

梅维恒

英译本转写说明

翻译和编辑本书中最难的两个工作一直是俄语转写及其转写体系的多样性，以及对罗马字转写俄语术语和人名缺乏广泛的认同标准。一般来说，我尽力遵循俄罗斯同仁推荐的转写体系，但是，也经常因下面的情形而复杂化，有许多术语在英语文献中被广泛接受，但是在更加严密的拼写体系中则采取另外一种形式［例如*darya*（代替了*dar'ya*）、*Tripolye*（代替了*Tripol'e*）、*Afanasievo*（代替了*Afanas'evo*），等等］。在这些情况下，我经常保留常见的英语拼法来避免熟悉后一种拼写的读者混淆。我们在此书的翻译中，联合了美国国会图书馆（Library of Congress）、美国地名委员会（U. S. Board on Geographic Names）、哈佛大学托泽图书馆（Tozzer Library at Harvard University）等部门。我们做此事的主要目的在于使英语读者对这些拼写听起来和读起来更自然，也是为了避免过量的识别工作。在碰到专有名词（人名和地名）和专业术语固定拼写时，我们通常遵从习惯，而非教条地遵循某一条规则。

更具挑战的是，俄语中出现的源自汉语、维吾尔语以及其他语言的术语名词则成了转写的另外一系列问题。例如，汉字的俄文（即西里尔语）转写在处理汉语的音素音位上与处理英语不同，所以通常很难判断正确的英语音译，除非确切知道俄语中已规定的准确的人名、地名或术语。我因为熟悉库兹米娜博士提及的大部分遗址和文化，所以通常能够辨认出她所用的双重转写。然而，我有时候也不完全确信汉语、维吾尔语和其他名称及术语的原形。在如此情况下，我也简单地用罗马字母处理西里尔语转写。

我们到目前为止，同样用罗马字母（法语、德语和英语等）以不同的方式来转写汉字。对于采用罗马字母标注汉字发音的转写系统比较多。当把这些注音转换成西里尔语的时候，我们就很难复原现代汉语普通话所表达的原意。但是，我们尽可能地把中华人民共和国官方汉字读音转换成汉语拼音。

类似的问题也存在希腊、拉丁、阿拉伯、波斯和土耳其等名词和术语的西里尔形式转写成罗马字母的工作中。在能力范围内，我们就会尽力地把这些名词和术语转写成英语中大家最熟悉的形式。

梅维恒

引　言

近年来，公众对中亚远古史的兴趣与日俱增。生活于广大区域内的古代中亚人对全世界文明史的贡献如今得到了广泛认同①。

“伟大的丝绸之路”在旧大陆历史上是一个重要现象，在古代和中世纪，中国、欧亚草原、中亚、印度、西亚和欧洲之间建立了一条贸易之路。这条路还可延伸到拜占庭帝国、威尼斯，甚至更远的地方（地图1）。商人们通过丝绸之路从中国贩运丝绸，反过来，也从罗马和其他国家运送琉璃、珠宝和其他高档奢侈品到中国。

千百年来，就是这条路见证了人群迁徙、货物运输和思想传播。民族迁徙、起初偶尔的物物交换及后来大型商队的贸易、先进技术和思想观念的传播——所有这些成就均是欧亚不同人融合为一体的大潮中的一部分，推动着旧大陆的一体化进程。

丝绸之路的主要线路穿过了欧亚草原地区（例如今天的乌克兰、俄罗斯和哈萨克斯坦）。这些地区的人群都是文化传播的参与者和中介人。这些联系是何时何地建立的，并且是沿着哪些线路开展的呢？

欧洲早期地理学家和历史学家并没有意识到旧大陆的存在，他们所了解的地理范围东部仅达印度西部。赫卡塔埃乌斯（Hecataeus of Miletus，公元前6～前5世纪）的《环球航行》（*Gesperiodos*或者*Periegesis*）、希罗多德（Herodotus，公元前5世纪）的《历史》和亚历山大大帝（Alexander the Great）的导师亚里士多德（Aristotle）的作品没有提及中国。对他们来说，从印度起向东的其他地域都是不为人知的外海；甚至亚历山大图书馆（the Library of Alexandria，公元2～3世纪）的著名地理学家和馆长埃拉托

① 英文编者注：引言对回顾有关“移动放牧”的研究尤为重要，特别说明了波斯人的角色。西方学者在讨论丝绸之路形成时经常忽略了波斯人作为先驱的作用。

色尼（Eratosthnoes，公元前3～前2世纪）的《地理》（*The Geography*）也未记载过中国。然而，与此同时，有关居住于伊朗北部、奥克斯河［Oxus，又叫乌浒水，也叫阿姆河（Amu Darya）］和药杀水［Jaxartes，又叫锡尔河（Syr Darya）］人群的记载逐渐增多，以及巴克特里亚（Bactria）骆驼和索格底亚那人（Sogdians），也涉及了他们北部近邻活动于中亚边缘直到多瑙河（Danube）游牧民族斯基泰人（Scythian）（A. M. Petrov 1995；Pyankov 1997）。也就在公元43年，罗马地理学家梅拉（Pomponius Mela）在其著作《德斯图奥比斯书（第三辑）》（*Desitu Orbis libri* Ⅲ）中记载了赛里斯（Seres，希腊语指中国）这个国家。这个国家的人被称为丝绸国家的人（源自拉丁语“sericum”，即“silk”），位于印度北部，巴克特里亚和索格底亚那的东部（A. M. Petrov 1995，map 13）。伟大的丝绸之路的名字第一次出现于公元4世纪早期的马塞林（Ammianus Marcellinus）的《历史》第23册中。

然而，此条著名路线的开通一般指的是发生于公元前2世纪的事情。那时，中国统治者派张骞出使西域。张骞在其漫长而艰难的旅途中，描述了穿行整个塔里木盆地和翻越天山的情况，以及繁荣的帕提亚、巴克特里亚和费尔干纳（Ferghana）国家的富有。在那里，他看到了金色高大的汗血宝马［动物学家已经确定这些马都是尼萨种（Nisaean），是安德罗诺沃（Andronovo）文化良马的后裔和现代汗血马（Akhal Teké）的祖先］。出自伊朗梦幻神话中马的传说，在中国神话中一直流传了下来（Kuzmina[①] 1977a；见参考文献）。为了得到这种绝世良马，中国统治者随后就派遣他的使团去费尔干纳，随后发动了数场血腥的战争。

但是，张骞出使的主要结果在于开创了丝绸贸易。李希霍芬在1877年重新将运送丝绸的这条线路命名为丝绸之路（*die Seidenstrasse*）（Richthofen 1878：454），从而把中国与西亚、印度，还有欧洲联系在一起。

基于中国编年史和古代作家的证据，例如老普林尼［Pliny the Elder，《自然史》（*Naturalis Historia*）Ⅵ：53～54］，狄奥尼修斯［Dionysius Periegetes，《希腊次地理》（*Geographici Graeci Minores*），Vol. 2：1864］和托勒密［Ptolemy，《地理》（*Geography*），Vol. Ⅵ：15，1～3；16，1～8；Vol. Ⅷ：24］的记录，几代学者的努力有助于确立丝绸之路北道［Ritter 1837；V. V. Grigor’ev 1873；Tomaschek 1888；Stein

① 英文编者按：参考文献中引用“Kuzmina”时，没有名首字母缩写的即指“E. E. Kuzmina”。

1904，1907，1928；Berthelot 1930；Hermam 1931；Markwart 1938；Mandelshtam 1959；Murzaev 1957；Shiratori 1957；M. P. Petrov 1966，1967；Humbach 1972；Pyankov 1988；Lubo-Lesnichenko 1988］，从罗布泊（Lop Nor）沿着天山穿过库车（Kucha），到焉耆（Karashar）和沿着塔里木河到喀什噶尔（Kashgar），穿越铁尔萨克达坂（Tersakdyvan Pass）到达费尔干纳，并进一步沿着锡尔河穿过草原到达南乌拉尔，继续走则到达伏尔加河（Volga）下游和黑海南岸，或者从费尔干纳到撒马尔罕（Samarkand）；穿过阿姆河或去达伊朗和西亚。南路则从罗布泊出发，沿着昆仑山脉北麓，沿着叶尔羌河（Yarkand Darya）到达塔什库尔干（Tashkurghan），进而进入帕米尔（Pamirs）的瓦罕（Wakhan）走廊，也可穿过关隘到达木鹿（Meru）或向南去印度，由吉尔吉特（Gilgit）和克什米尔（Kashmir）到达犍陀罗（Gandhara），最终到达兴都斯隘口（Mandelshtam 1959：43；Lubo-Lesnichenko 1988：364～365，map 10）。

此外，存在一条南道从瓦罕走廊，翻越喀喇昆仑（Karakoram）山脉进入斯瓦特（Swat），从而进入兴都斯（Jettmar，1980）；还有一条路可能是沿着帕米尔，经过卡拉塔格山（Karatagh）和卡拉特甘（Karategin）可能性较小，因为困难极大（Pyankov 1988：218～219）。

丝绸从中国出口到西方，反过来，中原从和田获得奢侈品，从地中海地区获得玻璃器、银器和装饰品，以及草原游牧地区的马匹和皮毛。

然而，丝绸之路的作用可追溯到更早。希罗多德写到（Ⅶ：23），公元前5世纪，斯基泰人掌控着草原上的长途贸易，从顿河流域（Tanais-on-the-Don）直到乌拉尔，进入阿尔泰地区（此为以阿尔泰山为中心的整个区域；Chlenova 1983）。赖内克根据所刻画的某类动物（鹿、老虎等）的特定形态广泛的分布范围第一次描述了公元前7～前4世纪从黑海沿岸到中国的广大范围内存在着密切关系（P. Reineke 1897）。巴泽雷克（Pazyryk）发现的中国棉、丝织品，以及巴泽雷克、米努辛斯克（Minusinsk）和东哈萨克斯坦发现的铜镜也证实了这些联系的存在（Lubo-Lesnichenko 1961，1975）。

丝绸之路沿线的某些区域早在青铜时代就开始发挥其功用，如今已无可争议。丝绸之路从公元前 3 世纪开始一直是把巴达克山（Badakhshan）的天青石（lapis lazuli）运送到西亚、埃及和印度的线路（Sarianidi 1968）。人们也从索格底亚那贩运绿松石。在公元前第二千纪的草原部族的墓葬中发现了来自巴克特里亚和索格底亚那的箭镞。这些地区包括乌拉尔地区［在新塔什塔（Sintashta）和乌什卡塔（Ushkatta）发现了天青石，在阿拉布加（Alabuga）发现了绿松石］、古尔都什（Gurdush）、布哈拉（Bukhara）附近。

在那里也发现了天青石、玛瑙和绿松石做的像马耳他十字（Maltese cross）饰品。甚至于在西伯利亚的罗斯托夫卡（Rostovka）发现了绿松石，在苏普卡（Sopka）Ⅱ再次发现了与马耳他十字很像的绿松石（Kuzmina 1988：51 ~ 52）。

玉石之路（Nephrite Road）在公元前第三千纪就已经存在，采自和田河叶尔羌的软玉（也就是玉）被运到中原。这种玉在中原被广泛使用直至龙山文化时期，在周代特别容易见到[①]（Willets 1965：44）。

中国与外贝加尔地区之间的关系建立于青铜时代，因为在外贝加尔地区的玉矿附近发现了时代可上溯至公元前第三千纪与前第二千纪之交的泥质三足鬲（Okladnikov 1959）。在公元前第二千纪，中亚农民和草原上驯养牲畜的部落就逐渐熟知玉石（Rtveladze 1955：14）。在乌拉尔乌什卡塔的阿拉库尔（Alakul）、哈萨克斯坦艾希拉克（Aishrak）的卡那依（Kanai）、西伯利亚的罗斯托夫卡等地的安德罗诺沃文化墓葬中发现了玉制的箭镞及其仿制品，出土于图宾诺（Turbino）、奥库内沃（Okunevo）的墓葬及相关遗址中（Bader 1964）。

因而，在西亚，丝绸之路南道沿着早在公元前第三千纪至前第二千纪就已经形成的玉石之路，也是沿着波斯帝国统治者为了加强与各辖地领土之间联系的辉煌道路——从埃及和小亚细亚到萨尔迪斯（Sardis）和波斯波利斯（Persepolis），再向东到达印度和中亚的辖地，一直到塞种（Saka）的领土。亚历山大击败波斯［阿契美尼德（Achaemenid）王朝］最后的国王——大流士三世之后才掌控了这条线路。

但是，在伟大的丝绸之路上占据主要和关键性作用的部分是穿过中亚的北部区域和欧亚草原。那里的居民是从中国到欧洲和中亚南部最活跃的文化交流的直接参与者和中间人（地图2）。此部分也是今天所说的伟大的丝绸之路草原路线的前身，以及利用此条线路草原民族的财富，这也是现今工作的焦点。

欧亚草原东西绵延5000多英里（约合8000千米），从多瑙河到中国长城的中心部位（地图3）。最终，也正是那个地区见证了某些群体几千年来的货物运输、技术革命、新的宗教信仰和艺术形象的传播。这个群体确定了包括操印欧语言的民族在内的多个民族的起源。佩特罗夫认为（A. M. Petrov 1995：46），伟大的丝绸之路不仅仅是一条路，而且是一个跨越了古代和中世纪的巨大的、流动的历史和文化空间，在亚洲终端和西方国家的不同人群之间反复迁移。

---

① 英文编者注：也存在东亚大陆核心区（East Asian Heartland：EAH）居民使用一些本地玉的情况。

千百年来，草原居民过着游牧生活，起到丝绸之路上的媒介作用。但是，游牧部族的生活方式是什么？他们在欧亚历史中扮演着什么角色，以及这些联系如何发展？

游牧民族占据全球人口的五分之一：他们有渔民、狩猎者及欧亚和美洲北部的麋鹿驯养者，美洲、非洲和大洋洲四处迁徙的狩猎者和采摘者，以及吉普赛人；还有四处迁徙的牛饲养者（Adrianov 1987：53）。一些研究者用“nomads”这个词概括所有此类人。然而，“nomads”这个词本身就来自希腊词“nomas”，意为四处游荡来寻找草原。依据其原意，它融入了俄罗斯历史传统（Rudenk 1961；Markov 1976；Vainshtein 1991；Khazanov 1984）。遵照福德（C. D. Forde 1963）的研究，这个词在民族学领域应用广泛。在这部作品中，“nomads”一词指的是游牧和半游牧于欧亚高原、沙漠和草原广阔地带的牧民。当然，此种游牧背景下的“牲畜包括绵羊、山羊和其他成群被驯养的动物”。此后，我们应该用像“草原人”或“游牧人”等诸如此类的用语。

学者们一直关注游牧在历史上的地位问题。汤因比认为（Arnold Toynbee 1935；Zlatkin 1971），在草原游牧迁徙过程中，是动因决定了旧大陆文化和民族发展中各阶段的连续性。

新法兰西历史学院（New French Historical School）的研究者或者说特别是布罗代尔时期的年鉴学派非常关注欧亚草原游牧经济的地位（F. Braudel 1986）。他引进了“长时段（la longue durée）”理论——全球进程中长时间的暂停阶段，也就是后来被勒华拉杜里（Emmanuel Le Roy Ladurie）所称的“静止不变的历史（still history）”[①]。布罗代尔从快速变化和波动角度，将草原游牧的出现看成是经常阻断缓慢历史进程的破坏力。草原地区沿着旧大陆文明的边缘从大西洋延伸到太平洋，起着缓冲带的作用。“养马者或者养骆驼者相互之间忽然爆发冲突，在此期间，干旱突然加剧或者人口激增，就迫使游牧者放弃自己的草原而侵犯他们的近邻。……这很明显影响到几千里外……此段时期表现为发展缓慢，而这些游牧民表现出异常的迅捷和令人出乎意料。……这种接替一直从德国蔓延到中国”（Braudel 1986：110～111）。

而正相反，传统的苏维埃科学界更加强调游牧社会的相对稳定性特征。当我们尽力地去把欧亚草原人的历史归入马克思主义社会经济形态形成理论中时，苏维埃历史学家仅仅依据游牧民族与相邻农耕社会同步发展的关系将草原民族文化划分成几个时期

① 中译者注：根据埃马纽埃尔·勒华拉杜里（著），周立红（译）的《乡村史、气候史及年鉴学派——埃马纽埃尔·勒华拉杜里教授访谈录》（发表于《史学月刊》2010年第4期）里的内容确定。

（Khazanov 1973：5～10；1975：32～35； 251～274， for criticism，see NAA 1980）。

有关游牧业起源的争论仍在继续。追溯到古典时代，瓦罗（Varro，公元前116～前27年）在其论文《论农业》（*De re rustica*）[①]中提出了经济史的三段论：①使用自然产品；②饲养牲畜；③发明犁耕[②]。这个理论盛行近两千年，直到19世纪后期，研究食物生产（农耕和畜牧）发展的德国学者成功地论证了畜牧并不早于农耕，而是两个发展过程同时进行，并且相互关联（Hahn 1896）。新石器时代遗址出土的动植物研究验证了这些结论（Shnirelman 1980，1989）。

有关农牧复合经济向游牧业特殊的经济和文化类型转变的原因仍然是热论的主题。拉铁摩尔（O. Lattimore）提出了一个为众多西方学者所接受的著名论断，向草原游牧经济转变归因于周边地区农耕人口过量所产生的压力促使部分人口迁徙到不适合农耕的荒漠地区，并且被迫改为从事游牧业（O. Lattimore 1967，1979）。

欧亚草原史的专家们提出了造成游牧发展成因的不同途径。根据格利亚兹诺夫（Gryaznov 1955，1957）的研究，游牧出现过程自然而然地来源于牲畜数量的增长和草原经济发展经验的积累。绝大部分俄罗斯考古学家接受这个观点。然而，仍有一些学者强调地理因素和气候变迁在刺激过程中的作用。

我们通过不同方法来确定草原上游牧经济形成的时代。汤因比从常规理论考虑，将其年代定为公元前第四千纪至前第三千纪。而相反，俄罗斯主流学者都坚持游牧牲畜饲养的经济和文化类型最早开始于斯基泰时期，因而将其形成的时间确定为公元前第一千纪中期或者早期。

此外，一些研究者相信，复合农耕和饲养经济的转变是偶然性的，也就发生在一至两代人之间；而其他研究者则辩称它是一个长期的、渐进的过程，持续几个世纪甚至上千年。

---

① 中译者注：《论农业》（*De re rustica*），参照〔英〕约翰·埃德温·桑兹（著），张治（译）：《西方古典学术史》，上海人民出版社，2010年，第186页。

② 中译者注：〔古罗马〕M·T·瓦罗（著），王家绶（译）的《论农业》（商务印书馆，2014年）第136页论述："……从远古至今，世代相传，悠悠往古必然是处于一种自然状态，那时人们便依靠那些从未经垦殖的土地所自发生长出来的东西得以生存。以后的人们必然从这样的生活方式进入第二种方式，即畜牧生活方式，在这一时期，人们摘取野生的林地树木上的果实，同时也采摘灌木橡果、杨梅浆果和桑葚……最后，在第三阶段，人们从牧畜的生活方式，进入农业生活方式，但在这种生活方式中保存了前两个阶段的很多残余，而人类在获得我们今天的文明以前，在这一阶段度过了漫长的岁月。"

学者们对游牧社会的晚期历史的观点也不尽相同，例如卡扎诺夫（A. M. Khazanov）坚持认为游牧文化的变革“并不是一个连续不断发展的过程”，而是“欧亚草原游牧历史进程中，其三千年的发展呈螺旋状向前发展（Khazanov 1975：265，273）”；格利亚兹诺夫（1955）、切尔尼科夫（S. S. Chernikov 1960）、魏恩泰因（S. I. Vainshtein 1991：288～290）等将其分为两个阶段，即早期游牧时期，结束于公元前一千纪中期，一般以游牧部落和氏族体系解体而联盟的出现为标志；而晚期游牧阶段，以文化渐趋衰落、马镫的出现、小族群的游牧、族长的统治和分封关系为特征。这些问题刊登于20世纪80年代的《苏维埃民族学》（*Soviet Ethnography*）杂志上。

因而，尽管许多年来积极开展了对丝绸之路沿线建立联系的草原牲畜饲养者的历史研究，并出版了大量著作，但是有关游牧民族历史的许多问题依然未有定论。因此，我们在近期工作中将尽力地追寻欧亚草原民族的文化变革轨迹，并且利用新材料去评定其文化变革的特征和动力的各种推论，以及在不同历史时期丝绸之路各段相互联系的程度。

我们一旦要研究未来线路上运输地位的重要性，就必须特别关注有关马和骆驼的驯养和使用，以及轮式交通工具和双轮马拉轻型战车的传播的论题。

目　　录

第一章 欧亚草原生态发展的动力

我们要牢牢记住人类在面对自然的强大压力时所表现出来的脆弱本质。

——布罗代尔《日常生活的结构》[①]

人们早在古代就已经认识到环境在人类社会历史中的地位：希波克拉底（Hippocrates；公元前460～前370年）在《论空气、水和环境》（*On Air, Water, and Places*）一书中提出了一个观点，即地理环境和气候对人类体质特征和社会结构，以及人类社会体系的影响。地理学派的奠基人，号称“法国百科全书”的孟德斯鸠（Montesuqieu）主张，地形、土壤和气候决定着人的精神及其社会发展的性质。地理学派的法国社会学家们倾注巨大精力来证实地理因素在不同区域人类文化发展中的作用。然而，苏联科学界因德国的纳粹主义而拒绝承认德国地缘政治学派的地理环境决定说。这就导致了整个理论在很长时间内受到怀疑，尤其受到苏联科学家怀疑。苏联科学家认为，历史中的决定性因素并不是人与自然相互作用的规律，而是阶级斗争形成的生产模式的延续（Fedorov 1972）。

然而，罗马俱乐部（Club of Rome）在20世纪70年代提出的新的世界体系模式揭示了生态变化所造成的悲观预测。他们认为生物圈的稳定性遭受几经破坏预示着不久将会爆发全球性灾难。这样就激起了生态研究在世界范围内的迅速兴起。

早在19世纪，海克尔（E. Haeckel）就引入了应用于动物学上的生态学理念。而在20世纪中叶，这个理念被确立为包括人类在内的生物圈内所有构成元素系统的普遍法则

---

① 碑铭上记载：布罗代尔，《日常生活的结构：能力的界限》（*The Structure of Everyday Life：The Limits of the Possible*），伦敦，1981～1984年，第62页。

的科学研究。近年来，继奥登（Yu. Odum 1975）之后，俄罗斯科学界对此问题的兴趣与日俱增（*Obshchestvoi prirodnaya sreda* 1980；Depenchuk，Krisachenko 1987；Balandin，Bondarev 1988；Rakhilin 1989； et al.）。

法国年鉴学派的历史学家把生态学问题看得很重。布罗代尔（1949：21）写到，“人类历史与他们赖以生存的地球之间具有非常密切的相互关系；这个人类与地球连续不断的对话历史决定了缓慢的地球发展过程。”他在人类与气候及土壤的平衡力上的不稳定但长期性的研究中扮演着重要角色，同时提出了气候周期与人口发展决定着文明发展的节奏和水平。

在19世纪晚期、20世纪初期，欧美学者率先在地理学领域，然后在社会学领域引进了人类生态学的概念，以此来证明人类像地球上的其他生物物种一样，不仅影响周围环境，而且受到环境的制约。

美国研究者怀特（L. White）在《比较文化学》（1959）一文中对历史生态学研究方法的描述最全面。他的观点基于文化进化论，即人类群体对环境影响的外部适应。怀特把文化看成一个客观存在的实体，并将其分成三个要素：技术、社会和思想。怀特运用达尔文的进化论观点提出了文化进化模式，指出克服危机就是促进文化革新。怀特思想中最重要的一点属于文化相对论中的人文主义观点，承认了生物学上的平等，每个民族文化独立发展机会均等，为人类文化的变化与不变两方面比较文化学分析作了铺垫。

运用马克思主义观点对怀特的批评并无说服力（Murav’ ev 1988；Victorova 1989）。众多美国学者已经接受了他的观点，从而奠定了宾福德（L. Binford）、弗兰纳里（K. Flannery），以及其他人解释新石器时期发生发展的原因和特征的基础（Flannery 1965；Shnirelman 1978）。

怀特的观点也影响了俄罗斯研究者中的一批权威人士。首先要提到的就是文化学者马克尔杨（Eh. S. Markaryan 1973，1981）。尽管他非常尖刻地批评了怀特的观点，但还是接受了，并把它作为了自己思想的基础，即怀特的主要理论——文化适应于环境状况，确保人类生存下来。这个原则构成了马克尔杨文化进化体系分析的核心内容。

我们能够感受到怀特的观念对阿努特宇诺夫（S. A. Arutyunov 1989）、阿列克谢娃（T. I. Alekseeva 1986）等人作品的影响，特别是阿列克谢夫（V. P. Alekseev 1971，1984，1993）。阿列克谢夫证实了生态进化不仅仅能够运用到人类生物进化中，而且可以运用到人类社会发展中。他着重强调了在适应变化过程中自然因素的作用，并且引入了人文地理分布的理念。阿列克谢夫在评估怀特理论的同时，承认了文化相对论如今能在考察和评价历史上，以及在当代的人类文化进化的多样化中占据核心地位（V. P. Alekseev 1993：105）。

族群是被定义为世代相传的、超乎生物群落的相互关系及人类活动模式的总和，目的在于使重新组织起来的文化群体能适应一定生态环境从而形成一个新的文化群落（Kuzmina 1994c：50）。正是食物资源的减少迫使其改变生活区域或者去寻找生产食物的新方法以确保他们能够生存下来。

生态学方法要求我们需要重建的不仅仅是人类经济活动的历史，还有环境的动因，包括土壤特征和生产能力、地形、植物孢粉、动物群落和气候。这些方面的任何变化都将导致整个生态系统发生改变；对古地理学、古植物学、古动物学和考古学资料的广泛地分析研究将是一个挑战。

欧亚草原是一个独特的生态系统（地图2～4；图1、图2），从多瑙河到中国长城东西绵延，长约8500千米，南北宽400～600千米，从北部的森林和森林草原带到南部的丘陵、半沙漠和沙漠带，地理跨度为北纬58°～47°（Mordkovich 1982：19，25；Dinnesman 1977）。草原景观的主要特征及成因决定草原生态系统植被状况的大陆性气候和降水不足（年降水量不足500毫米）。因此，主要植被为有着发达根系且窄叶耐旱的草。每年植物的腐烂促进富含腐殖质的土壤形成［每平方千米土地达700吨（t/ha）］。植被状况和气候特点也决定着草原上的动物种类。食草动物盛行，与蹄类动物共处的是生活在地下的囊地鼠和旱獭。

即便如此，草原的自然状况也仍具有多样性（图3）。多瑙河流域和亚速海（Azov Sea）沿岸的草原因其地势平坦和极其肥沃的黑土与里海沿海（Caspian Sea Littoral）的雷恩沙漠（Ryn-Sands）的半沙漠自然状况完全不同：它不同于哈萨克斯坦中部［萨雷–阿卡（Sary-Arka）］，那里分布着众多山地、植被丰富的沟谷和光秃秃的山丘交相辉映；也不同于西伯利亚草原，其北缘以及南部的阿尔泰和萨彦岭（Sayan）生长着松树林和针叶林带；也不同于新疆，那里有绿洲、沙漠和丘陵交互相间（Mordkovich 1982；M. P. Petrov 1964，1966；Murzaev 1990）。

草原生态最显著的特征是缺乏水分。南部地区的干旱程度实际上要比北部地区高出6倍。年降水总量从北到南由600毫米降到150毫米；而蒸发量在75%～85%；南部的蒸发量远远高于北部，南部的降水总量是北部冬季的一半。

草原生态系统因其水分供应不稳定而属于一个不稳定的农耕区。因受西伯利亚高气压影响，东部大陆生态系统的不稳定性比西部大陆更加显著。同时，草原植被丰富并具有多样性，也异彩纷呈地在草原地带的苔藓类–草类–草本类植物的中心地带保留着最丰富的植物物种；同时，西部最多达到了48吨/平方千米，与森林草原交界处的植被主要是藜，降到了28吨/平方千米；南缘的羊毛草草原的植被降到了9吨/平方千米（Mordkovich 1982；Kotova 1994：771）。

纬度带和草原动植物的特性因气候及其相关的潮湿度的周期性变化在第四纪阶段时常发生变化。在更加湿润时期，草场植被范围慢慢延伸，腐质层形成过程加剧，于是，草原地带大踏步地南移。

布利特（Blytt）和谢尔南（Serander）在1910年根据对斯堪的纳维亚半岛的泥炭沼中所含孢粉进行古植物分析，复原了欧亚大陆古气候。他们认定在全新世时期，即第四纪的冰后期，欧亚大陆气候经历了暖（干热植物）和冷、湿和干几个阶段。后来，这个层序作为一种模式被应用到世界的其他地区（Bruks 1952；Predtechensky 1957；Maksimov 1972；Borisov 1975； Buchinsky 1979；Mokin，Shishkov 1979；Budyko 1970；Budyko，Golitsyn，Izrael’ 1986；Poltaraus，Kislov 1986；Veklich 1987；Gerasimov 1993）。在全球范围内都能找到气候变化的踪迹，气温和湿度的变化在从西欧到中国范围内相互关联（Lamb 1982；Shaomin Lin 1982；Bradley 1989；Hsü 1998）。

冰后期以气温的不断上升为标志，并在公元前第五至第四千纪达到了顶点；沿着欧亚大陆中纬度形成了良好环境——潮湿度增大，年均气温几乎比现在高出3℃。而寒冷期，大概在公元前2000年达到了顶峰。接下来，出现了温暖期，而在公元前9～前8世纪再次出现了变冷的趋势，并在公元前9世纪达到顶点。希腊和中国文献中记录了最后这次气候变冷趋势所造成的结果。

气候波动中的几个阶段横贯欧亚大陆持续发生，但节奏各不相同。根据湖沼生物学研究，不同地区的气候环境基本上取决于当地空气对流等地方因素，进而改变着地下水位的形成、湖泊的形成及湖泊中生物的发展，或者沼泽形成（Krasheninnikov 1951；Shnitnikov 1957a，1957b；Dzen-Litovsky 1957；Bogoslovsky 1960；Liss，Berezina 1982），以及里海、咸海（Aral Sea）和黑海等水位的波动（Fedorov 1957；Samsonov 1963；Shnitnikov 1961；Kes’ 1969）。

孢粉学研究和放射性碳元素测年方法的应用给科学家们提供了一个检验重新构建中俄平原（Neishtadt 1957，1965）和欧亚草原北部（Bruks 1952；Khotinsky 1977，1980，1982）的植被和气候变化的布利特–谢尔南分期表的机会。草原在俄罗斯平原上的大西洋–大陆气候带与西伯利亚大陆气候之间起到过渡作用。霍金斯基（N. A.

Khotinsky）建立了详细的欧亚大陆在全新世时期的气候变化表；在冰后期，气温和湿度曾有过一次上升，在公元前6900～前6300年的北方期，俄罗斯平原高温，并伴随着降水减少，而西伯利亚变得非常湿润；在公元前4000～前3000年的大西洋期和亚北方期，俄罗斯平原气候更加湿润，与此同时，西伯利亚却相反，出现了降水减少现象。

然而，正如前面所提及的，我们并不能假设已经建立的欧亚北部气候规律与草原气候规律相符合。进一步说，气候年代谱系一直备受争议。具有决定性的花粉分析数据和考古地层之间的关联仍然是个问题。

俄罗斯学术界广泛地接受了席尼特尼科夫的“气候波动的循环变化持续了约1800年”的观点（A. V. Shnitnikov 1957a，1957b，1961，1969）。然而，他的构想给花剌子模（Khorezm）调查研究留有更大空间。我们反复推敲孢粉学和考古地层的相互关联，因而这一构想一直被质疑（Itina 1977：32～35）。

遗憾的是，我们尚未找到确凿证据来证明在全新世时期欧亚草原及其相邻地区气候和地理发生了变化。这些分歧不仅仅存在于古植物学、古动物学、土壤科学和湖沼生物学等学科中，还存在于特殊领域。

有关里海扩张时期的相互矛盾的论断就是此类讨论话题的例证（N. V. Fedorov提出的年代架构和其他研究人员所给出的年代序列之间相差达2000年）。根据里斯楚那的研究（G. N. Lisitsyna 1972），公元前第六至前第三千纪的中亚气候说明土库曼斯坦的洼地并未发生改变。萨姆斯诺夫（S. K. Samsonov 1963）、维诺格拉多夫（A. V. Vinogradov 1975，1981）和马姆多夫（Vinogradov，Mammedov 1975）对土库曼斯坦的研究数据说明，这时正处于亚吾亚堪洪水期（Lyavlyakan pluvial），当时的克孜尔库姆（Kyzyl Kum）沙漠是一片沼泽和湖泊，里面生长着丰富的鱼类。这些鱼类形成了生活在里海和咸海之间区域的克尔捷米纳尔人（Kelteminar）的基本食物结构。

现代中亚的草原和沙漠形成的确切年代也存在争议。根据阳欣（A. L. Yanshin 1961）和库尔科夫（A. A. Kurkov 1969）的研究，这些景观是古代的。但是，其他研究人员相信现代不毛之地的形成时期要追溯到全新世，并且，一些学者特地将其定在公元前3000年左右（Gerasinmov 1937，1956；Kassin 1947，1949）。

一些研究者认为，北部的草原和森林草原分界线与南部的半沙漠分界线是稳定的（Neishtadt 1965：198～199），而其他研究人员则持反对意见（Mil’ kov 1953，1967；

Shuvalov 1966; Vasilyukhina 1969; Zubakov 1972; Mordkovich 1982; Volkova, Levina 1982)。

研究人员间的严重分歧主要围绕大西洋和亚北方期的确切年表，及地球在亚北方期转暖的具体年代。这里的年代差跨度从几个世纪到千纪不等。不同学术领域的资料也不一致。例如，特别是在公元前第二千纪晚期到公元前第一千纪早期临界期，土壤学家推断，哈萨克斯坦北部气候可能干燥，并更具大陆性，自然带逐次向北平移大约250千米（Khabdulina, Zdanovich 1984: 145, 153）。那里的考古遗址地层资料说明降水增多和海平面上升导致地球回暖，并且变得湿润（Potemkina 1985: 25, 28）。

评估这些争论超出了考古学领域。因而，由古地理学家和古植物学家参与的多学科研究前景光明。在这些方面做得最成功的当属花剌子模考察研究（Tolstov 1962; *Nizov' ya Amu-Dar' i* 1960; Itina 1977; Vinogradov 1981; Vinogradov, Mamedov 1975）。此项考察研究全面解释了人与自然从红铜时代到中世纪的相互关系。俄罗斯科学院土壤光学研究所（Institute of Soil Science and Photosynthesis of the Russian Academy of Science）做的土壤学和考古学的综合研究、车里雅宾斯克大学（Chelyabinsk University）的科学考察（I. V. Ivanov 1983; Khabdulina, Zdanovich 1984）和伏尔加河地区萨马拉历史考古研究所（Samara Institue of the History and Archaeology of the Volga Region）的调查等也很有价值（Ivano, Vasil' ev 1995）。

在目前工作中，复原草原古生态系统仅仅依赖于考古发掘自身采集的信息：遗址的地形地貌、考古地层中发现的动物骨骼，以及放射性标本和土壤地层之间的相互联系。尽管我们缺乏对近期公布的有关草原生态资料的高度概括，但是，对包括考古学方面资料在内的这些资料的总结非常有用。这些资料包括克列门茨基（K. V. Kremenetsky 1991）对俄罗斯平原古代史的研究成果，它分析了黑海北岸从西部的普鲁特河（Prut）到东部的顿河范围内的情况；斯皮里多诺娃的著作探讨了顿河盆地的状况（E. A. Spiridonva 1991）；伊万诺夫和瓦西里耶夫的著作分析了伏尔加下游地区非常独特的雷恩沙漠地区的资料（I. V. Ivanov, I. V. Vasil' ev 1995）；拉夫鲁新和斯皮里多诺娃的成果分析了乌拉尔地区的资料（Yu. A. Lavrushin, E. A. Spiridonova 1995a, 1995b）；霍金斯基（1977, 1980, 1982）侧重于欧亚北部全新世的研究，此类有利于复原西伯利亚草原的古生物环境；维诺格拉多夫和马姆多夫（1975）两人的研究成果验证了克孜尔库姆的发展阶段。

近年来，我们一直致力于把古生物资料与考古实证联系起来。此项研究包括以下这些人的研究：科托娃（N. S. Kotova 1994）、拉萨马钦（Yu. Yu. Rassamakin 1994,

1999）、摩尔古诺娃（N. L. Morgunova 1995）和库兹米娜（Kuzmina 1996～1997）等，还有其他人。

总的来说，目前情况就是这样。综合斯皮里敦和克列门茨基的分析结果，其与科托娃的研究一致：在草原西部，从公元前第六千纪晚期到前第五千纪上半，或者公元前第五千纪中期，存在着一个干旱期。这段时期与顿河下游文化相互联系。早在公元前第五千纪的第三和第四段，湿润气候发生了更替（相当于顿河中游文化第二阶段）。湿润期的下一个阶段，大约从公元前第五千纪晚期到第四千纪期的前250年，与之相关的有顿河下游文化、顿河文化和马里乌波尔（Mariupol）村落苏尔斯基（Surski）晚期文化。从公元前第四千纪后500年，再次出现了更加湿润的时期。此段时期是特里波利耶文化（A4、B1、B2阶段）和列宾诺（Repino）文化斯科尔亚（Skelya）类型和斯莱德涅斯多格（Stredny Stog）类型遗址的形成时期。在特里波利耶文化晚期衰落期和乌萨托沃（Usatovo）类型遗址出现期被生态危机截然分开，大西洋期末期和后来更加干旱的亚北方期气候过渡期，同时伴随着黑海海德吉贝克（Hadjibek）衰退期①（Khotinsky 1980）。对于南俄草原的东部系统，拉夫鲁新和斯皮里多诺娃通过南乌拉尔遗址和冲积平原沉积中残留的孢粉碳元素测年，已经整理出了比较可靠的年代序列（Yu. A. Lavrushin，E. A. Spiridonova 1995a，1995b）。

大西洋期开始于公元前6000年前后，以气候变化时间最长和现代高原地带形成为特征，也就是新石器时代的确立时期。数据反映，在公元前4000～前3000年，干旱进一步加剧，里海北岸的研究也有相似记录。

斯皮里多诺娃确定了亚北方期开始于公元前2500年。此次生态危机长达5个世纪，并以全球变冷和落叶林消失，并被针叶林代替为标志。古代植被也发生了急剧变化。草原草场向南位移，直到里海北岸的半干旱气候区。草原草场黑钙土不断形成，生物数量增加。此段时期也形成了列宾诺和竖穴墓（Pit-Grave）文化。在公元前2000年前后，气候出现了回暖，同时，不仅在里海北岸地区，而且在顿河流域，干旱加剧导致了沙漠化扩大。考古学上，此时期当属波尔塔夫卡（Poltavka）文化时期。大概在公元前1800～前1600年，气候出现了变冷趋势，包括松树、桦树、酸橙树和橡树的森林范围扩大，同时，草原草场延伸，生产能力也在增强。此段时期，木椁墓文化达到繁荣。

在公元前15～前14世纪，气候变得更加暖和，草原扩大，达到了现在的区域。森林

① 中译者注：请教了古环境古气候方面的专家后得知，“Hadjibek regression of the Black Sea”应该是黑海地域以一个小地名命名的气候大海退事件。

植被继续在河谷生长。在公元前13世纪，气候开始变冷，落叶物种开始消失。在公元前7世纪，最冷期达到顶点。此时，森林草原中的针叶林减少。

里海北岸的气候变化呈现特有现象。我们根据里海动物、孢粉和古地理学研究分析得出，土壤分析数据呈现不规律性（Ivanov，Vasil' ev 1995），这表明气候环境发生了超强变化，从而影响了生态环境的生产能力。

这些气候波动造成了沙漠和黑钙土草原带在规模和范围上摇摆不定。这两个地带之间的现代边界相距有时候超过了200～500千米。通常来说，逐渐变冷和水汽增加是里海气候变化的反映，多种植被的草原扩大，黑钙土增加，环境变得对人类生存有利。相反，在干燥的转暖时期，沙漠出现了，生态位的生产能力降低；褐色的半沙漠土壤类型出现，因而，人类放弃了那个地区。正如研究者所注明的，尽管里海北岸与整个俄罗斯平原一样，几乎沿着同样的方向，经过长期而平稳地发展，但是并没有代表性的考古时期。

在新石器时代和铜石并用时代，在里海北岸湿润的气候条件下，出现了草原草场，从而促进了人类在本地的繁衍生息。干燥的大陆性温暖气候的出现导致半沙漠自然带形成，同时，竖穴墓文化时期也随之形成。这些不利的气候环境促使竖穴墓文化人群从本地区向外迁徙，因而并未留下此段时期的文化遗址。

在波尔塔夫卡文化时代的公元前第二千纪早期，湿润气候主导下的有利气候环境致使自然草场地带大幅度地向南迁移。此段时期，该地区考古学文化遗址的数量达到了顶峰，反映了波尔塔夫卡文化时期人口的高密度。接下来的这段时期为里海北岸的木椁墓文化时期，其气候特征为气候回暖和自然环境再次恶化，这解释了里海北岸木椁墓文化遗迹如此之少的原因。

从红铜时代开始直到青铜时代末期，南俄草原的文化带包含了里海草原。所有迁徙人群在这个地区的最佳气候期从西部和北部返回此地。另一个与欧洲文化完全不同的文化区从乌拉尔河向东一直分布。福尔莫佐夫很早在研究新石器时代时就记录了人口向最佳气候区迁徙的这一规律（A. A. Formozov 1959，1977）。

尽管众多专家之间对古生态环境变化绝对年代序列看法存在诸多争议，但是南俄草原上从普鲁特河到乌拉尔的气候自西向东变化的事实是无可争辩的。我们所掌握资料的匮乏和生态系统自身的多变性能够说明这些专家观点之所以不同。

气候变化已经完全影响着人类社会的居住环境。年均大气降水总量从−50毫米到+350毫米变化不等。这些变化在草原历史上多次发生。此外，草原上的地形自南向北也发生了变化，于是，生态位的生物数量也会相应变化（Dzerseevsky 1975；Ivanov，Vasil'ev 1995：193，198）。

这些因素迫使人群或者向着更好的自然环境区域迁徙，或者通过革新来改变其经济文化。

气候环境和人口数量二者之间的相互联系证实了生态因素在文化进化中的作用，使得我们能够研究人类和环境之间相互作用的动因，也能够发现文化碰撞和交流的程度，以及丝绸之路沿线迁徙方式的起源。

第二章　黑海-里海草原经济的发展状况

上帝希望天下苍生生活得不要太艰苦，教会他们犁耕、播种和收割。于是，每个人都开始种植自己的食物，而不是在草原上和森林里狩猎和采集。

——菲尔多西《列王纪》（Firdausi，*Shah-Nameh*）

人类历史的决定性转折和对自然环境的适应是从攫取式经济（寻找和采集）向生产型经济的转变。柴尔德（V. Gordon Childe）称其为新石器时代革命。据绝大多数学者研究，这种转变是相关联要素综合的结果，包括自然要素和人为要素两方面：气候变化、人口增长和人类过度攫取而导致的某些动植物种类的消亡而引起食物资源的减少。这个食物危机激发了源自于亚洲西部特别是安纳托利亚（Anatolia）地区的食物生产型经济的产生。早期人工驯养的动植物种类从这个中心区域向西部和南部传播，直到边远地区。这些食物生产型文化区域以引起次生文明而为人知晓，例如东南欧地区、外高加索区（Trans-caucasia）和中亚南部、伊朗东部和印度（Tsalkin 1970a，1970b；Shnirelman 1980，1989）。

亚洲西南部（近东）遗址中发现的驯养动物残骸比旧大陆其他地区遗址中发现的驯养动物物种遗骸的年代要早1000多年，很显然说明了亚洲西南部（近东）地区是驯养动物的发源地；其次，也正是亚洲西南部地区的物种向其他地方传播；最后，也是最重要的，遗传学证明，旧大陆所有现代绵羊物种的原始祖先仅仅发现于扎格罗斯（Zagros）山脉（伊朗东部）。

次生文明区的本土动物物种驯养出现得要晚得多，直到那时他们已适应饲养牲畜——在印度养瘤牛（Zebu cattle），在中亚养巴克特里亚骆驼[①]。（这些因素对于解决欧亚草原驯养马的争论至关重要。）农耕和畜牧技术开始从次生文明区向包括欧亚草原在内的旧大陆其他区域扩展。

丝绸之路各条线路上人与环境相互关系、文化群体的独特性征，以及主体文化的不同去向把草原经济史分为几个连续的经济发展阶段。

第一节　食物生产型经济的第一阶段

较早了解黑海-里海草原（Ponto-Caspian Steppe）食物生产型经济的时代被确定在新石器时代。出自遗址和野生动物群落遗存的古地理学资料明确地说明这个时期该地区气候温和湿润。最早发现的驯养动植物物种是布格-德涅斯特（Bug-Dniester）文化遗址中发现的牛和猪的骨骼，还有二粒小麦和大麦；苏尔斯基-第聂伯（Surski-Dnieper）文化和多山的克里米亚（Krimea）草原遗址中出土的牛骨、猪骨和镰刀；在顿河地区的马特维夫库尔干（Matveer-Kurgan）地区发现的猪、绵羊/山羊的骨骼，较晚的则是在拉库什楚雅尔（Rakushechny Yar）发现的牛骨骼，最后是近期在里海北岸的江格尔（Djangar）遗址发现的牛骨、绵羊/山羊的骨骼（Danilenko 1969；Markevich 1974；Krizhevskaya 1978，1983；Belanovskaya 1977；*Archhelogiya* 1985，1987；Yanushevich 1986；Koltsov 1986）。

需要着重强调的一点是，食物生产型经济从其刚刚开始萌芽的时候就是复杂的。草原上最早的食物生产包括粗放式农耕和几个驯养动物物种的饲养，这与旧大陆其他地区的食物生产非常相似。

草原早期食物生产的特性是什么呢？有关物种驯养的中心是单一性还是多元性的长期争论，以及这些驯养物种是如何被引进草原的，这些问题现在可以解决了。最重要的粮食、牛和猪的出现一直被追溯到东南欧——草原早期食物生产发源地的主要中心。显而易见，草原上新石器时代遗址中发现的驯养物种种群，追溯其与草原文化的最早联系首先是与布格-德涅斯特文化——巴尔干-喀尔巴阡山（Balkano-Carpathian）地区农夫的

---

① 伯克易对于东南欧是牛和猪的第二个驯养中心的观点并未得到认同。尽管这些物种的祖先分布在东欧，但是在亚洲，据推测，它们早在二千年前就已经被驯养了，并与羊和谷物一起到达了欧洲。而据推测，东南亚就有一个独立的动物驯养中心，后来扩展到了中国。但是，这个推论仍存争议。

关系。

瓦西里耶夫和费博诺夫主张苏拉（Sura）遗址、多山的克里米亚遗址、拉库什楚雅尔遗址、江格尔遗址等众多遗迹构成了一个独立的草原文化区（I. B. Vasil' ev，A. A. Vybornov 1988：46～56）。它们凸显了其对欧洲文化的影响，并记录了其与高加索（Caucasus）的联系，以及与中亚和哈萨克斯坦文化的最根本差异①。

食物生产型经济在草原上的传播受到喀尔巴阡山–多瑙河区域内人口增长的不断影响，这些关系可以在起源于德涅斯特河下游的布格–德涅斯特文化中寻找到其踪迹（Shnirelman 1980：90；1989：175～178）。这就证实了柴尔金的理论（V. I. Tsalkin 1970b：257，265）。他反对东欧是某些动物物种的本地驯养中心这一观点［皮多普利奇科（I. G. Pidoplichko）、伯克易（S. Bökönyi）和克莱诺夫（D. A. Krainov）］。依据柴尔金的结论，最古老的驯养动物出现在东南欧地区的博扬（Boian）文化和线纹陶文化（又叫“Bandkeramik Culture”）中②，博扬和线纹陶文化人群熟知牛、绵羊、山羊和猪等全部主要物种。因而，他得出结论，它们出现在草原上是人群迁徙或者是吸收了外来文化的结果。他也宣称，包括西伯利亚在内的草原上发现的青铜时代和铁器时代所有物种均来源于新石器时代早期的南欧驯养物种。

史尼列尔曼接受了高加索可能是绵羊驯养中心的观点（Shnirelman 1980：88～90；1989：177）。但是，这个可能性尚未得到可靠的证实，因为这些草原人群与高加索之间的密切联系仅仅在较晚时期才建立（大概在新石器时代以后）。即便如此，他仍然能辨别出草原上食物生产起源于西方。

相比之下，丹尼连科提出（V. N. Danilenko 1969：178，181，193；1974：85，116～118），在公元前第五千纪晚期到前第四千纪早期的里海–亚速海文化圈内，“原始竖穴墓文化的诞生致使其遗址类型与杰贝尔（Djebel）上层和扎曼–巴巴（Zaman-Baba）墓葬的竖穴墓文化部分非常相似”。这就确定了动物驯养的中心在里海–亚速海。里海北海岸持续干旱和过量的人口增长致使克尔捷米纳尔文化人群和竖穴墓文化人群向西迁徙，把绵羊/山羊，以及印欧语言带到了欧洲。他也肯定，牛是从印欧人和突厥–阿尔泰人（Turko-Altaians）驯养小牛犊的顿河流域东部地区到达欧洲的。

---

① 史尼列尔曼暂时承认高加索地区对绵羊饲养扩展的影响（Shnirelman 1988：177）。

② 中译者注：“Linear Pottery Culture”，见中国大百科全书出版社编辑部编的《中国大百科全书·考古学》（中国大百科全书出版发行，2004年9月第7次印刷），第578页，“线纹陶文化条”，又叫“Bandkeramik Culture”，亦指欧洲新石器时代的“斑纹陶文化”。

随着中亚各地确切证据的不断增加，绵羊驯养中亚起源说与东部竖穴墓文化早期形成学说非常值得详述，因为它影响了包括梅尔佩特（N. Ya. Merpert 1974：143～144）和摩尔古诺娃（N. L. Morgunova 1984：19；1995：73，86～89，93）在内的许多学者。然而，摩尔古诺娃则认为，竖穴墓文化人群后来才从西方到达乌拉尔地区（Morgunova，Kravtsov 1994：110）。

丹尼连科的假设已经遭到强烈批判（Tsalkin 1972a；Formozov 1972：23，31，34；Kuzmina 1981；Shnirelman 1989：177）。其假说的前提并不成立，原因有六点：

（1）克尔捷米纳尔人文化体系不包括里海北岸（A. V. Vinogradov 1981：164）。再者，福尔莫佐夫（1959：155）已经证实了，恩巴河（Emba）是欧洲和亚洲两个新石器区域之间存在的明显界线，记载了各自独有的文化特征。在其后对里海北岸众多遗址多个方面的研究证实了这个结论。这些研究包括“里海北岸和咸海北岸”两个地方的新石器时代文化分布范围不同，文化进化阶段之间也存在差异，还有必须提到的是“不仅仅是这两个地区文化分布范围不同，而且属于不同的文化体系”，以及把里海区域文化划归为里海–黑海文化圈（Ivanov，Vasil’ev 1995：121）。

（2）里海北岸的气候在新石器时代并没有发生持续干旱。此段时期以中亚气候因“亚吾亚堪洪水期”变得更加湿润而闻名（Vinogradov，Mamedov 1975：234～255），大量湖泊的出现使得生态环境主要适合捕鱼（Vinogradov et al. 1986）。

（3）杰贝尔的资料肯定引起了最大关注。遗址共分八层，只有在第三层发现了外来的沙–特佩（Shah-tepe）Ⅲ～Ⅱ和克孜尔–阿瓦特（Kyzyl-Arvat）类型（公元前第三千纪向前第二千纪过渡时期）陶器（Okladnikov 1956：201～205）。这些陶器年代是可靠的。然而需要留意的是，当地上层Ⅰ～Ⅲ层青铜时代粗陶与定为新石器时代前第Ⅳ～Ⅴ层的陶器很相似。这就促使了我们对此遗址地层划分产生了一系列怀疑。

所有的地层中都发现有黄羊（*dzeren*，瞪羚羊的一种）和绵羊/山羊骨骼[①]。而在第三层，发现有牛（aurochs，古代欧洲野牛）的骨骼。柴尔金（1956：220～221）鉴定这个牛骨骸为野牛。他注意到，在缺乏足够背景资料的情况下，“判断绵羊和山羊属于野生或者驯养物种很难”。他认为，出自第三层和第四层地层的绵羊/山羊的骨骼有可能属于驯养的个体。杰贝尔的地层引起了争论，因为考古学意义上的灰烬层可能已被扰乱

① 英文编者注：因为几乎不可能辨清山羊和绵羊的骨骼，所以通常将其称为山羊/绵羊骨骼（sheep/goat bones）或者羊亚科（ovicaprid bones）。

（Formozov 1972：26）。因此，杰贝尔不能作为复原历史的广泛的普遍依据。

在特兰斯卡斯皮亚（Transcaspia）的旦–旦查什（Dam-dam Chashme）岩洞中，柴尔金（1970b）发现了驯养的绵羊/山羊的骨骼（Markov 1966）：第N6层出土了5块骨骼；第N5层出土了1块骨骼；第N4层出土了56块骨骼；第N3层出土了189块骨骼。在上层的第N2地层中，发现了外来的沙–特佩Ⅱ型陶器，从而将这些陶器定在公元前第三千纪。史尼列尔曼仅仅认为出自第三层和第四层的山羊骨骼为驯养（Shnirelman 1980：74～75）；而考罗伯克娃（G. F. Korobkova）相信出自此层的材料可与出自南部的资料相比较。史尼列尔曼的论断主张，在新石器时代较早期的特兰斯卡斯皮亚出现了驯养绵羊。

仍然受到众多人支持的奥克拉德尼克夫（A. P. Okladnikov）和丹尼连科的假设建立在对科恩著作的盲目理解上（C. Coon 1951）。科恩的著作认定里海南岸是绵羊和山羊驯养的中心。然而，贝尔特（Belt）岩洞出土的缺乏系统性的资料均引来了众多学者的批判（Narr 1975：421～422；Shnirelman 1980：71～72），因为根据DNA染色体测定数据，所有驯养的绵羊物种都源自西亚祖先。

仅土库曼斯坦南部农业化的哲通（Jeitun）文化就确认了中亚早期食物生产型经济的可靠踪迹。哲通文化在西亚就有其较早的根源，也出土了关于驯养绵羊、山羊和牛，以及二粒小麦和软矮小麦的证据。这些驯养了的物种都起源于近东（Tsalkin 1970b：123～126，148；Masson 1971：79；Shnirelman 1980：73；Korobkova 1981：13）。

尽管已经在咸海北岸发现800多处克尔捷米纳尔遗址（A. V. Vinogradov 1981；A. V. Vinogrdov et al. 1986），但是中亚新石器时代和铜石并用时代早期的其他遗址并没有表现出食物生产型经济的迹象。由于这里特殊的生态环境，当地的经济形态以捕鱼为主。这也是布哈拉绿洲遗址的代表性特征（Gulyamov et al. 1966：87～90）。

仅在图迷克–基奇吉克（Tumek-Kichidjik）新石器时代晚期墓葬中发现的骆驼骨骼和纺轮就能直接反映此地可能为牲畜饲养起源地（A. V. Vingradove et al. 1986）。关于希萨尔（Hissar）文化的塔吉克斯坦高山部族经济的游牧特征也已经被推翻（Ranov 1998：113）。

（4）在中亚草原地带，与食物生产型经济有关的最古老的遗址就是扎曼–巴巴墓葬和聚落（Kuzmina 1958；Gulyamov et al. 1966：118～186）（图36）。在那里发现了小麦和大麦谷物的印迹，还有磨盘和嵌镰；在骨骼材料中，15%骨骼属于鹿、野公猪（野猪）和黄羊，这预示着狩猎经济的存在；85%的骨骼是驯养牛、绵羊/山羊，还有驴。在墓葬中也发现了动物骨骼。但是，如果仅仅根据年谱，这个墓葬和聚落组合并不是竖穴墓文化起源的代表。阿斯卡洛夫（A. Askrov 1981）与萨利亚尼迪（V. I. Sarianidi 1979）将其时代定为公元前第二千纪后半叶甚至晚期，认为扎曼-巴巴文化与巴克特利亚-马尔吉亚那（Bctaria-Margiana）文化有联系。我们并不赞同这个年谱。依据从南方来的材料和纳马兹加（Namazga）Ⅴ期、沙特佩Ⅱ期、希萨尔ⅢB期和蒙迪加克（Mundigak）Ⅳ期的材料相对比（Kuzmina 1958：33；1968：306），居址和墓葬被确立在公元前第三至二千纪。这个时代测定得到了马松的认同（V. M. Masson 1966）。我们的年谱也是建立在纳马兹加文化年谱之上。然而，尽管我们接受了西方学者所用的校正年代；但是，扎曼-巴巴的断代将晚于竖穴墓文化的校正年代（Rassamakin 1999）。

（5）丹尼连科的语言学推论与现代语言学在推理上相矛盾（Kuzmina 1981：38）。

（6）有关草原游牧经济独立发展情况，丹尼连科的观点也站不住脚（1974：25）。与之相反，在较早时期，复合性食物生产型经济遍布整个旧大陆（Shnirelman 1980：94；Rassamakin 1999：73）。

按照伦福儒的模式（C. Renfrew 1987，1992），在南俄草原上，动植物驯养物种的出现是与喀尔巴阡-多瑙河（Carpatho-Danube）地带混合农耕人群相互接触的结果，这个模式深受交换范围的扩大所导致的农耕聚落扩展和延伸的影响（Shnirelman 1980：92；1989：179）。

第二节　食物生产型经济的第二阶段

食物生产型经济发展的第二阶段肇始于红铜时代初始。生态环境在此段时期对经济活动特征有着决定性影响。

在第聂伯河（Dnieper）到乌拉尔地区，遗址出土的动物群材料中的野牛骨骼的出现和欧洲古代野牛骨骼的减少预示了集约狩猎可能导致了蹄类动物数量减少。伊万诺夫和瓦西里耶夫指出（I. V. Ivanov，I. B. Vasil' ev 1995：200），在红铜时代，里海北岸地区主要食物是野生动物的肉，它们主要捕获的动物是中亚野驴（*dziggetai*/the onager）①，占全部捕杀动物总数的10%。一方面，对蹄类动物的过度捕杀引发了一场经济危机，但是，

① 骡子是介于中亚野驴（雌性）和驴子（雄性）之间不能生育的物种。甚至于这个杂种因具有很强的攻击性而无法驯养。因此，关于众多描述古代近东中亚野驴的推定并不正确。

另一方面，它也为驯养物种开辟了生态位（又叫小环境）。因而，这场危机是由食物生产型经济的集约化所造成的。

在公元前第五千纪后半段到后期，众多文化区在第聂伯河至乌拉尔地区形成。这些文化组成了马里乌波尔区系亚速–第聂伯（Azov-Dnieper）文化（依据V. N. Danilenko 1974）或者称作第聂伯–顿涅茨（Dnieper-Donets）文化的纳德波罗热–亚速（Nadporozhye-Azov）的变体（依据D. Ya. Telegin 1965，1991；*Arkheologiya* 1985，1987；Kotova 1994），顿河下游（Nizhny Don）文化；萨马拉（Samara）文化和里海文化（Vasil' ev 1980a，1980b；Vasil' ev，Matveeva 1986；Sinyuk 1980；Melent' ev 1970，1976；*Eneolit* 1980；Kotova 1994）。

科托娃（1994：58）提出了这些文化更为精确的年代序列。她把马里乌波尔遗址时代定在新石器时代晚期和铜器时代早期，也包括了拉泽尔斯库耶（Razdorskoye）聚落的第二层和拉库什楚雅尔（Rakushechny Yar）的第四层和第五层。她划分了顿河下游文化的所有地层，并将其与布格–德涅斯特文化相联系，把年代定为公元前第五千纪第三阶段。她也研究了马里乌波尔文化区的顿河下游文化，并且把亚速–第聂伯文化的第二阶段确定为铜器时代早期，记录了其与斯莱德涅斯多格人群的关系。

黑海草原的斯莱德涅斯多格文化和伏尔加地区的赫瓦伦斯克（Khavalynsk）文化继承了马里乌波尔文化区遗址以后，而形成单独的文化体系（Telegin 1973；Vasil' ev 1980a，1980b；Agapov et al. 1990）[①]。

如今，研究者不再专挑斯莱德涅斯多格文化［其典型遗址是德瑞夫卡（Dereivka）的居址］而选择了乌克兰地区，并且指出乌克兰地区存在四支独立的文化，而每一支文化代表不同类型，年代序列和地理层位都有重叠，形成了斯莱德涅斯多格文化区：斯科尔亚、斯多格、基辅特亚（Kvitya）和德瑞夫卡（Rassamakin 1994：32～45；*Arkheologiya* 1987；Kotova 1994：75～83）。乌克兰最古老的红铜时代文化——斯科尔亚与古梅尔尼查（Gumelnitsa）AⅡ～BⅠ、瓦尔纳（Varna）、库库特尼（Cucuteni）A和特里波里耶（Tripolye）BⅠ～BⅡ的时代相当，并且与它保持着密切关系。依据这些联系，我们可将这个文化时代断定为公元前4500～前3600年（Movsha 1984）。基辅特亚文化分布于多瑙河至顿河的广大区域，与特里波里耶CⅡ阶段（公元前3600～前3000年）时代相同。最后，我们根据外来的手工制品判断，德瑞夫卡文化已经扩展到了森林草原地带，

① 这些文化的人口基因特性相同。

并且与特里波里耶BⅡ～CⅠ期和（罗马尼亚的）切尔那夫达（Chernavoda）时代相同，相当于公元前3700～前3150年。

依据拉萨马钦（1994：42）的研究，只有斯莱德涅斯多格地区的斯科尔亚早期阶段文化与伏尔加地区的赫瓦伦斯克文化时代相同。

多种考古资料证实了马里乌波尔和斯莱德涅斯多格部落与多瑙河地区和第聂伯河地区的农民有深入地直接联系。后者以线纹陶而著名。食物生产型经济正是从这些中心向草原传播（Shnirelman 1989：168）。

马里乌波尔文化部族圈养牛、绵羊/山羊、猪和马。驯养动物骨骼占整个骨骼标本资料的50%以上，说明了饲养牲畜是马里乌波尔文化经济的重要组成部分。

第三节　马的驯养和早期使用

此段时期的一项重要革新就是马的驯养。根据格拉莫娃的研究（V. I. Gramova 1949），马的最早驯养发生在第聂伯河和乌拉尔之间，在自然属性上，仍然属于泰班马（*tarpan*，很可能是马的祖先）[①]。20世纪70年代，一些杰出的动物学家证实了这个假设（Bibikova 1967，1969，1970；Tsalkin 1970b；Bökönyi 1959；Necrasov 1971），并且得到广泛认同（Kuzmina 1977a）[②]。

很有可能是一个熟悉牲畜驯养的人群完成了马的驯养。关于牲畜驯养的起源单一中心说的提出，说明了所有旧大陆地区，驯养当地动物物种都是在当地人群接受了从西亚引进驯养的牲畜之后（Shnirelman 1989）。

在第聂伯-顿涅茨文化和萨马拉文化遗址中发现了最早的马骨骼。后来，马的数量成群增加，在德瑞夫卡，马在整个驯养动物总数中达到了60%，而在列宾胡图（Repin Khuto）达到了80%。在此文化遗址中也发现了祀马形成的最古老证据，它对旧大陆人群的神话极为重要，对操印欧语的人群的重要性亦较显著。

马是由东南欧草原农民从草原部族那里引进的：在线纹陶文化、科罗什（Körös）、

① 根据DNA研究，野生的泰班野马看起来与这些早期驯养的马关系最近。

② 英文编者注：作者关于马的驯养的讨论主要参照古动物学家（或者动物考古学家）的研究，主要有贝内克、冯登德里施、科辛采耶夫、马莎·雷雯和奥尔森。另，麦克唐纳研究所关于欧亚草原开发和利用的论著由剑桥大学出版社于1999年开始出版，其中公布了一些有价值的相关资料。

博扬、古梅尔尼查、库库特尼和特里波里耶等文化聚落中发现了驯养了马的骨骼。然而，他们只统计了这些文化遗址中的一小部分骨骼材料，就指明了马匹饲养在这些文化中的重要地位（Bibikova 1969； Tsalkin 1970b：183，184，196；Bökönyi 1959；Necrasov 1971）。

柴尔金和毕毕科娃（Bibikova）在20世纪60年代似乎解决了关于马的驯养中心和最早使用的时间等问题。如今，这个问题又再次被提及。马洛里（1981）在1992年柏林举办的关于“印度–日耳曼人和马”（the Indo-Germans and horses）的论坛中介绍了乌拉尔到里海地区在前竖穴墓文化时代并没有埋葬马的祭祀坑，而雷雯（M. A. Levine 1990；Levin，Rossamakin 1996；Rassamakin 2002）和伍尔普曼（H. P. Uerpmann 1990）质疑德瑞夫卡出土马的驯养信息的真实性。豪斯勒尔认为德瑞夫卡就是一个垃圾坑（灰坑），并认为带有驯养特征的马的骸骨与斯莱德涅斯多格地层没有关系，拒绝承认权杖具有马的特征（A. Häusler 1992，1994）。

出自草原上的许多新资料让考古学家们重新回到马的驯养问题上来。从方法论上看，似乎是正确的，辨认驯养马的三个必需条件：①马的原始祖先的出现；②牲畜驯养的知识；③马自身的必要性刺激了马的驯养。只有这三个前提条件共同出现才能构成马驯养存在的必要条件。草原上需要具备这三个前提条件：①在铜器时代，大量蹄类动物的灭绝导致肉类供给迫在眉睫；②从红铜时代开始，人群已经保有驯养了的牛、绵羊和山羊；③在此处发现了野马。

必须由古动物学家来认定，在那里发现的马是属于野生的还是驯养的。我们知道，与牛、绵羊/山羊相比，马驯养的表征比较细微，通常很模糊。但是，一些最权威的动物学家赞同毕毕科娃和柴尔金的观点，南俄草原实际上是驯养马的中心（Benecke 1993b；Bökönyi 1994；Benecke，Driesch 2003；Boessneck，Driesch 1975，1976）。

反对者们把焦点主要集中在捷列金（D. Ya. Telegin）和安东尼主持发掘的德瑞夫卡发现的马的遗骸上。事实上，最近更多碳元素资料分析表明，这些遗骸出自较晚时代的遗迹（安东尼接着报道了这些事实）。然而，从第聂伯河到乌拉尔地区发现了驯养了的马的遗骸的遗迹主要为新石器时代晚期，特别是红铜时代的遗迹。

拉萨马钦（1994）清楚地说明了其对遗址中马的残骸鉴定的怀疑，因为所选标本不具有代表性，遗迹中的器物组合也被混淆。但是，除了这些遗址和德瑞夫卡以外，在摩尔羽科夫·伯格尔（Molyukhov Bugor）和斯莱德涅斯多格文化的亚历山大里亚（Alexandaria）的遗址也发现了马的骨骸，占到所有动物骨骸总数的50%（*Arkheologiya*

1985：309；*Arkheologiya* 1987）。

在新石器时代和铜石并用时代地层相混的萨马拉地区的维洛瓦托夫斯卡亚（Vilovatovskaya）遗址中（Vasil'ev et al. 1980：151ff.），驯养的动物骨骼占所有发现骨骼的46.15%，其中马占40%；羊占33.3%；牛占23.3%。彼得连科（A. G. Petrenko）研究这样标本后认为这些马属于被驯养的。在伏尔加–乌拉尔交界处奥尔洛沃（Orlovo）类型的新石器时代晚期瓦尔弗罗美耶夫卡（Varfolomeyevka）遗址中发现了驯养了的牛、羊、狗和马的骨骼，并且弗米切夫（A. Yu. Fomichev）认为其有驯养和野生两种（Yudin 1988：164）。马的遗骸占全部骨骼的一半。奥伦堡（Orenburg）地区的伊万诺夫卡（Ivanovka）遗址的新石器时代地层中（Morgunova 1995），驯养物种的骨骼所占比例达到所有骨骼的52.4%。其中45.5%属于马骨，27.3%属于绵羊骨，2.7%属于牛骨。在新石器时代地层中，45.7%为驯养动物骨骸，其中53.75%是马的骨骸；25%是绵羊的骨骸；16.25%是牛的骨骸，3.75%是狗的骨骸。根据彼得连科的研究，马的骸骨代表着驯养物种。

驯养马在乌拉尔的更北地区也具有代表性。在莫尼诺（Mullino）遗址的新石器时代地层中，26%的骨骼是驯养动物的骨骼，其中主要有17.64%属于马，4.4%属于羊，4.4%属于牛。在达夫列卡诺沃，67.5%的骨骼属于驯养物种，马占绝对优势（44.1%），牛达到了17.3%，羊占5.6%（Petrenko 1982：301～307），铜石并用时代也具有同样的情况。根据彼得连科（1982：303）的研究，在达维卡诺沃（Daviekanovo），驯养动物骨骼数量达到了52.8%，其中马占了37.7%，牛占14%，绵羊仅占0.89%（在莫尼诺地区比例小一些：各自占35%、13%、15%和6.5%）。

在泛乌拉尔地区的苏尔坦帝（Surtandy）文化遗址中，穆拉特（Murat）地区驯养动物达到93%，其中66.6%骨骼是马骨骼（Matyushin 1982：82，由彼得连科的观点确定）。

因而，除了外来物种牛和羊外，以马骨骼为最大特征的文化区遍布了从第聂伯河到乌拉尔山脉。这些数据也被用来确定这些马是野生的还是驯养的。

很不幸，如今参与马的驯养问题讨论的绝大多数学者不是专业的古动物学家。他们仅仅提出了一些普遍认识和间接的遗址地层资料、牙齿的磨损状况和被宰杀的动物年龄等。

这些把黑海–里海草原看作驯养马的中心的最杰出的动物学家有伯克易（1994）、贝内克（Benecke）和冯登德里施（A. Vonder Driesch 2003）、梅焘（R. Meadow 1996）以及贝内克（1993a，1993b）[①]。贝内克检测了欧洲马的骨骼残骸，确定了古代马传播的几个中心，并且得出结论——欧洲早期驯养的马源于最古老的东欧草原物种。

根据德里施[②]的报告，在驯养的最初阶段，作为驯养方法，马群中的领头雄马是被阉割的。我不知道是否一直从这个角度检测来自南俄草原的骨骼标本。但是，由南俄草原上马的祭祀起源而引起的这个议题非常重要。贝伦斯（Behrens）已经确定了，经济活动中的重要动物成为祭祀品（图4）。在伏尔加地区公元前第四千纪前半段的萨马拉文化的锡尔茨耶（Syezzheye）墓区发现了葬有马头颅和腿的时代最早的祭祀坑。在祭祀场所摆放着两匹马的头颅和腿骨。在头颅和腿骨周围撒满朱砂。依据彼得连科的研究，它们属于驯养物种。紧挨着马的头骨和腿骨的是采用野猪獠牙做成的两头牛和两匹马的塑像（Vasil' ev，Matkeeva 1979：159，fig. 3；Vasil' ev 1981：67，fig. 7：1～4）。

在萨拉托夫泛伏尔加（Saratov Transvolga）地区的奥尔洛沃文化的新石器时代晚期（Orlovo）的瓦尔弗罗美耶夫卡遗址中发现了驯养动物的骨骸，包括牛、绵羊、马和狗；此处，还发现了三个小的骨质马塑像（图4：1）。马塑像头上呈现出辔头的痕迹（Kileinikov，Yudin 1993：81，fig. 11：3～5）。在相同位置发现了带有装饰的马足大骨，与拉库什楚雅尔、维洛瓦托夫斯卡亚遗址和波泰（Botai）发现的器物很相似（V. F. Zaibert 1993：177，fig. 21），也发现了一根带有马头的石质权杖（Yudin 1988：162，fig. 11）。

在萨马尔文化利普吾奥夫拉格（Lipovy Ovrag）的红铜时代墓群的墓葬中发现了一枚骨质的马塑像；在出土有马、牛和山羊/绵羊骨的维洛瓦托夫斯卡亚遗址中发现另一个马塑像（Vasilov，Matveeva 1986：fig. p. 37，39；Vasil' ev et al. 1980：184，fig. 21：2）（图4：2～6）。

与锡尔茨耶相同的祭祀活动在公元前第四千纪中期到晚中期的伏尔加地区赫瓦伦斯克文化人群中也有保留。在赫瓦伦斯克红铜时代的墓中除了埋葬有随葬品，还随葬有牛和绵羊/山羊的头骨和腿骨，有时候还随葬有马腿骨。在祭祀场所发现有牛和绵羊/山羊的颅骨和腿骨，还有羔羊的骨架，而在三个祭坛上摆放有马腿骨（Vasil' ev 1981：69；Agapov et al. 1990：8，59，60，pl. 7）。

遵照“以部分代替整体（*pars pro toto*）”的原则，马的颅骨和腿与兽皮共同埋葬的

---

① 对他们有价值的建议，我深表感谢。

② 个人交流意见。

墓葬在旧大陆的祭祀活动中非常普遍。这些人中最早的为印欧人群（V. V. Ivanov 1974；Kuzmina 1963b，1977a；Piggott 1962；Raulwing 2000；Mair 2007）。

有关用马祭祀形成的另一个证据就是所谓的权杖，权杖上具有动物形象代表的部分（Merpert 1974；Danilenko，Shmaglii 1972；Popov，Smirnov 1973；Vasil' ev 1981：25；Agapov et al. 1990：87；Gimbutas 1970）（图4：7～10）。新近发现了在新沃尔斯克（Novoorsk）地区制作的带有马头的权杖（Morgunova 1995，fig.76：2）。这一组人工制品中包括了在瓦尔弗罗美耶夫卡遗址发现的带有马头的石头权杖（Yudin 1988：162，163，fig.11）；在同一遗址中发现了马的骨骼和刻在骨骼上的马的形象。有趣的是，在里海北岸的阿克–居那斯（Ak-Zhunas）墓地（与赫瓦伦斯克石杵同时代）发现了石杵，采用了装饰有颊片的轮廓清晰的马辔头来刻画马的头部（Dubyagin et al. 1982：103，105，fig. 1）。

豪斯勒尔对所刻画的动物多样性提出了质疑。事实上，许多标本，特别是在西方，已成程式化。然而，许多权杖上写实地描绘马的形象。出土于奥伦堡地区的权杖锤和出土于苏沃洛夫卡（Suvorovka）的权杖上面标记出马辔头形象首先回答了豪斯勒尔的疑问。

德尔加切夫和肖罗金对兽形权杖的材料和类型学研究进行了总结（V. A. Dergachev，V. Ya. Sorokin 1986：54～65）。他们证明了草原上兽形权杖是从写实性向样式化发展，以及对它们早期文化的渗透直接反映了对喀尔巴阡山–多瑙河地区草原的影响。因而，新资料证实了这一现象，养马起源于第聂伯河到乌拉尔的草原地带；明确地证明了直到公元前第四千纪，欧亚最重要祭祀的活动之一——祀马诞生了。

更为复杂的问题是独立的驯马中心是否源于哈萨克斯坦北部。在此地的新石器时代波泰聚落中发现了大量的马骨骼，占全部动物骨骼的99%（V. F. Zaibert 1993）。狩猎是经济形态的一个基本形式，在旧大陆文化中没有发现此类食物生产类型的迹象。另一方面，许多坑中发现大量骨骸说明了当时人群宰杀了大量动物。

波泰马的多样性已经引起了很多讨论。库兹米娜将它们定为驯养了的马（I. E. Kuzmina 1995），并且提出波泰马的头颅与乌拉尔宽趾马的头颅相似。然而，研究动物驯养方面的最杰出专家耶摩洛娃（N. M. Ermolova）在检测标本时没有发现任何驯养的信息。而在其他学者之间，观点也不尽相同。安东尼和布朗（1991，2000）根据马的牙齿磨损分析认为，波泰马是驯养的。雷雯根据那些被宰杀的马的年龄统计复原（M. Levine 1990，1999），并不赞同布朗和安东尼的观点，认为马是野生的（Levine 1990；Levine，

Rassamakin 1996）。

波泰位于被一条从峡谷延伸出来的狭窄的针叶林带所隔开的海岬上。此地一直是季节性捕猎马的理想场所。在动物学家们能够提出一个关于驯养马的更新且具有决定性的客观评价之前，最折中的观点是扎伊贝特提出的假设观点（V. F. Zaibert 1993），即波泰可能已经是一个季节性捕猎场，那些熟悉牧马业的人群首先尝试通过将马群驱赶进陷阱的方式去驯养一些马来骑乘。（现在西伯利亚猎捕驯鹿的人仍然使用这个方法。）骑马者因此并不需要辔头。在波泰发现的一些埋有马骨的坑直指一个事实——马是食物的主要来源。

马最早使用于南俄草原，这个观点一直备受争议。一些考古学家争辩牲畜饲养独立于农业发展，从最初开始就是一种动态的经济形式。丹尼连科和希马格里提出了一个假设（V. M. Danilenko，N. N. Shmaglii 1972），早期骑兵的出现在欧洲历史上是一个主要的转折点。这个假设得到了吉布塔的支持（M. Gimbutas 1970）。据说，这些骑兵部队在多瑙河地区和喀尔巴阡山，利用火和剑破坏农业聚落，势不可挡。后来的理查尔都斯进一步发展了这个假说（J. Lichardus 1984，1991）。

斯莱德涅斯多格文化祭祀遗迹和瓦尔纳墓群祭祀仪式相似。瓦尔纳墓群中有大量的富人墓，随葬有黄金说明了社会的等级分化。同时这种祭祀遗迹也支持了来自黑海地区骑马牧人的入侵这一假说。

我们是否能够找到可靠合理的证据支持游牧业和军队对于马的使用起源于公元前第四千纪的草原这个假设呢？

毋庸置疑，对于红铜时代饲养牲畜的放牧者，他们可能知道如何骑在马背上。一根皮带或者绳索之类的缰绳对于这些早期马背上的骑兵本已足够了，但是，他们在射箭和拿着枪矛战斗的时候，需要由马衔和颊片组成的辔头来掌控马。

捷列金（1973）确认在德瑞夫卡存世最早的颊片采用骨制并带有一个或两个孔。马洛里（1989）、安东尼（1995）、安东尼和布朗（Anthony，Brown 2000），以及其他学者根据这些早期颊片提出了关于欧亚草原上马背上骑乘（相对于后来骑乘在马鞍上来说——中译者注）的早期传播的假说。

事实上，这个假说是因误解而产生的。柯金（P. M. Kozhin）在1970年发表了一篇文章，宣称在西伯利亚阿凡纳谢沃（Afanasievo）文化遗址中发现的带有孔的角质物体在极细微方面看起来像斯基泰时期的颊片，因而，这些阿凡纳谢沃颊片表明了直接骑在马背上的现象是存在的。格里亚兹诺夫驳斥了这个假设，这就致使柯金收回了其假说。无论如何，丹尼连科和希马格里（1972），以及捷列金（1973）把这些出自德瑞夫卡的类似物定为颊片，因而认定牧马的草原游牧人是骑马游牧人，并且进行了令人厌恶的长距离窃掠。

根据豪斯勒尔（1996）的调查，吉布塔（1977）在德国泛日耳曼主义（Pan-Germanism）的支持下在海德堡进行研究，通过政治途径深化了这一假说。吉布塔相信来自东方的凶残的骑兵利用火和剑来破坏欧洲的农耕文化。

这不是我们第一次质疑这个假说了（Kuzmina 1983）。最近，学者们对一组广泛分布于不同文化中的欧洲手工制品展开了一项研究（Dietz 1992）。根据人类学和考古学资料，这些分布很广的手工制品由特里波利耶的角质铲子（Rassamakin 1999）演变成中国的解结锥（觿）（Komissarov 1980）。这些手工制品用途广泛，并且出现在不同经济形态的文化中，包括在没有马的经济形态中。这些手工制品在瑞士木桩聚落遗址中出现数量特别多，它们被用于织网（Dietz 1992）。

因此，直接骑在马背上起源于草原的理论没有得到可靠的证据支持。这绝不能排除饲养马的牧民直接骑在马背上来放养牲畜，同时采用皮带或者绳索之类的缰绳来控制马匹。但是，没有马衔和颊片的帮助，人不可能在马背上利用弓和投射矛进行骑射。

那么，人在驯养马的早期阶段是如何使用马的呢?

伯克易（1994）辨认了早期畜牧业发展的阶段。在驯养的最早阶段，从捕猎到生产食物转变的过程中，人类只是简单地吃刚刚驯服的动物，就像吃它们的野生祖先一样——这看作是“以蹄类为生”。只有在驯养的第二阶段，人类才开始利用动物的奶和毛（副产品），并把这些动物当做畜力。

在南俄草原红铜时代遗址中，马骨被劈开说明了人类将马当做食用动物，并且没任何迹象表明马被用作远程迁徙。

第四节　竖穴墓文化群的发展

第三阶段是红铜时代的高峰，即公元前第三千纪早期到前第二千纪。根据对遗址考古地层中孢粉的分析，洪积季大约在公元前3000年让位给了更加干燥的亚北方期。落叶林在黑海草原消失；与现代区域相一致的森林和草原之间分隔带已经形成；在克孜尔库姆，亚吾亚堪洪水期接近尾声；在哈萨克斯坦，半沙漠和草原生物群形成了今天的分布状况。里海出现了海侵现象（Gerasimov 1937，1956，1993；Buchinsky 1979；Neishtadt

1957，1965：199，map；Vinogradov，Mamedov 1975：252；Kassin 1947；*Kolebaniya，uvlazhnennosti Aralo-Kaspiiskogo regiona v golotsene* 1980；Khotinsky 1982；Ivanov，Vasil' el 1995；Kremenetsky 1991；Spiridonova 1991；Lavrushin，Spiridonova 1995a，1995b）。

公元前第三千纪代表了竖穴墓文化群发展的高峰期，与前红铜时代文化相一致（见图5）。整个区域内墓群中的大量竖穴墓就是史前食物生产形成而引起人口增长的重要证据。

然而，在公元前第三千纪，由于这些聚落人口增长，气候变化，以及草原景观特征改变，它们的生态系统内生产潜能降低。因为草原土壤和气候环境并不能满足早期农耕需求，所以食物生产的增加也成为天方夜谭。在美索不达米亚，被灌溉庄稼的产量达到600千克/平方千米（sam-30）①，有时候增长到1500千克/平方千米，根据希罗多德的研究（Ⅰ. 193），产量可能达到了种子的200倍和300倍。在希腊，产量达到800～1000千克/平方千米；在巴尔干（Balkans），达到了400千克/平方千米；在中欧，200千克/平方千米；而在草原，产量仅有80～300千克/平方千米（Vaiman 1961：3～5；Kuzmina 1968：176，177；Shnirelman 1989：186）。

我们已经谈到，草原气候的降水量是无法估计的，且通常很小，致使草原成为不稳定农耕带。年降水量从北缘向南呈430毫米到150毫米逐级递减，湿度也因蒸发量增大而成倍递减（Mordkovich 1982：26，98，99）。

草原土壤的生产能力也各不相同（地图5）。2500万平方千米以上的土壤是黑钙土。根据19世纪乌克兰公布的数据，他们每平方千米（相当于2.7英亩）收获50普特（pood，相当于近36磅）小麦（Bibikov 1965：53）。然而，在一些地区，特别是在东部地区，由于混杂着棕色和灰色的土壤和沙地等一些贫瘠地区，绝大多数土地的土壤肥力较低。在哈萨克斯坦西部，肥沃的土地面积达到了近40%，而贫瘠的土地占到土地总面积的10%～30%。在奥伦堡地区，肥沃的栗色土壤退化成了盐碱地（Uspanov 1949）。相应地，在1909年的阿克秋宾斯克地区（Aktyubinsk *uyezd*），小麦产量是种子的10倍（sam-10），以及黍的产量达到了种子的4倍（sam-4）（*Spravochnaya knizhka i adres-kalendar' Turgaiskoi oblasti* 1911，figure）。庄稼产量自然而然地在红铜时代就更低了。

因而，在初级工具和简单的农业技术条件下，在草原上的一些地区发展农耕几乎不

① 英文编者注：俄罗斯农业中，"sam"表示土壤生产能力的系数，sam-1表示种植一个单位的谷物可以收到同样多的粮食，sam-30表示种植一个单位的谷物可以收到30倍的谷物，sam-200意思是收成是种子的200倍，以此类推。

可能，而草原上的其他地区比西亚和东南欧的土地效率更低。

同时，大部分被茂密的钟茅草–多种植被和羊茅草所覆盖的欧亚草原为牲畜饲养提供了最理想的环境。钟茅草–多种植被草原的土地每平方千米能生产15千克干草；羊茅草的土地产量为7千克/平方千米；半沙漠的小块土地产量为5千克/平方千米。每1平方千米土地每年能饲养6～7头牛和马。

这些环境对于以饲养牲畜为主的食物生产型经济来说是最理想场所。此外，此类环境预示了不同地区经济调适的特殊性。

早在20世纪60年代，考古学家就证实了草原食物生产型经济发展不平衡性。遗址和大量村落中发现的农业生产工具｛杜尔纳斯科尔亚（Durna Skelya）、斯科尔亚卡梅诺洛门亚（Skelya Kamenolomnya）等，包括大型复合工具［米哈罗夫卡（Mikhailovka）］｝清晰地说明了，在乌克兰，混合经济占据主导优势，而农耕仍然发挥着重要作用。在伏尔加–乌拉尔地区，实际上尚未发现这样的聚落，所反映的不同经济类型也无从考证（Merpert 1968：41，1974：109～113；Shaposhnikova 1985；*Istoriya* 1997）。

根据骨骼资料判断，狩猎和捕鱼对竖穴墓文化人群来说已经失去了意义；反之，他们饲养牛、绵羊和马。在乌克兰聚落，牛骨成分占45%；绵羊/山羊所占比重超过了30%；马大约占18%。在米哈罗夫卡的上层，牛、羊、马各自占60%、30%和10%；个体各占46%、34%和18%（Tsalkin 1970b：247，pl. 51；Merpert 1974：116～117；Shaposhnikova 1985：350）。由于伏尔加–乌拉尔聚落资料缺乏，我们已不能判断遗址中动物骨骼所占比重，但是，墓葬中发现的动物祭祀坑展现了可识别物种的特殊组成。

我们通过考察这些遗址的地理位置很容易发现东部地区牲畜饲养的详细情况。希洛夫（V. P. Shilov 1975）已经证实了许多墓葬埋葬［库金库托尔（Kuzin Khutor）、巴尔金库托尔（Balkin Khutor）、查查（Tsatsa）］远离多水区域（Shilov 1970，1975：37～39）。这就无可争辩地证实了牲畜饲养占主导，同时，也存在进行游牧的特殊经济类型。

第五节　轮式交通工具的传播：伟大的丝绸之路开通的先决条件

此段时期竖穴墓文化人群最重要的变革就是轮式交通工具（图8）。轮式交通工具的起源问题需要对旧大陆交通史做一番分析。草原上轮式交通工具出现时间需上溯到公元前第三千纪后半期。库班（Kuban）地区诺夫斯夫博那亚（Novosvobodnaya）文化和新提托诺夫卡（Novotitorovka）文化的墓葬和德涅斯特到乌拉尔竖穴墓文化的聚落出土的轮子、车辆残段和车辆模型，以及成对的拖曳牛的发现证实了这一点（Childe 1951；Piggott 1969，1983；Kuzmina 1974a，1980b，1983；Häusler 1981；Azzaroli 1985；*Achse* 1986；Izbitser 1993；等等）。

轮子的发明是人类历史上最重要的发明之一，因为它五千年来很大程度上决定了我们文化的发展。轮式交通工具的使用相当大地促进了农耕和牲畜饲养方面的劳动生产力：在农耕方面，它方便了农民从田中运输庄稼，而在牲畜饲养方面，它让牧民有条件驱赶他们的牛群寻觅新的草场。这就促进了草原游牧业的产生。但首要的是，它前所未有地深化了交换；反之，它又加强了边远地区之间的文化联系，加速了思想的传播，从而也导致了大的历史性变革。因而，研究轮式交通工具的革新具有相当大的科学价值。

根据赞同柴尔德的食物生产“一元中心说”的大多数学者的研究（Childe 1951，1954），轮式交通工具在公元前第四千纪晚期发明于西亚，而在公元前第三千纪从西亚传播到次生文明区：高加索、兴都斯坦（Hindustan）西北部、东南欧和南俄草原。

我们依据以下几个材料重建轮式交通史：①文字证据；②交通车辆和双轮马拉战车的考古发现；③在墓葬和聚落骨骼资料中发现的拖曳动物的骨骼；④在遗迹中发现的交通工具的实物、标志符号和小俑等；⑤岩画中的轮式交通工具的形象。

在西亚，我们以基什（Kish）、乌尔（Ur）和苏萨（Susa）墓葬中的发现为基础，通过图章、镶嵌物体和浮雕的发现，以及青铜和泥质俑上的形象，判断轮式交通工具主要有四轮和带有敞篷的或有棚的牛拉的两轮车两种（图6、图7）。我们从这些形象中还可以得知，人们后来才使用骡子和中亚野驴作为拖曳牲畜。然而，动物考古数据表明这些拖曳动物仅仅是大毛驴（Shnirelman 1980：54～56）。

人们通过在哈玛姆（Hammam）、特佩高拉（Tepe Gara）和苏希亚那（Susiana）发现的四轮泥俑模型，以及在特尔-阿格拉卜（Tel-Agrab）发现的完整的铜制双轮模型才知道有篷车（Moorey 1969：431～432；Ziegler 1962：pl. 7 N137；Özguç 1953：pl. LXⅣ）。在高加索地区，墓葬中已经发现了四轮和牛拖曳的敞篷或者有棚的两轮车，还有泥俑和铜模型（Kuftin 1941；Dzhaparidze 1960，1976；Esayan 1966，1976；Piggott 1969）。

在兴都斯坦西北，轮式交通工具出现在公元前第三千纪后半段。在哈拉帕（Harappa）聚落发现的泥质和青铜双轮车模型，泥质的轮子和拖曳牛的塑像证实这一点。哈拉帕文明的特征就是两种类型的双轮车：一种为敞篷，一种为仅在车轴上装有一个座位［在昌胡-达罗（Chanhu-daro）已经发现了后一类型的模型］（Mackay 1951，97，pl. XXI：13；Piggott 1970：200～202）。人类在印度哈拉帕时期把印度瘤牛用作拖曳牲畜。

有关出自伊朗东北部最早的轮式交通工具的信息缺乏，仅局限于沙-特佩Ⅲ～Ⅱ和希萨尔Ⅲ（Schmidt 1937：185，pl. XLⅣ，H2649；Arne 1945：262）发现的带有双面榫的泥质车轮模型，以及代表有争论的双轮车的典型。车轮带有一个“十”字形辐条，由一个榫和三条榫头组装而成，在轴前带有牵引部件的一个平台和一头套有马具的动物。发现于公元前第三千纪后期希萨尔ⅢB出土的圆形印章上（图32）的动物可能是驴（Littauer，Crouwel 1979：40，fig. 21）。

中亚是旧大陆古代使用轮式交通工具的另一个地域（图33）。带有双面毂的车轮模型和套有马具的泥俑的发现很明显地说明了轮式交通工具出现在纳马兹加Ⅲ，即公元前第三千纪前半段；而牵牛的泥俑和牛头，以及车轮和两种车的模型的众多发现很明显地说明了在纳马兹加Ⅳ和Ⅴ也存在轮式交通工具。在这些类型中，第一类是前面敞口和四周高起的四轮车（这使它区别于西亚和多瑙河类型）；第二类中一种是四周高起的两轮车，另一种可能是有棚的车身。与旧大陆其他地方相比，中亚地区的人们不仅把牛当做拖曳的牲畜，还把巴克特尼亚的骆驼也当做拖曳的牲畜。描绘拖曳动物头部的众多模型证实了这一点（Kuzmina 1980b，1983）。

如今卢浮宫收藏的出自阿富汗的银碗上描绘了这两种类型的车（P. Amiet in Ligabue，Salvatori 1988：161，fig. 6）（图32）。一种是笨重的中亚类型四轮车，四周高起，前面敞开，由两头牛通过“Y”形杆来牵拉，驾驭者的脚可以踏在“Y”形杆上。驾驭者的背后还有一个人物形象。第二种类型的车是双轮的，也有一对牛通过“Y”形杆来牵引，在轴前面有一个可供驾驭者站立的平台。这两种车的轮子都采用固定在突起的毂上带有榫卯结构的平行板条组装而成。这些就是被称作“十”字辐条的轮子（就像希萨尔出土印章上的那些）（Littauer，Crouwel 1977a）。它们不同于公元前三千纪的美索不达米亚和中亚实心轮子，也不同于公元前2千纪早期欧亚草原和黎凡特（Levant）盆地上所用的被称作真正马车上装轮辐的轮子。这种轮子的设计很可能是向辐条式车轮的过渡。众多的巴克特里亚骆驼形象表明它们可能也被用作拖曳牲畜。

在包括巴尔干和多瑙河地区在内的东南欧发现仅有牛拖曳的四轮敞篷车。这些模型中的部分以在车身前刻画出牛头形象为特征。

易兹比切尔（E. V. Izbitser 1993）在南俄草原发掘了大约250座墓葬。每个墓葬都葬有一辆或者两辆车（图8；地图8）。这些车都配有一对牛或者犍牛，并且套有牛轭和驾杆，在轴上装有实心木质车轮，一个突出的毂，有时候车体封闭。所有早期车都保存有四个车轮。同时还发现了一些墓葬也只出土单对车轮的车，与泥质单辕车模型一样。这就使我们相信，与易兹比切尔的观点①相反，双轮车也出现了。

库尔巴卡和卡秋尔（V. Kul' baka，D. Kachur 2000）统计了在诺伯提塔罗沃（Nobotitarovo）、颜姆那（Yamna）和洞室墓（Catacombs）文化（地图8、地图9）发现的更多的车子。

敞篷的四轮车可能在多瑙河地区和高加索草原上分布广泛，同时，双轮有棚车经过高加索也已到达于此［不仅考虑到相似的制作技术，而且分析了制作卡尔梅克（Kalmykiya）车轮所用的紫杉］（Erdniev 1975：16 ~ 17）。

这些证据已经表明，轮车通过次生文明区的第三区，也就是中亚，到达草原。但是这种观点未见可行。因为首先，中亚轮车的设计不同于草原轮车；其次，在公元前第三千纪，农民与游牧民之间的联系并不深入，因为克尔捷米纳尔渔猎人群将他们阻挡开来。有人提出了一个假设，轮式交通工具是在公元前第三千纪从黑海草原被带到中欧的（Waals 1964）。

专门的草原游牧和半游牧形成的重要的先决条件是交通工具的发明，因为交通工具让放牧人首次跟上他的牲畜。这个进程的另一个先决条件是金属被用于车辆生产。竖穴墓文化遗址中经常出现金属。金属的自然属性和成分表明，尽管高加索地区存在金属制造业（Chernykh 1966，1978；Ryndina 1971），但是东南欧农民将其提供给草原民族。乌拉尔南部的一些堆积很有可能形成于竖穴墓文化晚期（Morgunova，Kravtsov 1994；Chernykh 1998），首先是在卡尔加里（Kargaly）。竖穴墓文化人群直到公元前第三千纪

① 易兹比切尔提议的将泥质模型解释为摇篮被上文提及的泥俑祭祀特征所否定。豪斯勒尔（1982）对三兄弟墓葬出土的模型进行了复原。两个双轮车的模型为萨夫罗诺夫（V. A. Safronov）的藏品。车模型是玩具的广泛说法是错误的。因为首先，这些模型通常不能够滚动（作为模型一部分的拖曳动物通常没有轮子）；其次，西亚模型采用昂贵的金属制成，且极易碎坏；第三，也是最重要的，南俄草原和多瑙河流域两个地区的模型发现于墓葬中，而在西亚的特尔−阿格拉布（Tel-Agrab），供奉月神的封闭神庙中出土了一个铜质模型。一些现存的赫梯文献也记载有车轮模型出现于植物神（Vegethlon）神庙中（Kümmel 1967）。此外，毋庸置疑，祭祀的车辆也出现在印章上，因为他们刻画出神的形象。车辆在宗教仪式和皇家祭祀中比较普遍。综上所述，两辆有车轮的车模型为孩子的玩具这一观点并不成立。

中前期才完成这一整套相互关联的变革。这些情况第一次在旧大陆历史上迫使这些人采用全新的经济形式以适应草原生态。正是这种经济形态最终导致了草原游牧的发展。

一对犍牛带领一个牛群以每小时2英里（约合3.2千米）的速度向前移动，牛群一天能走12英里（约合19千米）。这样才能使牛群能够在一个夏季走上几百千米（Fowler 1967）。移动放牧牲畜的形成有一个延续的历史性过程，这使得草原居民有能力进行长途迁徙。这样就能形成广大范围内的逐步发展，以及旧大陆其他地区不为人知的大规模文化群落的形成。

同时，在游牧经济中，放养的牲畜成为最容易移动的资产。这有助于加强与农业居民的交换，但也因放养牲畜而相互冲突。

古代防御设施在公元前第二千纪后半期的出现就证实了草原上政治形势的变化。例如，在米哈罗夫卡的聚落存在的最后阶段，就形成了以山丘为中心的遗址，在其周围建造平行延伸的沟渠和防御性的石围墙。米哈罗夫卡的防御工事与东南欧的聚落防御性建筑相互关联［耶泽诺（Ezero）Ⅳ］（Shaposhnikova 1985：340～343）。这些过程在下一个历史时期得到了更进一步的发展。

第三章　青铜时代的欧亚草原

根据古地理学资料（Lavrushin，Spiridonova 1995a，1995b），北方期开始于公元前第三千纪中期，如前所述，其特征为突如其来的凉爽气候，而在公元前第三至前第二千纪的转折期，北方期则被新一轮的气温升高代替。一些研究者相信，这致使了气候中降水量的增加和湿度上升，从而引起了自然带发生变化。在公元前第二千纪中前期，气候变化致使多种植被草原化发展和森林化地区扩展，桦树和松树生长旺盛，椴树和橡树再次出现。

但是，如果草原生态系统的特性决定了人类和自然之间的早期相互关系，那么，随着其气候内在变化，现在，另一个自然因素——地区性所含铜矿的丰富程度——占据了重要地位。人类在铜石并用时代（或者红铜时代）伊始使用金属体现了金属在竖穴墓文化人群中的重要性，而洞室墓文化人群显然是熟练的冶金者。他们墓葬中发现的金属制品就明显地说明了这一点。

竖穴墓文化人群中的一部分向移动牲畜饲养者转变刺激了对金属的需求。饲养的动物已经成为便于交换的可移动资产。于是，他们需要保护财产。这就导致了武器的使用，同时也促进了金属冶炼。

以前的金属是从保加利亚矿山运送到草原（Chernykh 1978；Ryndina 1971），但是后来，这里资源消耗殆尽，农耕聚落被抛弃，矿藏也随之废弃。托多洛娃认为其与生态危机——该地区发生的洪水有关（S. Todorova 1979）。人群在寻找当地原材料时发现了乌拉尔铜矿矿脉，包括卡尔加里最富裕的铜矿。车尔尼克认为，该铜矿最早使用时代可追溯到竖穴墓文化时期（E. N. Chernykh 1998）。

在乌拉尔地区，沿着马格尼托哥尔斯克（Magnitogorsk）–奥伦堡古断裂带分布着一个露天的原生铜矿。史前时期的矿工利用它轻而易举地开采上层氧化矿。

地理、气候和人口，所有这些因素综合决定了以后所发生的史无前例的文化进化，被称作“欧亚草原食物生产型经济革命的第四阶段”（Kuzmina 1996 ~ 1997）。

第一节 乌拉尔地区的原始城市文化

1973年，俄罗斯科学界发生了两件令人瞩目的事情：一件是作为V. F. 基宁（V. F. Gening）探险队一员的阿希克米娜（A. I. Ashikhmina）考察了车里雅宾斯克州布列丁斯基（Bredinsky）地区的新塔什塔墓葬的随葬品（*AO* 1973，1974：132，133）；另一件则是在斯米尔诺夫（K. F. Smirnov）的帮助下，波波夫（S. A. Popov）研究了鄂尔斯克（Orsk）附近新库马克（Novy Kumak）墓群的25号墓葬（*AO* 1973，1974：175，176），证明了出土的陶器与波尔塔夫卡文化和洞室墓文化（Poltavka and Catacomb Cultures）出土陶器特征相似。

当新塔什塔墓葬出土一系列独特人工制品的时候（Gening et al. 1992），对新库马克墓葬的研究多年来仅停留在遗址分层上。我和斯米尔诺夫于1976年在萨马拉会议公布的资料中辨认出了出自乌拉尔地区（Kuzmina，Smirnov 1976），以及哈萨克斯坦西部和北部广大区域内遗址的陶器类型，包括早前由G. B. 兹达诺维奇（G. B. Zdanovich 1975，1988）发现并命名的公元前15世纪的彼德罗夫卡类型遗址。我们根据新库马克地层资料，把这些所有的人工制品都归在了新库马克年代内，介于洞室墓文化时代和发达的阿拉库尔类型安德罗诺沃文化时代之间。

我们俩通过研究轮式交通工具和颊片的历史（K. F. Smirnov 1957，1961；Kuzmina 1974a），将这个地区的年代序列定在“迈锡尼竖穴墓（Mycenean shaft burials）”之前（公元前16世纪）。就像莱斯科夫（A. M. Leskov）给我们展示的那样，那里的颊片与草原出现的颊片相似。尽管那是最重要的，与兹达诺维奇［他研究哈萨克斯坦新石器时代彼德罗夫卡（Petrovka）遗址的渊源，接受了中亚南部和阿巴舍沃（Abashevo）部分介入了其遗址的形成和发展的可能性］相反，我们提出了一个大胆假设，那些从西部涌入的人群推动了新库马克地区遗址的发展。这些遗址包括阿巴舍沃文化、波尔塔夫卡欧罗巴文化，以及MVK[①]欧罗巴后洞室墓（Post-Catacomb）文化。总之，我们认为新库马克

① 英文编者注：“MVK”是俄语单词“Monogovaliovaka”的缩写，意思是“Multi-Roller Ceramic”，即带有多处隆起边缘的陶器。

类型遗址的创造者是印度–伊朗人。这就验证了我们较早时期提出的假设。在1977年杜尚别（Dushanbe）国际会议上，我们发表了“最新考古资料所反映的印度–伊朗人的起源（The Origin of Iranians in Light of the Latest Archaeological Data）”专文论述这些理论。

不久，V. F. 基宁（1977）发表的文章提出了“新塔什塔墓葬与早期印度–伊朗部落问题（The Burial Ground of Sintashta and the Issue of the Early Indo-Iranian Tribes）”。他在文章里公布了墓葬所出土的重要资料，并且把它们的时代定在公元前16世纪，认为印度–伊朗人是这些墓葬的主人。

兹达诺维奇在1988年发表的专文《乌拉尔–哈萨克斯坦草原的青铜时代》（*Bronzovyi vek Uralo-Kazakhstanskikh stepei*）中公布了哈萨克斯坦北部彼德罗夫卡的器物组合，并总结了他们的研究成果。V. F. 基宁、V. V. 基宁和兹达诺维奇于1992年公布了新塔什塔的全部资料。

后来，特别是近些年，在乌拉尔南部、哈萨克斯坦西部和北部发现了大量墓葬，还发掘了（现在广为人知的）乌斯季耶（Ustye）和也里可温[①]（Arkaim）（N. B. Vinogradov 1995a；G. B. Zdanovich 1995a，1997）。库伊萨克（Kuisak）和阿兰德斯库耶（Alandskoye）聚落遗址的发掘也已经开始（Malyutina，Zdanovich 1995）。

乌拉尔地区、卡梅尼伊阿巴尔（Kamenny Ambar）（Kostyukov et al. 1995）、稍恩柴（Solntse）Ⅱ（Epimakhov 1996）和波尔希卡拉甘斯基（Bolshekaragansky）（Botalov et al. 1996）、哈萨克斯坦西部塔那博尔根（Tanabergen）Ⅱ、东库赖里（Vostochno-kuraili）Ⅰ和扎曼–卡尔加拉（Zhaman-Kargala）（Tkache 1998），以及哈萨克斯坦北部、别斯塔马克（Bestamak）等墓葬资料均已出版（Kalieba et al. 1992）。

巴塔尼娜分析了地球表面以前的分区和航空照片（I. M. Batanina 1995），促使我们能够侦察马格尼托哥尔斯克、特罗伊茨克（Troitsk）和奥伦堡之间将近十分之一的聚落（Gening et al. 1992：fig. 1）。这对于研究此类遗址群非常重要（地图10）。在2000年又发现了两个遗址（Epimakhov 2002：fig. 1）。

目前，这些资料非常丰富，并且具有地区代表性，因此，对其进行更广义解释的时机已经成熟。然而，尽管已经出版了大量墓葬资料，但是，聚落遗址出土的资料还仅仅

① 中译者注：“Arkaim”在中国考古学著作和译著中有多种汉语翻译，目前较多的为“也里可温”，还有一种为“阿凯姆”。

公布了初步成果（N. B. Vinogradov 1995a；G. B. Zdanovich 1997），于是就很难评判它们[①]。这些客观情况仍然阻碍了我们更广义的解释。新塔什塔文化群的类型分析研究的第二卷已经签约，还没有出版。

有关像格利考列夫所从事的冶金和金属工具制作等某些具体研究的意义也很重大（S. A. Grigor' ev 1994）。这些资料能够让我们对新库马克时期草原人群的文化形成有一个宏观概念。

在乌拉尔地区，聚落通常沿河分布，或者位于两侧陡峭的高台上。它们周围环绕着防御性围墙，或者围以直径为0.3～0.5米的木桩构成的木栅栏或者原木框架（为圆形、椭圆形或者方形），表面糊上泥巴。围墙外围环绕着一条防御性壕沟，深1.5米，宽1.2～3.5米，堤岸高出地表0.4米，且有一条宽2～2.5米的门道。门道足够车辆或者战车通行。在奥吉诺（Olgino）和阿兰德斯库耶的大聚落，墙外环绕着直立的石板或者1米多高的柱础。事先规划设计的聚落很可能是由一个大的组织良好的团队在短时间内修建的。一些聚落经过改造、重建，有时候改变了原貌。

聚落的内部结构也是根据蓝图修建的，局限于内外墙之间。房屋结构为相连的长方形或者梯形，屋顶一面朝着聚落中心倾斜。大多数房屋有炉灶和水井。室外建有排水设施。原木和泥巴或者土坯都被用来构建房屋框架。

在新塔什塔聚落，两排泥土墙围成直径约140米的圆圈，通过径向的隔墙划分成小房间（G. B. Zdannovich，Gening 1985：151）。也里可温聚落，面积约2000平方米，是聚落规划类型的典型代表，其拥有双层同心圆的围墙，并被多条径向街道分割开来，通常在内部设有方形广场。外围墙直径160米，墙体宽4米（G. B. Zdannovich，Gening 1989b：181，182）。

乌斯季耶聚落在早期阶段是一个有着圆形设计的防御设施，建有直立的原松木防御墙，外围四周环绕有壕沟，深3米，宽4.5米。在第二次建造时期，聚落被改建成带有圆抹角的长方形防御设施，占地面积约2平方千米；防御墙采用填有泥土的原木框架搭建而成；聚落四周仍然被壕沟所环绕（N. B. Vinogradov 1995a：17）。在内部发现主干道将其分割成两个规范的空间。房屋为长方形，每个房屋约160平方米，房屋地面低于地表0.4米。房屋墙体均采用原木框架建成，中间填有泥巴。每间房子都有圆形石炉灶。炉灶上留有金属工具痕迹和圆形坑。这坑可能被用作冶炼过程中的灰坑（S. A. Grigor' ev 1994）。

---

① 我衷心向维诺格拉多夫、兹达诺维奇、马尔羽娜（T. S. Malyuana）、卡列娃（S. S. Kalieva）和其他容许我去研究他们尚未发表的发掘的同仁表示感谢。

泛乌拉尔地区［库列维切（Kulevichi）Ⅲ、色米奥泽罗诺耶（Semiozernoye）］和哈萨克斯坦北部发现了类似的防御聚落，包括博戈柳博沃（Bogolyubovo）Ⅰ、新尼科尔斯科耶（Novonikolskoye）Ⅰ和彼德罗夫卡Ⅱ。在博戈柳博沃和色米奥泽罗诺耶，壕沟保护着一个海岬；在新尼尔利斯科耶，由壕沟圈起了一个长方形区域，面积约为95米×60米；在彼德罗夫卡，面积约为70米×120米，内壕沟将其分成两个部分（Vinogradov 1983；Zdanovich 1988：133）。

城邦中心位于马格尼托哥尔斯克和奥伦堡之间的意义非凡。这个地区拥有许多小型古代矿藏，而不远处就坐落着乌拉尔地区最大的铜矿——卡尔加里铜矿（地图10）。距离遗址大约40～70千米处可见一系列瞭望台，以确保能够控制整个区域（Gening et al. 1992：fig. 1），这就证实了在旧大陆发现了古代前沿防御设施。

近些年，考古学者发现并发掘了许多墓葬（图9）。根据相似陶器类型分析，其中一些墓葬属于附近聚落。墓葬与聚落之间仅一河之隔，而一山之隔的情况很少。这样的例子有新塔什塔文化群、也里可温文化群、波尔希卡拉甘斯基墓葬（Botalov et al. 1996）和乌斯季耶、稍恩柴Ⅱ（Epimakhov 1996）。墓群主要由包含了一个或者两个大的中心墓葬的封堆组成。每个封堆的墓葬通常建有一个原木顶部的墓室。有时候，在中心墓葬周围分布着规模较小的附葬墓；此类墓葬时代较近，且被新发掘的原始墓葬包围着。

在新塔什塔发现了另一种情况。在主体墓葬群中发现了40多座墓葬；在次要墓葬群中发现了10座；还发现了祭祀遗迹。但是，很遗憾，因为这些墓葬特征非常少见，田野工作并未能详细记录下许多细节，因此，这些墓葬群的结构仍然不清晰，众多重建新塔什塔历史的解读貌似臆造（例如 Gening 1992：fig. 198，210，213）。

墓地中的所有墓葬，葬式基本为屈肢葬，尽管有些为右侧屈肢葬（图11）和少见的膝盖拱起仰身屈肢葬。墓葬方向并不一致，随葬品除有大量器皿外，还有大量其他随葬物品，有石权杖、铜手斧、锛、刀或者凿、石铲和部分复合弓、铜片缠绕的鞭子、打磨器和泥质通风管（3件），其他就是各式各样的装饰品（图13）。还需注意，最富有的主体墓葬中出土的许多随葬品为古代的战利品。

有几处墓地，墓葬顶部发现了举行丧宴的遗迹，有些墓葬顶部发现有抹泥和火烧的痕迹（图11、图12）。丧宴遗迹中包含了马骨头在内的驯养动物的骨头。在坑的顶部，坑壁和隔间或者墓坑壁之间通常会发现佩戴有颊片的成对马的殉葬坑，或者仅殉葬带有马的头颅和蹄子的兽皮，最次也会随葬颊片。

殉葬坑中的马通常侧躺，它们的头朝向相反的方向，面面相对；或者比较少见的，一匹马挨着一匹马朝着同一个方向。在别斯塔马克墓地，沙砾坑中清理出笔直站立的三匹马（Kalieva et al. 1992）；还发现了祭祀的祭坛。

新塔什塔的重大发现是揭露了墓葬底部的辐条车轮印迹。这是最古老战车的痕迹。它们发现于乌拉尔地区克里沃耶奥则努（Krivoye Ozero）、卡梅尼伊阿巴尔和稍恩柴Ⅱ，以及哈萨克斯坦的乌尔俞拜（Ulyubai）、别尔利克（Berlik）Ⅱ和萨坦（Satan）（Gening et al. 1992：fig. 57：8；Zdanovich 1988：76，78，fig. 29：2～6，31：9～12；Tkachev 1998；Kuzmina 1994a，1994b，1994c；Kostyukov et al. 1995；Anthony，Vinogradov 1995；Botalov et al. 1996：fig. 17：10，fig. 18：4）。

复原这些居民经济形态的证据尚不充分，也缺乏复原农耕的证据。牛和绵羊/山羊的饲养量增大。但是，猪并不常见。饲养马的作用非常重要。马被当作食物，也用作交通工具。根据科辛采夫的研究（P. A. Kosintsev 1995：6），新塔什塔的马是纯种马，腿部略瘦，站立着从马背计算，平均身高为136～144厘米。5～8岁的马被用于随葬。这些事实证实了马的发展程度较高和对马的崇拜。

毋庸置疑，墓葬中出土的铜器数量空前的多，聚落遗址中几乎每个房间都出土有金属制品，以及这些遗址临近的矿藏［在邻近的乌斯季耶聚落中发现了出自克森内特（Kisenet）矿的矿石］都证实了冶金和金属加工在社会发展中占据重要地位。乌斯季耶发现了几种用于熔炼矿石的炉灶：一种炉灶形似铺有石头的沟槽；一种为双膛的炉灶；一种为穹窿形状。许多炉灶带有一个烟囱似的烟道，并且与一个圆形灰坑相连。这些炉灶的使用在冶金发展史上是重要的一步，因为在竖穴墓时期，此类炉灶可能产生更高的炉温。怀特将柴火燃料的使用看成是文明史上的一个决定性因素。

根据格利考列夫（1994）的研究，当地人通常使用硫化铜矿上层所包含的氧化矿石。砷在炉渣中含量的不断增加预示着当地人不仅仅利用了塔什-喀兹干（Tash-Kazgan）的乌拉尔矿产，还预示了冶炼铜合金的存在，也就是砷青铜器物的制作。这是竖穴墓文化时期之后的重要革命。更重要的是，新塔什塔金属革新的推动力源于西方，也就是源自东欧的法捷安诺沃-巴拉诺沃（Fatyanovo-Balanovo）文化和洞室墓文化的冶金传统。

在已发掘的每个聚落中都发现了本地冶金产品，以及没有出现工艺专门化的标记明确说明了，冶金的自身特性决定了其是一个地方化的内部产业，即内部产品。同时，新塔什塔人群尽管不是专门的冶金匠，但是，它们的金属生产能力无可争议，参与了公共冶金行业，并努力工作将其产品出口至原料缺乏的伏尔加和顿河流域。彼德罗夫卡冶金业就继承了冶金传统技艺（S. A. Grigor’ ev 1994：122 ~ 126）。

因此，在新库马克时期，引进了大量意义重大的相互关联的新事物：①辐条车轮的双轮马拉轻型战车被用于小规模冲突；②发现了驯养马和用颊片控制马和车的方法；③大规模开采当地铜矿；④金属熔铸和合金冶炼，从而提高了金属制品的质量。最后，依照精心设计的防御系统的清晰蓝图建造聚落的空间结构，所有这些因素都证实了新库马克时期所发生的巨大社会变革。

掌控这些新发明的人们收获巨大，并超越了其邻居。这就促使他们能够在欧亚建立广泛的文化交流，并且开始沿着伟大的丝绸之路开始迁徙。

如上所述，20年前，斯米尔诺夫和我提出了一个不成熟的理论，新库马克地区属于欧洲文化群遗址，并且由于阿巴舍沃、波尔塔夫卡和MVK文化人群向西迁徙而出现在乌拉尔和哈萨克斯坦。现在，这个结论可能成立，也有解释得通的可能性，总体上可能正确。我们的首要任务就是讨论文化的渊源和它们独立发展的年代序列。

库伊萨克聚落遗址的下层被定为竖穴墓文化，出自中间层位的陶器直接影响了竖穴墓和阿巴舍沃两种文化的因素。上层是新塔什塔文化（Malyutina，Zdanovich 1995）。在贝列杰夫卡（Beregovka）Ⅰ聚落，下层被认为是阿巴舍沃文化，中层为新库马克文化，上层为竖穴墓文化（Vasil’ ev et al. 1995a，1995b）。在塔那博尔根、库赖里、扎曼-卡尔加拉、波尔希卡拉甘斯基的11号墓，绝大多数墓葬是波尔塔夫卡文化和新塔什塔类型晚期次生墓葬（后期叠压上的墓葬）。在亚历山德罗夫卡（Alexandrovka）Ⅳ期墓葬，器物组合混杂，波尔塔夫卡文化的陶器伴随着阿巴舍沃陶器出土（Tkachev 1998）。在顿河流域，康德诺夫希金斯基（Kondrovshkinsky）墓地中的绝大多数墓葬属于洞室墓文化，次生墓葬（后期叠压上的墓葬）属于阿巴舍沃文化（Pryakhin et al. 1989）。在伏尔加河下游，许多洞室墓文化遗迹早于木椁墓文化的遗迹（Malov，Filipchenko 1995）。这些方面证明了阿巴舍沃文化和竖穴墓文化的融合促进了新塔什塔类型遗址的产生，并且表明融入了洞室墓文化特征。

在新库马克地区，依据乌斯季耶聚落、克里沃耶奥则努墓地、斯代普诺耶（Stepnoye）Ⅰ期和卡梅尼伊阿巴尔地层关系（N. B. Vinogradov 1995a），建立了较早的新塔什塔类型遗址与较晚的彼德罗夫卡遗址层位关系。

因而，这些年代序列已经确定了之前我们将其归为新库马克地区而事实上属于两个年代系统或者类型的遗址：早期的新塔什塔类型和之后的彼德罗夫卡类型。新塔什塔类型的根源极有可能在与南俄多种文化相关联的乌拉尔地区。新塔什塔文化以古老特征

（如仰身葬式的出现）和流行陶器特征为代表。这些普遍流行陶器融合了波尔塔夫卡、原洞室墓文化，特别是阿巴舍沃文化的元素。根据维诺格拉多夫的研究，外形上呈圆形和椭圆形在此段时期的聚落形制规划中占据主导位置。

在彼德罗大卡类型遗址中，可能受到向东迁徙人群的部分影响，陶器类型不再相互混杂，而表现出地方特色。

在伏尔加河中游地区发现了与新库马克随葬品特征相同的墓葬和墓地。相同特征包括陶器和其他宗教性质的随葬品，如颊片和乌拉尔地区发现的几乎所有种类的武器。这类墓葬包括阿列克谢夫斯考耶（Alekseevskoe）和罗帕亭斯基（Lopatinsky）Ⅱ、乌特耶夫卡（Utevka）Ⅰ和波塔波夫卡（Potapovka）的墓地（波塔波夫卡遗址被用作此类遗址设计的广泛代表）（Agapov et al. 1983；Vasil' ev et al. 1991，1992，1994，1995a，1995b）。萨马拉遗址的陶器表现出更多当地波尔塔夫卡文化的特征。

在顿河流域的墓葬和墓地中发现同样的成组随葬品——颊片和武器。这些墓葬有费拉托夫卡（Filatovka）、乌斯曼（Usman）、皮切耶夫斯基（Pichayevsky）、维拉索夫斯基（Vlasovsky）Ⅰ（16号墓葬）、帕夫洛夫斯基（Pavlovsky）（57号墓葬）、维登斯基（Vvedensky）、康德拉索夫斯基（Kondrashovsky）、博戈亚夫连斯基（Bogoyavlensky）、康德诺夫希金斯基、谢列兹尼（Selezrei）墓地等（Sinyuk，Kileinikov 1976；Vinnikov，Sinyuk 1980；Sinyuk 1996；Pryakhin et al. 1991；Pryakhin 1992；Pryakhin，Matveev 1989；Moiseev Efimov 1995）。辛尤克将它们定为彼德罗夫卡-阿巴舍沃类型遗址（Sinyuk，Kozmirchuk 1995：42，fig. 1：map），普里亚欣（A. D. Pryakhin）将其归入了阿巴舍沃文化。

我们可以从顿河地区许多遗址出土的陶器组合辨别出波尔塔夫卡和洞室墓文化陶器类型特征。这些陶器组合的渊源备受争议。斯米尔诺夫和我提出了西方的影响，博奇卡廖夫引入了伏尔加-乌拉尔中心起源的理论（V. S. Bochkarev 1995）。我赞同此说。但是，佩鲁亚金提出异议，并把顿河地区看作欧亚草原大文化群体中的一个文化区。

显然，无论如何，在较短的时间内，一支新的文化通过草原从顿河传到了哈萨克斯坦中部。这个文化以高度发达的冶金术和战车武器的出现为特征，其中心为南乌拉尔地区。奥特洛申科（V. V. Otroshchenko）在那里发现了防御性设施，并且坚信这个新文化渊源是出于对铜矿地区、冶金者自己和他们产品保护的需要。这个观点看起来对我很有说服力。

新塔什塔社会日常生活的方方面面和人口发展仍不为人知。首先，也里可温聚落考古地层和乌斯季耶下层底层出土的人工制品相对较少。尚不明确是什么导致了也里可温的火灾迫使他们抛弃家园。耶特玛尔（K. Jettmar）坚信该遗址为宗教和文化中心（K. Jettmar 1997）。这个结论很难让人接受，因为也里可温遗址显然是一个冶金中心，并且在那里尚未发现特有的祭祀建筑。至于遗址的结构布局，耶特玛尔将其看成是宇宙模型——阿维斯陀瓦拉（Avestan Vara）。我也亲自对其进行了论证（Kuzmina 1994c：71～73；1975），斯特博林-卡缅斯基本人也如此认为（I. M. Steblin-Kamensky 1995：165，167）；而切列诺娃指出瓦拉不是一个礼仪中心，而是一个“可供人居住的住宅，一个可供牲畜聚集的处所”（N. L. Chlenova 1995：174～184），因而，它事实上与新塔什塔聚落相互关联。另外，尽管如此，耶特玛尔认为也里可温是一个独立的单元，但从本质上看，它是一个普通的聚落。应该提及的是，不论是在伏尔加河流域的波塔罗夫卡体系中，还是在顿河流域的阿巴舍沃链条中，尚未找到聚落防御设施存在的迹象。此类型遗址出现于草原上的克里米亚的卡缅卡（Kamenka）聚落和顿河流域的里温特少夫卡（Liventsovka）和卡拉特耶夫卡（Karatayevka）。它们邻近MVK文化区域（Bratchenko 1976：110～116）。这就指出西方，也就是东欧，是草原堡塞的发源地。梅尔佩特（1995）调查了圆形堡塞的地理分布，发现此类堡塞的起源有多个中心。这类建筑类型既不产生于安纳托利亚，也不在巴尔干半岛。但是，在中欧和东欧铜石并用时代遗址中，特别是在特里波利耶，仍然保留着与草原的密切关系。此前，我提出了这个观点的两个要点，圆形结构的堡塞开始于草原军队营帐，营帐由环绕成一圈的车辆组成（Kuzmina 1994c）。如今，这一观点看起来并无事实根据，特别是考虑到堡塞的精心设计和复杂建筑结构。

其次，建筑遗迹纪念性质和墓地中数量相对较小的土葬形成鲜明对比。再者，聚落中的许多聚落在聚落面积、功能和出土的手工制品方面或多或少相同；建筑蓝图的设计也许需要一个管控着庞大建筑工人群体的统领人物；最后，尽管大多数墓葬中随葬手工制品很相似，但是，像权杖这样最具权力代表的随葬品不仅仅出现在高等级墓葬中（Nelin 1995），还出现在其他类型的墓葬中。然而，许多墓葬被比它们直径大的、有着复杂的墓室结构和丰富随葬品墓葬打破，可能预示其伴随着财产分配不均的社会等级分化。

墓葬中出土的轻型战车、马和武器可被解释成印度-伊朗人的风格。在印度-伊朗人传统中，这些物件被认为是诞生国王的战士-御夫的特权阶层的标志和特性。从这个角度出发，我们提出了一个假设，在新塔什塔，社会阶层开始分化，导致了军事阶层的出现（Smirnov，Kuzmina 1977；Kuzmina 1994c）。这个假设遭到了兹达诺维奇（1997）的反对。但是它仍然看起来很有说服力。我也希望能够关注这个情况，在出土多种多样武器的大墓中，即卡梅尼伊阿巴尔、稍恩柴Ⅱ和别斯塔马克发现了矿石和金属块。这就论证了一个事实，死者不仅是战士，也是一个经验丰富的冶金者。这就让我们想到了古印度雅利安神“*Tvshrar*”（字面意思是创造者）。它的名字源自普通的印欧语词根“*twer*”，俄语中称“*tovrit*”（创造）和“*tvorets*”（创造者），这个术语同指技术精湛的大师和神。印度神话中的“Tvashtar”是轻型战车、冶金和其他工具的发明者。

很显然，在新塔什塔社会中精英分子阶层主要是由具有创造和统治能力，同时也掌握军权的人组成。如果此种猜测成立的话，那么战士——双轮战车驾驭者就属于这一阶层的最上层，然而，这个群体中普通阶层的墓葬也可能在此墓地中发现，或者是其他类型的墓葬。毋庸置疑，这个问题需要进一步研究，要对墓葬进行全面统计分析。

G. B. 兹达诺维奇和D. G. 兹达诺维奇已经提出了这个问题（G. B. Zdanovich，D. G. Zdanovich 1995），即这些遗址是否能够代表草原早期城市文明的形成。遗址并不能够确定为早期城镇，因为他们缺乏两个关键条件——既不是特殊工具的制作中心，也不是富裕贵族和其他首领的居住中心。因此，很明显这个问题仅仅提及了早期城市文明建立的最初趋势。

第二节　欧亚草原的双轮马拉轻型战车

我们依据墓坑底部陪葬坑发现的车轮压痕（图11、图12）复原了新塔什塔和彼德罗夫卡类型遗址的双轮马拉轻型战车。在乌拉尔山脉也有发现：新塔什塔的NN5、12、19、28、30号墓葬（V. F. Gening et al. 1992：130，fig. 56，163～167，fig. 78，80，183，184，fig. 91，93：2，203，205，fig. 106～108，209，210，214，215，fig. Ⅲ）；还有可能是N16号墓葬和相对较小的墓地（Gening et al. 1992：153，339）、克里沃耶奥则努墓地（Anthony，Vinogradov 1995：38；fig. on p. 36，39）、卡梅尼伊阿巴尔NN8和6号墓地5号墓葬（后者为一个轮子）（Kostyukov et al. 1995：162，163；fig. 9）；稍恩柴Ⅱ的N1号墓地的N4号墓葬、N2号墓地的N5号墓葬、N2号墓地的N11号墓葬（Epimakhov 1996：26，29，33，fig. 4）；还有韦特良卡（Vetlyanka）Ⅳ晚期的N14号、N6号墓葬（Gorbunov et al. 1990：31，32，36）。

在哈萨克斯坦北部，别尔利克Ⅱ期的N2号墓葬、N1号墓地和N10号墓地以及与乌尔俞拜墓中发现了双轮马拉轻型战车的车轮印痕（G. B. Zhanovich 1988：76，fig. 31）。在哈萨克斯坦中部，萨坦墓地、N1号墓地的彼德罗夫卡晚期墓葬群中发现了双轮战车的残片（固定辐条的外木框）。这些残片是长方形车身上茵木头残骸，规格为106厘米×60厘米，在茵下面有两个沟槽：一件是经火烧过的车轮（固定辐条的外侧边框）残片，另一件为车轮框架，主要有圆形辐条插槽，腐朽的轮轴，车轮下发现一片皮质轮胎上褪了色的红色生牛皮条，四枚骨钉将轮胎固定在车轮上（Evdonkimov 1981：434；Novozhenov 1994：158～160，fig. 97）。

在整个发掘过程中，很明显，凹槽长0.8～1.1米（仅这个墓葬中的凹槽较短），一般有0.2～0.4米宽，0.15～0.35米深。车轮印痕部分也包括了3～4根长方形辐条（部分为3～4.5厘米宽）。在萨坦，辐条呈圆形。这些根据车轮印痕复原的双轮战车向我们展示了车轮直径约0.9米，有8～12根辐条。两轮（轨距）之间的距离是标准化了的，为1.2～1.4米。依据萨坦墓葬的出土资料，双轮轻型战车的车身为长方形，尺寸为0.6～1.06米，车轮有皮质边缘，车轮距离墓壁0.2～0.4米，这可能决定了车轮轮轴凸出来的最大尺寸。除了或者埋于坑中，或者摆放于墓顶的双轮战车外，还有成对的马或者戴有颊片的马颅骨，代表着牵引双轮战车的畜力。

这个证据就使我们能够确定，在新塔什塔社会出现的辐条车轮双轮战车的存在。战车采用二马牵引。V. F. 基宁、V. V. 基宁和兹达诺维奇（1992：fig. 80，94，108），以及安东尼和维诺格拉多夫（1995：fig. on p. 38）负责复原这些战车。

利陶尔（M. Littauer）和克劳威尔（D. Crouwel）并不赞同这些复原，他们认为现有资料缺乏，无法完全复原（Littauer，Crouwel 1996a：934～935）。他们也指出轴突的大小无法确定双轮战车的平稳性。因此，他们认为这些轮车并不是真正意义上的双轮战车而是早期双轮战车（双轮运货马车）。他们再次反驳“双轮马车起源于草原”（安东尼和我提出的观点）这一假设，坚持他们的早期推测——双轮马拉轻型战车起源于西亚。

关于轴突的尺寸导致不稳的问题，尚未找到可供与新塔什塔双轮马拉轻型战车比较的例子，因为仅存的出自埃及的双轮马拉轻型战车在时代上晚了几个世纪。此外，被拆散的双轮马拉轻型战车或者代表双轮马拉轻型战车的一部分很可能被埋于墓葬中。我们认为后者可能性更大，因为在卡梅尼伊阿巴尔N6号墓仅随葬了一个车轮，而在N8号墓则有一个颊片的仿制品。在许多墓葬中，仅用一对马头颅代替了整匹马，因此，这些战车碎片都带有宗教性，即宗教性用车（*vehicula religiosa*）。从这些礼仪性双轮马拉轻型战车来看，复原用于战争中的早期双轮马拉轻型战车应该很困难。

反对双轮马拉轻型战车草原起源说的研究者赞同易兹比切尔（1993）的观点，强调存在双轮马拉轻型战车，这些车应该源自草原双轮马拉轻型战车的雏形（图8）。我们也已经质疑此观点。事实上，实心轮子的双轮马拉轻型战车在竖穴墓和洞室墓中非常普遍［例如，斯图洛齐瓦亚莫吉拉（Storozhevaya Mogila），佩尔沃-康斯坦丁诺夫卡（Pervo-Konstantinovka）N1号墓、N8号墓；马利耶夫卡（Marievka）N11号墓葬、N27号竖穴墓；罗拉（Lola）等］，也出土了一些泥质塑像，例如三兄弟墓葬（Three Brothers burial mound）（Novozhenov 1994：133，140）。

根据诺沃热诺夫（图20）的解释（V. A. Novozhenov 1994：89，97，103，fig. 51，53），实心“十”字辐条轮子的轻型双轮战车，有时候由牛牵引，有时候由骆驼牵引，这些画面构成了草原上发现的大批岩画的主题内容。因此，这些与顿河流域形成鲜明对比，而与西亚（高加索）和中亚（草原）相似的轮车交通工具的最基本类型最终呈现，即封闭式的四轮马车和双轮马车（Gei 2000）。这种技术和车轮修造的发展与古代东方并行。

双轮马拉轻型战车发明的必要条件产生于铜石并用时代的草原。在西亚，马实际上并不为人所知，与之相反，在草原上，马作为最基本的工具而出现。因此，这表明，我们［柯金、切雷德尼申科（N. N. Cherednichenko）、科瓦列夫斯卡娅（V. B. Kovalevskaya）、肖罗金、安东尼和我，以及其他研究者］对于草原双轮双马轻型战车的发明的独立性、真实性、优先性的认识仍有据可查。皮戈特（S. Piggott 1983）和默里（P. R. Moorey 1986）并不排除草原双轮马拉轻型战车独立起源中心的可能。

要想解决草原双轮马拉轻型战车起源的争论，就有必要分析颊片（马具的一部分）。

在第聂伯、顿涅茨和克里米亚的后洞室墓文化，顿河地区、伏尔加地区和乌拉尔地区的阿巴舍沃文化，伏尔加河流域的波塔波夫卡类型，乌拉尔地区和哈萨克斯坦西部、北部和中部的新塔什塔和彼德罗夫卡类型等文化遗址中发现了带有多个尖头或者插入尖状物的盾形角质颊片（图14）。我在图上标出其位置，并采用类型学方法对其长时间的技术变革进行分类（Kuzmina 1994c）。

诺沃热诺夫采用功能分类发展了我的分类体系（图16）。辔头的早期类型通过皮带将Ⅰ-A和Ⅰ-B类型的颊片绑在马鼻子上。辔头的进一步发展则与把带有额外小孔的类型Ⅱ颊片捆在一起的颊带有关；下一个进步则是出现了插入的尖状物（类型Ⅲ颊片）。

冈察诺娃根据更细微地局部研究对其进行了分类（Yu. V. Goncharova 1996；1999），

但不一定完全具有说服力。这次她采用了将类型学和功用相结合的方法，对尖状物的特征和上层突起物的形状等次要特征进行分类。然而她仍然得到了与我们相同的结果，同时也是彭纳的结果（其检验了颊片和迈锡尼装饰在旧大陆上的地理分布概况并得到了同样的结果）（S. Penner 1998）。

根据我们的研究，最早的颊片来自东欧，带有实心尖状物，后来则为带有鼻箍的特别保护；最后，出现插有尖状物颊片，有时候在其他部位有孔或者插槽。我们都认为，颊片的发源地为东欧，然后从那里传到巴尔干半岛和希腊。

普里亚欣和别谢金并不赞同这些分类方法（A. D. Pryakhin，V. I. Besedin 1998），而把颊片分成两类：无装饰的东部类型（乌拉尔地区、哈萨克斯坦）和有装饰的西部类型。其分布中心是顿河流域的阿巴舍沃文化。而这个结论实际上并未受到怀疑。博奇卡廖夫（1998）在圣彼得堡冬宫博物馆（State Hermitage Museum）"纪念皮奥特洛乌斯基（B. B. Piotrovsky）90岁诞辰的研讨会"上的发言中最后对我的类型学观点提出了详细的看法，从而把注意力都集中到了边缘突起的颊片，也说明了颊片的进化和MVK文化骨质环扣的联系。骨质环扣的类型学研究已经整理完毕（Sava 1992；Litvinenko 1995b，1996；Yu. P. Matveev 1996），并已经被归入了蒙泰奥鲁（Monteoru）、格利纳（Glina）Ⅲ、斯特肯伯格（Stekenberg）、奥特玛尼（Otomani）、泰河（Tay）和维腾堡（Vittenberg）文化。这就把MVK文化的早期阶段定在了公元前18～前17世纪。博奇卡廖夫在扎哈里亚之前把颊片年代定在比蒙泰奥鲁时期更早（E. Zaharia 1990），并且得出以下结论——用于研究颊片年代学的迈锡尼颊片是从多瑙河过来的，是多瑙河颊片的晚期衍生物。因此，这些解释致使博奇卡廖夫将整个新塔什塔地区的颊片年代定的更早（见本书附录）。

目前，基于颊片研究的基础资料不断增加，所认识的人工制品的数量已经超过200种。在乌拉尔山脉哈萨克斯坦东部地区已经新发现了许多，包括遗址地层中的颊片。在新塔什塔墓地、波尔希卡拉甘斯基、塔那博尔根、库赖里发现了类型Ⅰ的颊片。这些墓地残留有竖穴墓和波尔塔夫卡特征；类型Ⅰ和类型Ⅱ出自克里沃耶奥则努墓葬，类型Ⅱ颊片出自玛门尼安巴尔（Mamenny Ambar）、稍恩柴Ⅱ、扎曼-卡尔加里和别斯塔马克的新塔什塔墓地中。

在乌拉尔山脉的阿巴舍沃遗址和哈萨克斯坦西部的新塔什塔遗址新发现了一些颊片，但遗憾的是，资料尚未公布。在伏尔加流域，佐洛特亚山（Zolotaya Gora）、贝列佐夫卡（Berezovka）和顿河流域的彼德罗夫卡墓地和谢列兹尼（Selezni）墓葬发现了一些类型Ⅲ的新样本，这些证实了已建立的类型学（Kalieva et al. 1992；Matyukhin 1994；Kostyukov et al. 1995；Anthony，Vinogradov 1995；Epimakhov 1996；Botalov et al. 1996；

Tkachev 1998；Dremov 1996；Pryakhin，Besedin 1998）。

最古老的类型Ⅰ颊片具有欧洲MVK和阿巴舍沃文化特征。这就形成了新塔什塔类型遗址和阿巴舍沃文化的形成基础（图15）。类型Ⅰ的颊片没有装饰。从多瑙河到伏尔加地区的类型Ⅱ颊片通常装饰迈锡尼饰物。类型Ⅲ的颊片具有顿河地区的阿巴舍沃文化［或者波克罗夫卡（Pokrovka）–阿巴舍沃］特征，具有波克罗夫卡和彼德罗夫卡特征，也有阿拉库尔文化特征。它们同样都装饰迈锡尼饰物。这就单独印证了进化系统，并且证实了欧洲草原是双轮马拉轻型战车的起源地。

新库马克年代范围内的遗址的年代界限基于以下几个相互关系：①颊片和装饰与迈锡尼Ⅳ竖穴墓相互关系，年代为公元前1570～前1550年，这是类型Ⅰ颊片发展的终点；②颊片和马具的黄铜饰件与蒙泰奥鲁文化相互关系；③断裂的泥质珠子与欧洲多支文化的相互关系。

MVK文化最后阶段，因其向东扩展到多瑙河地区（Chernyakov 1996；Litvinenko 1996），从而与多瑙河地域的文化联系加强。希腊和多瑙河地区之间通过海陆两路来实现文化交流。在克里米亚发现了MVK文化聚落（卡缅卡）和建有灯塔的渔商港湾。这给沿海贸易的发展提供了证据（Kislyi 1996）。这就证实了我们对于影响深远的欧罗巴人与草原之间的关系的猜测，并推断当时沿黑海至希腊的海岸已经建立了贸易网络。

如前所述（Bochkarev 1992；Kuzmina 1992，1994c，1998b），新塔什塔类型遗址的整个年代序列建于欧洲年代系统[①]。近些年，我们已经把迈锡尼的年代提前了一个世纪，主要依据以下几点：①与埃及和近东遗址的相互联系；②卡罗（G. Caro）和富鲁马克（A. Furumark）的修订年代；③在^{14}C分析帮助下确定的圣托里尼岛火山喷发的年代（S. Dietz 1991；Warren，Hankey 1989；Betancourt 1987；Manning 1988；Åström 1987；Dickinson 1994）。根据树木年轮校正年代（R. Krause et al. 1989；Randsborg 1992；Kuniholm 1993；Bochkarev 1992），出现了赖内克把A1、A2时段的中欧遗址传统年代推向更早时代的趋势。欧洲算出的树木年代把传统年代向前推进了一到两个世纪，但是，这些年代仍然比碳元素放射测定年代要晚。

别谢金（1996）质疑对于迈锡尼年代序列的使用。他怀疑来自迈锡尼的草原装饰类型，相反却轻率地认为这种装饰风格源自阿巴舍沃文化（为什么不是竖穴墓文化呢？）

① 英文编者注：一系列新的^{14}C测年资料请参见摩尔古诺娃（N. L. Morgunova）和胡赫洛娃（D. S. Khokhlova）的《库尔干和游牧人南乌拉尔墓葬的最新调查》，《文物》（*Antiquity*），80册（2006年），第303～317页。

（图15）。然而，他并未考虑到分散于整个欧洲、埃及和近东地区的有关迈锡尼装饰风格的确切资料和大量文献。事实上，迈锡尼装饰类型是基于螺旋纹的一种非常特殊的用法。这两种类型（迈锡尼装饰和阿巴舍沃）的结合是不可能的。

特里福诺夫反对别谢金的观点（V. A. Trifonov 1996a，1996b）。他再次提出了老问题——迈锡尼装饰类型可能起源于近东，强调了在库尔-特佩（Kul-tepe/Kanish）存在圆形和螺旋形装饰。

迈锡尼装饰类型起源问题非常有趣，也值得深入研究。不过，值得注意的是，螺旋形和圆形装饰的变体遍布了包括多瑙河地区在内的整个旧大陆。关于库尔特佩人工制品的装饰类型特征（Özguç 1986），它与迈锡尼装饰类型区别很大。后者表现出其与欧洲东南部青铜时代早期许多器物的装饰类型很相似。

特里福诺夫借鉴戈列里克的研究成果（M. V. Gorelik 1985），驳斥了欧亚草原是旧大陆双轮马拉轻型战车起源中心的这一假设。据说，他证实了西亚是双轮马拉轻型战车的起源地。事实上，戈列里克并未提出轮式交通工具的类型分类，而研究了大叙利亚驴和骡子拖曳的重型四轮战车和双轮马拉轻型战车。这就致使他得出了错误的结论。

至于叙利亚和巴勒斯坦印章和印纹上的马科类动物特征（Porada 1980），则过于示意化，描绘的物种很难辨别，刻画的很有可能不是马，而是马科动物中的其他亚种（图6、图7）。唯有在库尔特佩岩画中的许多形象被毫不含糊地认定为马（Özguç 1950）。

草原上发现了200多件颊片，古代近东则恰恰相反，发现较少。近东出土颊片的地层绝大多数遭到破坏，时代也未早于公元前第二千纪中期；西亚动物骨骼材料中完全不见马骨头，这些都支持了我们的论点——欧亚草原是马车最早的起源地。甚至于伯克易（1991）把出自安纳托利亚的诺尔逊-特佩（Norsun-tepe）的两匹马科动物定为马，已经遭到著名古动物学家冯登德里施的质疑（Boessneck，A. von der Driesch 1975，1976）。尽管根据其年代定为公元前第三千纪至前第二千纪的背景资料判断，马已经遍布西亚，甚至在公元前第二千纪后半期（在马车被印度雅利安人引进西亚之后），马似乎已经是舶来品，而且极其昂贵。出自埃及国王和赫梯（Hittie）王国的档案及库尔特佩的文献也证实了这个结论［Moorey 1986；Yankowska（Yankovskaya） 1956，1981，1982］。因此，西亚罕见马有助于解释马拉战车在西亚并未产生。

同时，在草原洞室墓文化类型的墓葬中，被称作“*bigas*”的双轮马拉轻型战车非常普遍；马骨和马祭祀坑的发现证实了祀马的发展。在MVK文化遗址和阿巴舍沃遗址发现了最古老和最陈旧类型的颊片。这种颊片缺乏鼻羁上面的突起物和迈锡尼风格的装饰品。

把这些资料看成一个整体就反驳了利陶尔和特里福诺夫的观点。他们对马车草原起源说表示怀疑。地层遗址新出土的大量颊片进一步证实了马车的草原起源说。更重要一点是特里福诺大和其他作者反对我和斯米尔诺夫的关于新库马克地区的遗址年代序列（Smirnov，Kuzmina 1977），以及遵循莱斯科采用颊片与迈锡尼对照纪年。

根据克里沃耶奥则努、波塔诺夫卡和乌特耶夫卡（Utevka）Ⅵ墓葬新的^{14}C测年数据，我们现在也许可以把早期时代划归为新塔什塔遗址。这就把新库马克年代界限提升到公元前第三千纪至前第二千纪之交（N. B. Vinogradov 1995a；Anthony，Vinogradov 1995；Kuznetsov 1996；Trifonov 1996a，1996b）（参见附录）。

关于迈锡尼年代和校正年代使用支持了起源年代的质疑引起了热议。矫正年代无论是在德国还是在俄罗斯均未被接受。它们与埃及和古代近东的历史学年代差异甚大（Chernykh 1997），而且新塔什塔墓葬年代跨度太大，例如未经校正年代为公元前2250～前1390年（Kuzmina 1994c）（参见附录）。

对于放射性碳元素断代的争论，与双轮战车起源的争议有直接关系：如果校正年代被认同，欧亚双轮战车和骨颊片似乎比西亚出土的此类物要早。

在泽拉夫善（Zeravshan）的片治肯特（Panjikent）附近的扎查–哈利法（Zardcha-Khalifa）墓葬的发现在这个联系上意义重大（图16～图18）。新塔什塔类型盾形颊片和带有马形象的青铜针，与欧亚草原类型和工艺很相似［在塞伊玛（Seima）出土的铜刀和七河地区（Semirechye）的明逊库尔（Mynshunkur）墓地出土的金耳环上发现的雌雄成对的马形象极其相似（Kuzmina 1994c：256）］。在附近也发现了具有巴克特里亚–马尔吉亚那器物群特征的人工制品：有柄金属镜、带流银质器皿和化妆瓶等，这些是纳马兹加Ⅵ期的特征，也有可能是纳马兹加Ⅴ期晚期的特征①（Bobomulloev 1993；Bostongukhar 1998）。

这些镜了可以与塔赫塔–巴扎尔（Takhta-Bazar）出土的铜镜，以及巴克特里亚南部采集的金属镜相比。杜林开斯普斯对研究巴克特里亚南部采集的铜镜进行研究（E. During Caspers 1997），发现古代东方并存同样的镜子，而与萨利亚尼迪（V. I. Sarianidi）和艾米雅特（P. Amiet）报道的镜子、器皿、针和碗很相似（Ligabue，Salvatori 1988；Sarianidi，in Ligabue et al. 1988：fig. 14；Amiet in Ligabue，Salvatori 1988：161，fig. 10～12）。

---

① 我对博奇卡廖夫致以崇高的敬意，他使我注意到这本书，并提供给我照片和图片。

这些对比资料使我能够更准确地的推定新塔什塔颊片的年代，也证实了我们关于草原在中亚南部马和马拉战车传播的决定性作用的假说（Kuzmina 1978a）（图20）。

在中亚北部，塔扎巴格雅布（Tazabagyab）文化聚落出土的骨骼资料中出现的马骨头（Kavat 3，Kochka 15，Bairam-Kazgan 2），以及花剌子模的卡瓦特（Kavat）3号聚落的马塑像和卡伊拉库姆（Kairakum）N16号聚落发现的马骨头都证实了当时人对马的熟悉情况（Itina 1977：138，195，fig. 69：2，pl. Ⅲ，Ⅳ）。在中亚和哈萨克斯坦，带有四根辐条、六根辐条和八根辐条轮子的双轮马拉轻型战车在岩画中也常见。它们分布在塔吉克斯坦［铁克–塔什（Tekke-tash）、阿克吉拉（Akjilga）］，吉尔吉斯斯坦［塞伊玛里–塔什（Saimaly-tash）］，哈萨克斯坦的南部［泰姆格里（Tamgaly）、卡拉套（Karatau）］和东部［斯玛古尔（Smagul）、莫依纳克（Moinak）］。在图瓦（Tuva）、蒙古和新疆的阿勒泰地区（此为新疆维吾尔自治区的一个行政区，为了避免与大的地域名称——阿尔泰地区相区别，故用阿勒泰地区）岩画上的马车与中亚和哈萨克斯坦岩画上的马车极其相似：这些地区构成了旧大陆双轮马拉轻型战车形象分布的整个区域。近些年来，我们已经能够将岩画分布的这个地区出现的众多双轮马拉轻型战车的年代定在青铜时代，例如：

（1）竖穴墓和安德罗诺沃文化出土的器物上发现的双轮马拉轻型战车的形象与岩画中的马车形象很相似（图20、图21）。

（2）在图瓦所发现的线刻描绘的双轮马拉轻型战车形象与奥库涅沃（Okunevo）面具有关系。

（3）在蒙古，根据其上的武器特征将其定在公元前第一千纪中期的达尔维–索蒙（Darvi-Somon）鹿石，与其他表现形式的风格迥然不同，具有斯基泰风格的双轮马拉轻型战车的年代应在青铜时代。

（4）草原地带的双轮马拉轻型战车形象与古代中国商周时期古汉字的象形文字很相似。因为中国的双轮马拉轻型战车和马是从欧亚草原人群那里引进的，在年代学上，这种相似性非常重要。

青铜时代的岩画和器皿上发现了马车；墓葬中发现的马车和套在马车上的拖曳马，墓葬和聚落里发现的骨质颊片；聚落中出土的动物骨骼资料发现的祭祀坑和众多种马骨标本，这多方证据都证实，直到公元前第二千纪，马匹饲养，尤其在竖穴墓–安德罗诺沃聚落的欧亚游牧民族中得到了发展。他们从其草原先民那里继承了马的祭祀及习俗，而他们的先民似乎早在公元前第四千纪就驯服了马。

这些资料使我们推测，中亚游牧民族与来自草原北部的族群有着许多联系，因而向土库曼斯坦和巴克特里亚的定居农业民族引进了马（图19、图32、图33）。在巴克特里亚地区的众多文化中，马仅仅在纳马兹加Ⅵ期文化开始发挥重要作用，因为有证据表明，就在此时，游牧民族与农耕民族之间的联系比较活跃，并且向南迁徙。

在土库曼斯坦南部的纳马兹加Ⅵ期，轮式交通工具发生了必要革新，例如适合轻型车辆和马拉战车的辐条轮子出现。这个极其重要的革新的传播明显始于纳马兹加德佩聚落。在聚落里发现了车轮模型，车轮为双边毂，绘成棕色，辐条不对称，并且毂懿加重。在特肯-德佩（Tekkem-depe），马车模型装有6条漆成红色的辐条；在艾尔肯-德佩（Elken-depe），车轮上有钉子压印的痕迹，可能也是安装辐条之类的东西。在同类聚落上部分的纳马兹加Ⅵ期文化层中出土的黏土马头、土库曼斯坦聚落首次确凿发现马骨头的聚落均被定为同时代，包括科勒依（Kellei）1、纳马兹加德佩、塔赫拜（Takhirbai）3。此外，特别重要的一点是，在聚落中确凿可信地发现了马骨头，并在此发现了草原类型陶器。

这些草原民族有可能在印度的发展过程中发挥了一定作用（图20）。尽管关于哈拉帕文化人群已经熟知家马的可疑证据一直备受争议，但是，仅在后哈拉帕文化时期马才在印度广泛传播。斯瓦特［卡特拉伊（Katelai）、劳耶班尔（Loebanr）］和古马拉（Gomal）［古马拉（Gumla）Ⅴ期、卡特哈拉（Khatkhala）B期］的马祭祀和墓葬中发现的马塑像证实了，马的祭祀也是后来传入的。尽管此类墓群在欧亚草原的铜石并用时代比较流行，但是在印度、中亚南部、伊朗和西亚并未发现（Kuzmina 1977a：34）。古动物学资料和岩画中出现的双轮马拉轻型战车的风格证实了中亚民族对印度马饲养发展影响的可能性。古动物资料说明了斯瓦特马属于东方种（Azzaroli 1985：353～355）。这时，这种双轮马拉轻型战车在侧视上并不具有西亚风格，而在平视（俯视）上具有北亚和中亚的双轮马拉轻型战车岩画的特征。此种重要风格最有可能反映了在公元前第二千纪至前第一千纪后半段中亚对印度轮式交通工具发展的影响。

巴克特里亚骆驼在俾路支（Baluchistan）作为交通工具出现也许归因于中亚的影响（图35）。在皮拉克（Pirak）的后哈拉帕聚落发现了骆驼骨骼和泥质骆驼塑像。这些塑像设计有用于挂靠车子的孔洞，与这些塑像同出的还有马和赶马人的形象。贾里奇将这个年代定在公元前第二千纪后半期至前第一千纪早期（J. -F. Jarrige，Sanoni 1979：vol. Ⅰ），说明了巴克特里亚骆驼在俾路支的前文化时期并不典型。因而，我们将中亚巴克特里亚骆驼和马归因于中亚影响。

所有这些资料都指出双轮马拉轻型战车和马对伟大的丝绸之路发展的重要性。

第三节　复合经济危机，欧亚草原游牧业的发展和伟大的丝绸之路起源

带有防御性聚落和发达的冶金术的出现是导致草原城镇发展的必要条件。然而，畜牧业和农业的经济集约化和专门化并没有破坏广阔草原上的特殊生态环境，而游牧经济扩展更适合草原。因此，游牧人群放弃了开始于公元前18世纪的城市化进程，继而代之地选择了广阔的饲养牲畜，这就需要更大面积的土地。大的竖穴墓和安德罗诺沃聚落随之形成。它们的繁荣预示着随之而来的草原经济发展的第五阶段（Kuzmina 2003）。

大量竖穴墓和安德罗诺沃聚落和墓葬超过了前期遗址数量好几倍就明显证明了，草原经济发展的第五阶段，即公元前15～前13世纪是以草原文化的巅峰繁荣为特征的。

位于冲积平原或者冲积平原堆积的上层聚落所在的区域如今是防洪坝。这就道出了一个事实，在青铜时代，气候更加干燥，并且更加温暖。根据对乌克兰、伏尔加和乌拉尔等地区的古植物学和古动物学研究（Kremenetsky 1991；Spiridonova 1991；Lavrushin，Spiridonova 1995a，1995b），当地的植被和动物种类与现在接近。里斯钦娜（G. N. Lisitsina）的研究和艾勒诺夫斯基（Elenovsky）地区聚落碳元素分析表明了此时的植被出现了酸橙树、桦树、白杨和冷杉（西伯利亚松树）；西伯利亚松树如今在亚洲草原已经不复存在。乌拉尔和哈萨克斯坦众多聚落中出土的河狸证实了这一点。而如今河狸在乌拉尔和哈萨克斯坦已经灭绝。但是，草原地带的动物是本地主要动物群的代表，此类高地和气候环境有利于发展复合经济。

到公元前第二千纪为止，草原环境已经稳定，木椁墓–安德罗诺沃群落更加强大（图24～28）。葬礼和陶器类型特征均说明了这一点。人群过着定居生活；他们居住在没有防御设施的聚落中。这种聚落通常由大且长期使用的半地穴房屋组成。在森林草原地带，房屋通常采用框架木结构，而在草原上，则通常采用石头建造而成。

房子里发现的谷物和茎秆（小麦，可能是黑麦和黍）、石磨盘、杵、锄、角质收割器、大量镰刀和储藏坑证实了农业生产的存在。很自然，如果是草原，通过孢粉分析就能发现植物花粉。根据产品的地域判断，采用的是犁耕，而不是锄耕。农耕在森林–草原地带非常重要，而在草原地带并不重要。在草原聚落中，没有发现谷物储藏坑，只发

现了少量农耕工具，以及一些位于以苦艾（艾属植物）和盐碱地为特征的空旷草原上的聚落。

最根本的经济基础是放牧牲畜。在木椁墓文化中，牲畜有牛和绵羊/山羊、马和少量的猪（Tsalkin 1958；*Arkheologiya* 1985）。在安德罗诺沃文化中，猪完全消失。出土于艾勒诺夫斯基地区的动物骨骼资料分析使柴尔金（1972b）坚信安德罗诺沃文化人把马驯养作交通工具和食用动物。可能用作挤马奶的骨制器具和敞口形器皿等的发现暗示了可能已发明了马奶酒（*kumiss*）。

安德罗诺沃文化在世界上首次饲养了三种马：①小型马，肩高126～136厘米，与现代的克尔克孜马相似；②中型马，肩高136～152厘米，重350千克（这些在新塔什塔遗址出现，并且在牲畜中明显占据绝对优势）；③高大纤细的纯种马，肩高152～160厘米，是用作牵拉战车的畜力。第三种马还被用于祭祀并放于战士墓葬中，也出现在大量岩画中。这种良马也许是现代汗血马的祖先，纯种赛马也出自它们。驯养马的最高水平是安德罗诺沃畜牧经济的突出特征。这就决定了安德罗诺沃文化在欧亚历史中的突出作用（Kuzmina 1997b）。

安德罗诺沃畜牧中的另一个特征出现在巴克特里亚骆驼中。套在车子上的巴克特里亚骆驼塑像（Kuzmina 1963a，1978b，1983，1994c）和动物骨头资料证实了巴克特里亚骆驼的驯养是在公元前第四千纪晚期的中亚南部，也可能是伊朗。骆驼骨骼［阿列克谢耶夫卡（Alekseevka）、也里可温、阿塔苏（Atasu）、乌斯特-纳鲁（Ust' -Narym）和彼德罗夫卡Ⅱ］、祭祀墓葬［阿克苏-阿玉里（Aksu-Ayuly）、铁勒赞-库祖（Telzhan-kuzeu）、米利-库达克（Mily-Kuduk）和别尕兹（Begazy）］、小型泥俑（乌什卡塔）和岩画中骆驼拖曳车辆的形象证实了巴克特里亚在安德罗诺沃文化中的作用。

牛和绵羊/山羊占据牲畜群中的中心。根据柴尔金的研究，木椁墓和安德罗诺沃文化人群饲养东欧种的牛：大长角牛，肩高126厘米，重350千克；大绵羊，高73厘米，重50千克。

这些动物资料表现出牲畜驯养结构中的地域性差别；在森林-草原地带，牛占据主导；在草原上，绵羊/山羊占据主导（在森林-草原的安德罗诺沃遗址中，牛占37%～52%，绵羊/山羊占37%～44%；而在草原上，牛占26%～34%，绵羊/山羊占50%～63%）。然而，尽管绵羊具有较强的生育能力，一年可产7只羊羔，但在草原，实际上是牛占主导。当我们考虑到不同物种的个体重量时，就明白了安德罗诺沃文化人群的肉食供应结构为：牛肉占60%～70%；马肉占20%～30%；羊肉仅占10%。

对艾勒诺夫斯基地区的墓地出土陶罐中包含物的分析和用于制作奶酪的带孔陶器的发现证实了，不仅发现了肉牛饲养，同时，在此时期还首次发现了奶牛饲养。

饲养牲畜的规范程序在公元前15～前13世纪就很明确。大量聚落出土的资料显示，大多数的动物幼崽被拿来食用：50%被屠宰的动物都在2岁以下，75%在3岁以下。圈养牛是一个重要的成就；众多木椁墓和安德罗诺沃的居所（隔间地板上有遗骸）证实了圈养牛的出现。

强调用牛获取肉和奶确保给社会提供了稳定的肉奶饮食，于是促使了人口的增长和膨胀。这种牲畜饲养形式表明已经形成了每天晚上可以把牛赶回聚落挤奶的经济，这就限制了牲畜群所需牧场范围扩大的可能。因为在欧洲草原，1平方千米的草场最多能承载6～7头大的蹄类牲畜。

放牧活动可能与有限的环境资源相矛盾。首先，人口的不断增长需要越来越多的食物，也同样需要一个更大的牲畜群。其次，即使在最合理的情况下径直利用草原一年以上，在聚落四周数千米范围内不断放牧20～25年就会出现放牧过度现象，于是，草场的生产能力由于2～4个因素而降低。而恢复草场生产能力则需要半个世纪（Mordkovich 1982：186～188）。

这些原因迫使竖穴墓和安德罗诺沃聚落有必要每隔20～25年就迁徙到几十千米外的新区域，这也说明了一个事实，即这些聚落考古学结构是相对较小的独立单元。这些聚落的墓葬群所含的墓葬数量也较少。每个墓群仅埋葬一代人。将聚落房屋的数量与其同时代的墓葬数量相比较（根据阿列克谢夫的计算，考虑到安德罗诺沃社会的平均寿命大概为30岁），艾勒诺夫斯基地区遗址的人口分析反映了聚落和墓群使用年限可能在25～50年（Kuzmina 1974b；Evdokimov 1984）。

在公元前15～前13世纪，此类生态的局限性因山丘和沙漠上新的小生态环境的发展和地域扩张，以及骆驼的驯养导致了社会的大转型。过剩的人口压力持续逐步激发新区域的不断延伸和发展。这就从考古学上证实了，在草原地带出现的大量公元前15～前14世纪的遗址，以及竖穴墓和安德罗诺沃文化领地的扩张。

竖穴墓人群占据了整个草原和森林–草原地带。他们比邻森林，对勃列克卡赞斯卡亚（Prikalanskelye）文化的形成产生了影响（Khalikov 1969）。塔什肯特（Tashkent）、奥列科夫斯考耶（Orekhovskoe）的扬吉羽尔（Yangi-Yul'）绿洲、土库曼斯坦帕塔马–萨伊（Patma-sai）、卡拉勒马塔–萨伊（Karalemata-sai）和帕劳（Parau）墓葬证实了（Kuzmina 1963c，1988，1994c；Kuzimina，Vinogradova 1996；Mandelshtar 1966），一

些小的竖穴墓群强行进入了多瑙河地区［奥齐尔（Ocher）墓葬群］，其他群落则直接到达了中亚，并参与了花剌子模的塔扎巴格雅布文化的形成（Itina 1977）。

阿拉库尔类型的安德罗诺沃人群定居于乌拉尔南部和哈萨克斯坦相当大的一片地区（除了哈萨克斯坦东部），甚至到达了南西伯利亚［靠近鄂木斯克（Omsk）的叶尔马克（Ermak）墓葬］（地图11；图24、图25）。地处乌拉尔至哈萨克斯坦大部分地区（除了哈萨克斯坦西部）到叶尼塞河（Yenisei）和西伯利亚地区的费德罗沃（Fedorovo）类型的安德罗诺沃人进入了森林地带（Komarova 1962；Kuzmina 1985，1994c；Maksimenko 1978；Matyushchenko 1973a；Molodin 1985；Vadetskaya 1986）。他们影响了那里食物生产型经济的形成和安德罗诺沃文化的发展（Kosarev 1981；Obydennov 1986；Obydennov，Shorin 1995）。

在天山和帕米尔地区发现的此类遗址证实了一个新的生态空间，即高地的产生。安德罗诺沃的影响，且夹杂着中国新疆和西北地区的文化元素，一直延伸到河南安阳（Kozhin 1977；Kuzmina 1973b；Antonova 1988；Varenov 1989）。

在第六阶段，即公元前13/前12～前9世纪，生态危机加剧了经济危机的产生。气候变得相当冷。位于洪积平原一级台地上的处于发达阶段的大量竖穴墓和安德罗诺沃聚落所在区域已经被如今的河岸所封堵，并因泉水泛滥而被淹没。

上文已经提到，复合经济因其固定的家畜饲养方式限制了其向最近草场扩张，从而阻碍了此类经济的进一步发展。解决此危机的途径就是依赖于生产能力更强的畜牧业，换句话说，就是逐水草方式（*Jailau*）。在追逐水草饲养牲畜体系中，牧民把牲畜驱赶到远方的草场，于是每个季节都要转换草场，这就促进了牲畜数量无限制增长。就是这个更先进的系统使社会需求适应不同地区的生态位。现在已知的几种季节性游牧有子午线游牧、沙漠游牧和纵向游牧等（Rudenko 1961）。在许多地区的前段时期就形成了这几种类型的游牧方式。子午线季节性游牧说明，在冬季，把牛驱赶到气候温和、积雪稀薄的南方。（马能从雪地下获得草料，如果积雪厚度在0.5米以下，绵羊和马一样也能够获得草料。）里海北岸和里海流域的竖穴墓和安德罗诺沃遗址晚期文化证实了这种季节性游牧方式的出现（Galkin 1992）。在沙漠游牧中，牧民在早春时候就把牲畜赶到冰雪融水浇灌、植被如茵的沙漠中。塔扎巴格雅布文化的废弃房屋遗址表层散落的安德罗诺沃陶器在花剌子模也有发现，证明了这种季节性游牧方式的存在（Itina 1977）。纵向游牧方式说明牧民在春季会把牲畜驱赶到长满高山植物和草甸的高山上（Mordkovich 1982：65～71）。

在天山中也发现了此类遗址［阿尔帕（Arpa）和众多七河类型墓葬］（Bernshtam 1952；Kuzmina 1970；Galochkina 1977）和帕米尔地区［玉兹博克（Yuzhbok）墓葬等］（Litvinsky 1972）（图26）。一般来说，定居的冬季聚落坐落在山麓丘陵上和保存完好的肥沃的峡谷地带，通常靠近矿藏地区。

草原、沙漠和高原上青铜时代遗址的分布情况表明牧民已经找到了寻求水源的最佳路径，通过打井和山间道路汲取地下水。在地图上标出青铜时代遗址的地理位置就能显示出中世纪和12世纪的游牧路线，于是我们得出结论，传统线路最理想（A. V. Vinogradov，Kuzmina et al. 1973；Kuzmina，Lyapin 1984）。商旅通行也取道这些线路。我们通过寻找这些线路开通的缘起，能够推断出，伟大的丝绸之路的线路初期形式可追溯到青铜时代。

选择适合迁徙的牲畜促进了这种新经济形式的形成。这些牲畜主要包括马和巴克特里亚骆驼这一特殊种群，但猪可能也出现了（安德罗诺沃文化），或者说，尚未发生重要作用（竖穴墓文化）。随着时间的推移，牲畜结构发生了根本性变化：在青铜时代晚期，绵羊数量不断增加［在绍尔坦迪-布拉克（Shortandy-Bulak）增长了81%］，马的数量成倍增长（Tsalkin 1972b；S. Ya. Zdanovich 1981）。这些动物最适合游牧经济的发展，因为它们能够从雪底下获取草料。

在公元前12～前9世纪，向移动饲养牲畜转变的另一个重要条件是轻型框架结构住所——原始圆顶帐篷（protoyurt）的发明（Orazbaev 1970；Narynov 1980；Kuzmina，Livshits 1987）。在整个草原上都已经发现了圆形或者方形的此类住所的痕迹。

第三个重要因素则是与战争相关的马具的出现。纺锤形骨质颊片，一种是两个平面上钻有孔的三孔颊片［基诺沃（Kirovo）、伊利切夫卡（Ilyichevka）、沃尔新斯卡格列布尔雅（Volynska Greblya）、阿塔苏］；一种是单面钻孔的三孔颊片［德瑞夫卡、乌萨托沃、苏博托沃（Subbotovo）、智尔诺克列夫卡（Zhirnokleevka）、雅泽沃（Yazevo）、绍尔坦迪-布拉克、肯特（Kent）］，锡亚尔克（Sialk）Ⅵ期、哈桑卢（Hasanlu）出土的颊片年代约为公元前13～前12世纪和公元前9～前7世纪（K. F. Smirnov 1961；Leskov 1971；I. I. Sharafutdinova 1982；Margulan 1979；Varfolomeev 1988）。西方的颊片拥有广泛的相似性。在达维尔津（Dalverzin）聚落发现了此种类型的青铜颊片模型；而在伊朗［吉延（Giyan）1、锡亚尔克Ⅵ、哈桑卢］发现了此类颊片的实物。此时已将颊片设计得适于控制马来骑乘。此段时期也保留了大量关于古代东方新的战争方式传播的证据。

古代近东遗迹中发现的第一批骑马者是约公元前14世纪的卡叠什（Kadesh）、特勒阿马尔奈（Tell el Amarna）和塞加拉（Saqqara）战役场面中出现的那些骑兵（Schäfer, Andrae 1925：381；Yadin 1963：219～224）。辛其尔里（Zincirli）浅浮雕和卢浮宫收藏的印章证实了赫梯部队中出现了骑兵（Meyer 1953：32；Herzfeld 1937～1938：51）。艺术品中骑兵形象数量不断增多反映出骑兵在部队中的地位不断上升（Kuzmina 1971，1973a；Azzaroli 1985）。

从公元前12世纪，亚述因其全副武装的骑兵而闻名（Handicock 1912：355，pls. ⅩⅦ～ⅩⅧ；Meissner 1920：217～219；Yankovskaya 1956：44；Ebeling 1951；Kammenhuber 1966；Saggs 1963；Hanfmann 1961）。也就在公元前第二千纪与公元前第一千纪之交，骑兵就构成了古代以色列军队的一部分［《圣经》第一章《列王记》5：4，26（the Bible，1 Kings 5：4，26）］。在哈拉夫遗址（Tell Halaf）发现了骑兵形象的浮雕（Yadin 1963：284～286）。

亚述部队中的骑兵分为手持长矛的骑兵和手持弓箭的骑兵（VDI 1951：2：296，299；3：330）。在公元前第一千纪早期，长矛形象出现在以下遗迹中：豪尔萨巴德（Khorsabad）的撒缦以色（Shalmaneser）二世的宫殿，以及尼尼微（Nineveh）的亚述巴尼拔（Ashurbanipal）宫殿的浮雕；亚述的提尔巴尔斯普（Til Barsip）的撒缦以色三世皇陵中（Layard 1849，1852；Botta，Flandin 1849～1850；Thureau-Dangin，Dunand 1936；Yadin 1963：415～417，442～443，450，451）；还有玉雕（Herzfeld 1937～1938：50，51）。

这些变革在草原人群的经济中发展缓慢。他们仅在复合经济中建立了逐水草游牧的方式。与格里亚兹诺夫（1957）和马尔科夫（G. E. Markov 1973）的观点相反，这些资料表明向移动游牧经济的转变并非偶然的跨越，而是一个长期的自然发展过程。草原生态环境的特殊性和游牧变革的整个过程共同推动了这个长期的自然发展过程。这个过程持续了几个世纪，最终促进了斯基泰时期畜牧–游牧移动形式的建立。

第四节　巴克特里亚骆驼的起源和传播

关于巴克特里亚骆驼的驯养一直备受争论。根据普里茨瓦尔德研究，巴克特里亚骆驼很晚才开始使用：直到公元前10世纪，亚述才出现巴克特里亚骆驼形象及其相关文献记载（F. Pritzwald 1924：259～267）。有一种假设，巴克特里亚骆驼是由游牧人从中亚带来的，现在仍有巴克特里亚骆驼生存于中亚（Walz 1954：84，85）。

在19世纪晚期，普热瓦尔斯基（N. M. Przhevalsky/Przewalski）和后来的格鲁姆–格塞米洛（G. E. Grum-Grzhymailo）、科兹洛夫（P. K. Kozlov）和斯文赫定（Sven Hedin）都记载了，巴克特里亚野骆驼（*khavtagais*）分布于戈壁沙漠。如今，巴克特里亚野骆驼支系逐渐减少，局限于外阿勒泰戈壁（Transaltaian Gobi），还可能在塔里木盆地边缘；在蒙古，仅幸存几百只巴克特里亚野骆驼（Bogolyubsky 1929：14，15；Khaveson 1940：117；Sokolov 1961：109～112，fig. 21）。班尼科夫已经证实（A. G. Bannikov 1945），幸存的巴克特里亚野骆驼并未变成野生骆驼，就像众多研究者认为，它们本来就是野生的。语言学中发音类型的不同就证实了这个结论。而动物学家认为，巴克特里亚野骆驼支系曾经分布更广，向东远到哈萨克斯坦。

我们现在已经能够解决有关巴克特里亚骆驼起源的问题了。在土库曼斯坦遗址中发现了公元前第四千纪骆驼的骨骼。这就把巴克特里亚骆驼的驯养年代提前到了公元前第四千纪（图33）。

在土库曼斯坦南部的农耕聚落，以及南部墓葬的上层安诺（Anau）文化遗址中发现了驯养骆驼的骨骼（Duerst 1908：383～384；Zeuner 1963：359），时代为公元前第四千纪；而在第二个重建阶段的吉奥克修尔（Geoksyur）5，纳马兹加Ⅲ期地层中发现的驯养了的骆驼骨骸，年代为公元前第三千纪前半段（Tsalkin 1970a：156）。这些资料最大限度地提供了巴克特里亚骆驼驯养在旧大陆上出现的证据。

骆驼在青铜时代就已经分布广泛：绍尔–德佩（Shor-depe）、阿尔金–德佩（Altyn-depe）、哈普兹–德佩（Khapuz-depe）、纳马兹加–德佩和科勒依1聚落中的动物群骨骼中的纳马兹加Ⅳ期地层；乌卢格–德佩（Ulug-depe）纳马兹加Ⅴ期地层；特肯–德佩和玛道（Madau）遗址中的纳马兹加Ⅵ期地层（Tsalkin 1970a：157；Ermolova 1970：226，227）。

在巴克特里亚，时代为公元前第二千纪早期的萨帕里–德佩（Sapalli-depe）聚落发现的骨骼证实了骆驼的出现（Askarov 1973：131；1977：120，pl. XLV，13；Batyrov 1974：135）。阿尔金–德佩、泰查拉克–德佩（Taichanak-depe）、哈普兹–德佩、泰普（Taip）和塔赫拜3的浮雕形象反映了中亚骆驼的繁殖发展（I. Maksimov 1976：76，figs. 13，16；Shchetenko 1968：22；figs. 12：2，12，13；Masson 1959：15，fig. 13：1，4～8；1970：pls. XV：6，XVI）。

在马尔吉亚那的托克洛克（Togolok）1、2和古勒（Gonur）1聚落发现的骆驼泥俑数量较多；图章–护身符之类器物上出现了骆驼（Sarianidi 1976：61，62，fig. 18；1990：

pls. XXⅢ：11，12，14，XXⅣ：12，13，15，16，LXXⅦ：13；LXXXⅧ：1），塔赫塔-巴扎尔出土的青铜镜上也有骆驼形象（图33）。在巴克特里亚，巴克特里亚骆驼的形象也出现在萨帕里-德佩墓葬出土的石质图章-护身符上（Askarov 1977：120，pl. XLV：13），还出土有红铜塑像（Pittman 1984：43，fig. 10，11；Salvatori 1989）。

这种动物物种的驯养中心在哪里呢？博戈柳布斯基将巴克特里亚骆驼的故乡定在了欧亚草原（S. N. Bogolyubsky 1929：14，15），北纬40°～50°。我一直认为，巴克特里亚骆驼的驯养中心是在中亚和哈萨克斯坦（Kuzmina 1963a：39，40）。布列特（F. Bulliet）、科帕格诺尼（B. Compagnoni）和托希（M. Tosi）列出的区域包括中亚、伊朗的中部和东部（Bulliet 1975：141，148；Compagnoni，Tosi 1978：87～100）。

在时代为公元前2700～前2600年和公元前2600～前2500年的锡斯坦（Sistan）的夏克-索克塔（Shakhr-i Sokhta）聚落的Ⅶ和Ⅵ地层中分别发现了几种不知名的动物骨骼，还发现了骆驼粪便和用于纺线的骆驼毛。这均无法帮助我们识别骆驼物种。作者也没有排除出自夏克索克塔的动物是巴克特里亚骆驼的可能性（Compagnoni，Tosi 1978：91～95，fig. 1，2，4）。在伊朗南部的库拉伯（Khurab）发现了一件手柄头部为骆驼形象的红铜斧（Maxwell-Hyslop 1955：161；Zeuner 1955：162，163，pl. XXXⅥ）。动物形象的出现已经掀起了一场讨论：虽只有一只驼峰清晰可见，但骆驼的形象与巴克特里亚骆驼的形象已很相似。库拉伯手柄头部的年代也引起了一场讨论：兰伯格-卡罗夫斯基（C. Lamberg-Karlovsky）将其定在公元前2600～前2400年（1969：163～168），而杜林开斯普斯将其定为公元前第三千纪早期（E. During Caspers 1971：60～64）。

作为伊朗人群熟知巴克特里亚骆驼的确凿证据，在时代为公元前第三千纪中期的地层Ⅲ中的沙特佩聚落中发现巴克特里亚骆驼骨骼非常有价值。根据雅姆切勒（W. Amchler 1939：80，122）的研究，巴克特里亚骆驼出现在里海南岸是由于人群将其从其故乡土库曼斯坦东北部引进的结果。

柴尔金（1970a：156，157）坚信，中亚不可能是巴克特里亚骆驼的驯养中心，因为他注意到中石器时代和新石器时代并未出现骆驼骨骼，“什么能够证明巴克特里亚骆驼在荒蛮时代已经进入了该区域呢？因而，我们也排除了本地驯养的可能性。”而如今，情况发生了改变：撒马尔罕的旧石器时代遗址中明确出现了双峰驼（*Camelus Knoblochi-Nering*）骨骼（Lev 1972：17～29）。在阿姆河地区的图迷克-基奇吉克新石器时代墓葬中［Vinogradov 1974：500；由耶莫利娜（N. M. Ermolina）领队］和花剌子模托斯托瓦（Tolstova）的克尔捷米纳尔遗址（由维诺格拉多夫发掘，毕毕科娃领队）中就发现了巴克特里亚骆驼骨骼。提请注意：中亚的生态环境非常适合在此生存的这些野生物种，并且离今天野生的巴克特里亚骆驼栖息地也比较近。野生的巴克特里亚骆驼种属在历史上已经绝迹了。然而，更重要的是，就在中亚发现了旧大陆已经驯养的巴克特里亚骆驼最古老的骨骼，时代约为公元前第四千纪至前第三千纪。这些动物骨骼和形象的发现不计其数，并且相互之间从不孤立。套在车上的巴克特里亚骆驼形象在整个旧大陆绝无仅有，证实了在这个地区作为交通工具牵引动物的骆驼在经济上的广泛用途（Kuzmina 1980b）。

所有证据都使我们认识到，中亚一定是巴克特里亚骆驼驯养的最重要的中心。阿富汗和伊朗东部可能是使用巴克特里亚骆驼的最古老的地区。正如前文提到的，近东在古代是单峰驼的故乡。然而，巴克特里亚骆驼实际上直到公元前第二千纪晚期在那里才为人所知[①]。

最古老、最不寻常的巴克特里亚骆驼形象存在于公元前1800～前1400年的美索不达米亚圆柱形图章上，图案是两个男人面对面坐在巴克特里亚骆驼背上（Bulliet 1975：62，fig. 20）。西亚文献中所记载的所有巴克特里亚骆驼的形象，其时代均为亚述时期。这些资料被文学作品反复引用也证实了这点（Kuzmina 1963a；Yankovskaya 1956：40；Salonen 1956；Walz 1951，1954；Luckenbill 1927；Horn 1950，1952；Lambert 1960；Bulliet 1975：153～159）。

有关巴克特里亚骆驼最古老的记载是提格拉–毗列色一世（Tiglath-Pileser Ⅰ，公元前1115～前1077年）的库扬及克（Kuyunjik）铭文和亚述王亚述贝尔卡尔（Ashurbelkal）（公元前1074～前1057年）文献。文献记载了一桩从与东方进行贸易的商人手中购买巴克特里亚骆驼的交易。从那以后，巴克特里亚骆驼在雕刻和亚述那西尔帕一世（Ashurnasirpal Ⅰ，公元前1115～前1077年）、撒缦以色三世（公元前858～前824年）、沙马什–阿达德（Shamshi-Adad）五世（公元前823～前811年）和萨尔贡（Sargon）二世（公元前721～前705年）的年鉴中经常出现。在公元前第一千纪早期，巴克特里亚骆驼的形象就出现于亚述尼姆鲁德（Nimrud）的黑色方尖石塔上；巴拉瓦特（Balawat）大门上；库扬及克的军队营房的浅浮雕上；以及撒缦以色Ⅲ期的图章上。这些文献表明骆驼作为一种赠物从东方来到亚述。

① 英文编者注：古动物学家普遍认为，单峰驼是从驯养的巴克特里亚骆驼发展而来，二者的野生祖先都是野生的巴克特里亚骆驼，所以，近东的单峰驼一定比中亚驯养的巴克特里亚骆驼晚。

在早期亚述文献中，巴克特里亚骆驼在闪族语中被称作“*gammlu*”，表示单峰驼，但是也有记载，说它是双峰驼。在公元前11世纪出现了“*udru*”的称呼。这就追溯到了巴克特里亚骆驼的伊朗语名称（Salonen 1956：85～87；Kent 1953：118，178）。这是语言学方面非常重要的证据：首先，巴克特里亚骆驼仅在公元前第二千纪晚期才在西亚变得闻名；第二，闪米特人是通过与操伊朗语的人群交流才熟悉伊朗语中所称的这种动物。这些语言学资料与这个假设相一致，就在此时，操伊朗语的人群出现在伊朗地区，并且带着他们的巴克特里亚骆驼和马逐渐向东推进。这就在考古学上反映了这些动物形象于公元前第一千纪早期在伊朗的分布状况（7000 *ans*：78，pl. XXXI：3）；这些动物的祭祀在操伊朗语人群中也完全确立，并且沿袭到阿契美尼德时期及以后时期（Kuzmina 1963a：42，43；1978a：103～108；Obel’chenko 1978：68～81；Kadyrbaev，Maryashev 1977：176，177；Korol’kova 1998：137～149）。

有关巴克特里亚骆驼古代支系的建立问题，我们应该重点着眼于波斯波利斯的阿契美尼德王朝将巴克特里亚骆驼作为贡品赠送给波斯、阿拉浩人（Arahosian）和雅利安人等（Schmidt 1953：pls. 19，30，33，39，41，1970：148～149）。这个物种的传播时代上限仍然几乎没有到达红铜时代。这就证实了一个推论——巴克特里亚骆驼在中亚的起源地可能是阿富汗和伊朗东部。

因此，考古学资料已经确定，在中亚，巴克特里亚骆驼在公元前第四千纪就已经被驯养，而在公元前第三千纪至前第二千纪，被广泛作为牵引实心轮车的畜力。这种实心轮车是青铜时代中亚交通工具的明显特征（图34）。最后，安德罗诺沃文化人群从中亚农民那里引入了已经驯养了的骆驼，并将其作为拉车的畜力。花剌子模和哈萨克斯坦的岩画及泥俑艺术品反映了这些情况（Itina 1977：90；Kuzmina 1994c：203，257，fig. 34：10，11，fig. 55：8，9）。

第四章　中亚南部的考古学文化

地域辽阔的中亚气候和自然景观（沙漠、干旱草原、丘陵、山区、富饶的绿洲）的多样性令人惊奇，这就意味着中亚不同区域的文化发展速度和过程一直存在较大差异。

苏联最古老的农耕文化在公元前第五千纪开始于土库曼斯坦最南端，一直持续发展，这就是安诺文化，属于古代东方高度发达的文化圈。

渔猎群落早在公元前第三千纪就已经开始向食物生产型经济转变，在中石器时代占据了北方草原。他们与安诺人群的文化关系促使其迅速掌握了冶金技术、牲畜驯养和农耕技术。高度发达的安诺文化极大地影响了随后与其联系的草原人群。这两大人群之间的相互关系实质上决定了中亚发展的特性。

在青铜时代，中亚南部形成了几个历史文化区：土库曼斯坦南部，河中流域的上游、中游和下游，费尔干纳和哈萨克斯坦。以下将对这几个区域作详细讨论。

第一节　土库曼斯坦南部

1. 安诺文化：纳马兹加Ⅵ期

直到公元前第二千纪，由纳马兹加Ⅴ期发展而来的纳马兹加Ⅵ期文化在哈萨克斯坦南部形成（地图13）。土库曼斯坦南部人群并没有能够从公元前第三千纪晚期到前第二千纪早期的那次动摇古代农耕聚落的危机中恢复过来。纳马兹加Ⅴ期的主要村落基本废弃，其他人使用的住所规模也在缩小。众多小聚落取代了像阿尔金–德佩那样的大型首府城镇，每个范围均不超过1～2平方千米。这样的例子有安诺的南部土墩（Pumpelly 1908）、艾尔肯–德佩（Marushchenko 1959）、特肯德佩（Ganyalin 1956b）和在科佩特山（Kopet Dagh）低地平原的纳马兹加–德佩北部的小聚落（Ganyalin 1959），还有塔赫拜和较早的牟尔加布（Murghab）三角洲的敖钦–德佩（Auchin-depe）（Masson 1959）。

尽管安诺文化被晚期的安诺居民侵扰，但是其生产力继续发展。安诺文化人群通过改进灌溉系统，开发了牟尔加布三角洲的土地，并在这里建立起新聚落。灌溉农业在土库曼斯坦仍然占据主要经济基础地位（在艾尔肯–德佩发现了大麦和小麦等谷物，以及葡萄种子）。而饲养牲畜很有可能比以前显得更加重要。牲畜群包括牛、绵羊/山羊、猪和骆驼，还有一些迹象表明，驯养的马在这个时候也已出现。

建筑物的传统并未改变：在纳马兹加Ⅵ期，安诺文化人群居住在用土坯建造的外面连接着附属建筑的居所中，小街道将居住区域分割开来（纳马兹加–德佩），并在聚落周围建立起防御围墙。

墓主人葬于聚落范围内的坑洞中，这是安诺文化发展过程中的最初阶段案例。在所有纳马兹加Ⅵ期的聚落中都发现了此类墓葬。但是，新的葬礼仪式也在传播，在扬基–卡拉（Yangi-Kala）和阿什哈巴德（Ashkhabad）城市的电车和公共汽车站遗址［依据玛鲁申科（A. A. Marushchenko）的研究］发现的墓葬中（Ganyalin 1956a），墓主人均为左侧身屈肢，头向不一；身体旁直立着几件陶罐，墓葬中还随葬一些装饰品。

陶器制作保留了轮制传统。所有餐具都采用快轮拉胚制作而成，然后采用结构完善的双重窑炉焙烧（Sarianidi 1958）。扇底罐、铙碗（圆锥形碗）和曲颈瓶很普遍，其表面呈红色或者灰色，并且经过了抛光处理。在牟尔加布发现了与前期陶器类同时使用的光滑白陶。

金属器皿的发现证实了冶金业的发展。生产工具以发达的西亚类型的镰刀、新月形刀、双刃刀、锥和钉子为代表。各种类型的短剑、投枪和矛在那个时代广泛使用。

在纳马兹加Ⅵ期，土库曼斯坦南部人群与其他农耕人群保持密切联系。据推测，安诺文化与小亚细亚的关系非常紧密。在小亚细亚出土了带棱纹和五个尖头的贡奉针①（阿什哈巴德墓葬）。很显然，中亚首批铁器的分布归因于小亚细亚的影响［甘亚林（A. F. Ganyalin）在纳马兹加佩德的一个富人墓葬中发现了铁泡（Kuzmina 1966）］。小亚细亚铁器的开始使用可追溯到公元前第三千纪末（V. V. Ivanov 1963）。

带有圆形石泡的发现证实了安诺文化与中亚东南部地区的俾路支和印度的联系（Masson 1959）。此类石泡在丘加尔（Jhukar）文化遗址中很普遍。根据部分研究者的

① 中译者注：请教郭物先生后得知，pin为贡奉针，是献给神的，很可能插在神坛上。在此表示感谢。

观点，丘加尔文化可能继承了哈拉帕文化；而从其民族特征上来看，丘加尔文化可能是由来自北方的雅利安人创造的（Piggott 1952；Gordon 1958；Fairservis 1956）。

根据陶器和无可争议的带有人工特征的金属器物的研究和墓葬的分析，我们能够重建公元前第二千纪后半期安诺社会的结构体系。我们根据墓葬随葬品的丰富程度可以辨别出这些墓葬中的一些为富人墓葬。因此，我们能够看到，在土库曼斯坦南部发生了第二次劳动分工，并且正在孕育着强烈的阶级分化。

在青铜时代，饲养牲畜的人群定居于紧邻沙漠边缘的安诺绿洲，其文化属于欧亚草原文化群（Kuzmina 1963c）[①]。遗址中发现了几何印纹和附加堆纹装饰的手制陶器。在已经研究的安诺聚落中发现了类似的手制陶器容器和具有欧亚草原特征的金属制品（例如纳马兹加德佩的单刃刀），表明这些人与安诺文化人群有联系。

新到来的饲养牲畜的人群与安诺土著人群之间的相互关系毫无疑问经常充满敌意。在特肯德佩（Ganyalin 1956b），两次大火毁坏了纳马兹加Ⅳ期晚期的房子。而后来的草原民族占据了火烧过的遗迹所在地区，并把他们的容器留在了遗址上。

防御北方来的草原民族的必要性很可能导致了安诺聚落周围防御墙的建设和不同类型攻击性武器的传播。

纳马兹加Ⅵ期文化在公元前12世纪消失[②]。

2. 蛮族入侵下的文化

在公元前12～前8世纪，土库曼斯坦南部的低地平原在蛮族[③]入侵后产生了一些遗址（艾尔肯Ⅱ期）。蛮族晚期牟尔加布文化的变体是亚兹（Yaz）1文化群。在安诺，以及艾尔肯-德佩（Marushchenko 1959）和亚兹-德佩（Masson 1959），目前已经有同仁仔细研究了此段时期的文化层（Pumpelly 1908）。这支文化从根本上并不同于较早的纳马兹加

① 目前，确定遗址的文化渊源还为时过早。阿斯卡洛夫提出了相反的观点（A. Askarov 1962a，1962b），坚持这些资料属于安德罗诺沃文化，并且推测其中一部分人口来自呼罗珊。

② 对于造成纳马兹加Ⅵ文化危机的原因有不同的解读：舒米德（E. Schmidt）和玛鲁申科（A. A. Marushchenko 1959）认为（Pumpelly 1908），其灭亡源于强大的草原民族的压力；柯夫丁指出（B. A. Kuftin 1954），这时候与干热时期气候一致；马松推测土库曼斯坦南部爆发了一场内部的经济危机（V. M. Masson 1959）。看来似乎是驯养经济的危机削弱了安诺群体，很大程度上为邻近的北方民族的入侵扫清了道路。

③ 英文编者注：关于这个词的解释，请参看英文编者的序言。

文化，但是两者之间的联系非常明显。

这个人群居住在一些小型的聚落中。这些小聚落围绕着以重要塞堡为中心的大房子聚居，如低地平原上的艾尔肯-德佩和牟尔加布的亚兹-德佩。房屋建造发生了实质性变化：普通百姓的住所较小，并且陈设较差，而不远处的院墙中，城堡建立在8米高的用砖砌筑的平台上，其上高高矗立着统治者的宫殿；而宫殿建有长方形的大厅和狭窄的拱形储物间（亚兹-德佩）。

在蛮族入侵时期，土库曼斯坦南部经济发生了相当大的变化：牲畜饲养如今占据了重要地位。但是，经济生产方式逐渐向农耕转变；在此段时期的末期，农耕再次变成了生产模式的主要支柱。但直到那时，中亚经济发展到了一个新的水平：依靠并利用大河的河水，强大的灌溉系统代替了小型灌溉渠道。

陶器制作的变化依旧重要：数百年的轮制陶器几乎消失，大型储藏器皿（*humchas*）、陶碗和陶罐（有时带有柄）采用手制。陶器表面通常为灰色或者经过抛光。小部分器物采用浅绿色为底色，上绘棕色三角纹、菱形几何纹样装饰。

金属器物也表现出了重要的变化（图39）。器物类型发生了完全变化：出现了单刃刀和有孔双刃箭镞。这些器物在中亚冶金中属于传统器物，但并不为在此之前的安诺人群所知。金属成分也发生了变化：锡含量高的青铜广泛流传［库兹米娜在1966年出版的书中公布了伯格达诺娃-别列佐夫斯卡亚（Bogdanova-Berezovskaya）的分析数据）］；已开始使用铁，并制造了第一批铁制工具（安诺镰刀）。

物质文化发生的此类重大转变部分归因于新的外来人群的入侵。“他们来自何方”这个问题的争论并未停止，因为在中亚草原，畜牧人群的文化中并没有找到蛮族入侵时期陶器组合的雏形。然而，饲养和畜牧、手制陶器，特别是具有北方草原典型特征的金属器物的传播使我们对畜牧人群在艾尔肯Ⅱ-亚兹1期文化形成中的重要作用的推测带来了无限遐想（Pumpelly 1908；Marushchenko 1959；Ganyalin 1956b；Kuzmina 1963c）①。纳马兹加Ⅵ期遗址记录了草原上饲养牲畜的人群由北向南朝着牟尔加布方向发展，并向低洼平原迁徙。

在雅孜1期，新来的入侵者渐渐向定居农耕转变，并且在当地文化中占据主导。中亚游牧人群与古代农耕人群交流，获得农耕人群的生产技术，并推动经济向更高阶段发展，这就为中亚文化在铁器时代早期的兴起做好了准备。

---

① 马松所持的观点稍有不同（1959；1966）。

在青铜时代晚期，土库曼斯坦南部人群的社会体系发生了根本变化。据我们推测，当新的生产力发展，土库曼斯坦南部地区生产力增强，首领转变成了统治者，掌控着组织生产，并且控制着大量人口，训练军队。于是，早期统治阶级渐渐浮现。

组织修建复杂的灌溉系统和建设坚固的城堡需要花很大努力，从考古学上反映了中央集权的出现。

3. 里海东部沿海地区

在公元前第二千纪晚期，穿过中亚沙漠的最西端直到里海东海岸，就进入了土库曼斯坦。曼德尔斯塔姆一直通过对科佩特山到克孜尔–阿瓦特的山脚下的博尔协巴尔哈尼（Bolshie Balkhany）、加苏尔–库姆（Gazylgy-Kum）、帕劳1附近的帕塔马–萨伊（Patma-Sai）和卡拉勒马塔–萨伊（Karalemata-Sai）墓葬出土资料来研究里海东岸人群的文化（A. M. Mandelshtam 1996）。墓葬群由小规模的石堆墓葬组成（存在石圈的例子）。在墓葬群中心存在一个带有石头顶棚的长方形墓葬和火烧的痕迹。墓主人均屈肢左卧，头向朝东。墓葬中发现了粗陶和素面罐形锅；仅有两件带"Z"字形或者三角纹装饰的陶器。

墓葬的方向和陶器组合特征表明这些墓葬的人群与伏尔加地区竖穴墓晚期人群有关系，特别是与乌拉尔地区的关系（存在接触带）（地图12）。土库曼斯坦西部墓葬出土的资料证实了，这些人由北部迁徙于此。干旱沙漠区的遗址位置也说明了这些人为游牧人群。

第二节　河中中下游地区

1. 塔扎巴格雅布文化

定居于咸海流域人群的文化，即河中中下游地区，在青铜时代以塔扎巴格雅布文化而闻名。花剌子模调查对塔扎巴格雅布文化的研究持续了好多年（Tolstov 1948，1962；Itina 1961，1967）。对安卡（Angka）5和卡瓦特3聚落的发掘使我们能够辨别塔扎巴格雅布的居所类型。塔扎巴格雅布居所为半地穴式，面积100 ~150平方米，墙体采用黏土砌筑，入口似廊道形，中心存有一个火灶，许多地方发现支撑房顶的木杵。

科克查（Kokcha）3号墓葬出土资料给出了有关塔扎巴格雅布人群丧葬礼仪的准确概念。很明显，墓葬并无地表建筑，墓主人屈肢埋葬于朝西的洞穴中，男性右侧卧，女性左侧卧；有时候，男女合葬于一个墓葬中，母子合葬或更少。

墓葬中随葬有罐、骨柄碗、针和带有凹槽的手镯、椭圆形或"8"字形器物，以及珠饰。

与欧亚草原其他地区一样，草原人群主要从事游牧业。他们饲养牛、绵羊/山羊，以及马。然而，河中下游的河流三角洲良好的自然环境及与中亚南部农耕人群的联系增强了灌溉农业在塔扎巴格雅布文化经济中的作用。最初，他们建造了小土埂，将田地分成小块，每块边长3～5米，把水从水渠引到田地中。

在青铜时代晚期，塔扎巴格雅布文化人群改进了灌溉系统：人们开挖小型渠道来灌溉约1平方千米的田地。因而，他们掌握灌溉技术是中亚农业发展的重要一步。

花剌子模出土的陶器为手制。器物有罐形器和盆形器。后者装饰丰富，在盆形器的上腹部或口沿和肩部装饰有"Z"字纹、"人"字纹、刻划纹、等边三角形和正三角纹，更复杂纹饰则由阴线曲带纹和"Z"字纹等组成。

塔扎巴格雅布文化人群中的一个特殊群体定居于河中中部[①]。在马汉河流域（Makhan Darya），泽拉夫善三角洲的一条干涸的水渠附近分散着大量遗迹，包括古扎伊利（Guzhaili）9号遗址和古扎伊利墓地（Gulyamov et al. 1966；Kuzmina 1968，1994c）。

定居于马汉河的居民有着与来自咸海北岸人群相同的丧葬礼仪。在墓葬中（没有封堆），墓主人葬式为屈肢葬，侧卧或者仰卧，放于朝西的沟槽状墓室中。头部附近摆放陶器。女性装饰丰富，佩戴"8"字形坠饰和与库克沁（Kokchin）类型相似的手镯，还有大量珠饰，包括从土库曼斯坦南部舶来的五彩石串饰。

从罐形和盆形平底器以及压印纹装饰类型素面或者锯齿纹来看，马汉河地区的陶器与花剌子模的塔扎巴格雅布陶器特别相似。此种装饰基本分布于边缘和肩部两个部位。纹饰出现最多的有等边三角纹和"人"字纹或者"Z"字纹，有时候也有曲线宽带纹。

在聚落中发现了牛、山羊/绵羊的骨头，还有矿渣、红铜泡、手推磨、杵和石质箭。这些反映了布哈拉绿洲塔扎巴格雅布人群的经济活动。

塔扎巴格雅布的物质文化特征（墓葬中头向朝西的现象，以及饰物的种类和陶器装饰主题）表明其与西安德罗诺沃部族很近，特别是与居住于鄂尔斯克和阿克秋宾斯克临近地区的人群，以及与伏尔加河下游的竖穴墓部族相互联系的那些人群都很近。

---

① 李特文斯基研究了包括卡伊拉库姆文化的泽拉夫善遗址在内的遗址（Litvinsky 1963），提出了这个观点的不同看法。阿斯卡诺夫和基拉莫夫将像呼罗珊地区一样的这些遗址归属于安德罗诺沃文化（Gulyamov，Islamov，Askarov 1966）。

最后，这个相似性反映了这些人群与欧亚草原人群的亲近关系①。人类学资料也证明了这一点（Trofimova 1961）：科克查Ⅲ墓葬中的大部分个体标本属于同一个体质类型，与伏尔加河地区和哈萨克斯坦东部人群体质特征很相似（尽管也有一个类型与乌兹别克斯坦、塔吉克斯坦和印度的古代人群有关）。

在扬吉尤利（Yangiyul'）、奥列科夫斯考耶和萨拉德切（Saraadach）的塔什肯特绿洲调查了斯鲁邦（Srubna）晚期文化墓葬。在墓葬中，头向朝东或者朝北，在头部附近通常摆放素面陶罐。这种葬俗在安德罗诺沃费德罗沃类型的墓葬也很流行。在弗列夫斯卡亚（Vrevskaya）和布里奇莫拉（Brichmulla），他们呈现出火葬特征，并随葬有装饰华丽的陶罐，而在奥拉切马特（Aurachmat）和伊斯坎德尔（Iskander），他们表现出土葬特征，通常埋葬有带犄角的安德罗诺沃晚期手镯（Litvinsky 1962，1963；Kuzmina 1966，1994c）。

在距离撒马尔罕较近的泽拉夫善峡谷中部，混合类型墓葬盛行［穆明纳巴德（Muminabad）、恰卡（Chakka）、希亚勃（Siab）］。它们表现出安德罗诺沃费德罗沃类型和斯鲁邦晚期特征的融合，从而证实了不同族群进入了本地区。

2. 苏亚尔干文化

根据托尔斯托夫和伊提娜的研究（S. P. Tolstov，M. A. Itina 1960），塔扎巴格雅布文化在花剌子模与苏亚尔干（Suyargan）文化并存②。苏亚尔干文化在公元前第二千纪上半段出现，受到了南部农耕人群的影响，由当地的克尔捷米纳尔发展而来（Gulfyamov et al. 1966）③。在公元前第二千纪后半段，苏亚尔干和塔扎巴格雅布人有着极其相似的发展过程。

苏亚尔干部族居住在椭圆形居所中。居所为栏杆结构，中心设有一个火塘［江巴斯（Djanbas）6］。我们尚不知道它们的丧葬礼仪。尽管在早期阶段，这个部族依靠渔猎，但在晚期，则发展了食物生产型经济。

---

① 托尔斯托夫把塔扎巴格雅布文化与伏尔加河竖穴墓人群的到来关联起来，提出了不同观点。阿斯卡诺夫（1962b）在格利雅孜诺夫之后，认为塔扎巴格雅布文化归属安德罗诺沃文化。

② 查德列诺夫斯基提出了一个不同观点（Yu. A. Zadneprovsky 1996）：他否认了独立的苏亚尔干文化，而认为苏亚尔干晚期文化和塔扎巴格雅布遗址是一个单独的整体。

③ 托尔斯托夫提出了不同观点（S. P. Tolstov 1962），他坚持苏亚尔干文化来自南方。而福尔莫佐夫认为（A. A. Formozov 1851），克尔捷米纳尔文化与安德罗诺沃文化之间关系密切。

陶器采用手制。这些陶器为寰形，表面通常施红色陶衣，部分上面压印几何纹图案，或者绘成黑色。在早期阶段，石头加工得到了发展（刀和箭）；在晚期阶段，它们掌握了冶金技术，很明显，出现了单刃刀、镰刀、钩、戒指和锥子。

第三节　费尔干纳地区

在公元前第二千纪后半段，卡伊拉库姆文化的草原部族占据了费尔干纳大峡谷，并在公元前第二千纪晚期与农耕的楚斯特（Chust）文化并存发展。

1. 卡伊拉库姆文化

李特文斯基研究了卡伊拉库姆文化（B. A. Litvinsky 1962）。在锡尔河沿岸的沙漠里发现了三组散布的聚落，一般来说，每个聚落占地不超过3平方千米。椭圆形和圆形石头炉灶残迹可能因居所形状而改建，有时候呈直线分布。这些居所很有可能是矩形的，且长度近20米（聚落N16）。

卡伊拉库姆墓葬的墓主人的埋葬方式为仰身或者侧身屈肢，头朝西，埋葬于石棺［胡集–亚格那（Khodji-Yagona）］或者采用石头平铺砌成的墓壁的墓葬中［达哈那（Dakhana）］。我们可以推测，费尔干纳南部峡谷中瓦蒂尔（Vuadil）和卡拉姆库尔（Karamkul）墓葬属于同一个文化（Gamburg，Gorbunova 1956，1957；Litvinsky 1963：124）。在矩形或者圆形的石径或者石围下，发现了朝西的墓葬，墓室中采用石板砌筑墓壁；还发现了双室墓葬（瓦蒂尔）。在费尔干纳所有墓地中，墓主人都随葬陶器和饰物（手镯、喇叭形耳坠和串饰），还有青铜箭镞（瓦蒂尔）。

卡伊拉库姆遗址所获资料提出了一个经济概念。卡伊拉库姆部落日常生活的首要任务就是饲养牲畜：发现了马、牛和山羊/绵羊等的骨骼。众多手推磨也反映了他们从事农业生产。渔猎处于次要地位（以石箭和青铜鱼钩为证）。陶器上发现的织物印痕给我们提供了足够的纺织业存在的依据。

卡伊拉库姆陶器采用手制，经常借用纺织品图案花纹。所有器物都为平底圆边，有一些采用凸缘，口沿形状多样。陶器表面经打磨而光滑，部分器物通常仅在肩部采用简单几何纹装饰。等腰三角形、交叉箭尾形和“Z”字形组成的图案一般为平纹或者锯齿形压纹。

卡伊拉库姆人群的主要行业为金属加工。他们在卡拉玛扎尔（Kara Mazar）山中的纳吾卡特（Naukat）附近矿区开采矿石，且就在聚落附近进行熔炼：在那里发现了大堆矿渣、块状矿石和铜泡。卡伊拉库姆人群在聚落里生产金属工具。在N16号聚落发现了用于制造扇形斧和镐头的石范。

卡伊拉库姆人群也使用短剑和刀、箭以及锥子。这些工具与哈萨克斯坦西部和七河流域中心地区发现的类型相似。这就暗示着整个欧亚草原东部地区冶金业发展的普遍趋势，也影响了与卡伊拉库姆人群文化联系的基本去向。

此外，伊拉库姆遗址的居民仍然保持着与其邻居费尔干纳楚斯特人［在卡伊拉库姆遗址和塔什–库尔干（Tash-Kurghan）墓葬发现了楚斯特陶器］的联系，并且许多普通类型金属制品也传播广泛。

2. 楚斯特文化

楚斯特人居住在费尔干纳峡谷的北部和东部地区。人们通过对楚斯特（Sprishevsky 1957，1963）和达维尔津（Zadneprovsky 1962）的发掘研究楚斯特文化，从而了解了其他遗址。

在楚斯特聚落发现了小型的无防御的农庄［钦拜（Chimbai）］，但大型聚落仍是楚斯特聚落的独特之处：楚斯特聚落面积约4平方千米，而达维尔津聚落占地超过了10平方千米。大型聚落采用包土坯的防御围墙加以防御。在聚落所在地区发现了一些房屋采用土坯砌筑，并被分成一间间狭小的泥土房子。在此发现的简易泥土房屋痕迹表明其墙基采用木框架构筑而成。在房子的内部及附近发现了大量的谷物储藏窖穴，而且还发现了由鹅卵石铺成或者夯土筑成的炉灶。

墓主人被埋葬在聚落附近，侧身屈肢，较少采用仰身屈肢；墓葬方向并不一致；还发现了散落的骨骼和单独的头颅。

楚斯特经济以种植业为基础。他们种植小麦和大麦，以及特殊种类的黍（在楚斯特遗址中已经辨认出这种谷物）。楚斯特人用石锄进行耕种，用石质和青铜镰刀收割庄稼，而用较大石磨和许多杵，以及磨石研磨加工这些庄稼。在家圈中发现了大量牛和山羊/绵羊、马、驴子、狗和猪骨骼，显然说明了次要牲畜饲养的存在。渔猎在此地已不重要［在此发现了少数鱼钩、鱼和黄羊骨头］。

楚斯特文化陶器采用手制，包括绳纹罐和织物压印纹陶。18件陶器为泥质灰陶炊器，灰胎，大部分器形为鼓腹釜、细颈罐、火盆；其他陶器器壁较薄，外面施一层红色陶衣。此组陶器形制多样，有带耳罐、锥形器、各种各样的盘子和钵，包括带流器都有发现。红衣陶器中的一小部分彩绘有黑色几何纹样、波浪纹和阴影线的三角纹、菱形纹和条纹，少数几件器物也有光亮的黑色斑点。

冶金以利用附近矿区的矿石［在楚斯特–瓦尔济克（Varzyk）］为基础。在聚落中生产人工制品，并在其中发现了矿渣和带有矿渣的陶器，以及石范。工具包括有銎凿、大量的穿孔把手镰刀，以及特有的单刃刀、锥子和钎，还发现了马衔和颊片。有銎矛是众多武器种类中的一类，包括缺口銎的矛，以及多样銎孔有柄箭镞。装饰品和梳妆用品组合主要由带柄镜子和透明织物坠子等构成。

印纹陶器和纺轮、用于织布机的梭子等的发现，证明了楚斯特文化的一个明显特征就是继承了发达的石骨质加工业和高超的编织技术。

此前已经谈到，楚斯特聚落仍然维系着与邻近草原人群之间的联系。很明显，他们之间的相互关系已经不再和睦。这可能迫使他们在其聚落周围建立起强大的防御墙体。

毫无疑问，楚斯特文化人群也与其他农耕部族有着文化联系，特别是与土库曼斯坦南部的部族的关系。一些楚斯特器物形制和装饰图案的主题（不是颜色谱系）与外族入侵时期的陶器制作在工艺上有相似点，特别是艾尔肯Ⅱ期（Marushchenko 1959）。

楚斯特文化中的马具和铜镜与锡亚尔克–德佩的大墓地（Necropolis）B中出土的同类器物的部分相似性表明其与伊朗的联系（Ghirshman 1939）。楚斯特的陶器和防御聚落结构，以及西域的彩陶文化也展现了它们之间存在相似性（Kiselev 1960；Litvinsky 1963）。

值得特别注意的是某些器物的形制和装饰与印度中部和阿富汗蒙迪加克Ⅴ期早期陶器组合有相似之处（图42）（Zadneprovsky 1962）。一些研究者认为是来自中亚的阿兰人迁徙于此（Casal 1961）。

楚斯特文化的起源尚不清楚。一种暂时的推测是公元前第二千纪中期的本土草原人群因受到土库曼斯坦南部部落的影响而转变成农耕，然后，其中一支迁到了阿富汗，从而成为蒙迪加克Ⅴ期群落发展的主体，而另一支在包括费尔干纳峡谷在内的中亚停留下来，创造了楚斯特文化（Zadneprovsky 1962，1966）。

第四节　吉尔吉斯斯坦

1. 安德罗诺沃文化

在公元前第二千纪后半期到前第一千纪早期，归属安德罗诺沃群体的不同人群居住于中亚东北部，即今哈萨克斯坦境内。

我们通过对伏龙芝（Frunze）城［比什凯克（Bishkek）］附近的墓群（Kozhemyako 1960）和阿尔帕墓群（Bernstan 1952）的研究发现了两支不同群体的文化。在前者的墓群中发现了方向朝西的土葬；而在天山中部存在着不同的墓葬埋葬方式：在阿尔帕墓群火葬墓葬中出现了在石圈中举行火葬的现象。

两种不同葬俗的墓葬，以及在墓葬中发现的装饰几何纹样的容器和装饰品（项链、珠饰、太阳形耳环），在哈萨克斯坦中部和东部地区不同类型的安德罗诺沃遗址中都存在相似性。

2. 七河类型的安德罗诺沃文化

在吉尔吉斯斯坦境内的部分地区分布着一支因塔什–秋别（Tash-Tyube）Ⅱ、塔什–巴夏特（Tash-Bashat）、铁吉尔门–萨伊（Teghirmen-Sai）、扎兹–克秋（Dzhazy-Kechu），卡拉克马特（Karakmat）、扎尔–孜克（Dzhal-azyk）、库兰–萨伊（Kulan-Sai）、崇–克闽（Chon-Kemin）的墓葬和其他遗址的发现而为人所知的独特文化（Kozhemyako 1960；Abetekov 1963；Kibirov，Kozhemyako 1956；Galochkina 1977；Kozhomberdyev，Galochkina 1977；Kuzmina 1970，1994c；Gorbunova 1995）。

此处，在长方形的石圈及在朝西的沟渠里的石径下的墓室内壁抹泥或者采用石头砌筑的坟墓，一般采用火葬，有时也用土葬（图28）。在墓室中还发现了丰富的装饰品（项链、喇叭形耳环、串饰、管状物和料珠，包括单人葬中出现的1200颗锑料珠）和典型的安德罗诺沃陶器。陶器均为平底，肩上多见凸旋纹，但一般为素面或者少有“之”字形的拙劣装饰。塔拉斯（Talas）墓葬与哈萨克斯坦南部的卡拉–库杜克（Kara-Kuduk）类型的墓葬一致性表明，在安德罗诺沃区域内，存在着一支独立的七河类型文化（Kuzmina 1966，1970）。

与七河类型有密切关系的是南费尔干纳墓葬群：瓦蒂尔、卡拉姆库尔、亚帕吉

（Yapagi）、阿勒斯夫（Arsif）和乌鲁克苏尔（Uruksur）（Gamburg，Gorbunova 1956，1957）。

地处天山中的遗迹形成了一个特殊组群：塔拉普提（Talapty）聚落、图尔根（Turgcn）Ⅰ期聚落和Ⅱ期聚落、乌尊布拉克（Uzunbulak）聚落和阿苏（Asy）聚落，以及库尔-萨伊（Kul-sai）墓群、乌尊布拉克墓群、克孜尔布拉克（Kyzylbulak）Ⅰ、Ⅱ墓群、泰姆格里Ⅰ～Ⅳ期墓群（Maryashev，Goryachev 1999；Rogozhinskii 1999）。

在此也许发现了从草原畜牧业向游牧经济转变的驱动力。关键的发现则是，我们通过这些遗址最终确定了考古聚落与附近岩画之间的联系。这给我们建立泰姆格里（Maryashev，Goryachev 1998；Rogozhinskii 1999）和塞伊玛里-塔什的岩画等其他安德罗诺沃文化遗迹的年代序列提供了可能性（Martynov et al. 1992；Tashbaeva 1999）。

关于公元前第二千纪后半叶居住于吉尔吉斯斯坦的不同部落的居址类型尚待研究。仅在伏龙芝城（比什凯克）、扎尔-阿雷克（Dzal-Aryk）、奥什镇（Osh）（Zadneprovsky 1997）和大楚斯特渠（Big Chust Canal）［考古研究所列宁格勒分所（Archives of Lenningradskoe Otdelenie Istituta Arkheologii/Leninggrad Branch of the Archaeological Institute）1941］发现了这些遗址迹象。在这些遗址中也发现了带有涡纹装饰的陶器。

本地区人群在经济上依赖于饲养家畜。处于天山中的海拔约2800米的阿尔帕墓葬使我们推测出游牧的产生。大量镰刀证实了农耕的传播和冬季储藏牛马饲料的存在。毫无疑问，采矿和金属制品在哈萨克斯坦人的生活中起着非常重要的作用。在伊塞克（Issyk Kul）湖、恰特卡尔（Chatkal）、塔拉斯阿拉套（Talas Ala Tau）附近发现了古代矿藏。该矿藏的最早使用年代可以追溯到青铜时代（Surgai 1951）。

在吉尔吉斯斯坦频繁发现来自于苏克鲁克（Sukuluk）Ⅰ期和Ⅱ期、萨德沃耶（Sadovoe）、卡拉科尔（Karakol）、提普（Tyup）、沙马什、图尤克（Tuyuk）和伊塞克湖的大量金属制品和窖藏（Bernshtam 1941；Zimma 1948；Kibirov，Kozhemyako 1956；Kuzmina 1961，1965，1966，1994c）（图50～54）。它们的化学成分证实了当地矿石已被使用。

铸造厂的窖藏和范的发现证实了，在青铜时代晚期，一个大的独立的冶金中心的活动变得尤为集中，主要位于吉尔吉斯斯坦附近（Kuzmina 1966）。在吉尔吉斯斯坦制造扇形斧头、镐、铲子、索斯诺沃-美耶辛斯克（Sosnovo-Mezinsk）及其他类型的镰刀，以及单刃刀。这些手工制品形状及其装配与东哈萨克斯坦的青铜器的相似性证实了吉尔吉斯斯坦，以及哈萨克斯坦中部和东部的安德罗诺沃文化人群的独立文化发展脉络。

这些特殊种类的斧和其他工具的传播证实了七河与远东地区（中国）有着文化上的联系。

3. 河中地区南部：比什肯特文化

河中地区南部青铜文化起源看上去非常复杂，正如下面简要讨论的每支文化所证实的。

曼德尔斯塔姆（1959；1966）研究了比什肯特（Bishkent）文化。他对这支文化展开研究的第一批遗迹是图尔克哈尔（Tulkhar）墓地，并建立了比什肯特的各个发展阶段。在考古学上，此墓地时代最早的墓群（Ⅰ）由带有朝北的长方形沟槽的墓葬组成。而在墓葬底部，比什肯特文化人则采用石头铺成“卍”字符或者带有辐条的圆圈。第Ⅱ组墓群由不同方向的墓葬（有些为男女双人合葬）组成，朝向不同，在竖穴墓室中带有较窄的斜坡道[①]。（石棺中也有一些墓葬。）火在丧葬礼仪中发挥着重要作用。每个女性墓葬总紧挨着一个圆形炉灶；而紧挨着男性墓葬总有一个长方形炉灶。

在墓室中均发现了陶器（图36）。陶器主要采用手制；主要有筒形陶器、盆和球腹细短颈瓶。此组陶器有其雏形并与扎曼-巴巴较早期墓葬出土的器物相似。也发现了外来的快轮制作的陶器：复合波状口沿的陶盘和球形腹的陶罐。轮制陶器的形制可与南土库曼斯坦纳马兹加Ⅵ期和蒙迪加克Ⅵ层发现的陶器相媲美（Casal 1961）。

在图尔克哈尔墓群中的类型Ⅱ墓葬发现的金属器物展现了比什肯特文化来源于中亚草原文化并经受了不同影响：已脱落手柄的匕首具有东安德罗诺沃部落的典型特征，镜子的形制和铲形钉子可追溯到扎曼-巴巴的同类器物；剃刀、螺纹贡奉针和有柄镜子在南土库曼斯坦、伊朗和西亚是传统器形（图37、图39）。

Ⅲ层是图尔克哈尔墓地考古地层上的最晚期由墓向朝北的单人葬组成，墓主人屈肢葬于垂直二层台洞室墓中。在杜尚别附近的图普哈那（Tupkhana）墓地发现了此类洞室墓，而在克孜尔-苏（Kyzyl-Su）和瓦卡什（Vakhsh）也有发现。李特文斯基将后者命名为一个独特的瓦卡什（Vakhsh）文化（B. A. Litvinsky 1964）。

瓦卡什文化遗址现在数量众多，分析透彻（Pyankova 1989；Vinogradova 2004；ITN 1998），所以此处毋庸赘述此类主题（地图13）。

在洞室墓中发现了带有箭杆的石箭镞、铜贡奉针和石珠。陶器以梨形或蛋形的球腹

---

① Dromos=Passageway，即廊道。

罐、很高的圆柱形陶器等为特征。它们多多少少与南土库曼斯坦青铜时代晚期的陶器存在联系。李特文斯基看到了瓦卡什材料与印度江格尔文化的相似性。

在地处半沙漠–砾石峡谷中的图尔克哈尔墓地的墓葬中发现的绵羊/公羊骨架呈现了贝希肯特文化经济的游牧特征。

曼德尔斯塔姆所描述的相似性将墓地年代推到了青铜时代晚期，并推测这些人的祖先来自中亚草原的畜牧人群；他们的祖先可能与扎曼–巴巴人群有联系，且保留着与安德罗诺沃人群的联系。火葬和殉马的传播已经证明了这一点。

正如吠陀（Vedic）文献所描述（图38），在图尔克哈尔和其他比什肯特墓地（土葬、矩形和圆形火塘、“十”字记号和太阳标记）发现的墓葬的埋葬方式在细节上与印度雅利安人的墓葬有着连续的未被打断的相似性。巴基斯坦西部的斯瓦特墓地发掘所得的材料使我们发现它们在考古资料上有一些密切关系（Stacul 1966）。这就不得不让我们认为河中南部的资料在解决达尔德人（Dards）、努里斯坦人（Nuristani）和吠陀雅利安人迁往印度的路线和时代上将具有十分重要的意义。斯瓦特的海拉依（Kherai）早期大墓有特别的意义。

通过对阿鲁克套（Aruktau）墓地的发掘，我们得知，其他饲养牲畜的部族占据了连同比什肯特文化在内的河中南部地区（Mandelshtam 1966）。

最后，我们也有理由相信农民在公元前第二千纪后半叶占据了富饶的阿姆河峡谷（图41～44）。图尔克哈尔墓地发现的轮制陶器证实了接近纳马兹加Ⅵ期发展水平的定居农耕文化的出现。显然，阿尔巴吾姆（L. I. Albaum）在库秋克–特佩（Kuchuk-tepe）聚落的发掘让人们知晓了青铜时代晚期的农耕文化。该聚落与出现在铁尔梅兹（Termez）和塔拉什干（Talashkan）附近的亚兹1有联系（Askarov，Al’ baum 1979）。这种陶器，特别是附加堆纹陶，在许多地方［远至土库曼斯坦、肖土盖（Shortughai）、皮拉克、蒙迪加克和卑路支斯坦的一些聚落］也有相似性。

在扎尔库坦（Dzharkutan）的巴克特里亚大聚落中发现了大量的附加堆纹陶器组合（Askarov，Shirinov 1993）。而卑路支斯坦的兹霍布（Zhob）峡谷靠南部、蒙迪加克Ⅴ期、Ⅵ期的坎大哈（Kandagar）峡谷（Casal 1961）和皮拉克的卡奇纳（Kachina）峡谷聚落中也发现了同样的手制附加堆纹陶器（Fairservis 1957）。在卡奇峡谷复原了马和骆驼的骨头和脚趾（Jarrige，Santoni 1979）。在兴都斯峡谷南部，图兰巴（Tulamba）、杜尔–汗（Dur-Khan）和巴塔米–丹（Patami-Damb）发现了附加堆纹陶器，通常伴出彩陶（Franke-Vogt 2001）。

在公元前第二千纪后半期，中亚存在着分属于三个不同经济文化类型的文化。

（1）在南部，安诺文化继续发展，其人群形成了复杂的经济和社会。他们的经济建立在灌溉农业基础之上；工艺专门化产生，更进步的社会阶级正在形成之中。

（2）在许多地方存在以农耕经济和家畜饲养为基础经济的文化。显然，这些人属于中亚本地人口，而他们向农耕过渡好像是受到来自南部的文化冲击所致（也有可能是古代农耕人口部分向北渗透）。目前，我们仅仅通过青铜时代晚期的遗址（库丘克德佩、楚斯特）才知晓这个经济文化类型。

（3）以家畜[①]饲养为基础经济形态的人群占据了中亚大部，尽管在一些地方，他们正在开始实现向游牧饲养的转变（哈萨克斯坦），但是在其他地方则完全相反，游牧部族开始掌握灌溉农业（花剌子模）。

我们能够按照下面的四个特征尝试性地把中亚的畜牧人群分成四个主要群体：①东部，吉尔吉斯斯坦和费尔干纳，现在的哈萨克斯坦中部和东部人居住于此；②河中地区的中部和北部，与哈萨克斯坦西部和乌拉尔地区的安德罗诺沃人有关系的塔扎巴戈雅布人居住于此；③西部大部，里海北岸，证实了与伏尔加地区具有代表性的木椁墓文化有关的畜牧人群自北向南迁徙于此；④河中地区南部，多个人群相继生活于此，他们与被木椁墓–安德罗诺沃群落向南驱赶至此的中亚古代土著人有联系。

被认为具有大家庭群体的大居址特征和墓葬中随葬物品的一致性证实，中亚畜牧人过着原始公社生活。

在青铜时代晚期，饲养家畜的发展促进了财富的积累——牛和金属归个体家庭所有。青铜时代晚期不同类型的攻击性武器的分配和窖藏埋藏的分布一定是由牛和草原之间的激烈冲突，以及一些人群开始迁徙造成的结果。

---

① 英文编者注：与这句话后面所提到的游牧牲畜的放养相比，这些群落可能是相对次生文化。

第五章　中亚东西部之间的关系

塔里木已经被沙漠所覆盖，随着最后一滴水耗尽，广阔的芦苇塘消失了，如今喀拉-科束库-库尔（Kara-Koshuku-Kul）、普热瓦尔斯基的罗布泊和罗布泊地区在可汗时期就形成了……罗布泊沙漠进一步形成戈壁、层层叠起的泥坎、毫无生气的盐池……沙漠中保留了古道痕迹。沙漠里保存了600年前马可波罗经过古道时留下的痕迹：成堆的石头标记……在沙尘暴时期的沙漠中，我亲眼所见和亲耳所闻与马可波罗一样：幽灵在你耳边低声召唤，沙漠鬼影与你相会，无尽的旋风、商队和军队的幻影在你周围飘荡，成千上万的鬼脸环绕着你。

——纳博科夫《天赋》①

第一节　青铜时代新疆人与西部的关系及吐火罗问题

中国与欧亚草原的相互关系对于理解中华文明的形成具有基础作用。中国考古学家提出了一种假说，中国文化起源于当地。但是，大多数欧美研究者相信在殷（商）时期，灿烂的中华文明的发展基于三个主要革新的出现：轮式交通工具、马和冶金术。这三种革新的传播是在西方推动下进行的。罗樾（M. Loehr 1949b，1956）和吉谢列夫（S. V. Kiselev 1960）提出了这个假说，同样，这个假说现在也得到了众多学者的支持（Lin

---

① V. Nabokov. *The Gift*. Michael Scammell (New York, 1963), P. 136. [纳博科夫的《The Gift》在中国被译为《天赋》，最初被写作《献礼》（*Dar*），亦即《The Gift》的英译本。]

1986；Fitzgerald-Huber 1995；Linduff 1994，1995，1998；Mei，Shell 1998，1999）。

评估这两方的争论不属于本书范畴。但是，应该强调的是，这三项革新已经在安阳被发现。这就表明了在先前一个世纪，这三项革新并非源于中国。语言学资料进一步证实了关于马和轮式交通工具起源于西方的理论（Shaughnessy 1988；Janhunen 1998；Lubotsky 1998）。

研究草原关系对解决吐火罗人（Tocharian）的起源问题也很重要。研究吐火罗语和印欧语（Indus-European）问题的语言学家证实了目前所知的吐火罗语A和B两支均属于印欧语系，创立了原始吐火罗语早期分化体系［V. V. Ivanov 1985；*Tokharskie Yazyki*（吐火罗语）1959；Sieg，Siegling 1931；Pedersen 1941；W. Krause 1952；Windekens 1976；Pulleyblank 1996；Winter 1998；Mallory 1998；Mallory，Mair 2000；Mair 2005］。

然而，我们尚不清楚吐火罗人从其发源地到达西域的时间。根据文献判断，吐火罗语B在公元5世纪仍然被用做口语；那时，吐火罗语A已经变成了仅见于宗教文献的死语言。帕拉克里语（Prakrit）写成的印度文献中的吐火罗词词根的时代可以追溯到我们这个时代的初始，作为吐火罗人到达新疆的终点（*terminus ante quem*）。

出现在芬兰-乌戈尔语（Finno-Ugric）中明显的吐火罗元素证实了吐火罗人自西向东迁徙穿过草原的路线。操此语言的人群在公元前第二千纪居住于欧亚森林地带的南部。后来也找到了吐火罗语与散布于草原和中亚的东伊朗语联系的痕迹。

新疆的考古资料研究对解释这些问题至关重要。斯坦因（A. Stein）和黄文弼在20世纪上半叶发起了对西域早期遗址的考古学研究（A. Stein 1921：356～357，1928，1：183～184，205～206；Huang Wenbi 1948；Bergman 1935，1939）。这些发现局限于采集，缺乏系统性，因而无法断代。自20世纪50年代以来，新疆物质文化遗迹保护和研究小组已经在广阔的区域内开展了系统研究。然而，在新疆，有地层叠压的遗址极为少见，^{14}C确立的年代数据跨度较大。这就妨碍了新疆文化年代序列的建立和历史进程的阐述，致使研究者认定地域在文化发展中的阻碍作用（文化发展的地缘性）。

新疆文化研究因埋葬有高加索人种类型干尸的独特墓葬的发现开启了一个崭新阶段。斯坦因在罗布泊首次发现了此类墓葬（A. Stein 1928，1：264～266；Bergman 1939）；黄文弼认定这些墓主人为塞种（Wang 1987：42）；后来，在新疆其他地区也发现了埋葬有此类干尸的墓群（Hadingham 1994：68～77；Kamberi 1994：1～15；Mair 1995a：281～307，1995b：28～35；Bower 1995：120～125；Mallory，Mair 2000；Mair 2005）。新疆考古学家还在开展聚落考古发掘。

众多研究者为了增加自己的说服力，立足于中亚和西伯利亚的相似性，努力地对中国研究者公布的资料进行分类研究。这些分类工作主要有安东诺娃（E. V. Antonova 1988：136～155）、迪拜尼–法兰克福（C. Debaine-Francfort 1988：5～26，1989：183～213）、耶特玛尔（K. Jettmar 1985a：146～162，1992：141～144）、库兹米娜（Kuzmina 1992：43～45；1995：241～242；1998a：63～93）、卡夫林（Khavrin 1992：141～144）、陈戈和希尔伯特（Chen，Hiebert 1995：243～300）、邦克（E. C. Bunker 1998：604～611）和梅伊（D. Mei，Shell 1998，1999；Khudyakov，Komissarov 2002）。查德列诺夫斯基分析了新疆遗址中发现的费尔干纳楚斯特文化的彩陶（Yu. A. Zadneprovsky 1962：67，106，107；1994：18～19，1995：15～18）。他也第一个注意到临近俄罗斯边境的混淆了的克尔木齐（Keremchi）墓地早期香炉和陶器与西伯利亚阿凡纳谢沃陶器存在相似性（Zadneprovsky 1992，1993，1995），后来谢苗诺夫（V. A. Semenov 1993a：26）、莫罗丁和阿尔金（V. I. Molodin，S. V. Alkin 1997：38）的工作证实了这个问题。

由莫罗丁为首的一批来自新西伯利亚（Novosibirsk）的学者已经开始着手系统整理新疆资料（Molodin，Alkin 1997；Komissarov 1997；Varenov 1998a；Khudyakov，Komissarov 2002），以及研究它们与西伯利亚材料的相似性。这项研究将建立西域文化年代序列，以及与西伯利亚文化之间的文化关系，同时也给解决包括它们的起源在内的关键问题提供了方法。这样也是合理的。

中国研究者也在尝试性地对新疆资料进行分类。依据这些遗址在特征上的相似性，安志敏（1998），及随后的水涛（1998）、陈戈和希尔伯特（1995）勾绘了新疆的地域文化，这些遗址中的文化特征相近：①塔里木东部地区；②哈密［焉布拉克（Yanbulaq）文化］；③吐鲁番；④乌鲁木齐附近的天山［阿拉沟（Alagou）墓群］；⑤蒙古草原独立体（Cismonolian Steppe）（南湾墓葬等）；⑥靠近俄罗斯南部边界的阿勒泰草原（克尔木齐墓群）；⑦伊犁河谷向西到哈萨克斯坦东部边界；⑧帕米尔高原到塔吉克斯坦东部；⑨昆仑山山脉。

遗憾的是，安志敏没有解决文化群的年代序列，因而也没有建立它们与毗邻地区遗址的文化关系。如果他已经建立了年表和文化关系，那么我们就能够确立新疆文化的来源以及颅骨系列文化的相互关系。因而，科米萨诺夫（S. A. Komissarov）能够得出正确结论，今天“新疆青铜时代文化（或者文化间相互影响的集合体）并非单一文化，也未能确立统一的发展规律”（S. A. Komissarov 1997：40）。

马洛里和马尔在2000年的工作对新疆历史研究是一件大事情。他们成功地收集和系统地分析了所有可得到的考古学资料，把它们与手写文献资料和语言学进行比对。这些综合分析让他们第一次重构了新疆历史进程的动力，并把他们的注意力集中在人种进化或当地文化发展上。

中国体质人类学家韩康信主持的工作对新疆文化研究作出了重要贡献（Han Kangxin 1994，1998：fig.1）。他分析了分属于从公元前1800～公元300年的300例头骨，阐明古墓沟墓地（公元前1800年）出土的年代最早的头骨属于高加索类型人种。古墓沟人群来源于西方，并在那里居住到很晚，到了晚期，出现在哈密地区的焉布拉克墓葬中（^{14}C测定为公元前1300～前500年），以及晚期遗址中［和静（Khotunsumbul）、艾维沟（Alwighul）和米兰（Miran）遗址］。在青铜时代晚期和铁器时代早期，来源于高加索和西方第二批人群迁徙到此。这个人群属于与帕米尔塞种相似的东地中海类型；它代表了帕米尔地区的塔什-库尔干墓葬。在塞种和古典时期，此种类型的人群也出现于新疆西南部［山普尔（Sampul）墓群］，进而向东直至罗布泊［米兰和楼兰（Kroränr）墓群］，而后向北（艾维沟）。最后，在塞种时期，留下了第三批高加索人到此的记录。我们通过对新疆吐鲁番的艾维沟墓葬（公元前6～前1世纪）和七河流域相邻的昭苏（Mongghul Kürä）（公元1世纪）墓葬等出土的头颅研究发现，这些人群具有哈萨克斯坦和中亚塞种帕米尔-费尔干纳类型特征。

因而，韩康信得出结论，在青铜时代早期，与中亚地区（包括哈萨克斯坦）、南西伯利亚和伏尔加盆地，一直到顿河地区，从西方来的类似人群占据了罗布泊地区（Han Kangxin 1998：566～568）。这群人的祖先可直接追溯到东欧旧石器时代的克鲁马努（Cro-Magnon）。此外，地中海和帕米尔-费尔干纳类型的代表人群采用相同的由西向东路线。因此，高加索人群向东迁徙至新疆开通了古代“丝绸之路”。至于蒙古人种，他们以小群体为单位，仅在公元前13世纪由东向西渗入新疆，并与匈奴人和突厥人向西迁徙有关。汉文资料已经证实了这个结论。

韩康信的工作对重新构建新疆的种族进化和考古资料的解释非常重要。只有在考虑到西伯利亚、哈萨克斯坦和中亚邻近地区出土的资料时，我们才能理解此项工作的重要性。

一些中国考古学家已经在这个方面做了努力。水涛研究了塔里木盆地东北的察吾乎沟（Charwighul）墓群的资料，此墓群有1000座墓葬，并发现了可与吐鲁番地区出土器物相媲美的彩绘陶器（Shui Tao 1998）。作者将这些陶器组合与费尔干纳的楚斯特文化和塔吉克斯坦的瓦卡什文化对比，并得出结论，青铜时代的费尔干纳物质文化与塔里木盆地青铜时代的出土物紧密相关，且在早期青铜时代“丝绸之路之前很长时间”建立了东西方之间的文化联系（Shui Tao 1998：167，168）。[遗憾的是，我还未能见到水涛发表在《汉学研究》上的中文研究成果《青铜时代新疆文化与东西方之间早期文化交流进程的讨论比较研究》（1993年第1期，第447～490页）。他详细地考察了新疆和楚斯特的资料，为自己在1998年的结论奠定了基础。]

彭柯对比了阿尕尔森（Aga' ersen）[土库兹塔来（Toquztara）]窖藏器物群和安德罗诺沃青铜器（Peng Ke 1998）。遗憾的是，他仅依据马松、萨利亚尼迪和车尔尼克的英文研究成果得出了结论（E. N. Chernykh 1992），阿尕尔森窖藏中的手工制品来自西方是正确的，但把地层年代定为公元前1500～前1000年是错误的，因此，这是一个错误的历史论断。

因而，研究人员于1979年考察了罗布泊附近的西域遗址。王炳华对其进行了研究（地图15）（*Kaogu*，1982：662，1983：658，1986：361～384；Debaine-Francfort 1988：15～16；Kuchera 1988：3～14；Jettmar 1992：141；Molodin，Alkin 1997：35～38；Han Kangxin 1994：1～9，1998：558～572；Mallory，Mair 2000；Khudyakov，Komissarov 2002）。新疆考古人员在孔雀河（Könchi Darya）冲积平原二级台地的沙土里发掘了一些墓葬。每一座墓穴都有四面木墙和木棚架；每座墓穴包含一座墓葬（墓葬为双人合葬和三人合葬）。许多墓葬表面立有木柱作为标志。每个墓穴四周环绕着7圈插入土中的圆木围墙①。墓主人仰身直肢，头朝东。由于干燥的气候环境，锥形毡帽、皮靴和毛纺织品保存很好。其中有一个小袋子，里面放有麻黄碱枝条。在墓穴中还发现了木盘和木杖、木质容器、纯铜器皿残片，包括小环、骨质和玉质管形珠子、骨贡奉针、带有两翼镞和芦苇杆的箭、石头和木质的小型神雕像。出土了两种草谷物（包括小麦），还有用于祭祀的家畜的角和骨：山羊、绵羊、牛和骆驼，还有野生动物鹿、欧洲盘羊（*moufflon*）和鸟。

因此，这些材料反映了一种以农耕和牲畜饲养为基础而兼有狩猎的复合经济形态。绝大多数墓葬中的随葬品数量和种类基本相同，这就说明了社会分化尚未出现。

汉学家对墓群的年代产生了分歧。墓群的年代范围早到公元前4000年，晚到汉。放

① 在伏尔加河公元前第二千纪的阿巴舍沃文化的皮克西克（Pikshik）墓葬中，发现了原木铺成的地面和框架，采用了1.5米高的柱子，插入地下围成长方形和圆形（Merpert 1961：143～146，fig. 19）。在吐尔逊巴依（Tursumbai，笔者发掘）和余尔曼（Yurman）[萨维诺夫（Savinov）和波波洛夫（Bobrov）在1995年发掘]的安德罗诺沃墓地墓葬上面有原木建筑。

射性碳元素测定的年代范围跨度较大，但如果不考虑最早和最晚两组数据的话，六组年代数据变化均在公元前1710～前1353年（或者校正年代为公元前2030～前1815年）。

韩康信研究了墓葬中出土的18例头骨。他们全部为高加索类型。最初，中国研究人员将墓葬分成两组：较早时代的墓葬没有结构，头骨为长型；较晚的墓葬有两种，都带有圆形围墙，里面发现有中头型头骨。根据阿列克谢夫（1961）的分类，韩康信把第一组比定为西伯利亚阿凡纳谢沃文化人群的头骨，将第二组比定为安德罗诺沃文化人群的头骨。

阿列克谢夫认为红铜时代和青铜时代高加索人群特征混合了西伯利亚西部、图瓦、蒙古和西域人群的典型特征（V. P. Alekseev 1992：389～394）。高加索聚落的东界为南山和阿尔金山（Altyn Tagh），西藏是蒙古人群的发源地。

阿列克谢夫强调，就古墓沟颅骨序列而言，它无疑属于原始高加索人群，但是尚无法区分开安德罗诺沃和阿凡纳谢沃的头骨。最近公布的资料中，韩康信承认“个体的同种性”（Han Kangxin 1994：2，fig. 1，1998：fig. 1），并把他们划归为原始高加索原型，具“南西伯利亚青铜时代，哈萨克斯坦和中亚，甚至是伏尔加地区草原的青铜时代人群”特征，但也指出了他们比古墓沟人群的头骨更原始（Han Kangxin 1998：567）。

古墓沟人群的文化和族源是哪里呢（图45）？由于缺少制陶业这一决定文化的首要标志，故不可能给出此问题的最终答案。对与塞种，特别是巴泽雷克服饰相似的服饰织物的研究让王炳华（1987：42）下定结论——古墓沟人群与塞种文化关系密切。法兰克福准确地将其归入青铜时代遗址中（C. Dembaine-Francfor 1988：15）。库兹米娜（1994c：241）提出古墓沟墓葬出土的衣物具有欧亚草原人群的特征。安德罗诺沃的装束包括带腰带的长袖衣服、裤子、靴子、帽子和尖顶帽。衣物主要采用毛毡、皮和皮毛制作；也发现了印花和斜纹的毛织物（Sosnovsky 1934：92～94；Maksimenkov 1978：14，72；Glushkova 1992：118～119；Kuzmina 1994c：156～162）。它们与青铜时代东欧和丹麦的纺织品相似。在新疆也发现了同样的织造技法（Barber 1995，1998；Good 1995；Mair 1995a，1995b）。因为与纺织有关的词汇是最古老的印-欧人遗产的一部分（Gamkrelidze，Ivanov 1994：383），所以可见这些东西是生活必需品。这个系列的服饰形成于红铜时代：在竖穴墓文化墓葬中发现了皮靴和毡帽。西伯利亚艺术遗迹中盛行的尖顶帽的形制可归入阿凡纳谢沃文化（Lipsky 1961：276～277）。

古墓沟的丧葬礼仪与欧亚草原文化的特征相似。圆形围墙的结构，包括同心圆形围墙，在竖穴墓文化、阿凡纳谢沃和安德罗诺沃文化中非常普遍。采用木结构、或者少有的用石头、芦苇、桦树皮或者毡毯封盖的墓葬，以及用驯养动物的头颅和四肢作为祭品，都是这些文化的特征。

然而，古墓沟丧葬礼仪的突出特征与安德罗诺沃文化并不一致，而与阿凡纳谢沃文化相一致。安德罗诺沃文化特征是墓主人侧身屈肢，面朝北（左），头向西。在阿凡纳谢沃墓葬中，墓主人通常是仰身，双膝拱起。在某些墓群中，墓葬方向存在朝西的现象，也存在朝东的现象，特别是在阿勒泰地区的墓葬中［库尤木（Kuyum）墓群］。秋布（S. V. Tsyb）认为方向朝东的墓葬为早期形式。围墙为圆形，在阿勒泰通常是同心圆，围有两层，或者由石块平铺而成，或者采用厚石板或者圆木直立而成［库诺塔（Kurota）墓群］（Kiselev 1949：14～40，pls. Ⅲ～Ⅵ；Gryaznov，Vadetskaya 1968：159～165；Vadetskaya 1986：16；Tsyb 1980，1984；Savinov 1994：130～135）。

金属制品的发现对古墓沟年代序列的建立和文化分布研究非常重要。古墓沟出土的金属制品采用红铜锻造，这也是阿凡纳谢沃文化的特征。在古墓沟，阿凡纳谢沃文化使用的薄刀、斧、矛、手镯和耳环并不多见，而用锡青铜制造的安德罗诺沃金属器皿则很常见。古墓沟出土的其他工具与阿凡纳谢沃遗址中的器物也相似，如木器、铜质圆环、石箭镞、骨质和玉石料珠、贡奉针、锥子、铲子、石质和木质杵及覆盖物（桦树皮而非毛毡）。

阿凡纳谢沃的经济形态是复合经济，融合了农耕、家畜管理和捕猎。在墓葬中发现了牛、绵羊、马[①]和野生动物的骨骸：欧洲野牛、鹿、野山羊、麝、狐狸和包括鹫在内的鸟。古墓沟发现的动物群可与阿凡纳谢沃动物群相比较。

古墓沟的特点是埋葬有骆驼骨骸的坑。在公元前第十三千纪，巴克特里亚双峰骆驼（*Camelus bactrianus*）在土库曼斯坦南部被驯养，并被用来牵引实心轮子的货车（Kuzmina 1983：96～142）。后来，巴克特里亚双峰骆驼传播到乌兹别克斯坦和哈萨克斯坦。岩画中出现其形象已经证实这一点。在聚落、祭祀墓葬最早发现的骆驼骨骸和岩刻画上的骆驼形象在安德罗诺沃文化中也流行，但是，阿凡纳谢沃遗址发现的骆驼骨骸的证据并不可靠（Kuzmina 1963a：38～46，1994c：203）。

骨骼材料的另一个特性则是缺少马骨。然而，马也出现在新疆的其他墓地中；由三部分组成的实心轮子普遍流行（Mair 1995a，1995b）。此类车轮在竖穴墓文化遗址

① 在阿凡纳谢沃的阿凡纳谢沃墓葬中、车尔诺瓦亚（Chernovaya）Ⅵ、列特尼克（Letnik）Ⅵ、克拉森伊亚尔（Krasnyi Yar）、马列孔帕尼（Malyie Kopani）、泰普塞伊（Tepsei）Ⅹ、库尤木、柏克（Bike）和耶罗（Elo）发现了马骨骼。

中数量众多（Piggott 1983；Kuzmina 1983，1994c；Häusler 1981；Kozhin 1987；Izbitser 1993）；据轮子的形象判断，实心轮子的车也出现在阿凡纳谢沃文化中（Leontiev 1980：65～84）。

这些事实让我们提出一个假设，古墓沟墓群应该归属于阿凡纳谢沃文化。然而，古墓沟墓地并没有石头结构墓室、赭石和陶器。能不能完全证实此假设，仍然悬而未决，莫罗丁和阿尔金（1997：38）强调了这一点。

然而，新疆存在阿凡纳谢沃文化遗址已无可争议：在与俄罗斯阿尔泰边疆区毗邻的阿勒泰地区的克尔木齐和乌鲁木齐地区发现了土丘（Tuqiu）墓群。在这里发现了阿凡纳谢沃文化的陶器（Zadneprovsky 1992，1993；Molodin，Alkin 1997）。瓦列诺夫对于此类墓葬群解释的怀疑看起来肯定不成立（A. V. Varenov 1998b）。

在从斯坦因多次获得的叶尔羌河流域的收藏品中发现了装饰有锯齿压印几何纹样的陶器与阿凡纳谢沃文化手制陶具相似性（Kiselev 1949：36；Antonova 1988：150）。新疆出土的陶器收藏在圣彼得堡人类学和考古学博物馆（Museum of Anthropology and Ethnography in St. Petersburg），但是，对新疆出土的陶器残片并没有详细说明。特斯（Tes'）的阿凡纳谢沃墓群中另一个著名的发现是红陶香炉和三角形边缘的阶梯状纹饰和描白装饰的陶器（Kiselev 1949：20，Pl. Ⅲ：28）。然而，我并不知道在西域或者中国彩陶中是否发现了这个图案陶器。

如果“阿凡纳谢沃人群参与了新疆文化产生和发展”这个假设在将来都能够得到证实，那么也就解决了有关中华文明诞生的中心的本质问题和旧大陆人种进化等其他问题。

耶特玛尔（1992：141）把古墓沟材料与小河墓地5号墓进行了对比（Bergman 1939：61～99；Mair 2006），发现小河墓地5号墓的墓室中有木头墙和顶，有木栅栏的围墙和神人雕像；同样还出现了高加索类型的颅骨、衣物和麻黄碱植物；还发现草本谷物（粟、大麦）。因此，耶特玛尔认为这些人是吐火罗人。

马洛里（1995：379～382；1998：189）和后来的马尔提出了一个假设（Mallory，Mair 2000；Mair 2005），阿凡纳谢沃文化人群与吐火罗人有关，因为印–欧语族的吐火罗语中出现了与农耕、家畜饲养和轮式运输相关的词汇。这些词汇年代可追溯到公元前3世纪，在考古学上与阿凡纳谢沃文化年代很近。

蒲立本在中国汉语（Sinitic，i. e. Chinese）［小麦、粟、马、车轮、车、牧羊人］中发现了古代印–欧语外来词和文化（驯养的牛、绵羊和马等祭祀仪式），并将它们与吐火罗的影响联系起来（E. Pulleybank 1996）。他承认，古墓沟墓地发现的阿凡纳谢沃文化元素可能代表最古老的吐火罗人。

罗伯莰基说明了汉语中与运输相关的词汇与吐火罗语有着渊源关系（A. Lubotsky 1998）。而与此同时，杨胡宁证明了（J. Janhunen 1998），在中亚和东亚所有的语言中，马的名字都是借用于 种单纯的西方语言。

伦福儒（1998）基于有关印–欧语言起源的假设，提出了一个大胆的建议：确实存在"一支古代草原印–欧群落"，他们融合了原始印度–伊朗人和原始吐火罗人，后来向东挺进，从而发现了到达新疆的通道。

阿凡纳谢沃文化人群和古代西伯利亚人之间在人类学类型上的区别，以及阿凡纳谢沃文化人群与其创造者——竖穴墓文化人群——完全相同，促进了德贝茨（G. F. Debets）早在1948年就提出了阿凡纳谢沃文化人群从西方迁徙而来的假设。吉谢列夫和其他人支持这个观点，因为阿凡纳谢沃文化没有表现出其与西伯利亚新石器文化之间的根源关系。反之，阿凡纳谢沃文化的人类学类型和墓葬方式，以及随葬品特征，特别是陶器都可与竖穴墓文化的这些特征相比较（Debets 1948；Kiselev 1960；Alekseev 1961：380；Gryaznov，Vadetskaya 1968：165；Tsyb 1980，1984；Posrednikov 1992；Savinov 1994：134；Gryaznov 1999：54）。竖穴墓文化在公元前3世纪起源于南欧草原本地，并且占据了从多瑙河到乌拉尔的广大区域（Merpert 1968，1974）。

阿凡纳谢沃文化遗迹分布于阿勒泰地区、叶尼塞河，也到了图瓦和蒙古西部（Zimina 1966；Mamonova 1979：60～74；Novgorodova 1989：81～86；Kyzlasov 1979）。它们的年代可追溯到公元前第三千纪后半期至第二千纪早期（^{14}C断代跨度较大；校正年代把文化年代定的较早，到了公元前第三千纪前半期）。

有些墓群分布于草原内部和高山上。这就证实了其引入了畜牧业的移动形式。近些年，在亚洲草原和阿拉尔东部的中间地带发现了与竖穴墓文化相当的中石器时代文化群落（Potemkina 1985：276；Evdokimov，Loman 1989：34～46），这说明了迁徙的可能性。

尽管研究印欧人起源有关问题的学者各自不同地确定了印欧人的起源地，但是都认为欧亚草原才是印–欧人种的中心（Schrader 1907，1935；Georgiev 1958；Dyakonov 1982；Gamkrelidze，Ivanov 1984；Renfrew 1987，1998；Mallory 1989，1998；Mallory，Mair 2000；Mair 2005，2006）。在公元前第三千纪，竖穴墓文化部落的一支向东迁徙，这可能与印–欧人扩张有关，这就让我们提出了一个假说：这批向东迁徙的民族是原始吐火罗人，它们早年从其主体部落分离出来。

需要重点指出的是，香炉的传播证实了（Tsyb 1980；Kovalev，Rezepkin 1995：

16～20），在阿勒泰的阿凡纳谢沃文化中已经形成了洞室墓文化的北高加索变体与占据绝对优势的竖穴墓文化的蓬勃发展之势。洞室墓文化向东扩展到了伏尔加-乌拉尔地区（Volga-Ural Region）（Smirnov，Kuzmina 1977；Malov，Filipchenko 1955）①。

我们已经确定竖穴墓文化和洞室墓文化在布哈拉绿洲的扎曼-巴巴文化实现了大融合。库兹米娜（1958）和李特文斯基（1963：127，128）也提出了一个关于印欧人的假设：原始吐火罗人可能归属扎曼-巴巴人群②。

原始吐火罗人也明显说明了，在阿凡纳谢沃和扎曼-巴巴文化发展过程中，竖穴墓文化和洞室墓文化这两种截然不同的文化之间的相互关系也可以表明印欧语族中不同族群之间的联系。

从中欧到中国同时记录下了气候干旱的加剧所致气候危机的加强，人口的增长所造成的人口变化，显然造成了草原迁徙（Han Kangxin 1998）。在与洞室墓人群建立联系后，竖穴墓文化聚落中的一部分人向东进发；一个部族分离出来，并向南进发，与那里的本土部族接触后，发展成了扎曼-巴巴文化，后来又与巴克特里亚和马尔吉亚那的农耕人群建立了联系。

另一支人群向阿尔泰迁徙，深入到图瓦和蒙古西部。高加索人群在新疆克尔木齐和古墓沟的出现可能与同一波迁徙浪潮有关③。如果这个假设得到证实的话，我们能够准确指出，就在公元前第三千纪与公元前第二千纪之交，吐火罗人首次出现在西域，也支持了语言学家有关吐火罗人先于伊朗人到达西域的论断，并与芬兰-乌戈尔语人群发生了文化联系（Burrow 1955；Benveniste 1949；Pulleybank 1966，1996；V. V. Ivanov 1985）。历史时期吐火罗人时代之前的新疆人类学类型和服饰的稳定性验证了这个假设。

第二节　青铜时代新疆人群与西方的联系

草原上游牧文化发展的第三个阶段是安德罗诺沃时期（地图11、地图15）。前文已

① 菲申科认为洞室墓人是前赫梯人（V. A. Fisenko 1967）。

② 扎曼-巴巴的泥质小雕像和青铜贡奉针与古墓沟发现的木雕像和骨贡奉针类似（cf. Gulyamovet et al. 1966：pl. Ⅴ. 45，pl. ⅩⅥ；Debaine-Francfort 1988：fig. 1，5，6）。

③ 加姆克列利兹和伊万诺夫提出的吐火罗人迁徙的理论并未得到考古学和体质人类学资料的证实（T. V. Gamkrelidze，Ivanov 1984）。

经提出，草原游牧文化形成于公元前18～前16世纪（校正年代为公元前20～前18世纪）的伏尔加和乌拉尔之间的森林-草原地带。安德罗诺沃部落创造了四项关键性发明：

（1）他们学会了冶炼矿石，使用合范制造铜锡合金的青铜。这种铜锡合金比纯铜要坚固，并且可以安装在带有青铜銎的工具和武器上。丰富的乌拉尔矿藏则作为矿石基地。

（2）在草原上，为了保护南乌拉尔的矿产第一次建立了带有防御性设施的聚落。这就是最初的小镇（原始城镇），也是冶金的中心（Batanina 1995；Arkaim 1995）。

（3）安德罗诺沃人发明了双轮马拉轻型战车。在乌拉尔发现了旧大陆最早的战车驾驭者的墓葬。墓主人随葬有一系列武器、马车和马（Smirnov，Kuzmina 1977；G. B. Zdanovich 1988；Gening 1977；V. F. Gening，G. B. Zdanovich，V. V. Gening 1992；Kuzmina 1994a；Vasil' ev，Kuznetsov，Semenova 1994；Vasil' ev 1995；Tkachev 1998；D. Zdanovich 2002；Epimakhov 2003；N. Vinogradov 2003）。为了拉车，快捷轻便的优良马种在世界上第一次得到了发展。现代的汗血马、阿拉伯和英国马种都可以追溯到这些马（Tsalkin 1972a；Kovalevskaya 1976；Kuzmina 1977a）[①]。

这些创新使安德罗诺沃部族天下无敌，促使他们向东扩展到哈萨克斯坦、吉尔吉斯斯坦和南西伯利亚，南下到阿姆河。乌拉尔、哈萨克斯坦、中亚和阿勒泰的矿产财富使安德罗诺沃部族成为欧亚最富生产力的冶金者。他们的产品远销各地，东达德涅尔佩，南到南土库曼斯坦。

早期安德罗诺沃冶金者和马车驾驭者进入中亚的最早证据是图盖（Tugai）的铸工聚落。在那里发现了相邻的萨拉子目（Sarazm）农耕聚落的陶器与彼得罗沃（Petrovo）类型的早期安德罗诺沃陶器共存（Avanesova 1996）；在扎查-哈利法墓群、巴克特里亚-马尔吉亚那群落中出现了早期安德罗诺沃骨颊片和青铜马衔（Bostongukhar 1998：56～63）。

类似金属制品的发现证实了西方与新疆建立的联系。这些金属制品中最古老的也许是从楼兰采集的带有双螺旋头的大头贡奉针（Bergman 1935：pl. XVI：3）。这些装饰品的起源中心是里海的东南沿岸区域。在那里，它们在公元前第三千纪中叶出现于安诺-纳马兹加Ⅳ期文化中，并且在整个公元前第二千纪一直持续发展（Kuzmina 1966：78～80，pl. XVII，7：27～29）。鉴于新疆的地理位置，与新疆资料最近的发现则源自费尔干纳的哈克（Khak）窖藏的资料，时代为公元前第三千纪与公元前第二千纪之交。

① 公元前21～前19世纪的 ^{14}C 断代数据与欧洲年代表并不一致（Anthony，Vinogradov 1995）。

另一组带有双螺旋头的大头贡奉针则来自塔吉克斯坦图尔克哈尔墓葬（Mandelshtam 1968）。这种大头贡奉针类型偶尔也在花剌子模的安德罗诺沃［博罗沃耶（Borovoe）］和塔扎巴格雅布文化（科克查15）有所发现。由于此类装饰物分布的年代和地理范围较广，又缺乏光谱分析，我们尚不能确定新疆物种的起源年代和起源地。

毋庸置疑，安德罗诺沃的冶金中心从公元前15～前9世纪就对新疆产生了影响。在那个时期，新疆人群是高加索人，但是属于不同的人种类型。考古遗址以土冢（*tepes*）①、农耕聚落和畜牧人群的遗址为代表；墓葬葬俗和陶器组合变化多样。这就指出了西域人种进化的复杂特征，在高加索人的不同族群之间，兴亡交替，并出现了多支族群共存。

在众多遗址中发现了金属（图48、图49、图55）。辛塔拉（Xintala）聚落年代最早。根据^{14}C分析，校正年代为公元前1700和前1300年。这是一个有着两层考古地层的土冢：下层出土装饰有梳齿形几何纹样器物的彩陶（Debaine-Francfort 1988：16）。但笔者并未亲眼目睹这些陶器，无法判断其文化归属。在下层发现了红铜单刃刀、锥子和铸造锥子的石模（Mei，Shell 1998：584，fig. 1.1）。在遗址表面发现了带有突出边缘的椭圆形銎的石斧、一支有銎双叶箭、石斧和刀的碎片（Mei，Shell 1998：fig. 3.1）。

哈密附近五堡墓群的克孜尔确卡（Qizilchoqa）墓地（^{14}C测年为公元前1350～前1000年）中的发现物包括凿子、有銎箭镞、有柄铜镜和缝制在靴子上的珠子（Debaine-Francfort 1988：18～19，Ⅱ：5）（图57）。同样，在哈密地区的焉布拉克墓葬（^{14}C测年为公元前1110～前525年）发掘了26座墓葬，出土了94件青铜制品。其中一部分干尸属于古墓沟体质人类学类型。发现的物品包括单刃刀、有銎箭、锥子和带有钻孔装饰的圆形马盘（平的，带个小环）、一个颞环（这种环不是戴在耳朵上而是戴在太阳穴上）、珠子和一个带有小环形把手的镜子（Mei，Shell 1998：586，fig. 1：2～5：3：6，4：1，2，5：14，6：1～3：12，13）。在南湾墓群的兰州湾子聚落（^{14}C测年为公元前1335年±75年）中发现了带有一个圆形盖子的石斧和一个冶铸坩埚②。在南湾墓群（^{14}C测年为公元前1050年）中发现了石斧、刀、箭、锥子、中心凸起的镜子、珠子和耳环。在吐鲁番的哈

---

① 英文编者按：在固定的地名中拼写成“depe”。“Tepe”是突厥语，意思是小山，高地。也被用作表示地名里的人工土墩。又如“tell”或者“tel”，都来源于闪米特词根“tll”，表示由连续的聚落废墟组成的古代土堆，在中东经常被用作地名。

② 兰州湾子聚落的建筑不可能追溯到安德罗诺沃建筑传统：该建筑有两间房间，面积约200平方米，墙体采用石块堆砌和木柱支撑，并有一个圆形炉灶。

拉和卓（Kharakhojo）聚落（^{14}C测年为公元前945～前100年）发现了镰刀、锥子和三角形镞的箭。在卡尔桑（Ka' ersang / Qaraüzhmä）的聚落中发现了箭。在新疆西部的阿克塔拉（Aqtala）聚落中出土一把直背青铜铸成的刀，含锡量为1.2%。此外，在阿尔泰地区以外克尔木齐墓群的早期墓葬出土的两个石模很有意义。一个石模是为了铸造凸出銎的斧–铲，它带有突出边缘和一个小环（Antonova 1988：149；Kuchera 1984：42）；另一件是为了制造锥子、扁斧和匕首的石模（Varenov 1998b：62～63，fig. 1：7～10）。

在西域也偶然采集到了金属制品。斯文·赫定在楼兰发现了一把斧子、一支箭或者标枪（Bergman 1935：pl. XⅥ：1，7），以及在新疆发现的但未指明出土地点的一把不对称的斧子和乌鲁木齐发现的铲形斧（Debaine-Francfort 1988：fig. 9，3，5）（图49、52～56）。

阿尕尔森［巩留县土库孜塔来（Toquztara）］窖藏是一处非常有意义的发现。在1975年，新疆文物保护人员在巩留县发现了一个深约1米的窖藏（Dabaine-Francfort 1989：200，fig. 20，pl. Ⅱ：5，6；Ke 1998：fig. 1～6）。窖藏出土物包括3件头下垂的手斧、3件镰刀、5件凿子和1件斧形锤，还有3件带有凸缘的扁斧（An Zhimin 1998：photo 2～5，fig. 2：10）。最初，窖藏被定为战国时代到发达的铁器时代。王炳华将其定为早期青铜时代，并且认为与古墓沟墓地时代相同。法兰克福指出，阿尕尔森窖藏可能与安德罗诺沃文化同时代，但将其归入了塞种（萨卡）时期。彭柯将其年代定为公元前1500～前1000年（Peng Ke 1998：580）。研究者将新疆出土的青铜器与安德罗诺沃的器物相对照，从而准确地寻找它们的年代和起源。

公元前7世纪，在安德罗诺沃文化中出现了带有双翼銎的标枪和带有内凹或者外凸銎的箭，并且发展直至青铜时代晚期[①]。塞种时期的箭是在安德罗诺沃文化箭镞的基础上形成的。带有銎的箭并不是中国、巴克特里亚、马尔吉亚那和费尔干纳楚斯特农民的特征。出自辛塔拉和克尔桑（Kersan）的器物与哈萨克斯坦和费尔干纳的安德罗诺沃晚期遗址出土的器物最相似（Kuzmina 1966：33～37，pl. Ⅵ，Ⅱ，1994c：fig. 42：7），时代可上溯到公元前第二至前第一千纪之交。

斧子出现在图宾诺–塞伊玛（Turbino-Seima）组合中（公元前17～前15世纪），并得到了发展直至塞种时期。出自楼兰、阿尕尔森和辛塔拉的带有椭圆形銎浇铸的凸出边缘

① 尽管红铜时代的游牧人确实骑在马上放牧，但他们不是真正的骑兵。正如下文所描述的，在公元前第二千纪之交出现的马的残骸上的马辔头和成套的武器证明了骑兵的出现（参见Kuzmina 1994c，1996～1997；Gi 1977；Telegin 1986；Anthony 1995）。

的斧子年代被定在青铜时代晚期（公元前12～前9世纪），与出自吉尔吉斯斯坦的萨德沃耶窖藏的器物很相似（Kuzmina 1966：22，pl. Ⅳ：13；1994c：fig. 31）。

新疆出土的四面不对称的斧子与塔吉克斯坦雷加尔（Regar）出土的青铜时代晚期的武器相似（Kuzmina 1966：23，pl. Ⅳ，7）（图50、图51、图54、图55）。乌鲁木齐和南湾的斧形铲属于武器。这种武器的制作中心在费尔干纳和吉尔吉斯斯坦，其时代可追溯到青铜时代晚期（Kuzmina 1966：24～25，pl. Ⅴ；Zadneprovsky 1996：17，fig. 1b）。来自克尔木齐的斧形铲采用模铸而成，是在最初形式上的改进，与带有典型方形銎的中国斧形铲存在根本区别。阿尕尔森窖藏中出土的微型斧形锤与吉尔吉斯斯坦的萨德沃耶和沙马什出土的器物相似（Kuzmina 1966：pl. Ⅳ：8；1994c：fig. 43a：18）。

新疆众多遗址中发现了凿子（图53）。阿尕尔森出土的銎上铸有凸出边缘的有銎凿，属于安德罗诺沃文化体系晚期的典型特征，也出现于七河地区、阿列克谢夫斯考耶、萨德沃耶、苏克鲁克和沙马什（Kuzmina 1966：26，pl.Ⅲ 3-b，1994c：fig. 43a，c）。

阿尕尔森出土的有缘扁斧与出自苏克鲁克、萨德沃耶、阿列克谢夫斯考耶和沙马什窖藏的器物相似（Kuzmina 1966：18～20，pl. Ⅲ：9，10，14～17；Kuzmina 1994c：fig. 43a，b）。这类扁斧属于东哈萨克斯坦类型，同时，它们也属于冶金的七河中心。

阿尕尔森出土的3件垂首斧属于安德罗诺沃的特殊类型，盛行于此类文化的所有序列（图52）。主要发现集中于东哈萨克斯坦、费尔干纳和河中，包括沙马什、索克鲁克、伊塞克湖、阿列克谢夫斯考耶和土西铁路（Turksib）窖藏（Kuzmina 1966：11～14，pl.Ⅱ，1994c：fig. 43a；Avanesova 1978，1991）。阿尕尔森、阿列克谢夫斯考耶和苏克鲁克出土的垂首斧也装饰有类似铸造饰物。

阿尕尔森出土的3件大体镰刀属于镰刀-切割器类型，主要使用地区包括从伏尔加一直到西西伯利亚地区（图54）。此类发现中的大多数器物出自东哈萨克斯坦、吉尔吉斯斯坦和七河地区。在这些地区也发现了相关类型器物的窖藏。这些发现使这些地区的年代基本相当。阿尕尔森窖藏与沙马什窖藏出土器物群极其相似。

窖藏的年代取决于以下几个方面：①存在一个较短的序列（例如沙马什出土的剃刀）、与欧洲类型相似的器物；②在出土带有应用滚筒的陶器的聚落窖藏中发现的器物及器物模具（例如卡伊拉库姆斧子的模具）。这两个方面将窖藏断代在公元前13～前9世纪。^{14}C测年所得的新疆遗址年代证实了这个年代序列。

新疆和河中窖藏所出铁器类型

窖藏	斧子	扁斧	凿子	镰刀	锤子
阿尕尔森	有	有	有	有	有
沙马什	有	有	有	有	有
土西铁路	有		有	有	
阿列克谢夫斯考耶	有	有	有	有	
索克鲁克	有	有	有		
萨德沃耶		有	有		有

在西域发现的装饰物与这些结论并不矛盾（图57）。在红山墓群（^{14}C断代为公元前1350～前1000年）发现了装饰有青铜泡的靴子。这种习俗在安德罗诺沃文化中普遍出现。在同样遗址中也发现了有柄镜子。这类镜子在吉尔吉斯斯坦、苏克鲁克、萨德沃耶和沙马什的窖藏，以及楚斯特文化聚落费尔干纳中很流行，并在楚斯特文化聚落发现了铸造此类镜子的模具（Zadneprovsky 1962：68，pl. XX：4，5；Kuzmina 1966：63，pl. XIII：1，4，6，8，9，1994c：fig. 43a）。带有环形手柄的小镜子出自焉布拉克聚落（^{14}C断代为公元前1110～前525年）。它的同类器物在包括西伯利亚在内的整个安德罗诺沃文化分布范围内的安德罗诺沃晚期遗址中都很流行。

圆盘形和带有凸出手柄的镜子在纳马兹加文化的土库曼斯坦南部和巴克特里亚–马尔吉亚那群落出现。后者则是古代东方农耕文化序列的一部分。在古代东方，此类型铜镜在苏萨（Susha）ⅠA期、马里（Mari）的王陵和希萨尔ⅡB期、锡亚尔克、蒙迪加克等地方都很流行（地图14）。

由于草原人群与农业人群交流的结果，圆形镜子类器物出现在扎曼–巴巴文化，并在发达的青铜时代的河中地区［古尔杜希（Gurdush）墓群］依然存在；相反，带有凸柄的镜子则通过彼得罗沃部落被从南方带到乌拉尔。在发达的安德罗诺沃时期，镜子既不为阿拉库尔人群所知，在费德罗沃群落也并不流行，但是，它们仍然为中亚草原人所使用。在中亚草原人群中，此类带有圆环的小镜子得到了发展，就像在穆明纳巴德墓葬中发现的一样（Kuzmina 1966：pl. XIII：7）。带有圆环的小镜子在乌拉尔的斯茂里诺（Smolino）和哈萨克斯坦的卡拉–库杜克的费德罗沃晚期墓葬中流行。

在青铜时代晚期，不同类型的镜子广泛传播：带有小环的圆形镜子、带有手柄的圆形镜子和带有小环的圆心方形镜。这些铜镜主要出现在哈萨克斯坦的阿列克谢夫斯考耶和丹杜巴耶夫斯基（Dandybaevsky）群落、西伯利亚青铜时代晚期群落［也洛夫卡（Elovka）墓群］，以及吉尔吉斯斯坦的七河类型遗址和费尔干纳的楚斯特文化。在这些地区发现了铜镜的模具（Kuzmina 1966：66～69，pl. XIII）。

当要阐明中国铜镜起源争议问题时，我们就必须重视这个附录所提供的数据。它们似乎指出这些饰物源于西方。在中国，一小部分铜镜出现在晚商的中原地区［这类镜子以大约公元前1300年的妇好（商王武丁的妻子）墓为代表，其他地区则为安阳王陵小屯墓葬（Linduff 1996b）］。西周时期（公元前1100～前700年），铜镜逐渐减少，但在公元前700年后，又复苏（Juliano 1985；Mei，Shell 1998：53）。同时，在中亚游牧文化中，镜子从公元前第三千纪晚期（扎曼–巴巴）开始，一直使用到斯基泰时期。在中亚游牧文化中，基于带有小环的圆形镜子的斯基泰类型镜子出现了带有小环和凸缘的形状。

因为镜子在土库曼斯坦东部的最后青铜群落中广泛存在，我们也可以假定，在商代晚期，镜子穿过新疆到达中原。也有记载，在塞种时期，带有凸缘的斯基泰类型镜子也在新疆流行（Mei，Shell 1998：fig. 4：3）。

出自公元前20世纪晚期至前16世纪的焉布拉克墓葬螺旋形坠的耳环与吉尔吉斯斯坦柯特门–秋别（Ketmen-tyube）墓葬和费尔干纳的三个墓地——阿勒斯夫、亚帕吉和卡什卡尔奇（Kashkarchi）发现的耳环非常相似（Mei，Shell 1998：fig. 2）。出自后者的耳环是采用黄金和银做成。依据阿凡聂索娃（N. A. Avanesova 1972）对安德罗诺沃耳环的分类，格尔伯诺娃（N. G. Gorbunova）将这些群落的年代定在公元前13～前11世纪。我相信，根据亚帕吉出土容器和瓦蒂尔墓地出土陶器的相似性，可将暗銎的青铜箭镞时代定在公元前第一千纪，也可能上溯到公元前第二千纪最后250年。

重要的是，带有小环的青铜镜发现于亚帕吉墓地中。这类镜子与出自新疆、中原和瓦蒂尔的镜子非常相似。亚帕吉墓地的喇叭形耳环与典型的安德罗诺沃类型耳环非常相似，通常为金质或者镀金，普遍出现于安德罗诺沃文化体系中，有哈萨克斯坦北部、中部和东部的费德罗沃和阿列克谢夫斯考耶类型的墓葬，以及西伯利亚的鄂毕河（Ob’）的变体［例如博罗沃耶、桑桔尔（Sanguyr）Ⅱ期、塔乌塔里（Tau Tary）、卡那依、麻里库伊塔斯（Maly Koitas）等］（Avanesova 1972）。它们在中亚遗迹中也非常流行，在吉尔吉斯斯坦的塔什–秋别Ⅱ和铁吉尔门萨伊（Tegirmen Sai）墓葬、费尔干纳的瓦蒂尔和达哈那、乌兹别克斯坦的穆明纳巴德、达史提科兹（Dashti Kozi）和塔吉克斯坦的坦迪玉尔（Tandyr Yul）墓葬都有发现（Kuzmina 1966：75，pl. XIV：1，3，4，70；Kuzmina

1998a：fig. 5；Kuzmina，Vinogradova 1996：fig. 6：1）。（阿凡聂索娃将此类墓葬年代定在公元前14～前8世纪显然是晚了点，因为出土此类耳环的墓群也出土了青铜时代最晚期的物品，例如带有兽角的手镯。）

这些装饰品使我们能够再次回到与中国关系问题的讨论上（Lin Yun 1986：248，fig. 50：8；Kuzmina 1994c：242，fig. 54：2，3，11；Bunker 1993：37，fig. 4，1998：611，fig. 3，4，11）。此类耳环的其他发现主要是在中国，如辽宁的刘家河和平顶山。重要的是，北方诸省的一些饰物采用黄金制成，正如邦克（1993，1998）公布的那样，这些金器并没有在安阳商代贵族中被使用；在安阳，当时最受青睐的材料是玉。

通过金质喇叭形颞环起源于中国西部的所有证据，我们也许能寻找到它们从西伯利亚，或者更可能的是从七河地区和费尔干纳，进入北方部落贵族生活的轨迹。

总而言之，在公元前13～前9世纪，新疆见证了金属器物的传播。这些器物的制作中心位于七河地区。在七河地区的青铜时代冶金业中占有独立地位（Kuzmina 1966：96～98；Degtyareva 1985：90～96）。就是这些冶金业省份的部分地区构成了自多瑙河到阿勒泰地区的欧亚草原，但是，其制品与特殊器物和特殊成分的合金相区别说明了他们使用了当地矿产基地。

公元前第二千纪末冶金业的发展促进了专门从事冶金手工业部门的专业雇佣工人的出现。这就无疑承认了，西域出现了独立的冶金生产。辛塔拉和克尔木齐发现了模具，时代为铁器时代早期的古代红铜制品的出现证实了这个结论（Mei，Shell 1998：594）。然而，此类产品类型和技术方面的相似性证实了这个论断，即对于新疆冶金业形成的决定性因素源自西部七河地区冶炼中心的影响。金属制品西部类型在新疆的传播，也许首先是各阶段相互交流的结果；再者，就是来自七河的专门铸造部族的出现的结果；最后，是安德罗诺沃晚期人群向东迁徙的结果。

亚洲在青铜时代晚期的生态系统和历史上的重要变革很可能加强了它们之间的联系。气候骤然变冷和变潮湿逼迫部分安德罗诺沃人群放弃了农耕和牲畜饲养的复合经济形态，从而转变成更加灵活的随着草原季节变化而迁徙的游牧生活方式。这能够促使天山、帕米尔丘陵地带、中亚沙漠新的生态位发展。

向游牧转变的条件是骑马的出现和马的重要性的提升。骑马者手持箭和矛保护他们的牲畜。当拥有牛和金属的富裕家庭出现的时候，社会开始分化。如果受到军事威胁，贵重金属物品将被埋进土中。在七河和新疆阿尕尔森群落中发现了这些窖藏。

文化领域的重要变革，即生态危机和新大陆的发现，导致了草原民族迁徙（地图12）。可想而知，在那时，来自吉尔吉斯斯坦和费尔干纳的游牧人群行进到新疆绿洲边缘。在绿洲边缘有一些土地适合家畜饲养（M. P. Petrov 1966，1967）。

这个浪潮一定与新疆文化中马的重要性的提升有关系。在许多遗址中发现了马骨［石人子（Sintash）、哈喇霍加（Karakhoja）、五堡（克孜尔确卡）和兰州湾子（Kökturaq）］；也发现了与安德罗诺沃文化器物相似的带有圆孔的木质颊片和马具的其他部分（Jettmar 1992：142，143；cf. Kuzmina 1994c：186 ~ 188，fig. 39，42）。

因为大多数研究者相信安德罗诺沃文化的创造者是印度–伊朗人，这也就是我们把公元前13 ~ 前9世纪的从吉尔吉斯斯坦向新疆的民族迁移浪潮与操伊朗语人群的先驱联系起来的原因。尽管语言学家把这个过程定的较晚，但是伊朗语在西域分布的相关语言学资料证实了这一点。

毫无疑问，中亚与新疆的关系是相互的。楚斯特发现的玉器已经证实了这点。费尔干纳的楚斯特文化，及马尔吉亚那和巴克特里亚的亚兹1文化、库秋克和提尔亚（Tillya），所有这些文化都以同样类型的手推磨、石镰和刀，及饰有几何纹的陶器为特征。但是，文化间相互联系的特征和文化发展的动力仍有争议，并且需要细致深入的研究（Masson 1959：106，107；Zadneprovsky 1962，1994，1995；Kuzmina 1976：135 ~ 138；Antonova 1988：152 ~ 155）①。

因此，对考古资料的研究使我们能够将牲畜饲养人群与中国西部联系的起始时间，也可能是迁徙的时间，定在公元前第三千纪，并提出了，受游牧人群的影响，金属和轮式交通工具在中国的传播等问题。下一阶段追溯到安德罗诺沃时期。此时期与安德罗诺沃人推动的所有适合于饲养牲畜的生态环境的发展有关。新疆在生态环境上表现出一个混合的生态系统：在几乎不可能穿越的沙漠附近有可供耕种的昌盛绿洲；适合于畜牧饲养的草原。这就是牧民开发利用的生态系统，特别是在新疆西部。邻近的安德罗诺沃人群成为向东部提供冶金技术的供应者，并制造金属制品；在他们的影响下，在中国出现了几类武器（有銎矛和剑）、装饰品、镜子，以及黄金制成的颞环和耳环。相对于中国传统来说，这些都是舶来品。中国战车的结构与安德罗诺沃战车的结构相似，而安阳出现的殉葬马和战车的丧葬礼仪最能证实其借鉴了西方具有安德罗诺沃文化特征的双轮战

① 中国域外最古老丝绸的碎片发现于乌兹别克斯坦一个公元前第二千纪早期的萨帕里–德佩聚落中（Askarov 1973：133 ~ 134）。

车的战斗方法。

因而，我们可以自信地说，草原牧民在旧大陆文化发展中发挥着非常重要的作用。

草原部族与东方沿着未来丝绸之路建立联系的起点约在公元前第三至前第二千纪之交，从而将丝绸之路东线的形成时间向前推得更早。

第六章　结　　论

鉴于分析的结果，提出以下几个结论。

（1）历史上丝绸之路各部分的作用：人群迁徙、物质运输和思想传播，至迟肇始于公元前第三千纪的后半期，到了公元前第二千纪变得相当频繁。

（2）我们已能辨别出，在不同的历史时期或时代、不同地域的文化关系的主导方向。在那个时期，现在的丝绸之路的某段已开始发挥作用并日益繁荣。

（3）我们已经确认了，在红铜和青铜时代的发展过程中，欧亚草原人群在建立泛欧亚民族和文化联系中的中枢地位。

（4）我们也已经发现了，草原在交通发展中的地位，强化了丝绸之路沿线的民族迁徙和交换的可能性。

（5）考虑到文化创造中人与自然之间相互关系的决定性地位和草原生态的间歇性和固有事实，我们已经尽力把自然变化和草原气候环境的推动力与文化创造的各个阶段及此过程中的地域特征联系起来。

在新石器时代晚期和红铜时代早期，欧亚草原被分成两大区域：欧洲到乌拉尔西部，以及亚洲到乌拉尔东部。

南俄草原人群之间相互联系紧密，属于先后不断地转变，也有可能是相互联系的共同体：马里乌波尔、斯莱德涅斯多格和竖穴墓。它们是欧亚文化圈的一部分，特别是维持着与巴尔干和多瑙河地区农耕人群的密切关系，并将食物生产型经济（农耕、牛和绵羊/山羊）带到草原，同时还引进了金属。

马的驯养是南俄草原人群对铜石并用时代文化历史的极大贡献。据伯克易的研究，马在驯养的最初阶段被当做食物来源，并非作为骑乘和驾驭战车之用，而与之相反，丹尼连科、希马格里、捷列金、吉布塔、安东尼和理查尔都斯都声称，就是来自草原的大批野蛮骑乘者的入侵破坏了欧洲的农耕文化。

欧亚草原人群文化史的真正转折点在于以四轮和两轮、主体为封闭性的车为代表的新提托诺夫卡文化和竖穴墓文化的轮式交通工具的传播。正是轮式交通工具的使用才使一部分草原人群转变为以移动为生活方式成为可能，从而又使迁徙成为可能，最终才形成伟大的丝绸之路的各条线路。

据推测，形成于草原上的不利自然因素可能造成了竖穴墓文化人群的迁徙。布哈拉附近的扎曼-巴巴文化证实了通往中亚的丝绸之路南道的建立。

与南俄草原相比，亚洲草原上的食物生产型经济产生较晚。这归因于草原生态系统的特殊性：在花剌子模有充足的鱼；而在哈萨克斯坦有充足的蹄类动物。这两个地方能够保证稳定地食物供给，因而无法促使当地人群向食物生产型经济形态转变（A. V. Vinogradov，G. F. Korobkova）。这就是相对于欧洲农民在南俄草原发挥的作用，中亚南部人群在中亚草原的繁荣上并未起到决定性作用的原因。

在中亚，发现有关务农者的记载较晚：在牟尔加布绿洲的撒马尔罕的萨拉子目附近聚落和泰普聚落中出土的手制尖底压印纹瓶、在花剌子模发现了仿制安诺器物的陶器，及在亚吾亚堪发现了伊朗-中亚类型斧子的范。

反映草原人群向南迁徙的首支考古学文化是扎曼-巴巴文化。我们相信，扎曼-巴巴本地人群借助竖穴墓文化人群，部分借助洞室墓人群的参与，并通过与纳马兹加Ⅴ期务农者建立活跃的联系，才创建了此文化。也就在竖穴墓文化晚期，扎曼-巴巴文化人群开通了丝绸之路南道，并沿着此条线路从西到东迁徙，向南深入中亚。

沿着丝绸之路东线的第一次联系也发生在此段时期。阿凡纳谢沃文化遗址在南西伯利亚的出现就证实了这一点。根据大多数研究者的研究，这个文化来源于西方，与竖穴墓文化有关，并受到洞室墓文化影响。在新疆也发现了阿凡纳谢沃文化遗址，如在克尔木齐墓群的早期遗存；古墓沟墓群可能说明了新疆范围内的丝绸之路东段北线已经形成。

有一种假设，从语言方面来看，阿凡纳谢沃文化人群是原始吐火罗人；他们向西伯利亚和新疆的迁徙反映了操印欧语的人群东迁的第一波浪潮。楼兰发现的双螺旋贡奉针也反映了新疆南部直接与巴克特里亚，更有可能与费尔干纳的关系的确立，以及丝绸之路东段南线的全面展开。

草原文化变革的下一个重要阶段就是新塔什塔遗址及其相关的新库马克年代范围内的所有彼德罗夫卡类型遗址在乌拉尔和西哈萨克斯坦的形成，以及伏尔加中部与之同源的波塔波沃类型（Potapovo-type）遗址的形成。波塔波沃类型遗址由竖穴墓文化-波尔塔夫卡晚期文化、洞室墓-MVK和阿巴舍沃三种文化融合而成。这种文化的繁荣说明了其在这些文化群体中的决定性地位。顿河阿巴舍沃（Don Abashevo）文化也与这个文化群相似。

一系列相互关联的重大变革记录了新塔什塔人群文化的昌盛：

（1）冶金业及金属制造业的发展；

（2）堡塞的出现及防御聚落的产生——原始城市（prototowns）；

（3）马匹饲养及祀马的发展；

（4）双轮马拉轻型战车的传播；

（5）装备典型武器和工具［弓、箭、矛、斧、短剑、权杖、鞭子、扁斧、研磨器和（王）权杖］的战士-战车驾驭者的出现。

据一些学者研究，这种繁荣与南乌拉尔铜矿的开发有关。它推动了金属制造业的发展进程（熔炉结构的改进和砷铜合金的冶炼）。这就使得南乌拉尔人群能够大规模地组织金属制品生产以及出口加工的劳作，从而创造了原始城市形成的先决条件。冶金者需要保护矿产，他们的聚落及其产品的输出推动了堡塞的出现、双轮马拉轻型马车的传播和驾车者武器的出现。

新塔什塔及其相关的彼德罗夫卡人群和波塔波夫卡人群在欧亚建立了广泛而多方面的关系。有迹象表明，它们的联系向西可远达MVK文化晚期部落，进一步直到迈锡尼文明，也许更有可能借助东南欧族群（例如蒙泰奥鲁文化）。相似类型的颊片和迈锡尼装饰品的传播，甚至到达了乌拉尔地区西部，此外，在乌拉尔地区出现的具有MVK文化典型特征的骨制扣环都证实了这一点。

彼德罗夫卡人群带着他们的冶金技术和马车沿着丝绸之路南道向中亚发展，并与南方的农耕民族建立了联系。在撒马尔罕附近发现的图盖聚落和彼德罗夫卡冶金中心都证实了这一联系。在彼德罗夫卡冶金中心出土了彼德罗夫卡陶器，临近的萨拉子目农耕聚落和扎查-哈利法墓葬也出土了这类器物。在扎查-哈利法墓葬，与马镳共出的还有马形象的贡奉针和巴克特利亚-马尔吉亚那类型的金属器物。

我们提出一种假设，新塔什塔-彼德罗夫卡人群实际上指的是印欧人中的印度-伊朗族群（K. F. Smirnov，E. E. Kuzmina，V. F. Gening et al.）。如果这是事实的话，那么，中亚的新塔什塔和彼德罗夫卡遗址的出现可能被看成是印度-伊朗人从他们的故乡沿着丝绸之路南道向南进发的第一个高潮。

草原向开始形成于新塔什塔时期的城市文明的变革因草原生态系统的特殊性而被中断。在公元前第二千纪中期，草原上的政治环境非常稳定，没有必要修建堡塞和组织精锐军队。适宜农耕-牲畜饲养的混合经济的绝佳自然和气候环境在草原上占据优势地位，这就促进了基于前面提出并与其休戚相关的两大类型文化聚落——西部的木椁墓文化和东部的安德罗诺沃文化的形成。手工业专门化、城市系统的萌生并不是集中出现，而是通过领土扩张，发生了广泛性革命，保护以饲养家畜为主的传统稳定的农牧经济，并逐渐地发展新的领土。

安德罗诺沃部族遍及了整个哈萨克斯坦境内，穿过西伯利亚，直达叶尼塞，向南也达到了中亚。木椁墓部族迁徙到里海沿岸。混合文化和不同种类的安德罗诺沃文化在与中亚土著人相互同化的过程中逐渐形成。费德罗沃类型的安德罗诺沃人群穿过阿姆河进入阿富汗，并与中亚南部和塔吉克斯坦的瓦卡什（比什肯特）文化的农耕人群发生了联系。混合墓葬及相关的古代农耕聚落考古地层中出土的众多草原陶器和安德罗诺沃金属器物的发现证实了这些。

自从大多数研究者认同了草原人群属于印度-伊朗人的推论后，他们也认为印度伊朗人群每个组群独自向中亚迁徙是他们沿着丝绸之路南道向南扩张的第二次浪潮。

丝绸之路东道沿线的联系在安德罗诺沃时期也得到了发展。新疆发现的金属器物、几何纹印纹陶也有可能证实了这一点。与中原（中国）的关系（通过中国新疆和西北的其他地区）也在这个时候建立起来。在中国发现的安德罗诺沃类型有銎青铜箭镞、铜镜和喇叭形金器已经证实了这一关系。安德罗诺沃对中国军队发生的变革的影响很有可能与其对马车和马本身在中国的使用的影响同等重要。文字和语言资料、神话和现在的考古学资料证实了印欧人群的发源地在中国的西部。罗樾、吉谢列夫和其他人也提出，安德罗诺沃部落可能影响了中国冶金业的发展，但是，这两个系统之间的确切关系仍然存在争议。

草原人群文化的重要变革及其在丝绸之路沿线地位的变化发生于公元前第二千纪的最后250年。根据古地理学资料，这段时期的环境以草原生态系统的生态危机——突如其来的凉爽气候为特征。这个生态危机受到社会和经济危机的影响而进一步恶化。然而，直到公元前12世纪，放牧人开发了所有的草原，且他们的地域已不可能进一步扩展，这个事实造成了这一社会和经济危机。走出这个危机的路径就寄托在向更先进的游牧文化形式的转变，也就是游牧的驱动力或者逐水草方式。这种方法的先决条件是选择适合迁徙的以能够在雪地里获得草料的马和羊为主的牧群；出现了轻便住所（原始圆顶帐篷），骑马技术也在传播。新型颊片（斯基泰颊片的雏形）和必要类型武器的出现都证实这些条件的存在。

骆驼骨骸数量在聚落骨骼资料中的增多证实了在向驱赶式游牧转变中的重要因素是已知的巴克特里亚骆驼的大范围使用。

向半游牧畜牧经济的转变促使新的生态位——沙漠和高原得到了发展，促进了横向和纵向的草原人群之间的关系进一步加强。沙漠和高原上的墓葬和短期使用的遗址反映了这种现象。在草原，附加堆纹陶和相似类型的金属制品分布广泛，并沿着从多瑙河到阿勒泰地区的所有线路分布。铸造者的窖藏的传播证实了一个结论，即金属制造已发展成为一个专门的手工业分支。

一些研究人员推断，在众多危机情况下，木椁墓和安德罗诺沃中的部分人南迁至中亚。农耕绿洲边缘的遗址和聚落考古学地层中出土的附加堆纹陶器的多样性证实了这个论断。这些人群沿着丝绸之路南道的迁徙浪潮也许与早期散布于其故乡的印度–伊朗语系中说伊朗语人的定居有关系。

在公元前12～前8世纪，丝绸之路东道沿线的联系加强。中国体质人类学家韩康信在新疆西部的墓葬中发现了帕米尔塞种的帕米尔–费尔干纳（安德罗诺沃）类型头骨和地中海类型头骨。

在新疆聚落及其墓葬中发现了大量安德罗诺沃晚期类型的青铜器，这些聚落和墓葬主要集中于丝绸之路东线的南、北两道。阿尕尔森窖藏器物群特别有意思，因为它与七河地区的窖藏完全相似，这就不得不说明七河地区的冶金者在新疆的金属传播中所起的决定性作用。

因而，如果在铜器时代，南俄草原人群的联系主要指向西方，那么，在竖穴墓文化时代的晚期，丝绸之路南线和东线已经形成。在青铜时代，丝绸之路上的主要关系沿着南线向中亚发展，而在青铜时代晚期，沿着丝绸之路南线和东线两道的相互关系更加紧密。

人群、物质和思想传播踪迹沿着现今的丝绸之路展开。人类的迁徙过程导致了阿凡纳谢沃文化人群在西伯利亚和新疆的出现，这群人很可能就是吐火罗人，他们掀起了从西北向中亚迁徙的无数次浪潮。首先是扎曼–巴巴人群，然后是新塔什塔和安德罗诺沃文化人群，一般被认为是尚未分离的印度–伊朗人或者印度–阿兰人，最后很有可能是安德罗诺沃和木椁墓晚期的人群，他们操伊朗语。人群的迁徙伴随着新事物、新技术和思想的出现。这些都是通过整个历史的不同阶段相互交流而传播，就像他们借助冶金定居者移居和商队贸易而实现传播一样；而这个阶段恰恰从青铜时代晚期开始。

金属器物、双轮马拉轻型战车、马匹饲养和祀马对青铜时代的重要性反映了草原人群对旧大陆文明发展的重要贡献和在历史上丝绸之路的地位，及其在发展过程中所伴随着文化变革的传播。

对于古代世界历史来说，重要的是这些发展过程的相对年代依据遗址地层表现得很清晰。有关完整的纪年问题是争论的主题。借助三组同步年代分析所得的传统年代如下：①西欧（特别是迈锡尼）；②中亚南部；③殷商时期的中国。这些年代相互关系密切，但是也不同于碳元素校正年代。另一方面，我们进一步确定了草原遗址的校正年代，与西亚和印度遗址的校正年代相一致。然而，考虑到丝绸之路在泛欧亚文化变革中的重要性，丝绸之路在青铜时代堪称“伟大”。

附录 断代和相对年代表

有三种最基本的方法用于决定旧大陆文化的完整年代表：①历史记载，根据埃及国王、美索不达米亚国王和希腊奥林匹亚时期的文献；②树木年代学；③碳放射性元素测定年代方法。利用聚落的地层和墓葬资料确立了欧亚草原的相对年代序列。

由于下面原因而致使很难确立完整的年代序列：①草原人群既无文字也无它们自己的年代体系；②尚未详细制定出青铜时代遗址的树木年代序列；③旧的碳元素放射性年代跨度太大，很显然，它们的使用从技术上说是不正确的。例如，同类型的新塔什塔墓葬的年代跨度为公元前2250～前1390年（尚未校正），即使如此，根据加夫利洛夫（A. A. Gavrilov）的树木年代学数据，墓葬使用测定年代永不会超过130年。阿拉库尔类型遗址的晚期地层年代约为公元前21～前14世纪，更晚的阿曼盖尔地（Amangeldy）类型遗址年代为公元前18～前14世纪，而同类型的叶尼塞费德罗沃遗址年代为公元前27～前15世纪。从历史角度来说，我们尚无法接受这个年代跨度（Kuzmina 1994c）。这就是为什么我们对碳元素测年持怀疑态度的原因，特别是经过校正的、到目前为止在俄罗斯考古学界仍占主流的这些年代；直到近期，通过更可靠的测定过西欧、南亚和中国等文化的主观分析方法，确定了完整的年代序列。然而，近些年，欧洲和美国的实验室所获取的一系列新的^{14}C数据，让我们重又回到此问题上（Kuzmina 1998b）。

1. 草原文化新的碳元素年代

贝尔法斯特（Belfast）碳元素实验室完成了对乌克兰竖穴墓文化墓葬和洞室墓文化墓葬出土的轮车的测定，获取未经校正的年代为公元前2264年±25年～前2083年±19年（Mallory，Telegin 1994：30～31）。亚利桑那和牛津两个实验室对伏尔加墓群测得的尚未校正的年代数据为：竖穴墓文化年代，4组数据，距今4520年±75年～4370年±75年；

洞室墓文化年代，4组数据，距今3490年±70年和3400年±70年。最重要的是墓群地层学所确立的年代序列印证了新测定的年代数据（Kuznetsov 1996）。

牛津实验室对伏尔加地区的新库马克范围的年代测定，获得了5组尚未校正的年代数据，为距今3710年±80年；而对乌拉尔地区（亚利桑那测得）测得的4组年代数据为距今3740年±50年~3510年±80年（后者时代的准确性值得怀疑，因为这些年代数据来自同一墓群同一器物组合的两匹马的头骨）。尽管库兹涅佐夫主观地选择了平均值（P. F. Kuznetsov 1996：58），把波塔波沃阶段定在公元前19~前17世纪这段时期，但是，为了确立遗址的准确年代，通过碳元素测定，根据1Σ（Sigma 1），测得新库马克年代为公元前23~前17世纪；根据2Σ（Sigma 2），测得年代为公元前24~前20世纪（N. B. Vinogradov 1995b；Anthony，Vingogradov 1995；Kuznetsov 1996；Trifonov 1996a，1996b；Bochkarev 1998）。而从技术上看，库兹涅佐夫（1996：58）选择的这个年代就颇受怀疑。

这就引出了一个问题，即关于新测得的年代数据和在其他方法帮助下而获取的相邻地区遗址，例如西欧、南亚和中国同时代所得的年代之间的关系。这些地区与草原游牧民有联系。这些地区中的每个文化都有其独立的年代系统，而且欧亚草原也给了旧大陆三个年代系统唯一的对比和相互校正的机会。

2. 同时期欧洲的年代系列

根据赖内克的青铜时代A1、A2段的中欧文化，我们建立了新库马克区域内遗址的同期年代序列，蒙泰奥鲁ⅠC4~ⅡA阶段的多瑙河地区文化以下列遗物为基础：①骨环（Litvinenko 1996；Yu. P. Matveev 1996）；②在新塔什塔、阿拉布加、吉拉夫斯基拉兹瓦林（Grafskie Razvaliny）和塔那博尔根墓葬中发现的有翼镞（例如带有小乳突的箭镞），年代为公元前17~前16世纪；③锥形颊片，主要发现于哈萨克斯坦到希腊迈锡尼的竖穴墓葬中（Leskov 1964；Smirnov，Kuzmina 1977；Kuzmina 1980a，1998b；Goncharova 1996；Bochkarev 1998；Pryakhin，Besedin 1998）；④迈锡尼装饰品和晚段器物的后迈锡尼装饰（Smirnov，Kuzmina 1977；Vasil' ev et al. 1994；Vasil' ev 1995；Obydennov，Korepanov 1997：fig. 59；Penner 1998）。

基于详细的树木年代数据，青铜时代A1和A2期的中欧遗址传统年代如今被提前了2个世纪（Bochkarev 1992；R. Krause et al. 1989；Kromer，Becker 1993；Randsborg 1992；Kuniholm 1993）。但是，通过树木年代获得的年代与^{14}C法测得数据相矛盾，并且比后者晚了2个世纪。

在颊片和装饰品上与迈锡尼的相似性，对确立新库马克遗址的年代起了决定性作用。因为代表草原特征的颊片类型最古老，样式也最繁多（反映了对最有效的变体的研究），可能被看做迈锡尼类型的雏形。我们可以推测，迈锡尼竖穴墓的传统年代为公元前1570～前1550年，确实是草原颊片年代的下限，仅被认为是新库马克地区的上限（Smirnov，Kuzmina 1977；Kuzmina 1980a，1994c）。

近些年来也有一种趋势，把刀把形墓葬的年代确定的更早一点。依据圣托里尼岛火山的喷发年代（Betancoult 1987；Warren，Hankey 1989；Manning 1995），用历史学方法和^{14}C断代方法根据迈锡尼、埃及和西亚遗址类推（Kemp，Merrilees 1980；Dietz 1991；Coleman，Walz 1997），将刀把形墓葬的时代往前推进了1个世纪。如果公元前17世纪这个年代可以接受的话，那么，我们可相应地将新库马克的年代范围向后推。然而，即便在这种情况下，草原器物群新的测年数据仍然比我对迈锡尼和德国推定的年代要早。

3. 同时期南亚的年代序列

南亚草原牧民与属于古代东方文化圈的中亚、阿富汗和印度的务农者相邻（图22、图23）。这些群体自古以来一直有联系。有关联系的最古老证据就是撒马尔罕附近图盖冶金者聚落中发现的彼德罗夫卡类型陶器与附近的农民村落萨拉子目发现的器皿。利奥内特（B. Lyonnet）把这个群体归入萨拉子目Ⅲ期，而阿凡聂索娃将其归入萨拉子目Ⅳ期（Avanesova 1996）。

博奇卡廖夫（1998）尽力通过提前防护罩上的颊片年代来解决这种情况。他认为，基于多瑙河地区发现的颊片研究，根据扎哈里亚的研究，防护罩上的颊片源于蒙泰奥鲁文化早期。

撒马尔罕附近的扎查-哈利法墓葬同样重要（Bobomulloev 1993；Bostongukhar 1998）。在撒马尔罕发现了新塔什塔类型的圆盘形颊片和实心青铜马衔，还有巴克特里亚-马尔吉亚那类型的器物，金属器皿、镜子和端部饰有马形象的贡奉针。贡奉针上的马形象可与草原上发现的马形象相媲美（图16、图17）。

新塔什塔发现的玉石珠、青金石珠（Kuzmina 1997a），乌斯季耶聚落出土的BMAC［巴克特里亚-马尔吉亚那考古学文化群（Bactria-Margiana Archaeological Complex，缩写成BMAC）］类型器物（N. B. Vinogradov 1995b）和红旗村（Kranoe Znamya）墓群出土的BMAC类型的有柄镜子可以证明南亚与巴克特里亚-马尔吉亚那考古学文化群的联系（Sungatov，Safin 1995）。

这种关系的第二阶段特征为帕夫洛夫卡（Pavlovka）安德罗诺沃聚落发现的费德罗沃类型的纳马兹加Ⅵ期的BMAC陶器舶来品（Malyutina 1991）；阿富汗肖土盖聚落的后哈拉帕B层（Post-Harappan level B）出土的安德罗诺沃器物和费德罗沃类型的箭镞（Francfort 1989）；众多塔吉克斯坦和乌兹别克斯坦的混合文化群，融合了纳马兹加Ⅵ期轮制陶器、费德罗沃手制陶器和安德罗诺沃金属器（Pyankova 1989，1994；Vinogradova 1994，2004；Kuzmina，Vinogradova 1996；Kuzmina 1997a；ITN 1998）。

这些文化群的年代仍存争议。俄罗斯考古学家所依赖的欧洲年代表基本都是依据希萨尔Ⅲ期的长期年代表（Sarianidi 1999），获得年代数据如下：将新塔什塔–彼德罗夫卡的年代定在公元前17～前16世纪；费德罗沃文化群的年代定在公元前15～前14世纪；将纳马兹加Ⅵ期的年代定在公元前17～前13世纪。相比之下，欧美学者接受了^{14}C测年的校正年代：萨拉子目Ⅳ期年代为公元前2300～前1700年（Lyonnet 1996）；肖土盖B层年代为公元前2000～前1700年（Fransfort 1989）；BMAC年代为公元前4000～前1800年（Gibert 1994；Götzelt 1996）。这些数据与印度哈拉帕文化的一系列^{14}C测年数据相一致（Possehl 1994）。

所有年代数据完全不同于草原遗址的传统年代序列，但是，与新库马克新测的年代数据密切相关。

4. 同时期中国的年代序列

众多常见类型的金属器皿证实了公元前13～前9世纪，新疆与费尔干纳和七河地区的文化联系（Debaine-Francfort 1988，1989；Kuzmina 1998a）。在殷商时期，西域通过生活于东亚内陆（EAH）北部和西北部的人群与中原（中国）建立了关系。他们普遍使用一系列兽形柄的刀具、矛、有銎箭镞、镜子和费德罗沃金制笛形耳环等（Varenov 1989；Kuzmina 1994c；Bunker 1998）。最后，也是最重要的，马车很有可能受安德罗诺沃文化的影响而传播到中国。中国文化群的传统年代体系——公元前14～前13世纪及以后——与传统的安德罗诺沃大事年表相互联系。在那之前，较早遗址的同期年代体系并不能充分说明有关东西方联系的任何确切结论。

5. 年代序列及同时期年代的结论

上述分析已经表明，通过欧洲同期考古学文化年代的推定，新库马克地区的遗址年代为公元前17～前16世纪，与中亚农耕文化的传统年代体系相一致，并得到了与中亚和中国文化同时代的费德罗沃类型的安德罗诺沃文化的进一步证实。这三支独立的文化体系的年代一致。

但是，传统年代序列与通过碳元素方法测得的结果有很大出入：校正年代比传统年代要早几百年。草原遗址的校正年代与南亚遗址的^{14}C年代非常接近，这意义重大。因此，通过这两种方法确立的年代之间存在一系列差异。获得欧亚草原确切年代取决于以下几方面：①运用放射性碳元素方法，并将结果带入到埃及和美索不达米亚的历史纪年中校正；②收集欧洲的放射性碳元素年代和树木年代学数据；③精确迈锡尼年代序列；④详细制订草原文化与EAH（中国）这些文化的同期年代序列。目前，考虑到两个系统之间的差异，采用同时期传统方法和放射性碳元素方法中任何一种方法都是可行的。

下表中诸缩写说明如下：b.gr. 墓群；f. 围墙；g. 墓葬；s. 聚落。

传统年代			文化或者遗址类型	^{14}C测年（公元前）		
				未校正的年代	校正过的年代	
中国	南亚和东亚	欧洲			1	2
13～11	13～11	13～11	阿列克谢耶夫卡	13～11		
14～13	15～14	15～14	费德罗沃	16（5）～15（4）		20～17
	15～14	15～14	木椁墓	16（5）～15（4）		
	17～16	17～16	新库马克	18～16	23～17	24～20
						23～18
			洞室墓	23～21		
			波尔塔夫卡	23～21		

根据波塞尔（G. Possehl 1994）的碳元素测定年代

遗迹	实验室	5568 BP	5730 BC	校正年代-3	文化
希萨尔	Tips-20	3483 ± 63	1635 ± 65	1∑ 1883 2∑ 1945	希萨尔Ⅲ期 （晚层）

根据波波夫（K. Popov 1999：356 ~ 361）的碳元素测定年代

标本	文化期限	^{14}C年代（BP）	经过格罗宁根（Groningen）1.20（1995）校正的年代；1∑ cal. B.C.	经过科尔（Kohl 1984）校正的年代；1992；CRD 1∑ B.C.	经过希尔伯特（1994）校正的年代；CRD 2∑ B.C.
			乌卢格-德佩		
LE-980	纳马兹加Ⅵ期，公元前2千年	3280 ± 95	1672… ~ 1656 1634… ~ 1440		1749 ~ 1324
			纳马兹加-德佩		
LE-665	纳马兹加Ⅵ期晚段	2980 ± 60	1306 ~ 1284 1268 ~ 115 1090 ~ 1076		
R1297	纳马兹加Ⅵ期	2870 ± 50		1125 ~ 1015	1199 ~ 905
R1298	纳马兹加Ⅵ期	3220 ± 40		1665 ~ 1415	1498 ~ 1269
R1299	纳马兹加Ⅵ期	3240 ± 50		1675 ~ 1430	1621 ~ 1408
R1300	纳马兹加Ⅵ期	3050 ± 50		1410 ~ 1245	1416 ~ 1128
R1300a	纳马兹加Ⅵ期	2880 ± 60		1130 ~ 1020	1257 ~ 901
R1301	纳马兹加Ⅵ期	2960 ± 50		1345 ~ 1100	1372 ~ 1003
R1302	纳马兹加Ⅵ期	3220 ± 90		1680 ~ 1395	1684 ~ 1267
R1303	纳马兹加Ⅵ期	2680 ± 50		905 ~ 780	1010 ~ 546
R1304	纳马兹加Ⅵ期	3350 ± 50		2005 ~ 1770	2021 ~ 1742
			特肯德佩		
LE-1095	纳马兹加Ⅵ期，公元前2千年	2460 ± 60	760 ~ 678 658 ~ 634 552 ~ 468 462 ~ 412		
LE-1603	纳马兹加Ⅵ期	4310 ± 40	3012 ~ 3004 2924 ~ 2882		
LE-1604	纳马兹加Ⅵ期	4950 ± 50	3784 ~ 3692 3672 ~ 3666		
LE-1605	纳马兹加Ⅵ期	4520 ± 60	3342 ~ 3292 3284 ~ 3266 3240 ~ 3104		
LE-1638	纳马兹加Ⅵ期	3620 ± 50	2030 ~ 1994 1988 ~ 1892		
LE-1639	纳马兹加Ⅵ期	3640 ± 50	2116 ~ 2088 2038 ~ 1928		
LE-1640	纳马兹加Ⅵ期	4330 ± 50	3028 ~ 2980 2930 ~ 2884		
LE-1641	纳马兹加Ⅵ期	2450 ± 40	756 ~ 688 538 ~ 412		

续表

标本	文化期限	^{14}C年代（BP）	经过格罗宁根（Groningen）1.20（1995）校正的年代；1∑ cal. B.C.	经过科尔（Kohl 1984）校正的年代；1992；CRD 1∑ B.C.	经过希尔伯特（1994）校正的年代；CRD 2∑ B.C.
特肯德佩					
LE-1642	纳马兹加Ⅵ期	4630 ± 50	3502 ~ 3420 3380 ~ 3346		
LE-1643	纳马兹加Ⅵ期	4280 ± 50	2922 ~ 2872 2802 ~ 2778 2714 ~ 2708		
LE-1854	纳马兹加Ⅵ期	5030 ± 60	3944 ~ 3846 3820 ~ 3768 3726 ~ 3724		
LE-1856	纳马兹加Ⅵ期	3110 ± 40	1418 ~ 1372 1354 ~ 1314		
LE-1857	纳马兹加Ⅵ期	5540 ± 60	4454 ~ 4416 4402 ~ 4342		
LE-1858	纳马兹加Ⅵ期	3660 ± 40	2124 ~ 2084 2042 ~ 1968		
LE-1860	纳马兹加Ⅵ期	4280 ± 50	2922 ~ 2872 2802 ~ 2778 2714 ~ 2708		
LE-1861	纳马兹加Ⅵ期	4130 ± 50	2866 ~ 2810 2760 ~ 2724 2700 ~ 2612		
LE-2355	纳马兹加Ⅵ期	4310 ± 60	3030 ~ 2972 2932 ~ 2876 2796 ~ 2784		
古勒1（北）					
LE-1207	纳马兹加Ⅵ期，公元2千年	3560 ± 70	1974 ~ 1864 1848 ~ 1770		2009 ~ 1744
LE-2407	纳马兹加Ⅴ晚期	2180 ± 40	356 ~ 288 250 ~ 226 210 ~ 166		
LE-2408	纳马兹加Ⅴ晚期	3510 ± 40	1880 ~ 1862 1850 ~ 1762		
LE-2409	纳马兹加Ⅴ晚期	4290 ± 40	2918 ~ 2880		
LE-2411	纳马兹加Ⅴ晚期	4200 ± 40	2880 ~ 2864 2812 ~ 2744 2728 ~ 2696		
Beta-35125	纳马兹加Ⅴ期	3630 ± 90			2138 ~ 1888

续表

标本	文化期限	^{14}C年代（BP）	经过格罗宁根（Groningen）1.20（1995）校正的年代；1∑ cal. B.C.	经过科尔（Kohl 1984）校正的年代；1992；CRD 1∑ B.C.	经过希尔伯特（1994）校正的年代；CRD 2∑ B.C.
			古勒1（北）		
Beta-33560	纳马兹加Ⅴ期	3580 ± 60	2032 ~ 1883		2032 ~ 1883
Beta-33561	纳马兹加Ⅴ期	3520 ± 60	2030 ~ 1694		2030 ~ 1694
Hel-2964	纳马兹加Ⅴ期	3750 ± 80	2278 ~ 1979		
			古勒1（南）		
Beta-33562	纳马兹加Ⅴ期	3700 ± 60		2290 ~ 1930	2290 ~ 1930
Hel-2963	纳马兹加Ⅴ期	3540 ±		2009 ~ 1694	
Hel-2965	纳马兹加Ⅴ期	3350 ± 80		2009 ~ 1740	
Hel-2966	纳马兹加Ⅴ期	3410 ± 80		1855 ~ 1534	
Hel-2967	纳马兹加Ⅴ期	3380 ± 110		1770 ~ 1509	
Hel-2968	纳马兹加Ⅴ期	3600 ± 80		2031 ~ 1776	
Hel-2969	纳马兹加Ⅴ期	3480 ± 90		1916 ~ 1639	
Hel-2970	纳马兹加Ⅴ期	3380 ±		1766 ~ 1524	
			托克鲁克21		
LE-2678	纳马兹加Ⅵ期	3270 ± 40	1608 ~ 1556 1534 ~ 1506 1482 ~ 1456		
LE-2679	纳马兹加Ⅵ期	4620 ± 40	3500 ~ 3456 3434 ~ 3432 3378 ~ 3342		
LE-2681	纳马兹加Ⅵ期	4610 ± 50	3502 ~ 3450 3444 ~ 3424 3380 ~ 3334 3220 ~ 3200 3154 ~ 3136		
LE-2682	纳马兹加Ⅵ期	5060 ± 40	3942 ~ 3896 3888 ~ 3848 3820 ~ 3796		
LE-2683	纳马兹加Ⅵ期	3540 ± 40	1914 ~ 1904 1902 ~ 1870 1844 ~ 1776		
LE-2684	纳马兹加Ⅵ期	4270 ± 40	2914 ~ 2876 2796 ~ 2784		
LE-2685	纳马兹加Ⅵ期	3540 ± 40	1914 ~ 1904 1902 ~ 1870 1844 ~ 1776		
Beta-33564	纳马兹加Ⅵ期	3470 ±	1920 ~ 1680		1920 ~ 1680

续表

标本	文化期限	^{14}C年代（BP）	经过格罗宁根（Groningen）1.20（1995）校正的年代；1∑ cal. B.C.	经过科尔（Kohl 1984）校正的年代；1992；CRD 1∑ B.C.	经过希尔伯特（1994）校正的年代；CRD 2∑ B.C.
萨帕里–德佩					
LE-916	纳马兹加Ⅴ晚期	3640 ± 90		2190 ~ 1880	
LE-1078	纳马兹加Ⅴ晚期	3450 ± 50		1895 ~ 1690	
?		1560 B.C.			
布斯坦（Bustan）Ⅵ期（墓地）					
LE-4994	公元前2万年	3580 ± 70	2024 ~ 2004 1980 ~ 1872 1842 ~ 1776		
LE-4995	公元前2万年	3620 ± 40	2028 ~ 2000 1984 ~ 1912 1906 ~ 1900		
LE-4991	公元前2万年	3540 ± 70	1936 ~ 1858 1854 ~ 1752		
扎尔库坦					
?		1650 B.C.			
Beta-33557	公元前2万年	3540 ± 70		2125 ~ 1695	2042 ~ 1734
达什里（Dashly）3					
LE-978	公元前2万年	3440 ± 50		1890 ~ 1685	1882 ~ 1617
LE-1175	公元前2万年	3066 ± 70		1425 ~ 1255	
LE-1252	公元前2万年	3670 ± 50		2185 ~ 1950	2191 ~ 1889
LE-1254	公元前2万年	4230 ± 70		2970 ~ 2795	
LE-1253	公元前2万年	4060 ± 70		2685 ~ 2540	
LE-1251	公元前2万年	3250 ± 40		1680 ~ 1435	

南俄罗斯草原出土双轮马拉轻型战车或车的墓葬的碳元素测定年代

文化	遗址	传统年代序列	实验室标本	未校正的年代（公元前）
提塔罗夫（Titarov）	奥斯坦尼（Ostanny）b.gr./g.1/160		LE 2963	4440 ± 40前
	原始洞室墓b.gr./g.2/12		LE 2962	4270 ± 40前
竖穴墓	巴尔科夫斯基（Balkovsky）b.gr./g.		KI 606	2420 ± 120

续表

文化	遗址	传统年代序列	实验室标本	未校正的年代（公元前）
颜姆那文化洞室墓	维诺格拉德诺耶（Vinogradnoe）b.gr./g.2/12		UB 3133	2210 ± 19
	克里沃伊罗格（Krivoi Rog）		UB 3134	2083 ± 19
			UB 3137	2264 ± 25
竖穴洞室墓	卡缅卡 b.gr./g.1/9		UB 3135	2212 ± 19
			KI 3368	1950 ± 50
			KI 3592	2420 ± 50
	考尔奇（Korchi） b.gr./g.20/16		UB 3136	2250 ± 19
			KI 5383	2340 ± 60
洞室墓	马尔耶夫卡（Mar' evka）b.gr./g.11/27		KIGN 285	2030 ± 120

乌克兰和卡尔梅克洞室墓文化遗迹碳元素测定年代

文化	遗址	传统年代序列	实验室标本	未校正的年代（公元前）	校正过的年代（公元前）
洞室墓	阿斯塔霍沃Ⅳ期（M. Astakhovo Ⅳ）				
	b.gr./g.18/8		KI2090	2190 ± 60	2920 ~ 2545
	b.gr./g.22/3		KI2809	2230 ± 90	3045 ~ 2430
	b.gr./g.18/9		KI854	2230 ± 100	3045 ~ 2430
	布里列夫卡（M. Brilievka）				
	b.gr./g.17		KI2690	1810 ± 70	2515 ~ 1980
	b.gr./g.17		KI2694	1750 ± 80	2515 ~ 1870
	b.gr./g.17		KI2692	2450 ± 60	3370 ~ 2920
	维尔卡塔拉索夫卡（M. Verkh. Tarasovka）				
	b.gr./g.59/15		KI896	1800 ± 30	2395 ~ 1190
	尼科拉耶夫卡（M. Nikolaevka）				
	b.gr./g.5/4		KI890	1890 ± 40	2540 ~ 2145
	斯瓦托沃（M. Svatovo）				
	b.gr./g.2/2		KI620	1610 ± 120	2185 ~ 1685
	b.gr./g.Ⅷ/Ⅰ		KI906	1760 ± 60	2325 ~ 1325
	b.gr./g.Ⅻ/2		KI1558	1850 ± 90	3545 ~ 1965
	b.gr./g.4/5		KI892	1870 ± 35	2545 ~ 2145
	b.gr./g.ⅩⅩ/3		KI1567	1950 ± 50	2635 ~ 2185
	b.gr./g.ⅩⅥ/Ⅰ		KI1562	2150 ± 80	2930 ~ 2405
	b.gr./g.Ⅻ/9		KI1569	2250 ± 65	3020 ~ 2645
	b.gr./g.ⅩⅧ/3		KI1584	2250 ± 80	3145 ~ 2550

续表

文化	遗址	传统年代序列	实验室标本	未校正的年代（公元前）	校正过的年代（公元前）
斯瓦托沃					
洞室墓	b.gr./g.Ⅻ/4		KI1559	2250 ± 80	3145 ~ 2550
	斯塔尔伯格达诺夫卡（M. Starobogdanovka）				
	b.gr./g.1/8		KI2092	1720 ± 100	2390 ~ 1775
	阿斯塔霍沃				
			LE	2020 ± 100	
	斯瓦托沃				
	b.gr./g.8/1		SOAN	1880 ± 30	
	尼科拉耶夫卡				
	b.gr./g.14		?	1890 ± 40	
	卡尔梅奇（M-ki Kalmykii）				
			IG RAN	3980 ~ 3500 B.P.	2480 ~ 1850

伏尔加地区遗迹的碳元素测定年代

文化	遗址	传统年代序列	实验室标本	未校正的年代（公元前）	校正过的年代（公元前）
铜石并用时代晚期	赫瓦伦斯克 s.35		OxA 4310	6040 ± 80 前	
	s.18		OxA 4314	6015 ± 85	
	s.34		OxA 4313	5920 ± 80	
	s.24		OxA 4312	5830 ± 85	
	s.10		OxA 4311	5790 ± 85	
竖穴墓	奥尔伦卡（M. Nov. Orlyanka） Ⅰ b.gr./g.1/5		OxA 4254	4510 ± 75	
	库图尔鲁克（M. Kuturluk）1b.gr./g.4/1		OxA 4306	4400 ± 70	
波尔塔夫卡	奥尔伦卡 Ⅰ b.gr./g.1/4		OxA 4255	4230 ± 80	
波尔塔夫卡	罗帕提诺（M. Lopatino）b.gr./g.33/1		OxA 4307	4075 ± 70	2859 ~ 2818
					2874 ~ 2799

续表

文化	遗址	传统年代序列	实验室标本	未校正的年代（公元前）	校正过的年代（公元前）
波尔塔夫卡					2693～2679
					2779～2712
					2541～2492
					2708～2461
斯鲁邦	斯皮里都诺夫卡（M. Spiridonovka）Ⅱ b.gr./g.1/10		OxA 4259	3490±70	
波克罗夫卡	b.gr./g.1/6		OxA 4260	3490±70	
斯鲁邦	斯图登楚（M. Studentsy）1b. gr./g.2/1		OxA 4258	3450±70	
斯鲁邦	奥尔伦卡 b.gr./g.2/1		OxA 4305	3400±70	
青铜时代晚期	斯图登楚 b.gr./g.1/2		OxA 4257	3350±70	
苏斯坎（Suskan）	奥尔伦卡 b.gr./g.1/3		OxA 4256	2870±70	
伊万诺夫卡	斯皮日都诺夫卡 b.gr./g.1/1		OxA 4261	2840±80	

伏尔加地区、乌拉尔和哈萨克斯坦的彼德罗夫卡-波塔波夫卡类型遗迹的碳元素测定年代

文化	遗址	传统年代序列（公元前）	实验室标本	未校正的年代（公元前）	校正过的年代（公元前）
波塔波夫卡	乌特耶卡（M. Utevka）Ⅵ b.gr./g.6/4	7～10世纪			1925～1721
					2041～1620
			OxA 4262	3510±80	
	s.6/6				1876～1678
			OxA 4263	3470±80	1981～1551
	s.6/6				2032～1800
			OxA 4264	3585±80	2141～1709
波塔波夫卡	波塔波沃1 b.gr./g.5/13				2220～1981
			OxA 4265	3710±80	2360～1881
波塔波夫卡	b.gr./g.5/3				1925～1721
			OxA 4266	3510±80	2041～1620

续表

文化	遗址	传统年代序列（公元前）	实验室标本	未校正的年代（公元前）	校正过的年代（公元前）
彼德罗夫卡M.	克里沃耶奥则努（M. Krivoe Ozero）				1973 ~ 1789
			AA9874A	3580 ± 50前	2036 ~ 1752
					2197 ~ 2038
			AA9874B	3740 ± 50	2286 ~ 1975
					2179 ~ 1976
			AA9875A	3700 ± 60	2278 ~ 1995
					1906 ~ 1749
			AA3525B	3525 ± 50	1972 ~ 1690
彼德罗夫卡	萨坦	16世纪	LE2320（PS）		1575 ~ 1255
				1420 ± 160	

乌拉尔、哈萨克斯坦和西伯利亚地区的安德罗诺沃文化遗迹的碳元素测定年代

文化	遗址	传统年代序列（公元前）	实验室标本	未校正的年代（公元前）	校正过的年代（公元前）
安德罗诺沃	弗尔肯雅雅阿拉布加（M. Verkhnyaya Alabuga）s.29		LE 1423	3000 ± 40	
			LE 1424	3030 ± 60	
			LE 1425	3710 ± 40	
			LE 1474	5220 ± 70	
安德罗诺沃	科尔基诺（S. Korkino）s.1		LE 1541		
			LE 1542		
			LE 1543		
			LE 1544		
安德罗诺沃	季托沃（M. Titovo）［凯梅尔地区（Kemer. obl.）］				
	b.gr./g.6		LE 2663	2840 ± 40	
	b.gr./g.5		LE 2664	2910 ± 40	
	b.gr./g.6 s.3		LE 2665	3000 ± 40	
	s.2		LE 2666	2900 ± 40	
	s.4		LE 2667	2690 ± 40	
	s.2		LE 2668	2820 ± 40	
	s.2		LE 2669	2560 ± 40	
	b.gr./g.5 s.1		LE 2670	2850 ± 40	
	b.gr./g.6 s.3		LE 2671	2940 ± 40	
	b.gr./g.6 s.3		LE 2672	2980 ± 40	

续表

文化	遗址	传统年代序列（公元前）	实验室标本	未校正的年代（公元前）	校正过的年代（公元前）
安德罗诺沃	b.gr./g.6 s.2		LE 2676	2890 ± 40	
				2640 ± 40	
安德罗诺沃	卡拉科尔（吉尔吉斯斯坦）		LE 1203	2810 ± 40	
阿拉库尔	科尼普罗沃（M. Khripunovo）			19世纪末～18世纪初，18世纪	
阿拉库尔	奇斯图勒布雅孜（M. Chistolebyazh' e）		UPI 562		
	b.gr./g.9/1			673 ± 35	
	b.gr./g.9/1		UPI 597	1816 ± 43	
	b.gr./g.10/1		UPI 570	1430 ± 60	
	b.gr./g.10/1		UPI 571	1540 ± 50	
	b.gr./g.13/3		UPI 563	1939 ± 39	
	b.gr./g.13/4		UPI 565	1934 ± 39	
费德罗沃	车勒姆库伊库斯特（S. Cheremukhovyikust）		UPI 568	2300 ± 160	
			UPI 560	1496 ± 95	1890 ± 114
			UPI 564	1330 ± 30	1710 ± 107
			UPI 569	1655+53	2097 ± 82
费德罗沃	图里那部拉（M. Turina Gora）				
	s.49	14～13世纪	SOAN 2562	1750 ± 25	
	s.52		SOAN 2561	1620 ± 20	
	贝科沃（Bykovo）Ⅲ s.15		GTN 4846	1140 ± 50	1500 ± 50
阿列克谢沃	萨尔加里（S. Sargary）	12～13世纪		2700 ± 60	

阿尔泰遗迹的碳元素测定年代

文化	遗址	传统年代序列（公元前）	实验室标本	未校正的年代（公元前）	校正过的年代（公元前）
铜石并用时代	耶罗（M. Elo）	第四千纪末至第三千纪初	UPI	3130 ± 50	
铜石并用时代	穆斯卡雅（M. Mysskaya）		UPI	6组数据测定为18～15世纪	
叶伦宁奥	叶伦宁奥（M. Elunino）s. 2	18～15世纪	SOAN 1893	1610 ± 30	
叶伦宁奥	科洛夫亚普里斯坦（S. Korov' ya Pristan）Ⅲ		SOAN 2192	1680 ± 75	
叶伦宁奥	楚冈斯卡亚（S. Tsyganskaya）	15～14世纪	GIN 4845	1510 ± 90	

西伯利亚遗迹的碳元素测定年代

文化	遗址	传统年代序列（公元前）	实验室标本	未校正的年代（公元前）	校正过的年代（公元前）
红铜时代	斯塔诺耶（M. Staroe musul' man. kladb.）	20～17世纪	SOAN2393	3625±230	
				3670±100	
阿凡纳谢沃	米奴辛斯克（M. Minusinsk）	第三千纪第二段至第二千纪中期	UPI	16组数据测定为第四至第二千纪前半期	
		23～18世纪		9组数据测定为25～22世纪	
				3组数据测定为20～18世纪	
				4组数据测定为20～9世纪	
	克拉森伊亚尔（M. Krasnyi Yar）				
	f.7		LE	2130±40	
	f.9		LE	2220±50	
	f.12		LE	2290±60	
	f.16		LE	2210±40	
	萨尔高夫乌鲁斯（Sargov Ulus）		LE	2320±60	
	考朋尼（M. Mal. Kopeny）		LE	2490±150	
	沃斯套切诺耶（M. Vostochnoe）		LE	1930±30	
	车尔诺瓦亚（M. Chernovaya）Ⅵ期		LE	1750±80	
	卡拉苏克（M. Karasuk）Ⅲ期		LE	1520±200	
奥库内沃	武伊巴特（M. Uibat）Ⅴ，b.gr./g.1	18～15世纪	Geidel'	1880±25	2220±50

地　图

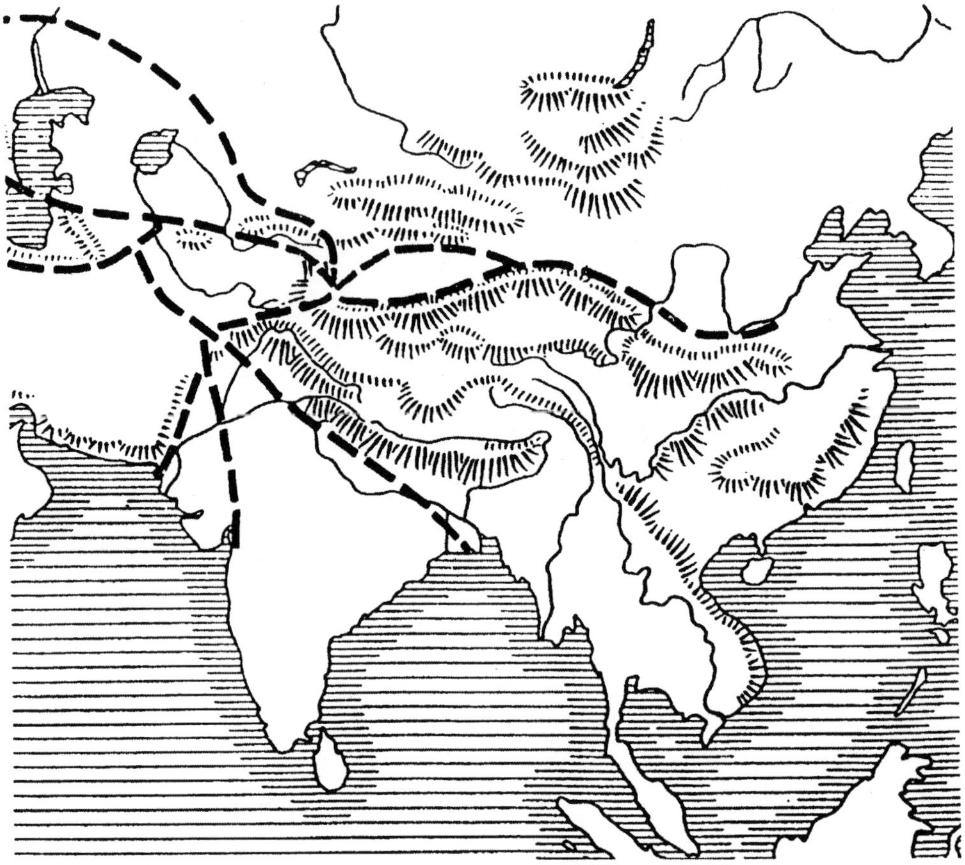

地图1　伟大的丝绸之路线路图（根据Petrov 1955：fig. 12）

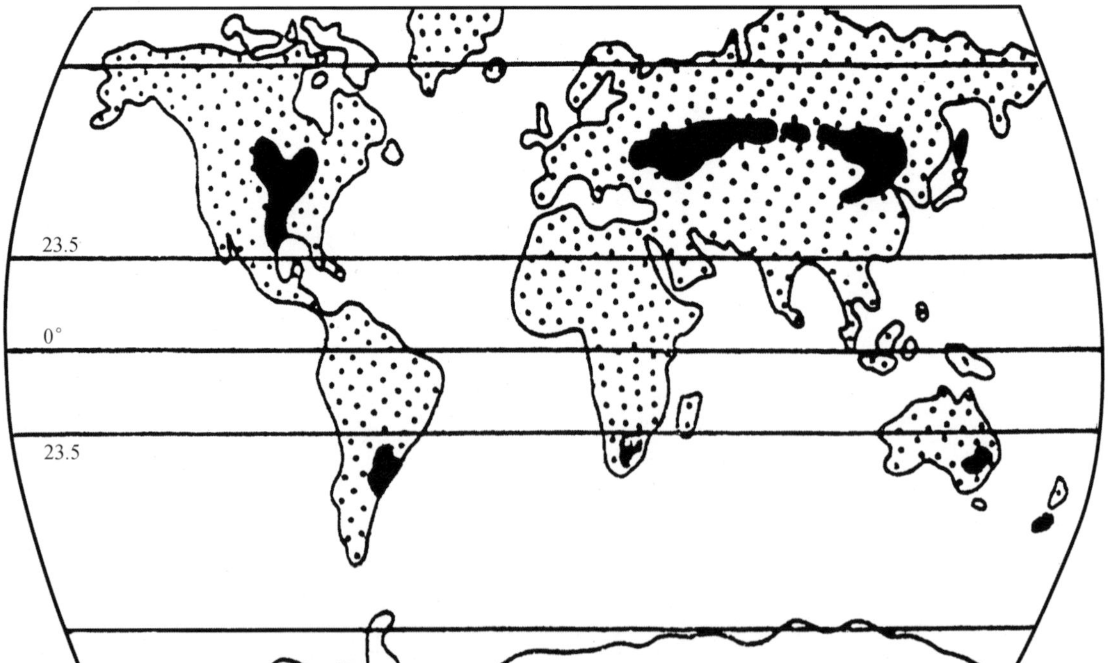

地图2　全球草原分布状况（根据Mordkovich 1982：fig. 1）

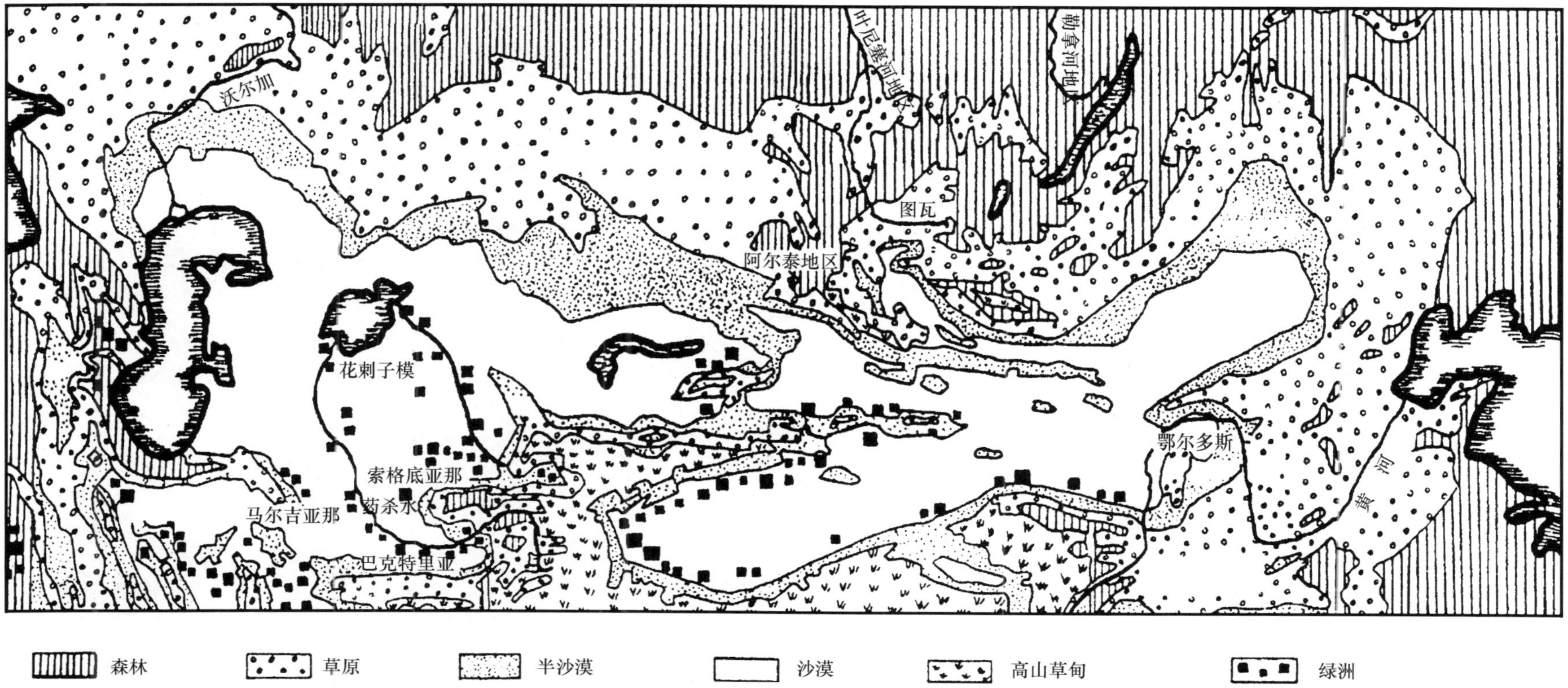

地图3　亚洲生态系统分布状况（根据Jettmar 1970：fig. 4）

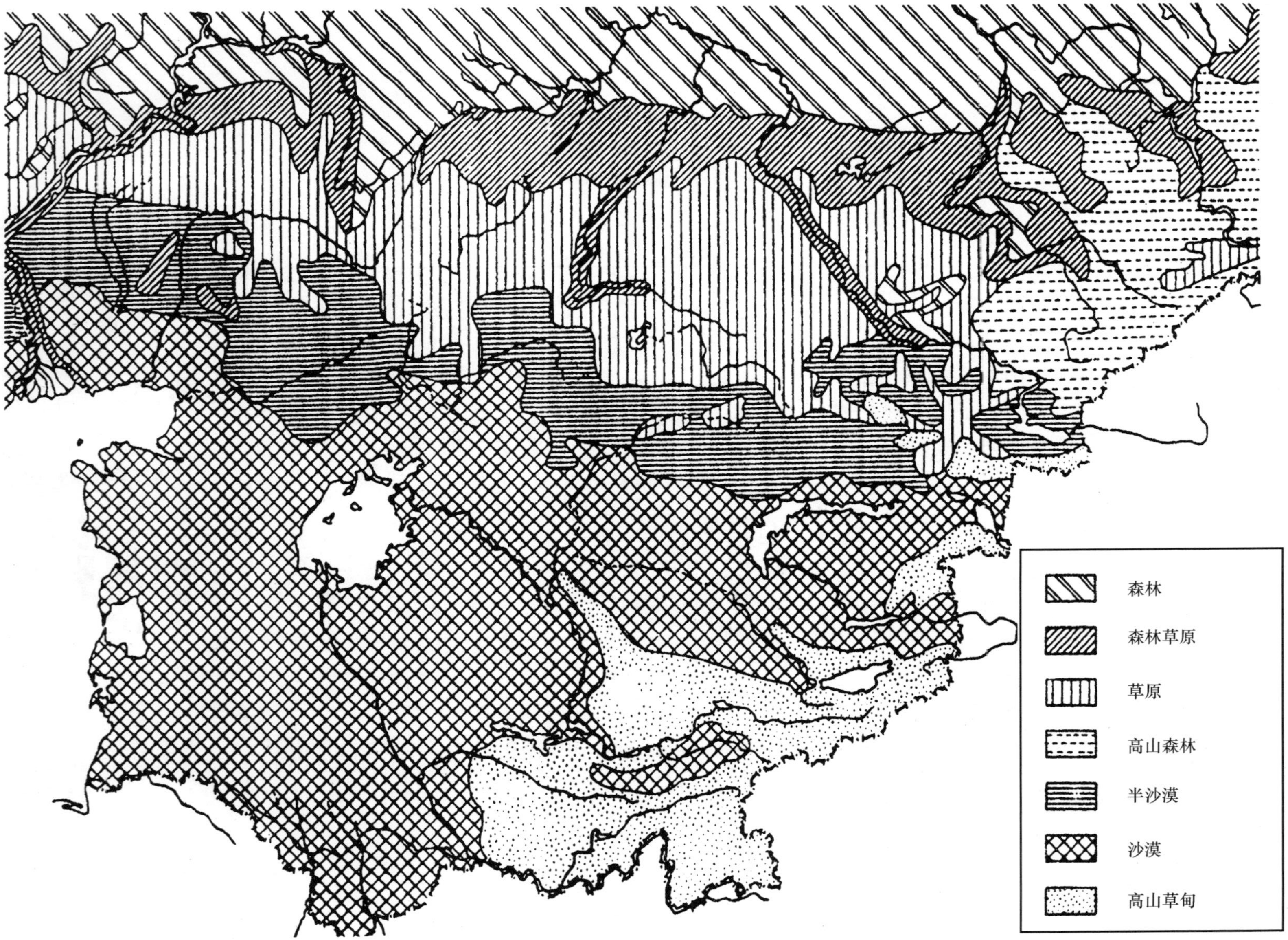

地图4　安德罗诺沃文化生态区

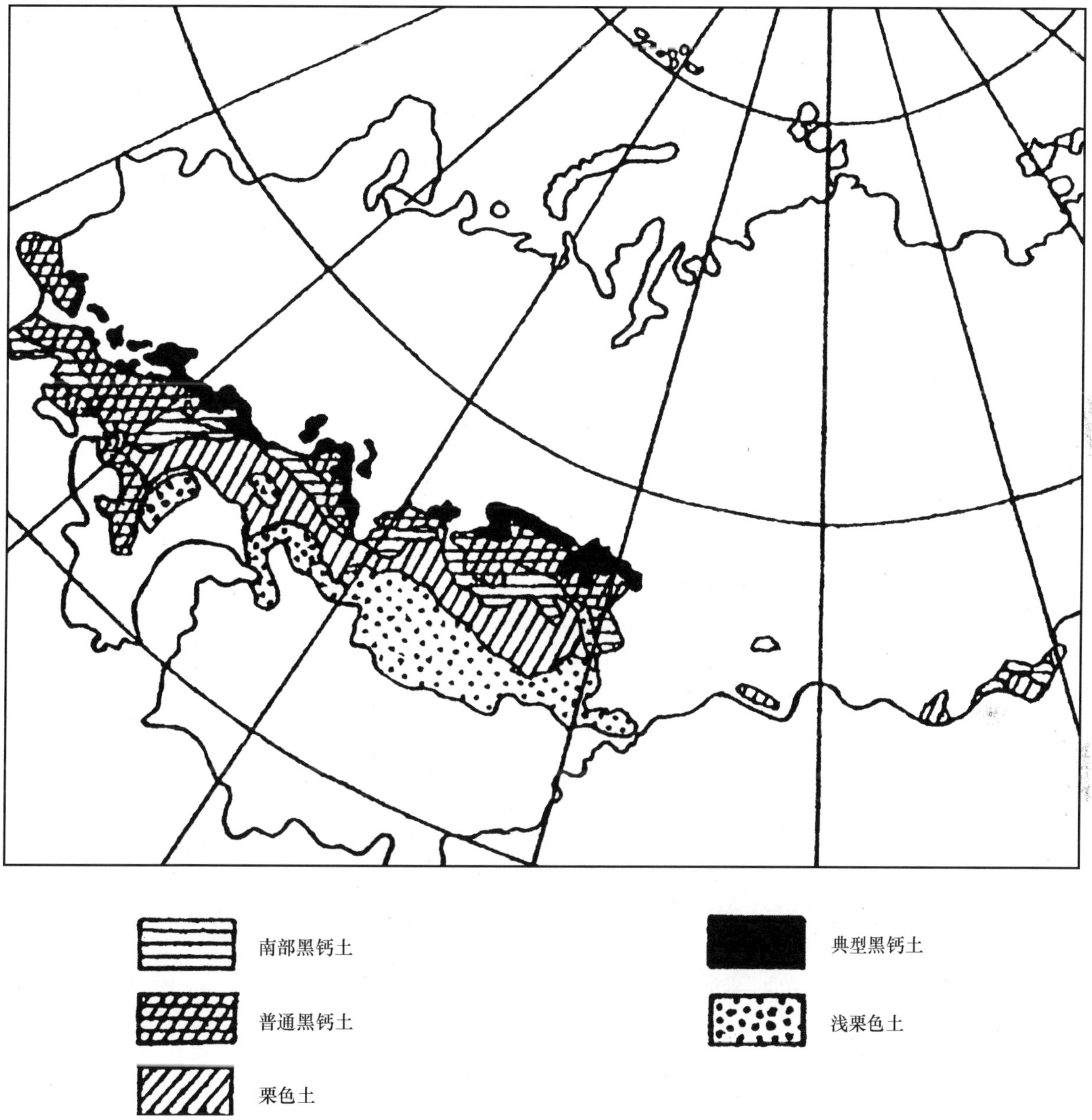

地图5　欧亚草原土壤分布状况（根据Mordkovich 1982：fig. 2）

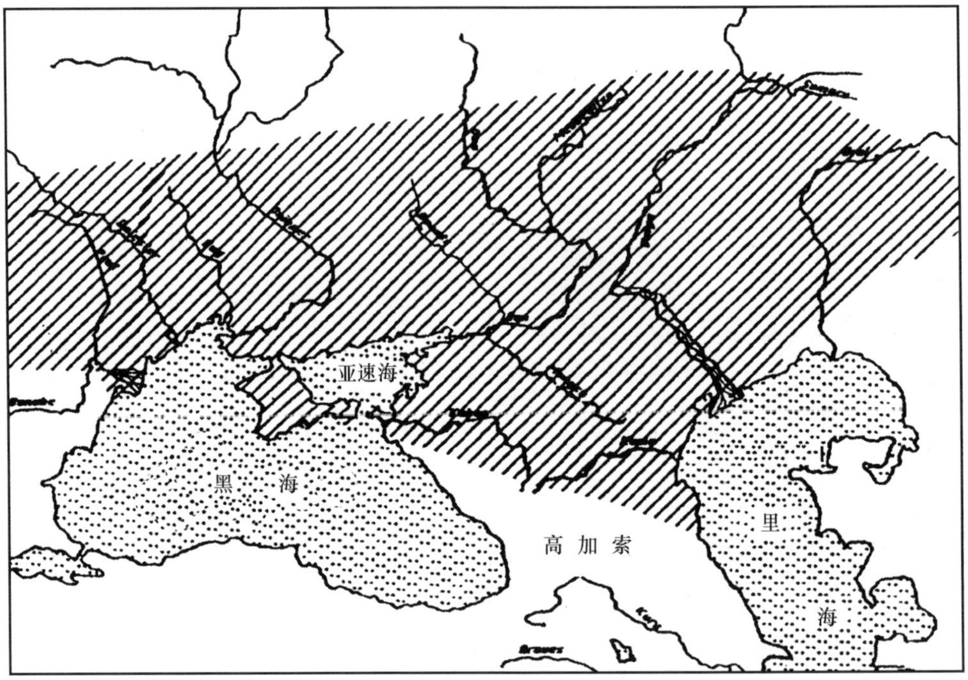

地图6　竖穴墓文化分布区域（根据Jones-Bley 1999：fig. 2）

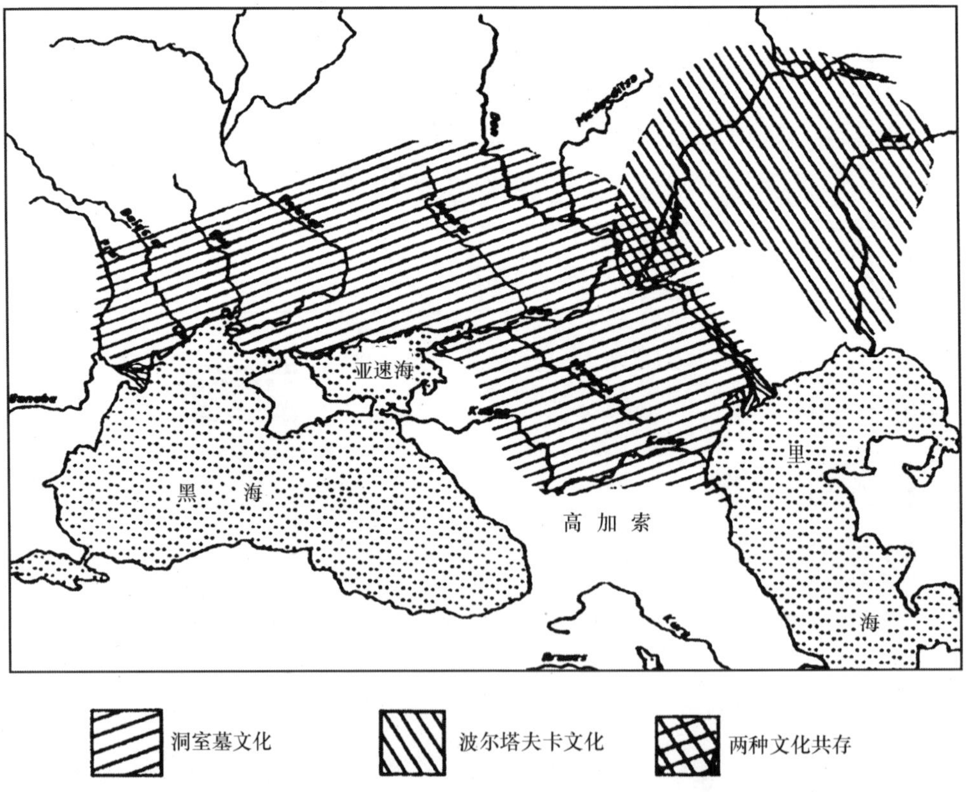

地图7　洞室墓文化和波尔塔夫卡文化分布区域（根据Jones-Bley 1999：fig. 3）

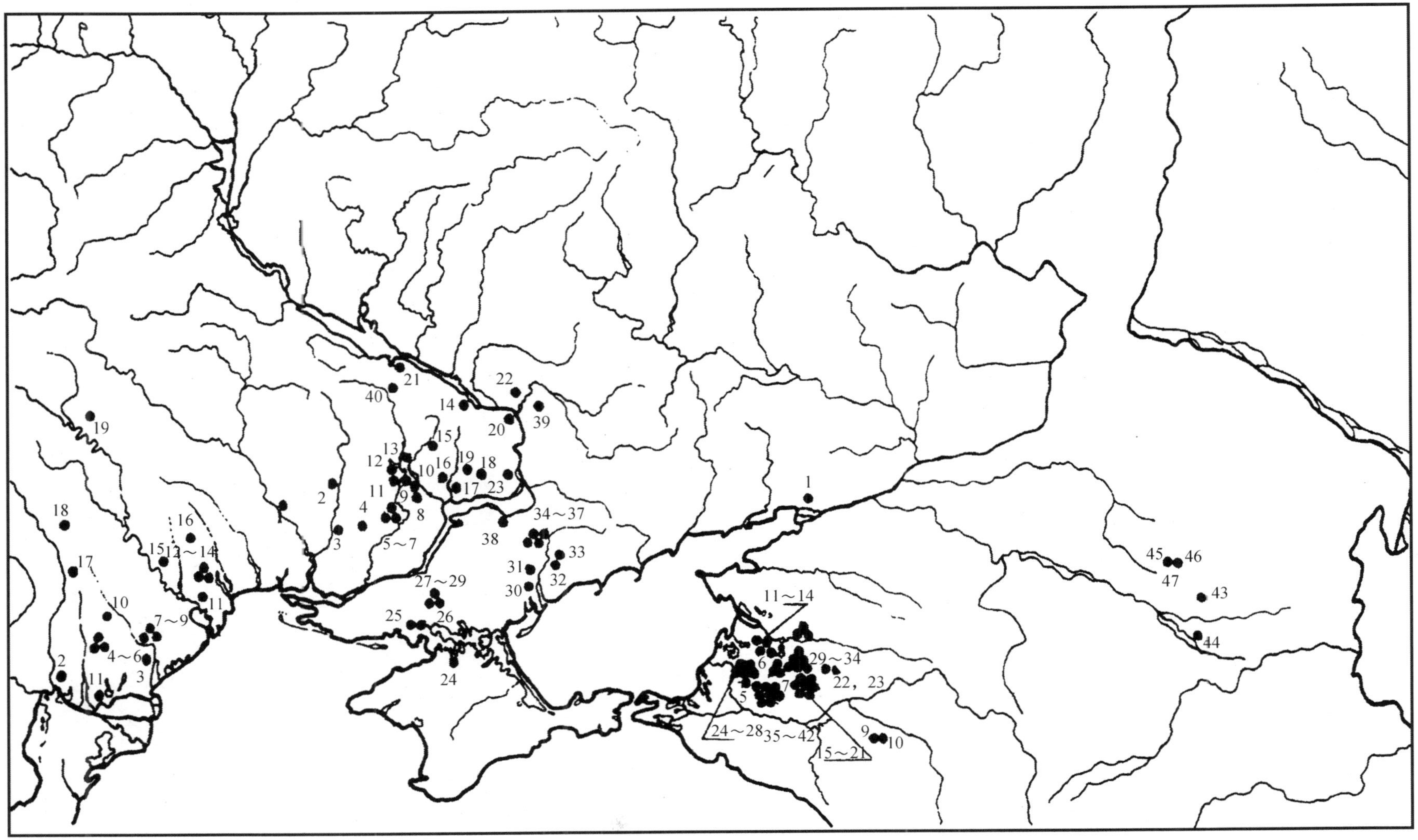

地图8　竖穴墓文化木质实心轮车的分布（根据Kul' baka and Kachur 2000：fig. 5）

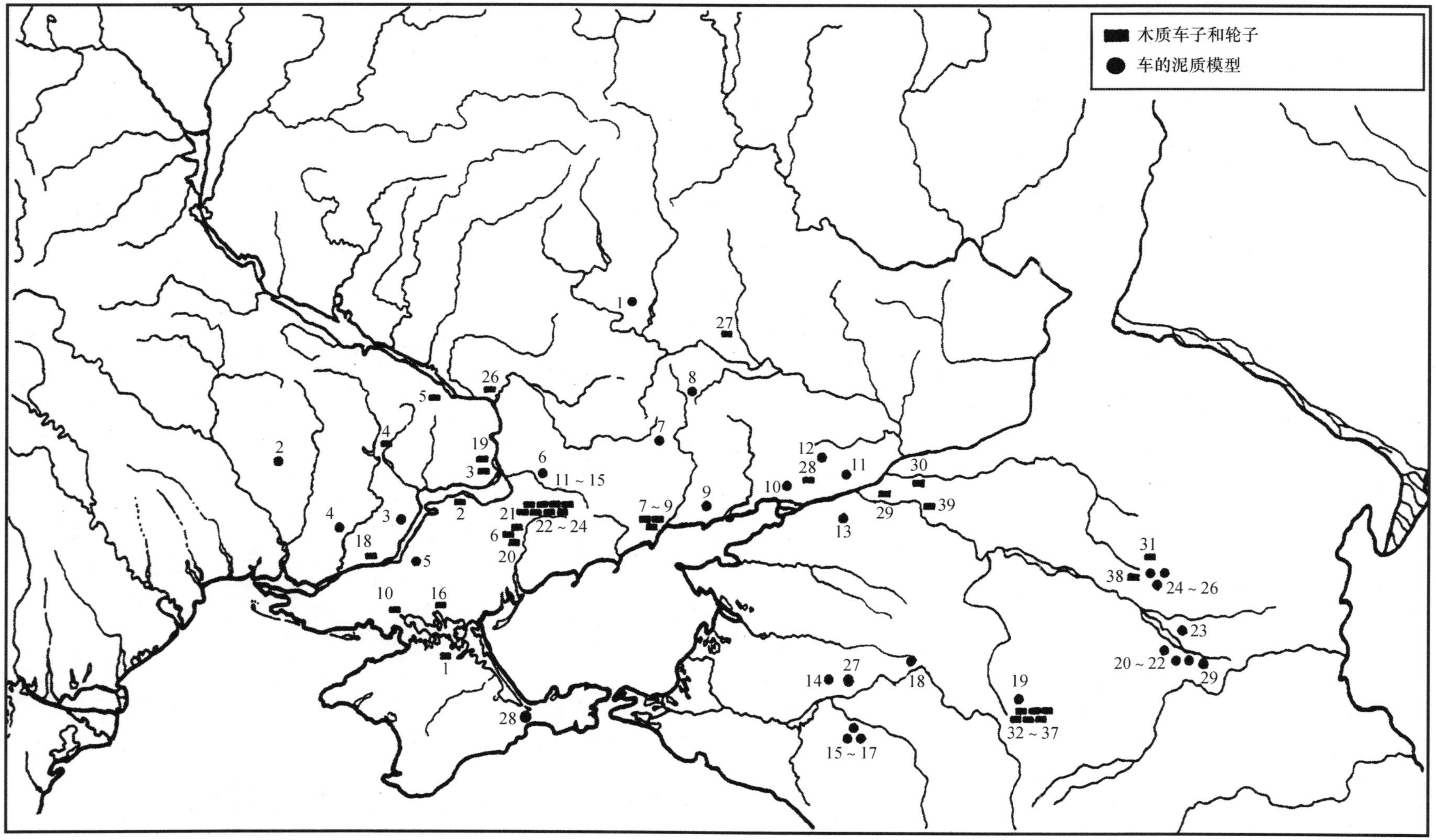

地图9　洞室墓文化的木质车子和轮子以及车的泥质模型的分布（根据Kul’ baba and Kachur 2000：fig. 6）

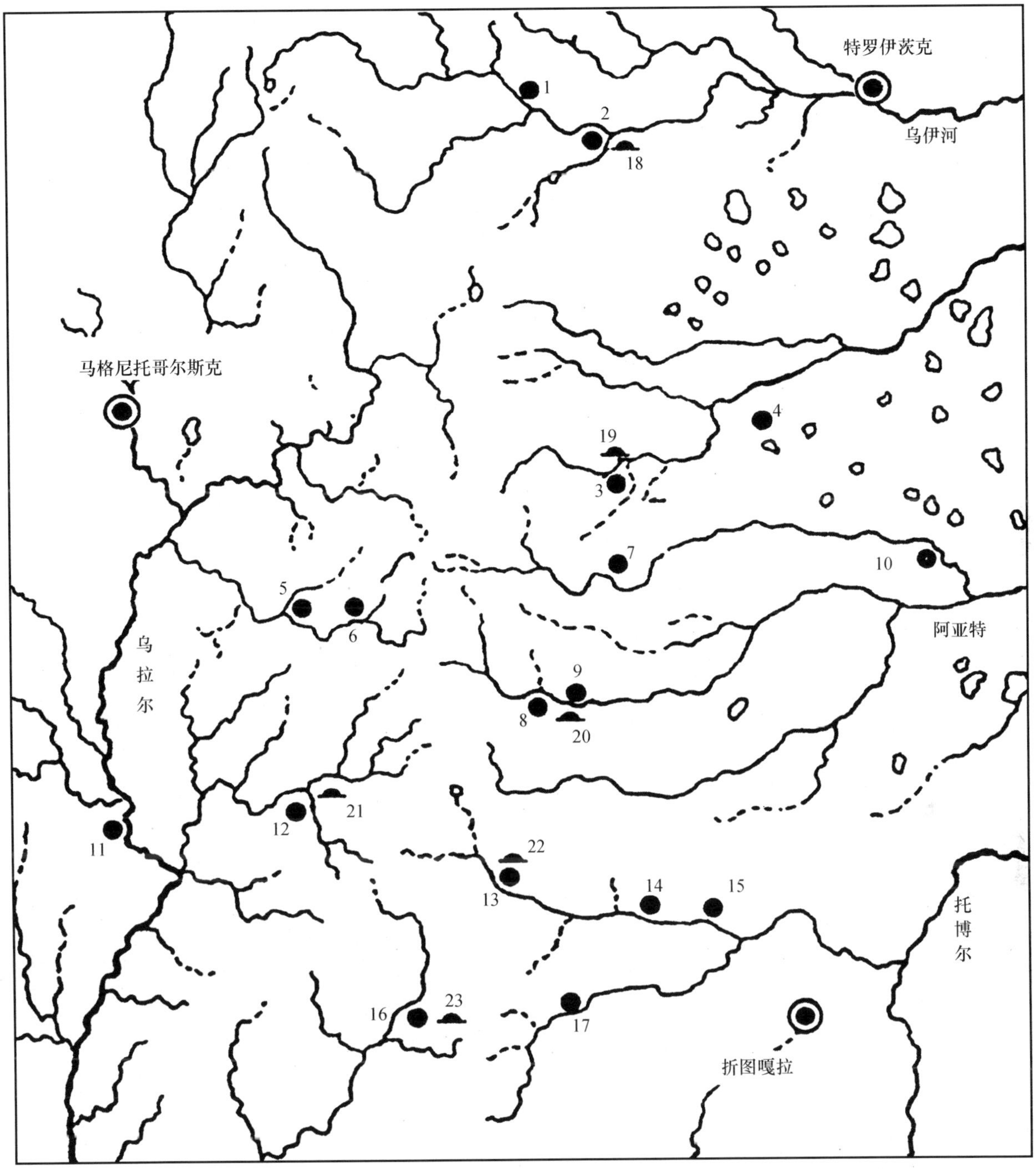

地图10　乌拉尔地区新塔什塔类型遗迹（根据Epimakhov 2003：fig. 1）

聚落：1. 斯代普诺耶　2. 车尔诺列切（Chernorechie）Ⅲ　3. 乌斯季耶　4. 切卡台（Chekatai）　5. 库伊萨克　6. 萨鲁-萨克里（Sarym-Sakly）　7. 罗德尼基（Rodniki）　8. 祖努柏（Zhurumbai）　9. 奥吉诺（Ol' gino）　10. 伊森涅（Isenei）　11. 克孜勒斯科耶（Kizil' skoe）　12. 也里可温　13. 新塔什塔　14. 安德列沃（Andreevo）　15. 色楞塔什（Selentash）　16. 阿兰斯库耶（Alandskoe）　17. 雅各尼（Yagodnyi Dol）

墓葬：18. 克里沃耶奥则努　19. 稍恩柴Ⅱ　20. 卡梅尼伊阿巴尔Ⅴ　21. 波尔希卡拉甘斯基　22. 新塔什塔　23. 稍龙昌卡（Solonchanka Ⅰa）

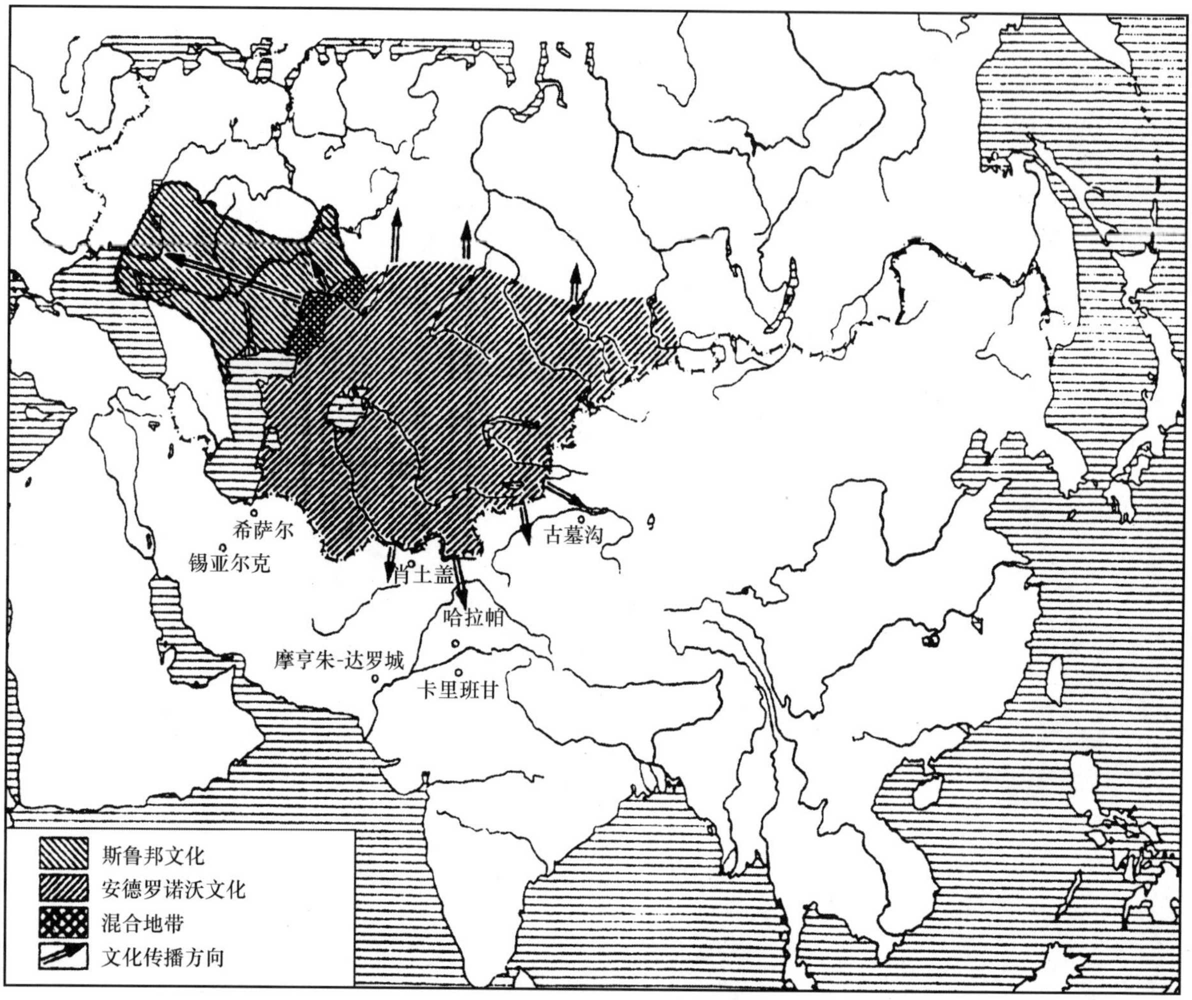

地图11 旧大陆安德罗诺沃文化和斯鲁邦文化

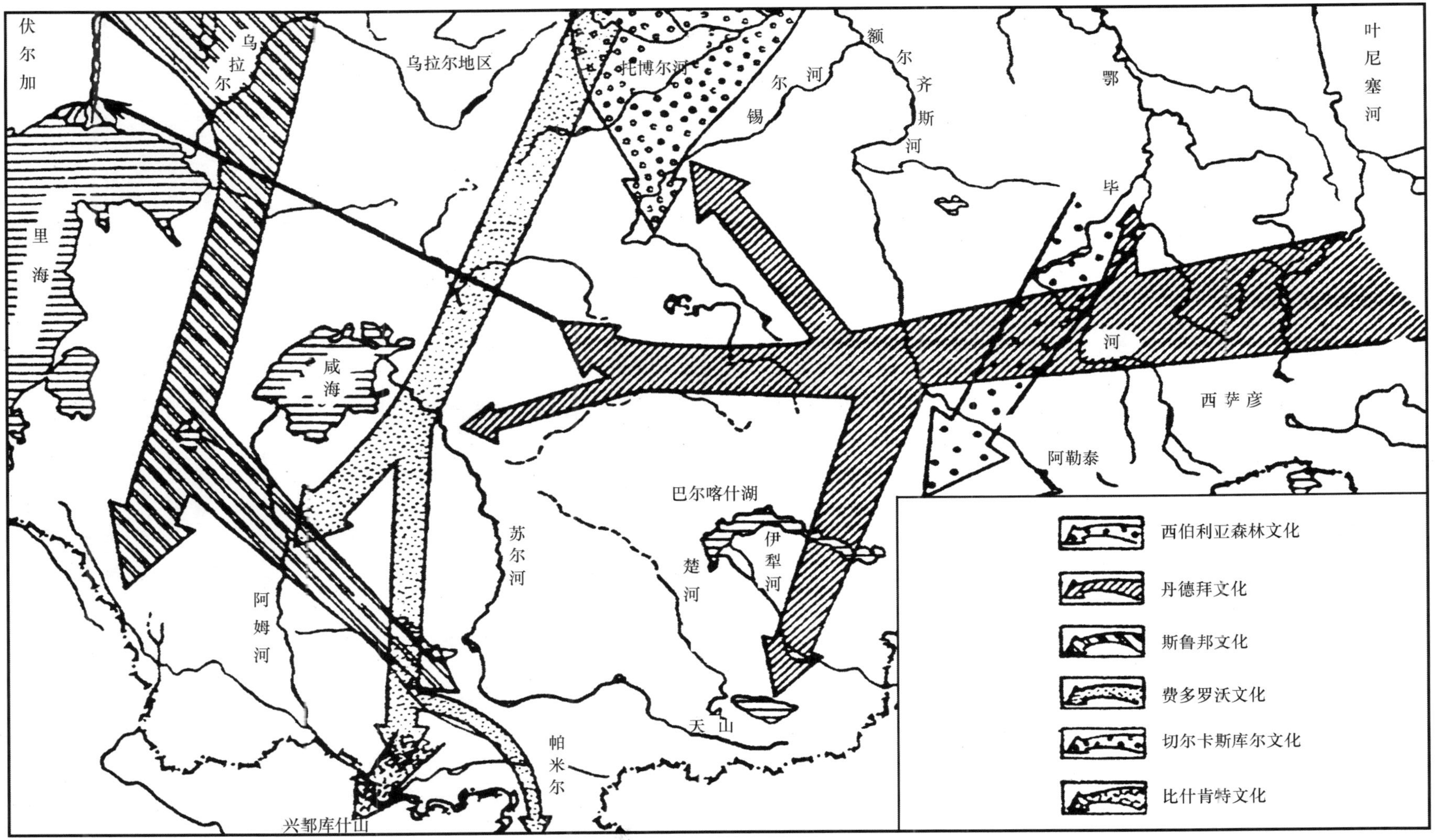

地图12　青铜时代最后期族群的迁徙

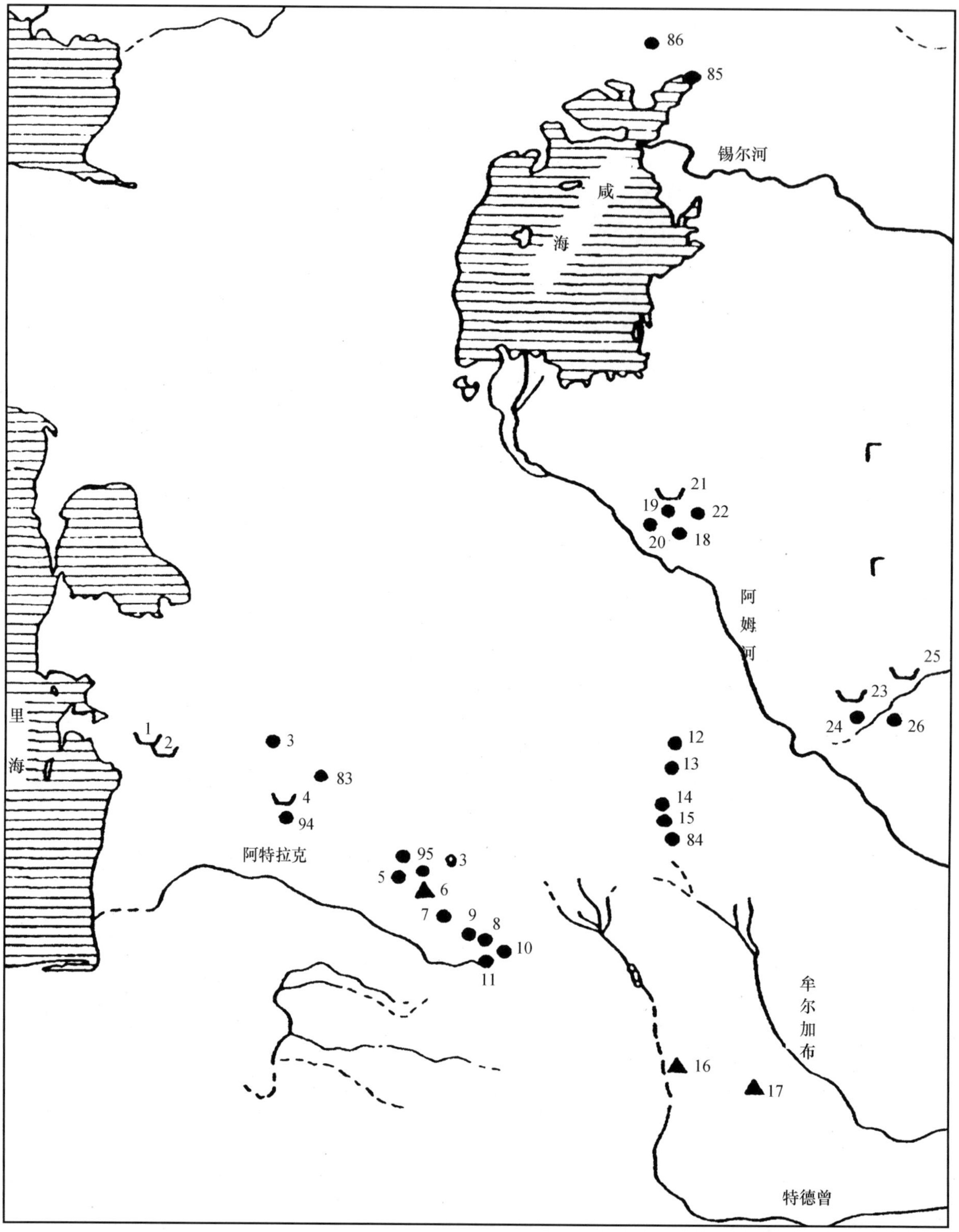

地图13　中亚游牧民族的主要遗迹

1. 卡拉列马塔萨伊　2. 帕特马萨伊（Patma-sai）　3. 巴拉-伊西姆（Bala-Ishim）　4. 帕劳　5. 奥瓦丹（Ovadan）　6. 阿什哈巴德　7. 安诺　8. 纳马兹加　9. 艾尔肯（El' Ken）　10. 塞曼察（Sermancha）　11. 特肯（Tekkeme）　12. 泰普　13. 古勒　14. 敖钦（Auchin）　15. 塔赫拜2、3　16. 库因-库羽（Kuin-Kuyu）　17. 伊曼-巴巴（Imam-Baba）　18. 安卡　19. 卡瓦特2　20. 卡瓦特3　21. 科克查3　22. 科克查1　23. 古尔杜希　24. 谷斋利（Gudzhaili）1～9、博尔肖马依土斯坎（Bolshoii Malyi Tuzkan）、特里库鲁噶（TriKruga）　25. 克孜尔库尔（Kyzylkur）　26. 片治肯特　27. 慕名那巴德（Muminabad）　28. 恰卡（Chakka）　29. 乌尔古特（Urgut）　30. 伊斯坎德尔　31. 奇姆拜克（Chimbailyk）　32. 奥拉克马特（Aurakhmat）　33. 布里奇莫拉　34. 尼克弗诺夫斯克（Nikiforovskii）　35. 扬吉羽尔　36. 弗列夫斯卡亚　37. 奥列克吾斯考耶　38. 达史提-阿希特（Dashti-Asht）　39. 哈孜-雅各那（Khodzhi-Yagona）　40. 凯伊拉克-库米（Kairak-Kumy）　41. 达哈那　42. 塔什秋别　43. 塔什-巴夏特　44. 卡因达（Kainda）　45. 寨玛（Dzhail' ma）　46. 萨德沃耶　47. 阿列克尚诺夫斯克耶　48. 苏克鲁克Ⅰ，Ⅱ　49. 新帕夫洛夫卡

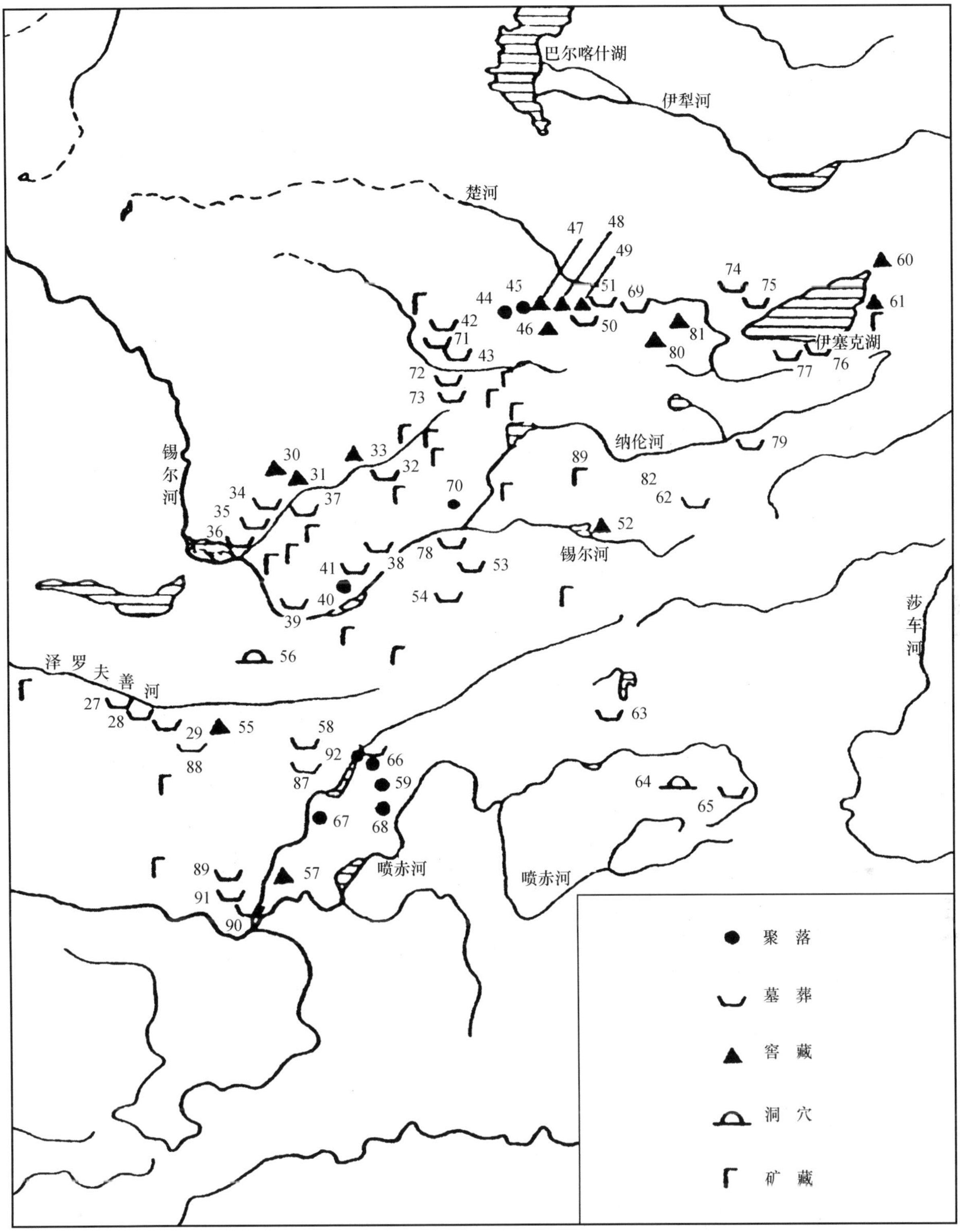

50. 特根门萨伊（Tegermensai） 51. 普利高罗诺耶（Prigorodnoe） 52. 乌兹根（Uzgen） 53. 卡拉妞库尔 54. 瓦蒂尔 55. 伊斯坎德库湖（Iskanderkul） 56. 阿克–唐吉（Ak-Tangi） 57. 智力克（Dzhilikul'） 58. 汤坦迪留尔（Tandyriul） 59. 康古尔特–土特（Kangurt-Tut） 60. 伊塞克湖（提普） 61. 卡拉克科Ⅰ～Ⅱ 62. 阿尔帕 63. 克奎贝尔–苏（Kokuibel' -su） 64. 库尔特克（Kurteke） 65. 克孜勒–拉巴特（Kzyl-Rabat） 66. 特谷匝克（Teguzak） 67. 索夫科兹克诺瓦（Sovkhoz Kirova） 68. 卡里姆–柏德（Karim-Berdy） 69. 阿拉姆鼎斯科（Alamedinskoe） 70. 扎尔–阿鲁克 71. 库兰–萨伊（Kulan-sai） 72. 克孜尔–萨伊（Kyzyl-sai） 73. 贝希–塔什（Besh-Tash） 74. 新洛斯科（Novorossiiskii） 75. 崇–克闽 76. 科克里克–萨伊（Kekelik-sai） 77. 仝（Ton）Ⅰ 78. 扎兹–克秋 79. 楚尔盖（Chyrgail） 80. 图尤克 81. 沙马什 82. 塞伊玛里–塔什 83. 克孜尔–阿勒瓦特（Kzyl-Arvat） 84. 亚兹–德佩（Yaz-depe） 85. 阿拉尔斯克（Aral' sk） 86. 萨克稍斯卡亚（Sakaul' skaya） 87. 库姆萨伊（Kumsai） 88. 达史提–科兹 89. 贝希肯特（Beshkent）Ⅱ 90. 提戈洛瓦亚（Tigrovaya） 91. 图尔克哈尔 92. 努列克（Nurek） 93. 斋屯（Dzheitun） 94. 帕劳 95. 别济梅恩（Bezmein） 96. 达什里3 97. 托克洛克15 98. 扎尔库坦

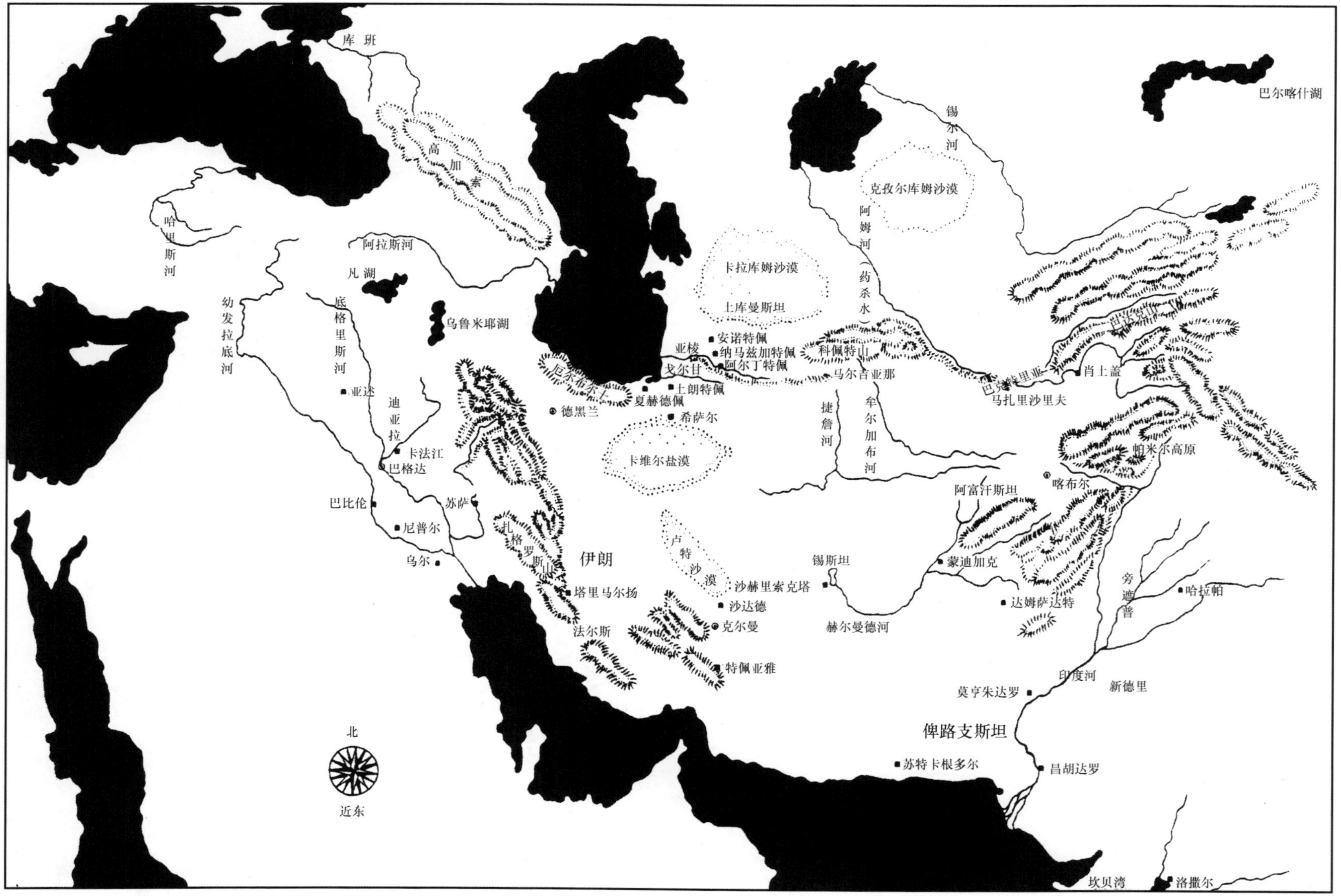

地图14　近东、中亚和南亚的印度伊朗人群的迁徙

（根据Ligabue，Salvatori 1998：fig. 1）

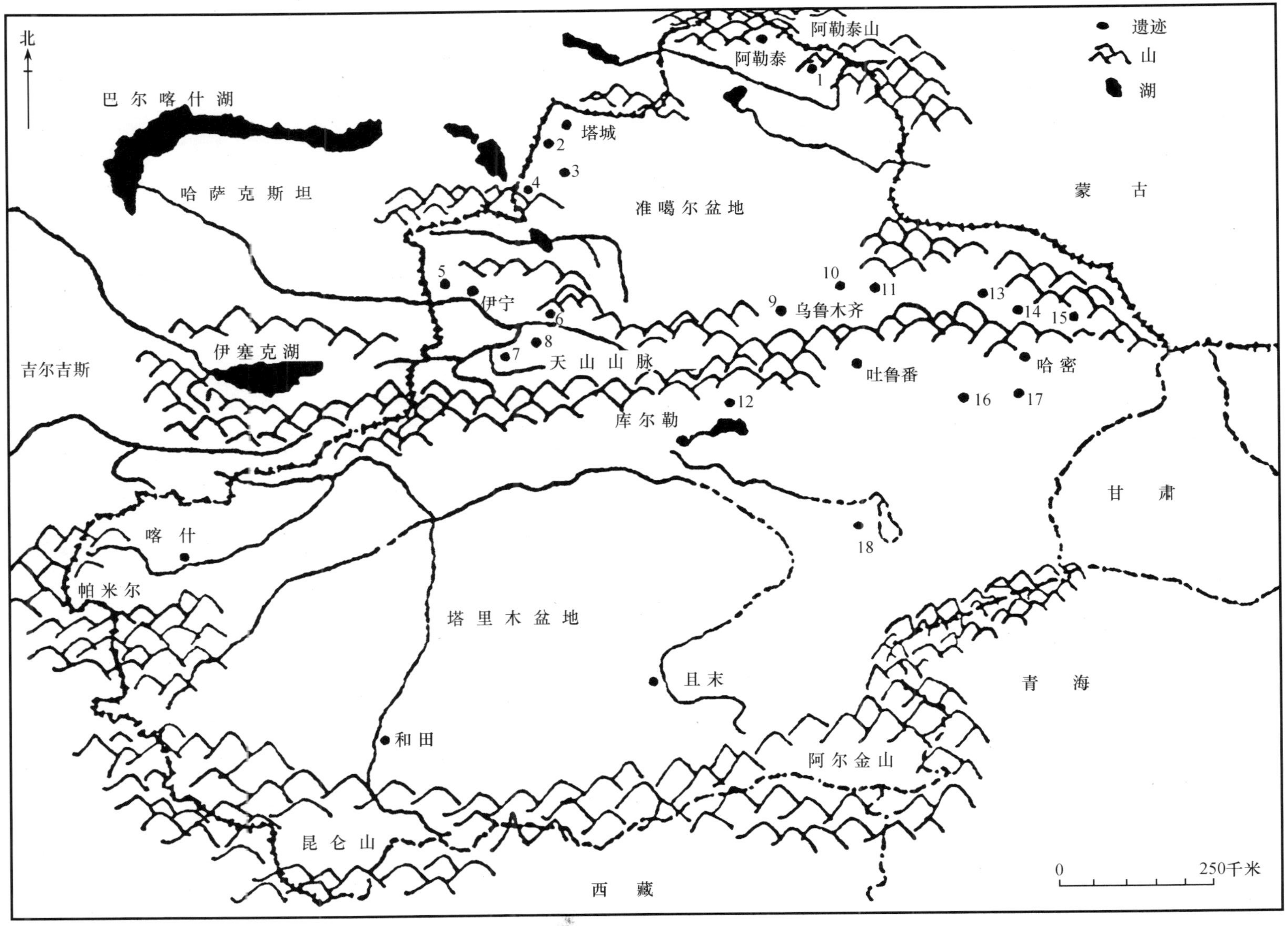

地图15 新疆遗迹（根据Mein，Shell 1999：fig. 1）

1. 克尔木齐 2. 塔城（Chöchäk） 3. 托里（Toli） 4. 萨兹（Saz） 5. 伊宁 6. 尼尔卡（Nilqa） 7. 阿尕尔森（Agharsin） 8. 新源（Kŭnäs） 9. 乌鲁木齐 10. 吉木萨尔（Jimsar） 11. 古城（Guchung，奇台） 12. 辛塔拉 13. 兰州湾子 14. 库苏（Küysu） 15. 喀尔桑（Qaraüzhmä） 16. 五堡（Qizilchoqa，Qaradöwä） 17. 哈密（Qumul） 18.古墓沟（Qäwrighul）

图　　表

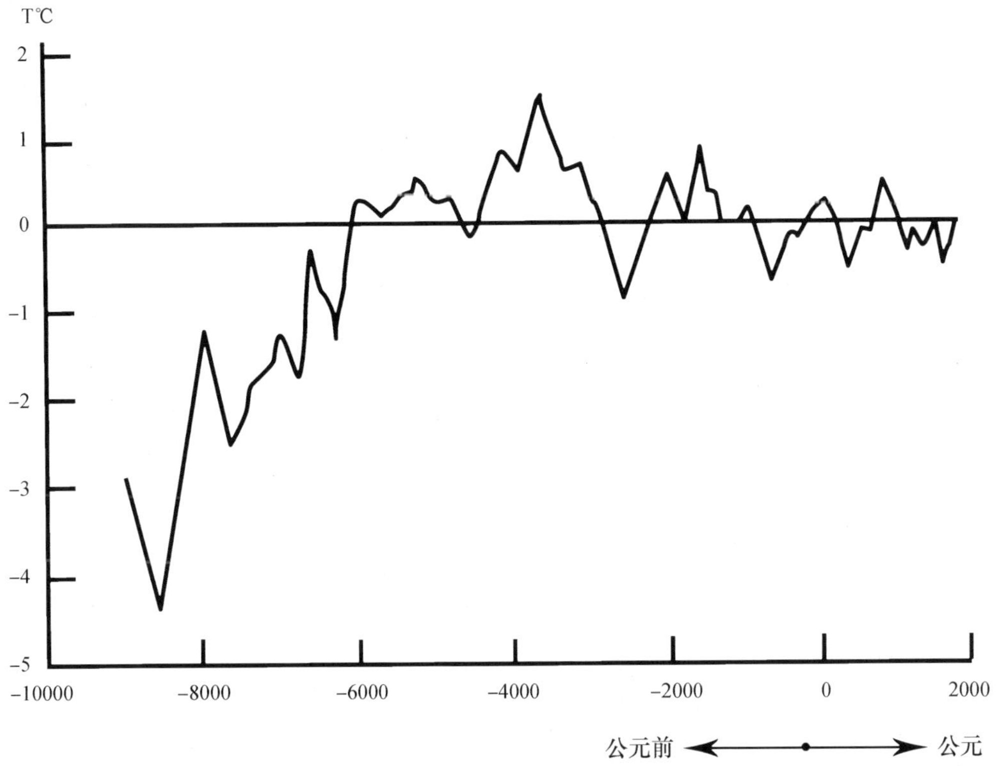

图1　北半球气温变化曲线图（根据Klimenko et al. 1996：fig. 2）

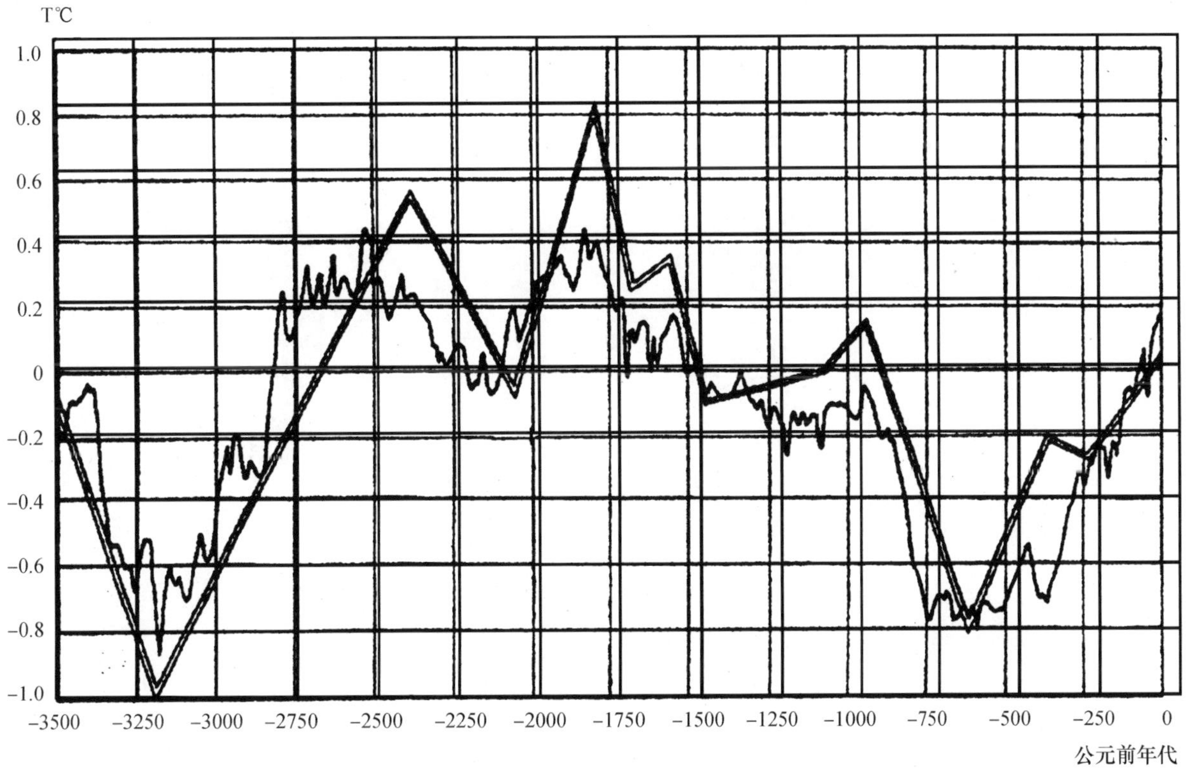

图2　北半球气温变化状况复原（after Klimenko et al. 1998：fig. 1）

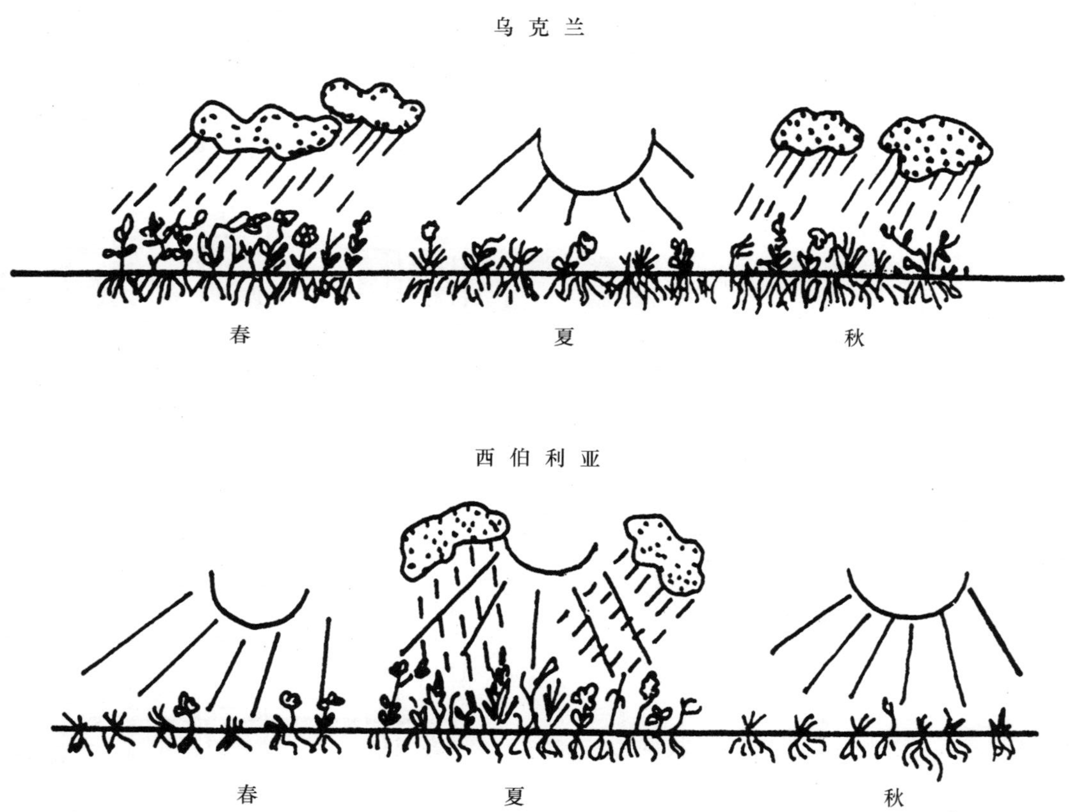

图3　欧亚草原降水量的季节变化（after Mordkovich 1982：fig. 6）

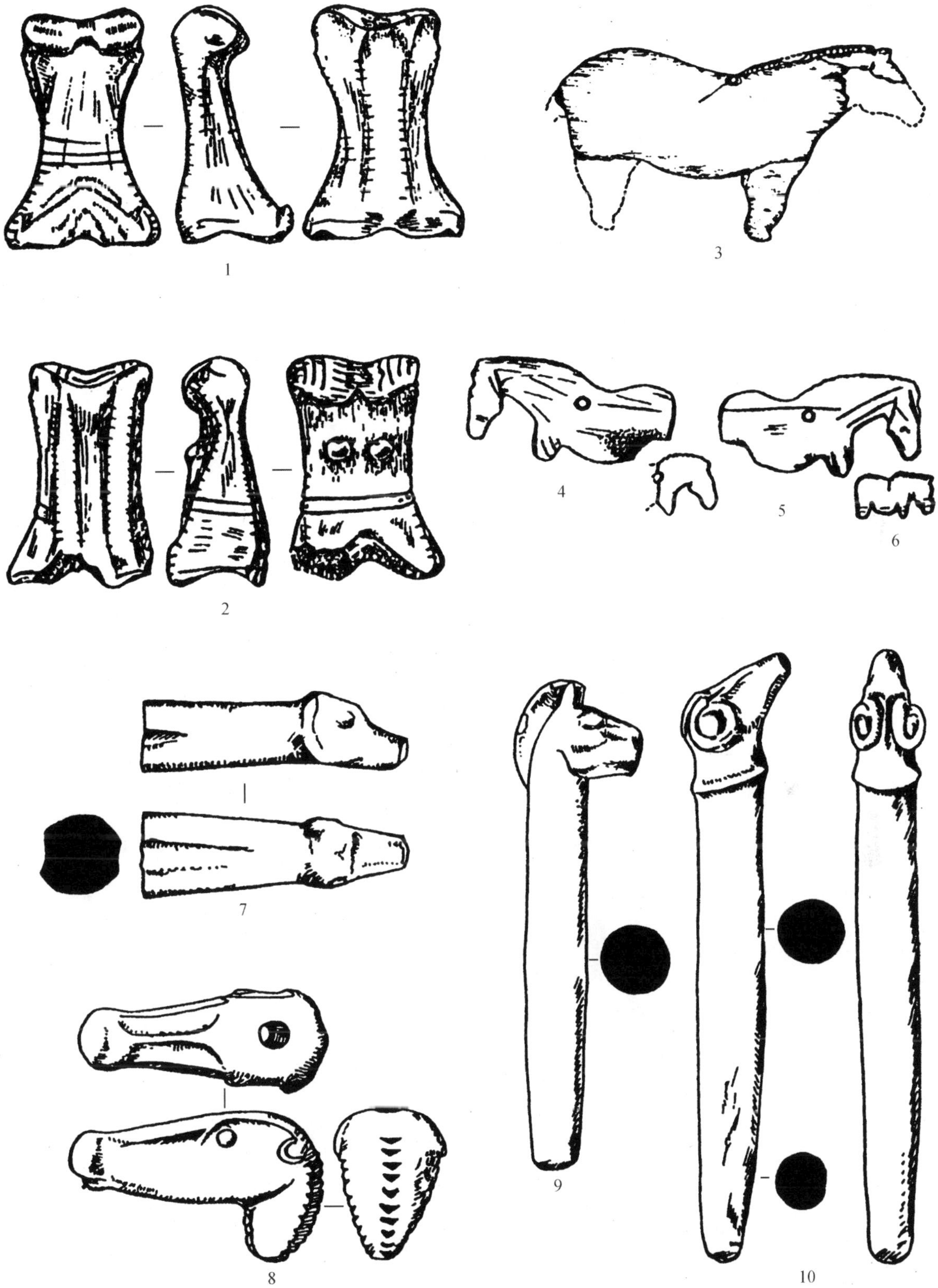

图4 病变的马趾骨（大趾骨）马的模型和杖

1、2、4～7. 瓦勒夫洛梅夫卡（Varfolomeevka）新石器遗址 3. 锡尔萊耶铜石并用时代墓地（伏尔加河地区）出土
8. 奥伦堡（乌拉尔地区） 9、10. 希普诺沃（Shipunovo）青铜时代早期（西伯利亚）（其中10是公羊）
（1、2、4、6为骨头；3为野猪獠牙；7～10为石质）

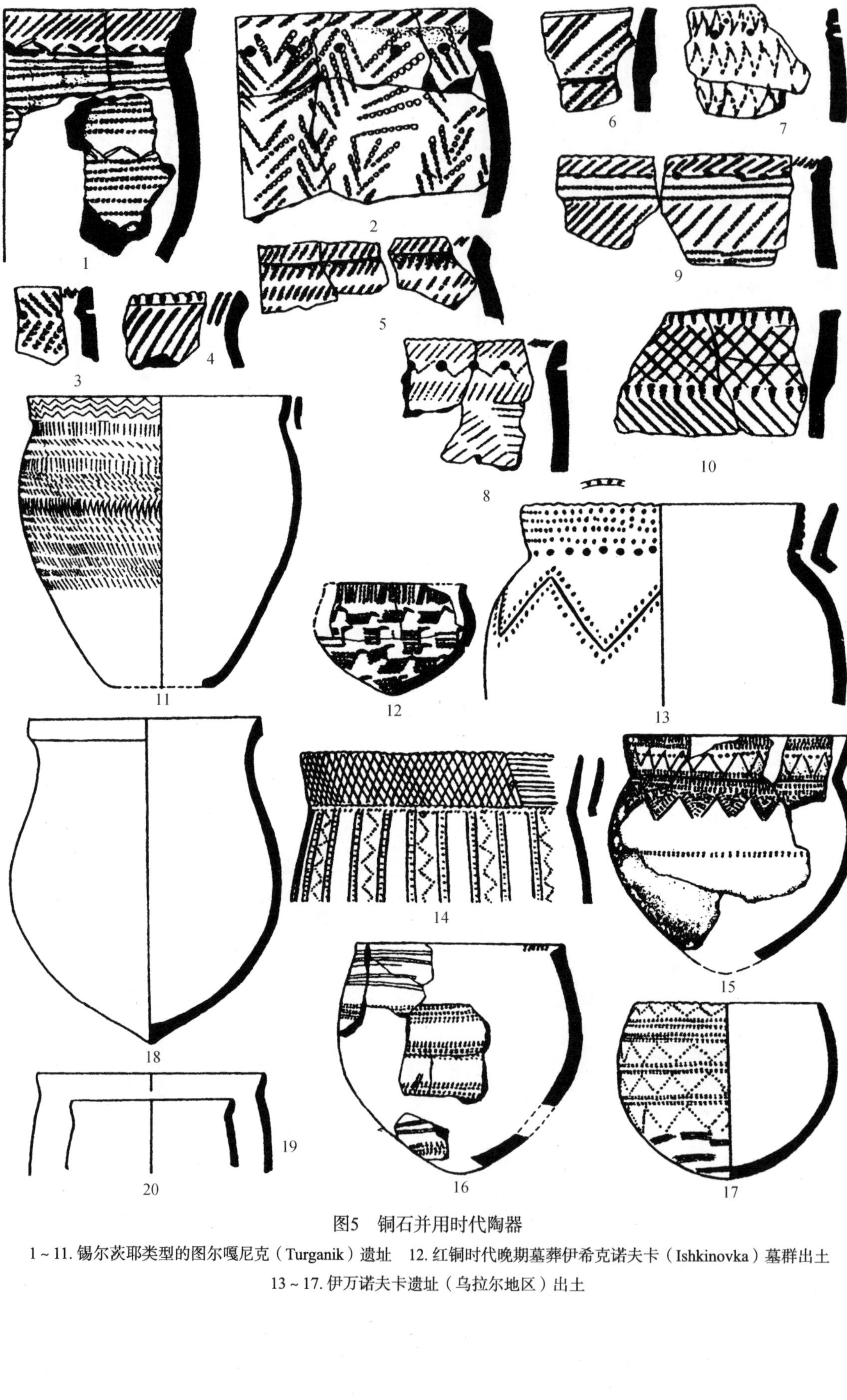

图5　铜石并用时代陶器

1～11. 锡尔茨耶类型的图尔嘎尼克（Turganik）遗址　12. 红铜时代晚期墓葬伊希克诺夫卡（Ishkinovka）墓群出土

13～17. 伊万诺夫卡遗址（乌拉尔地区）出土

1

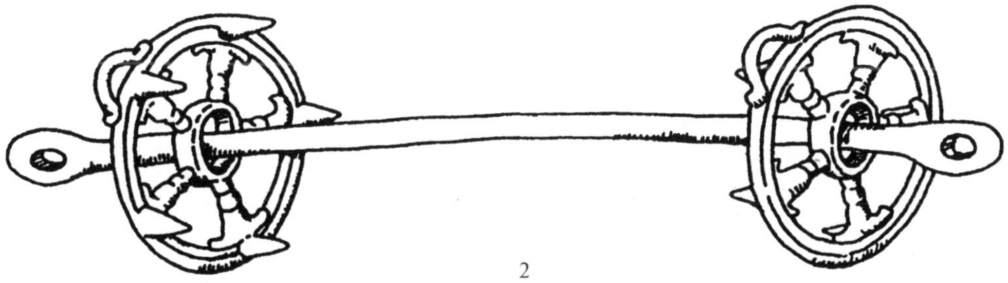

2

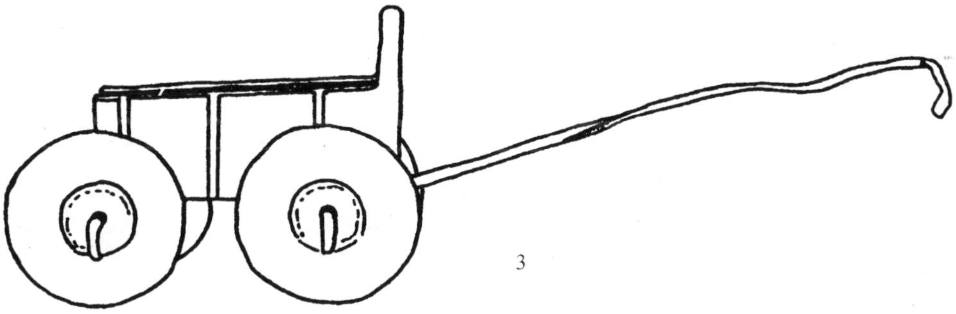

3

图6　近东的运输工具

1. 带有鼻环和嚼子的骡子（雄性中亚野驴和雌驴杂交而生）

2. 叙利亚驴装配的马衔［特尔阿居尔（Tell el Ajjul）］　3. 铁质车模（巴黎卢浮宫藏品）

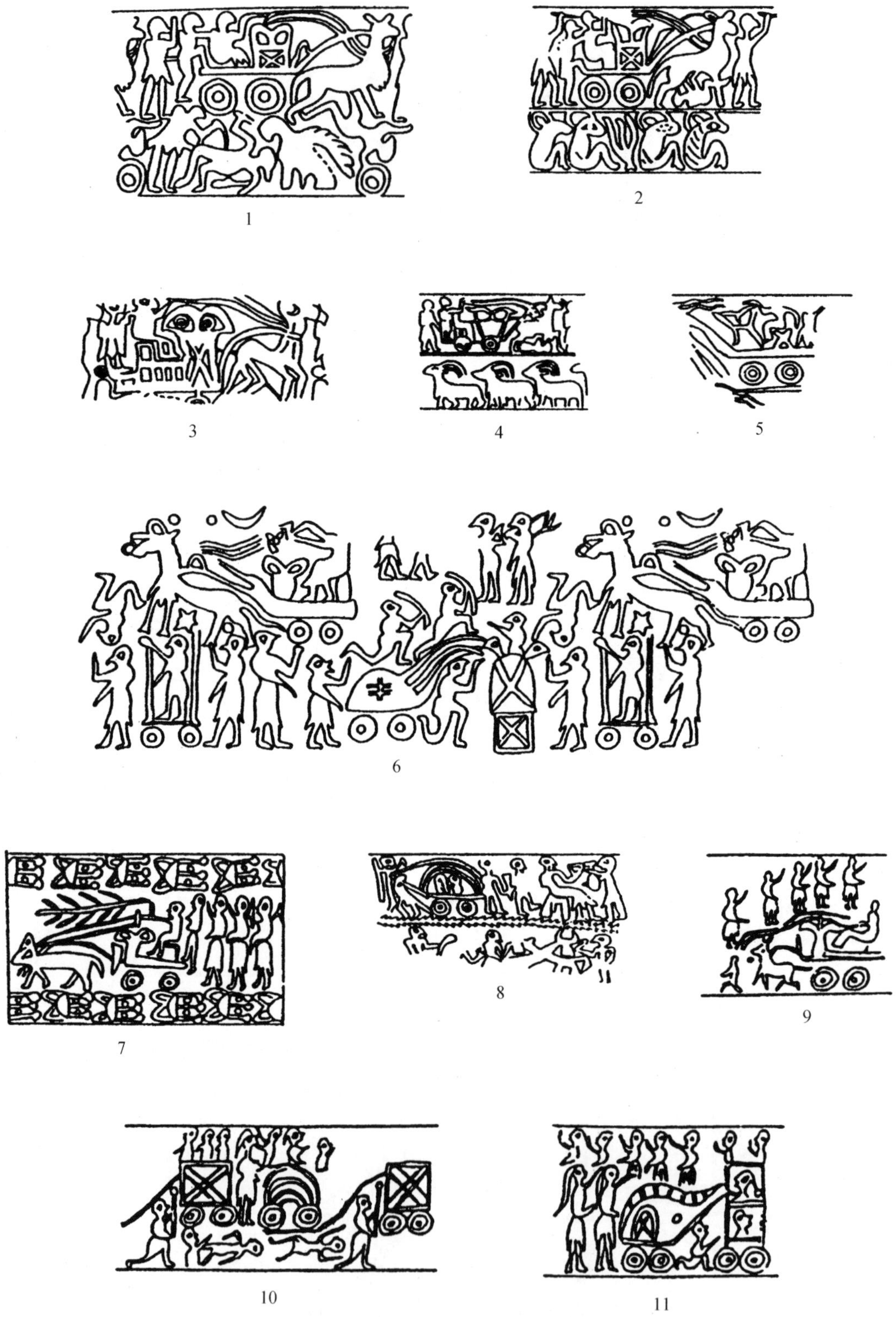

图7　动物皮上的四轮车压印图案

1～4. 特尔–布拉克（Tell-Brak）［那加尔（Nagar），公元前1250年］　5～11. 特尔–拜德尔（Tell-Beydar）（公元前2400～前2250年）

图8　墓葬中的木车、岩画上的车和泥质车

1. 新提塔努乌斯卡亚（Novotitarovskaya）　2. 奥斯坦尼　3. 波诺夫科夫卡（Borovkovka）　4、15. 卡缅纳亚莫吉拉（Kamennaya Mogila）　5. 卢科亚诺夫卡（Lukyanovka）　6. 卡缅卡　7. 皮萨列夫卡（Pisarevka）　8. 沃诺西罗夫卡（Voroshilovka）　9. 维拉基米罗夫卡（Vladimirovka）　10. 涅米诺夫（Nemirov）　11、12. 新尼科拉耶夫卡（Novonikolaevka）（表示双轮马拉轻型战车及其形制的围成墓葬的石板）　13. 辛菲罗波尔（Simferopol）双轮手推车（表示轮子形制的石板）　14. 海参崴（Zarechnoe）　16. 马尔耶夫卡（复原）　17. 瓦西里耶夫卡（Vasil' evka）　18. 刻赤（Kerch）（斯基泰）　19. 斯伊岑姆坦（Sigetsenmortan）（匈牙利）　20. 布达卡拉希（Budakalash）（匈牙利）　21. 拉多欣（Radoshin）（捷克斯洛伐克）　22. 塔尔扬卡（Tal' yanka）（特里波利文化中的雪橇模型）　23. 罗斯托夫（Rostov）　24. 波克罗夫斯科耶（Pokroskoe）　25. 康德拉托夫卡（Kondratovka）

（文化：1、2为新提塔努乌斯卡亚；5、7、14为竖穴墓；3、6、16、17、23～25为洞室墓）

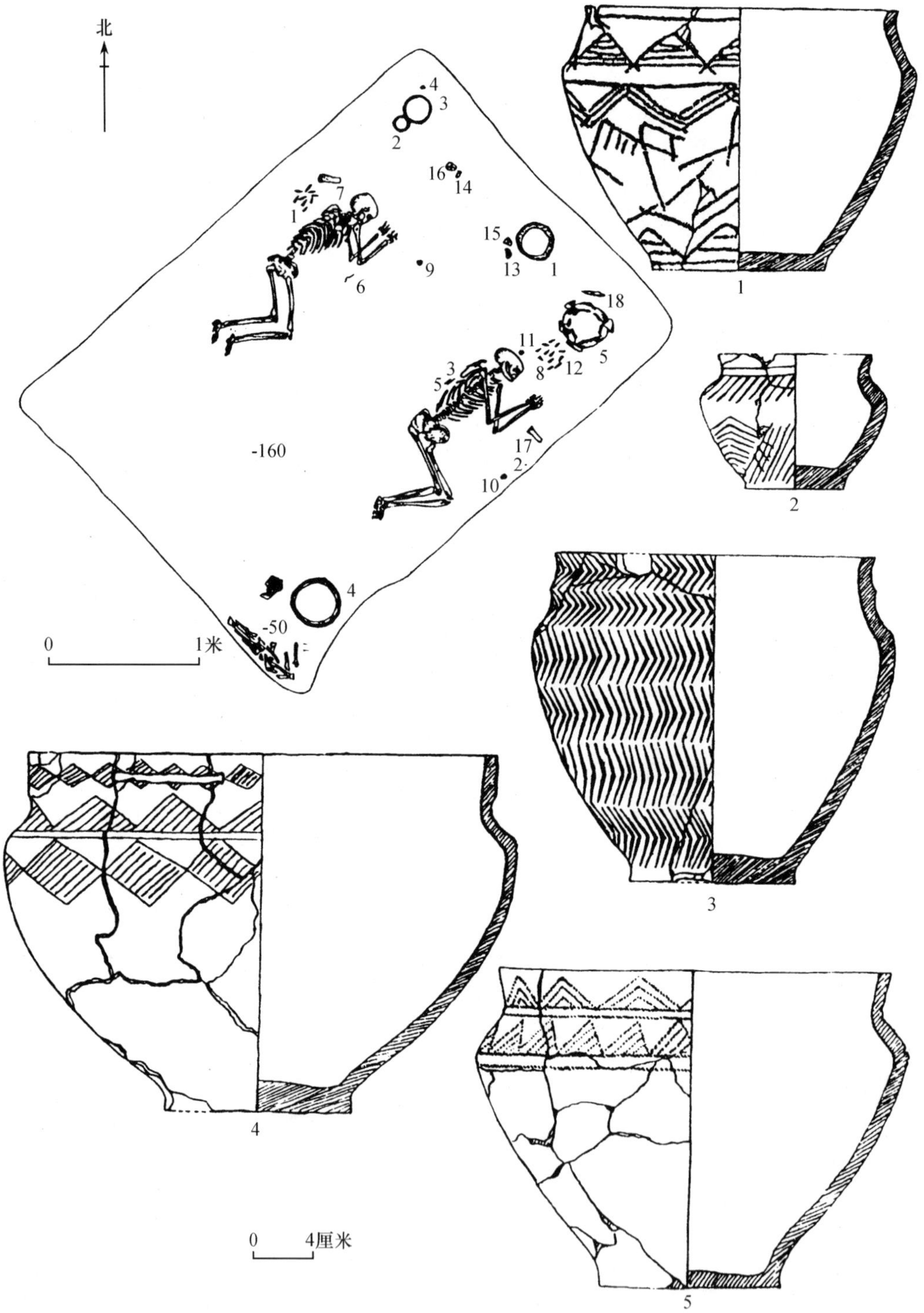

图9　墓葬和新塔什塔类型的陶器，东库赖里4号墓地11号墓葬

图10　塔那博尔根墓地出土的新塔什塔类型陶器

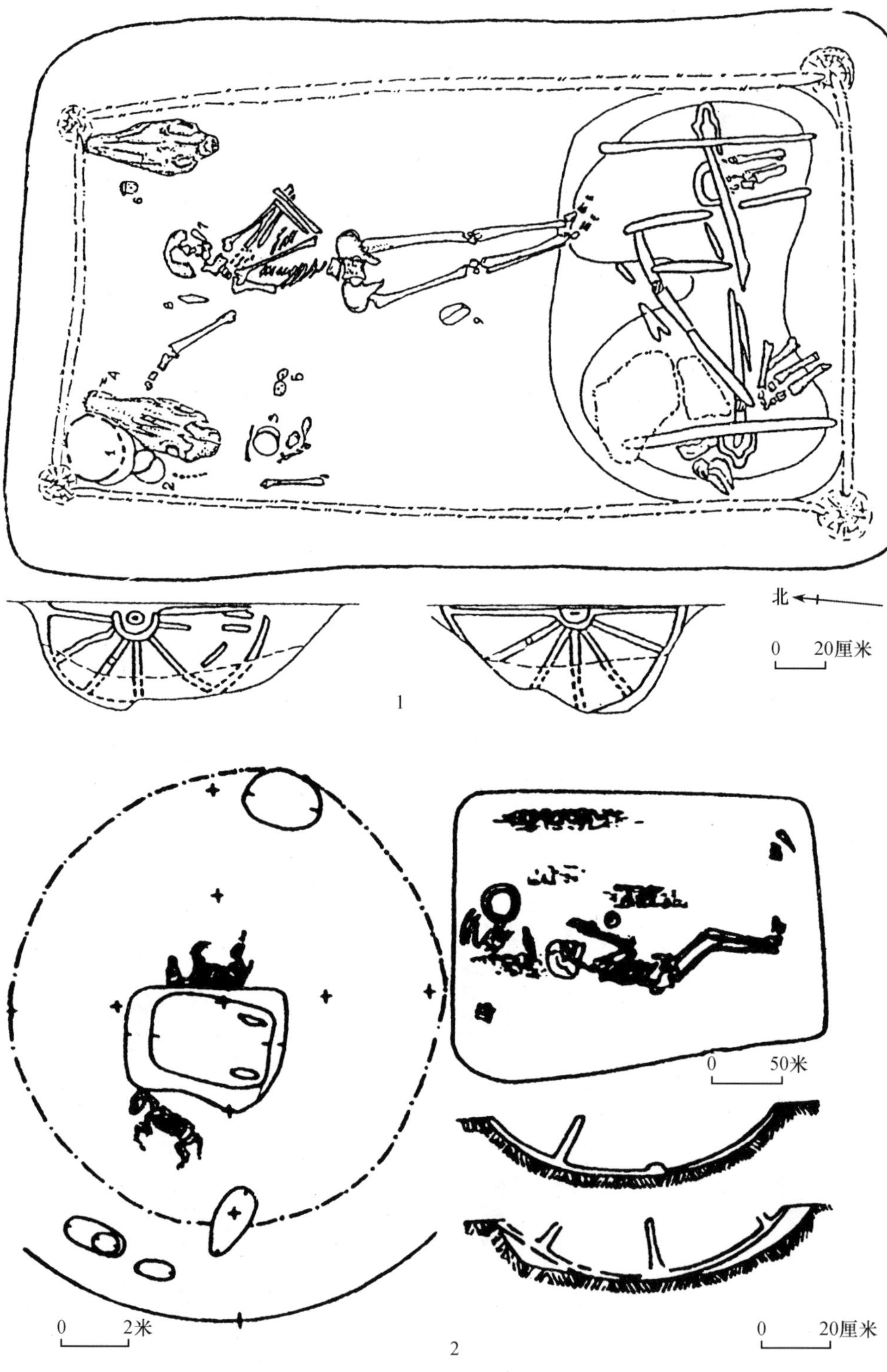

图11　出土有双轮马拉轻型战车残骸和辐条车轮的痕迹的墓葬

1. 克里沃耶奥则诺9区1号墓　2. 别尔利克Ⅱ

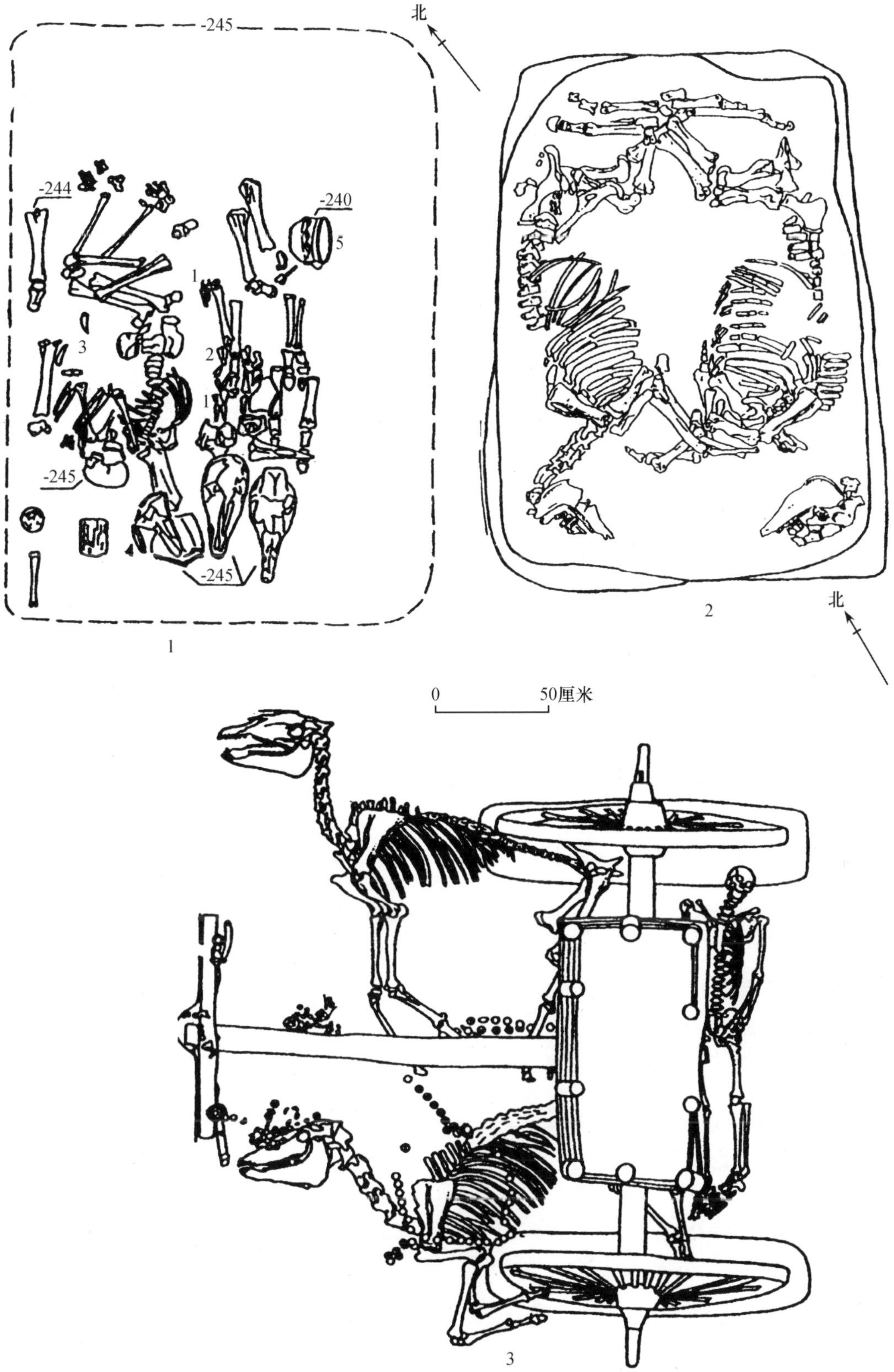

图12　殉有双轮马拉战车的墓葬

1. 卡梅尼伊阿巴尔墓地2号墓地　2. 乌瓦诺沃（Uvarovo）Ⅱ区3号墓葬　3. 孝民屯（安阳）

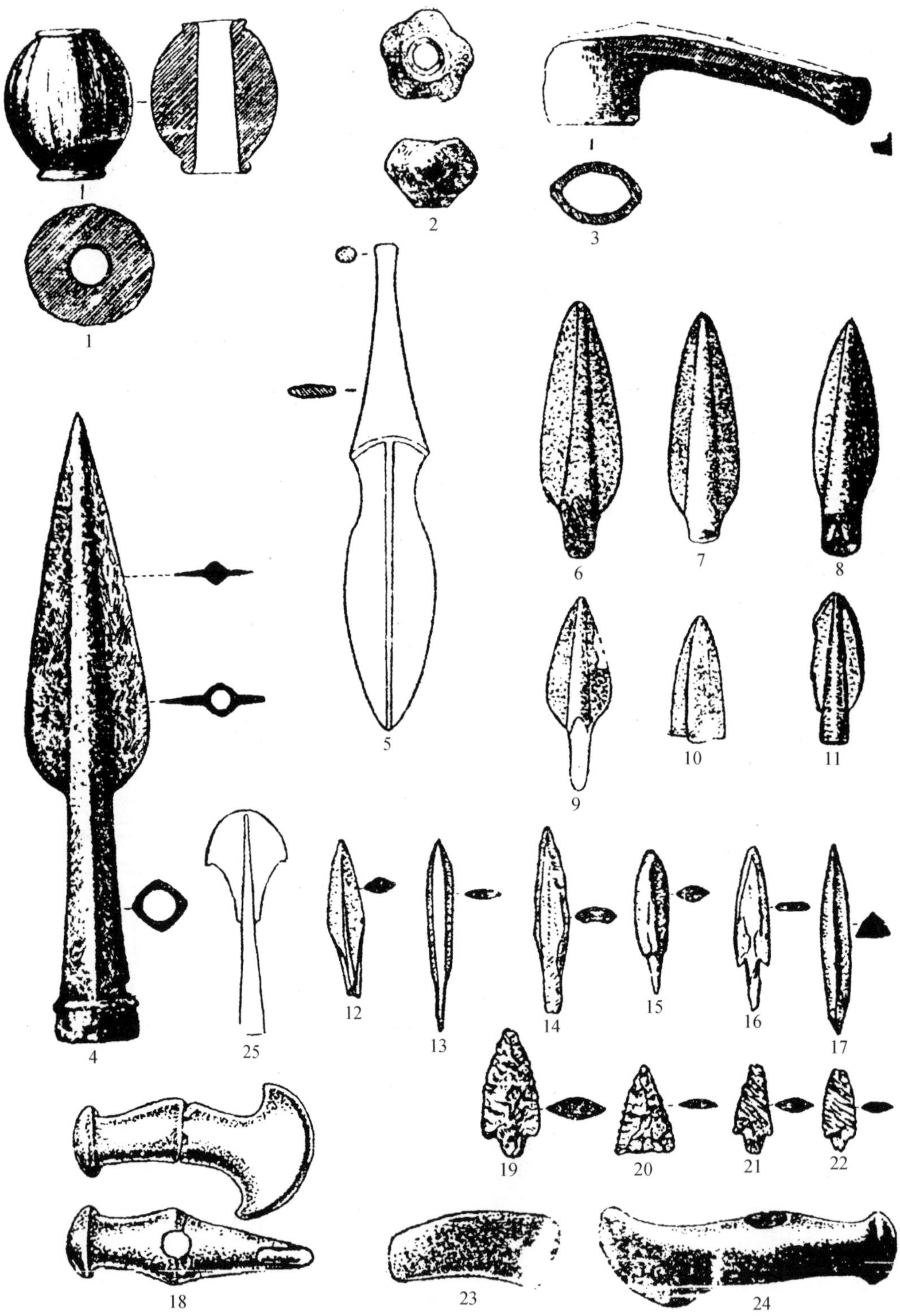

图13　安德罗诺沃战士的武器

1. 阿拉库尔　2. 马洛克拉斯洛瓦卡（Malokrasnoyarka）　3. 察列夫库尔干（Tsarev Kurgan）　4. 布里孜内楚（库马克）［Bliznetsy（Kumak）］　5. 库斯塔奈（Kustanai）区　6、7. 斡脱（Ortau）［扎曼–乌曾（Zhaman-Uzen）Ⅱ］　8. 卡尔卡拉林斯克（Karkaralinsk）　9、10. 艾希拉克　11. 铁米勒淘（Temiertau）　12～17. 阿列克谢耶夫卡底层　18. 科尔基诺　19～22. 辛塔什塔聚落　23. 克拉斯那亚科鲁察（Krasnaya Krucha）墓葬　24. 米尔尼（Mirnyi）　25. 辛塔什塔墓葬

（2、18～24为石质；12～17、25为骨质；其余为青铜）

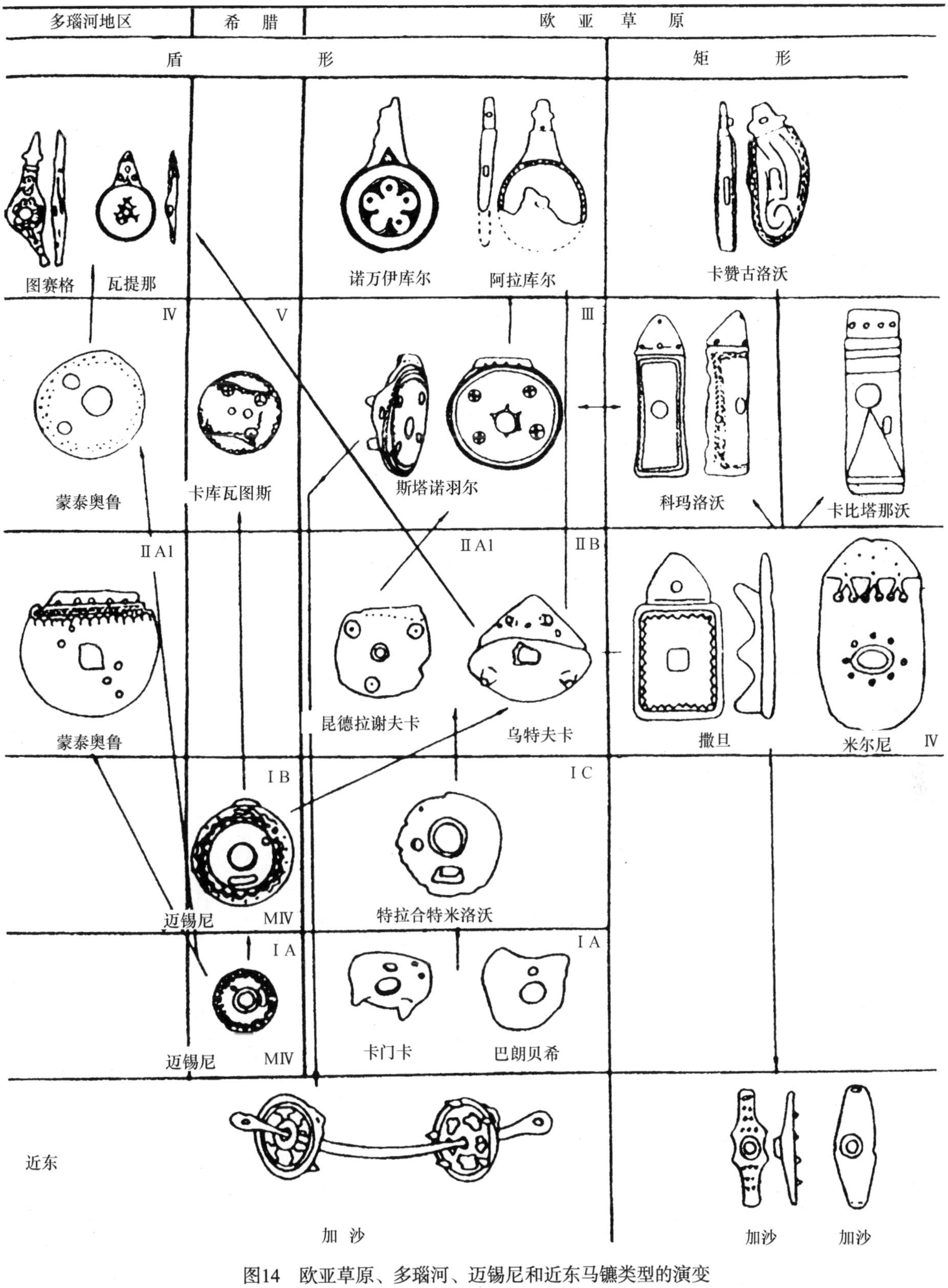

图14 欧亚草原、多瑙河、迈锡尼和近东马镳类型的演变

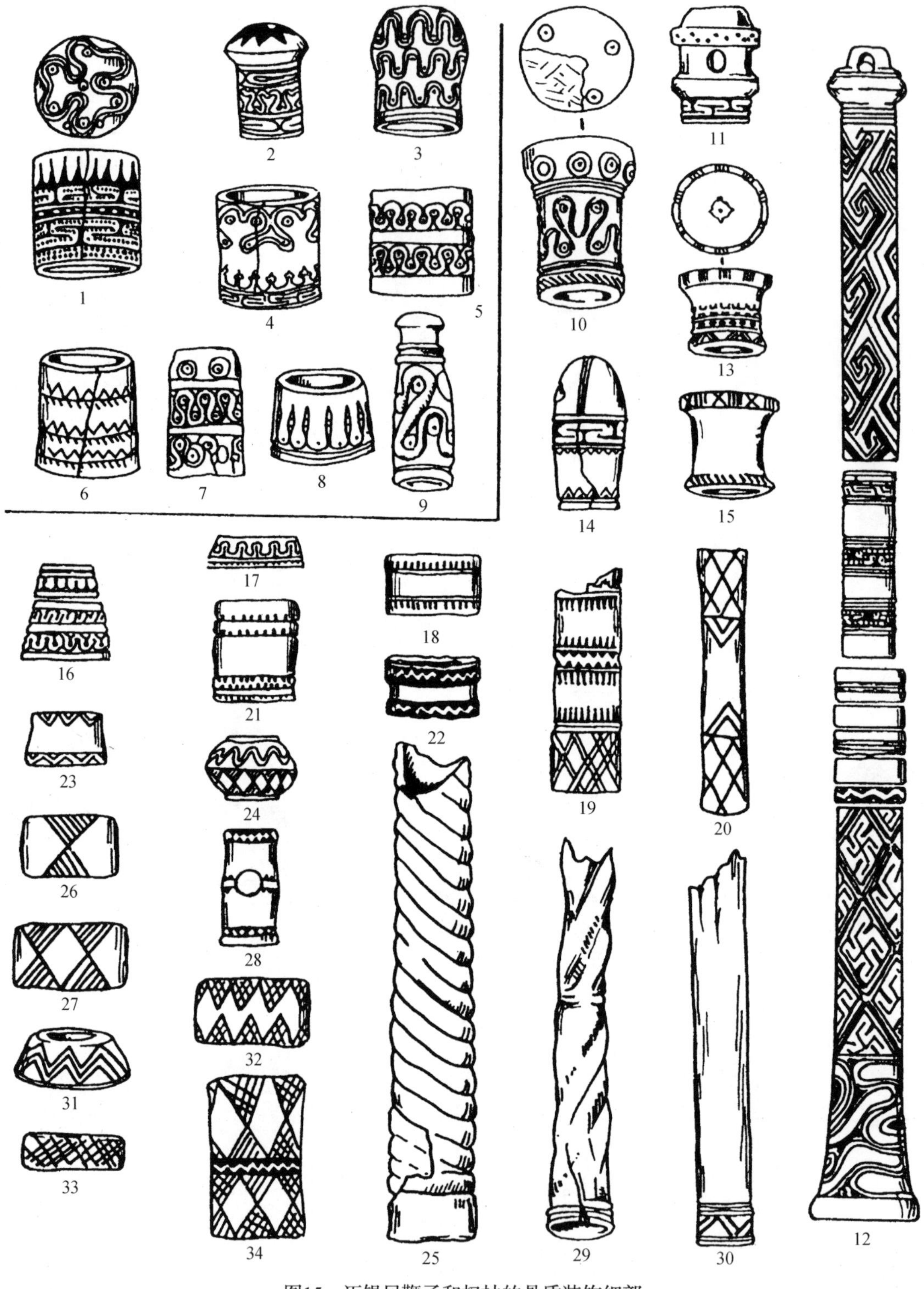

图15　迈锡尼鞭子和权杖的骨质装饰细部

1. 提萨福雷德（Tissafured）　2. 图赛格（Toseg）　3、4、8. 瓦提那（Vatina）　5、7. 布鲁沁（Bluchin）　6. 尼楚扬斯基克拉杜克（Nitryanski Hradok）　9. 阿拉切（Alalach）　10. 佩楚耶夫斯基（Petryaevsky）　11. 玉毕列诺耶（Yubileinoe）　12. 克拉斯诺塞尔基（Krasnoselki）　13. 新利扎德（Novyi Rizadei）　14. 普利夫特诺耶（Privetnoe）　15. 康斯坦丁诺夫斯基（Konstantinovsky）　16. 帕塞科沃（Pasekovo）　17. 希劳夫斯科耶（Shilovskoe）　18、27. 费多罗夫斯基（Fedorovsky）　19. 拉德辰斯克耶（Radchenskoe）　20. 波诺德叶夫卡（Borodaevka）　21. 格拉夫斯卡亚（Grafskaya）　22. 卡希皮尔斯克（Kashpirsky）　23、24. 伯克诺夫斯基（Pokrovsky）　25. 威尔诺–格鲁谢夫卡（Vil' no-Grushevka）　26、32. 新帕夫洛夫斯基（Novopavlovsky）　28. 斯特拉亚卡利提瓦（Staraya Kalitva）　29. 伊斯托明（Istomin）　30. 米尔尼　31. 帕夫劳夫斯基普罗道索夫克斯（Pavlovsky Plodosovkhoz）　33. 贝科沃　34. 贝列索夫斯基（Berezovsky）

（根据Besedin 1999：fig. 2）

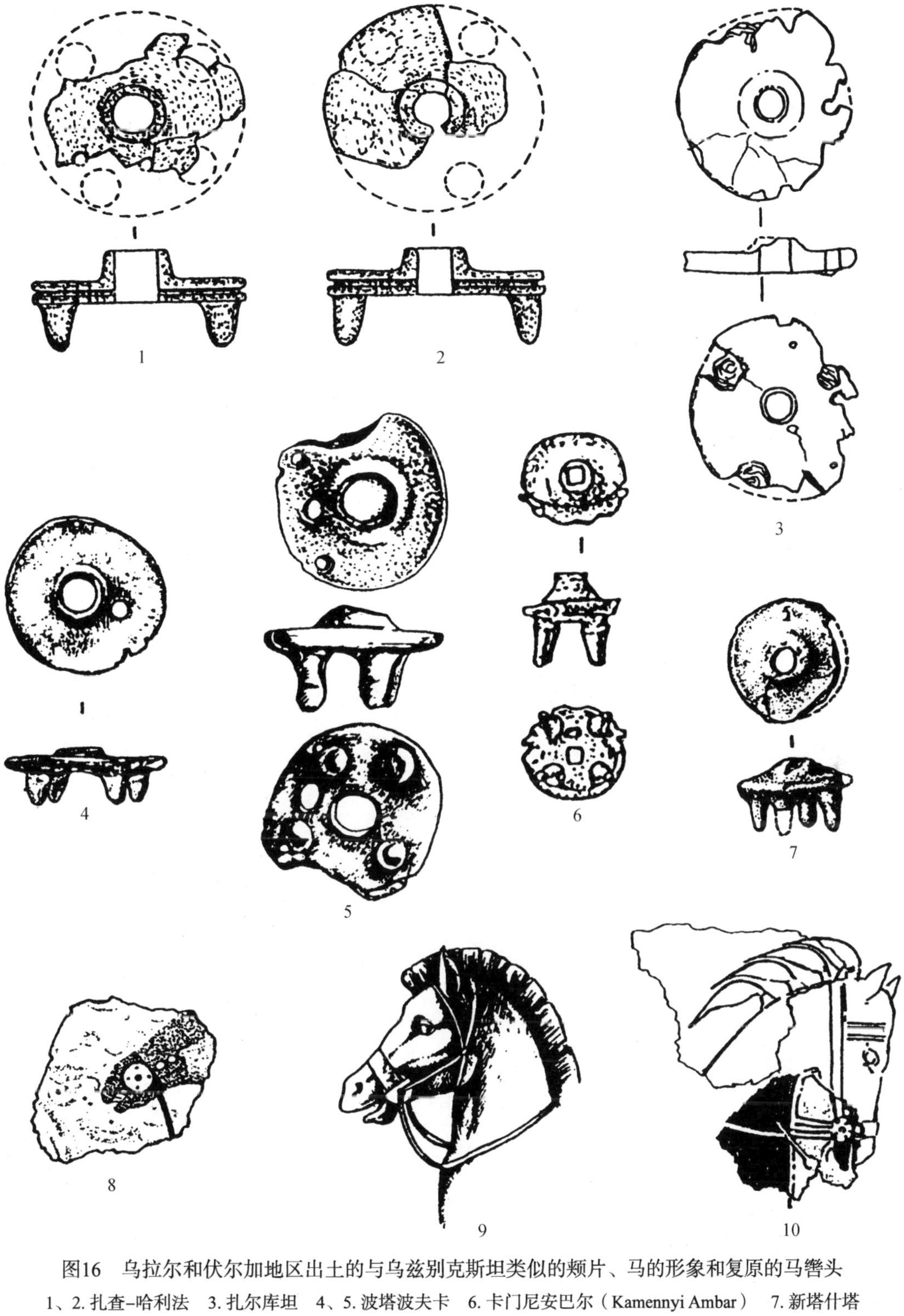

图16　乌拉尔和伏尔加地区出土的与乌兹别克斯坦类似的颊片、马的形象和复原的马辔头

1、2. 扎查-哈利法　3. 扎尔库坦　4、5. 波塔波夫卡　6. 卡门尼安巴尔（Kamennyi Ambar）　7. 新塔什塔

8、10. 出自提伦斯（Tiryns）壁画上的典型马辔头　9. 复原的波塔波夫卡马辔头

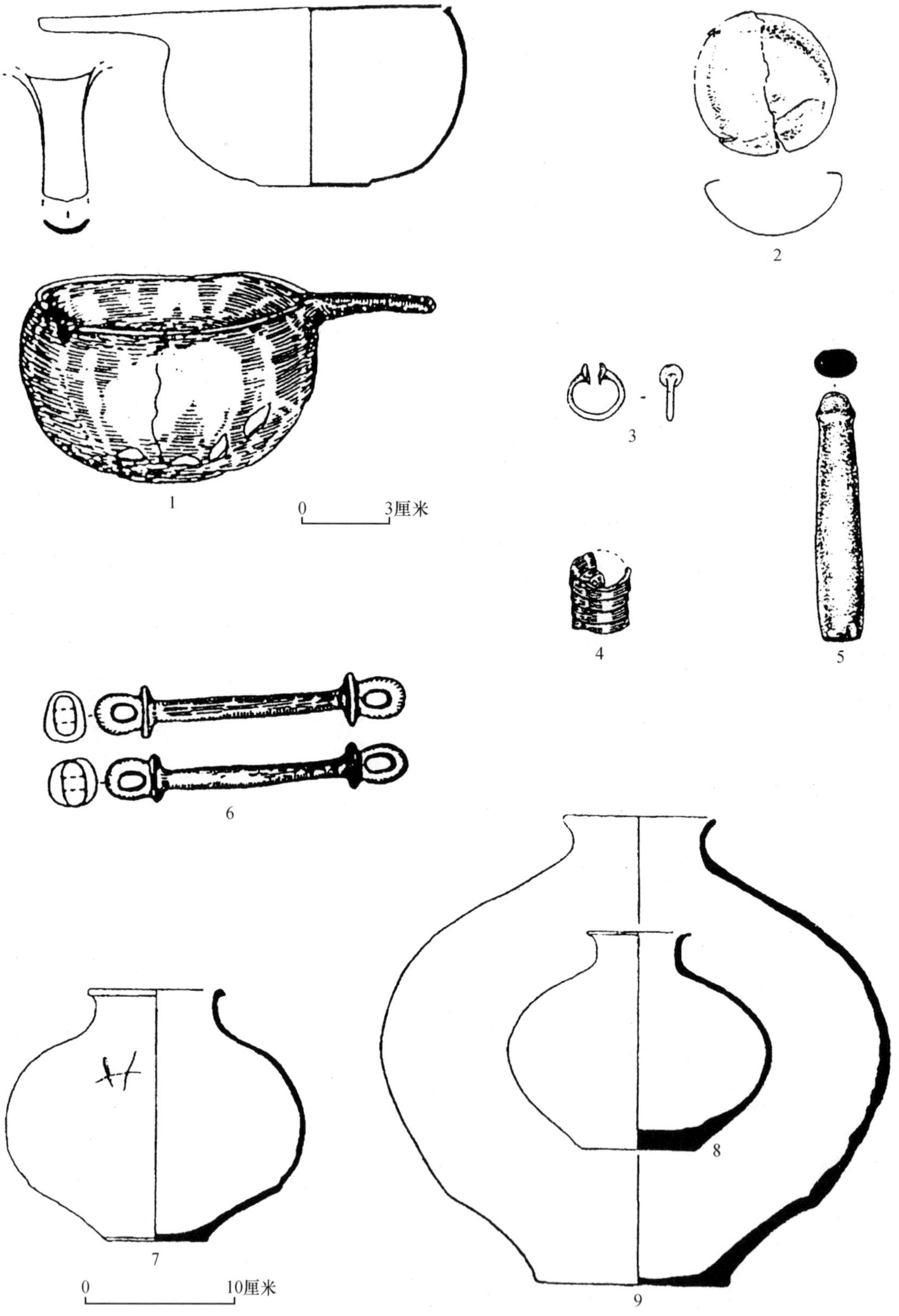

图17 扎查–哈利法器物组合

1、2、4. 器皿 3. 耳环 5. 杵 6. 马衔 7～9. 陶罐

（1、4、6为铁质；2、3为金质；5为石质；7～9为陶质）

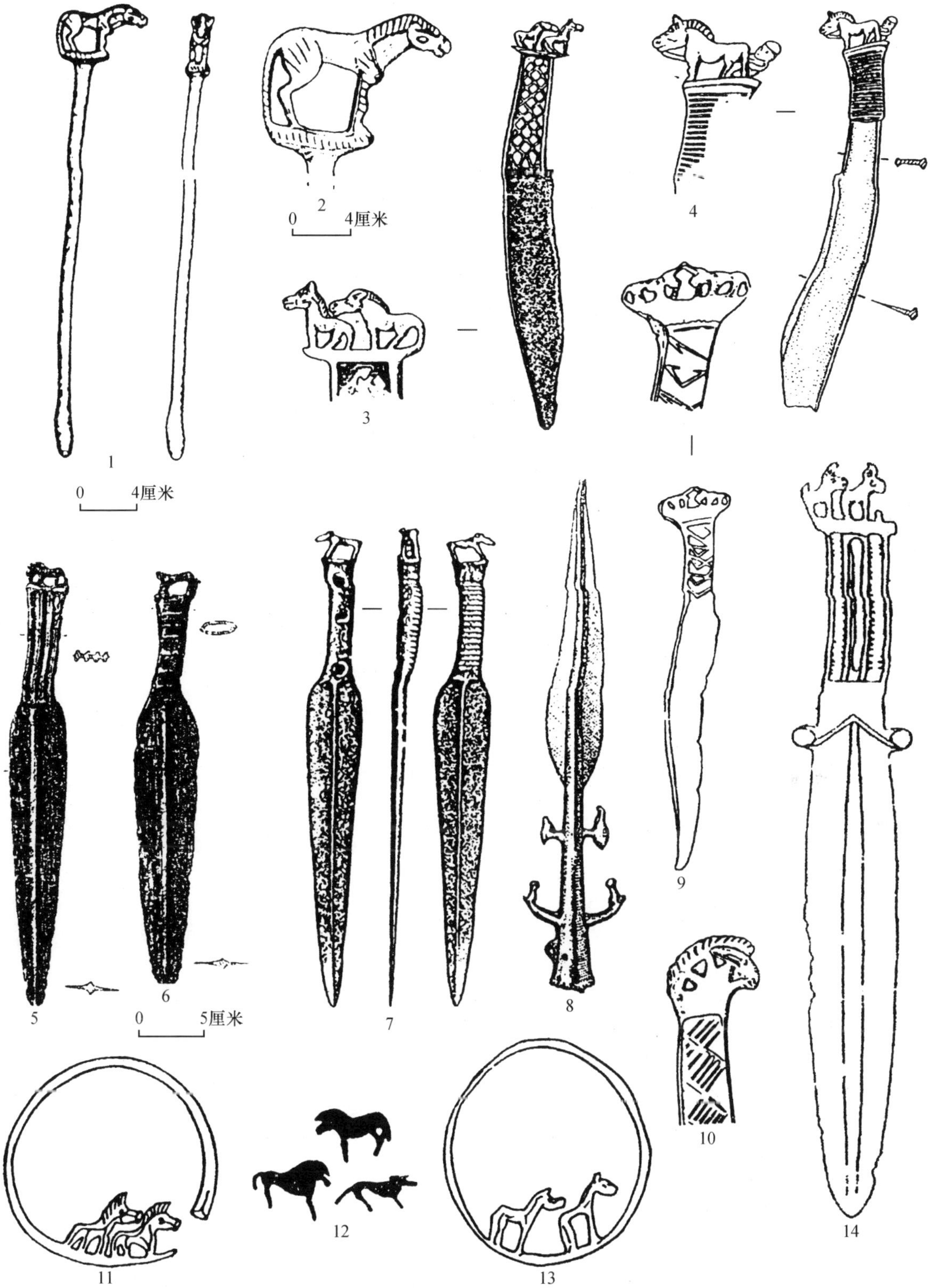

图18　扎查-哈利法和欧亚草原出土的马类形象

1、2. 出自扎查-哈利法　3. 塞伊玛　4. 罗斯托夫卡　5、6. 卡拉科尔Ⅲ　7. 库尔丘姆（Kurchum）　8. 折图嘎拉（Dzhetygara）　9. 珠姆巴（Dzhumba）　10. 叶伦宁奥　11. 芒逊库尔（Munshunkur）　12. 哈萨克斯坦中部岩画　13. 切斯诺科沃（Chesnokovo）Ⅰ　14. 图瓦

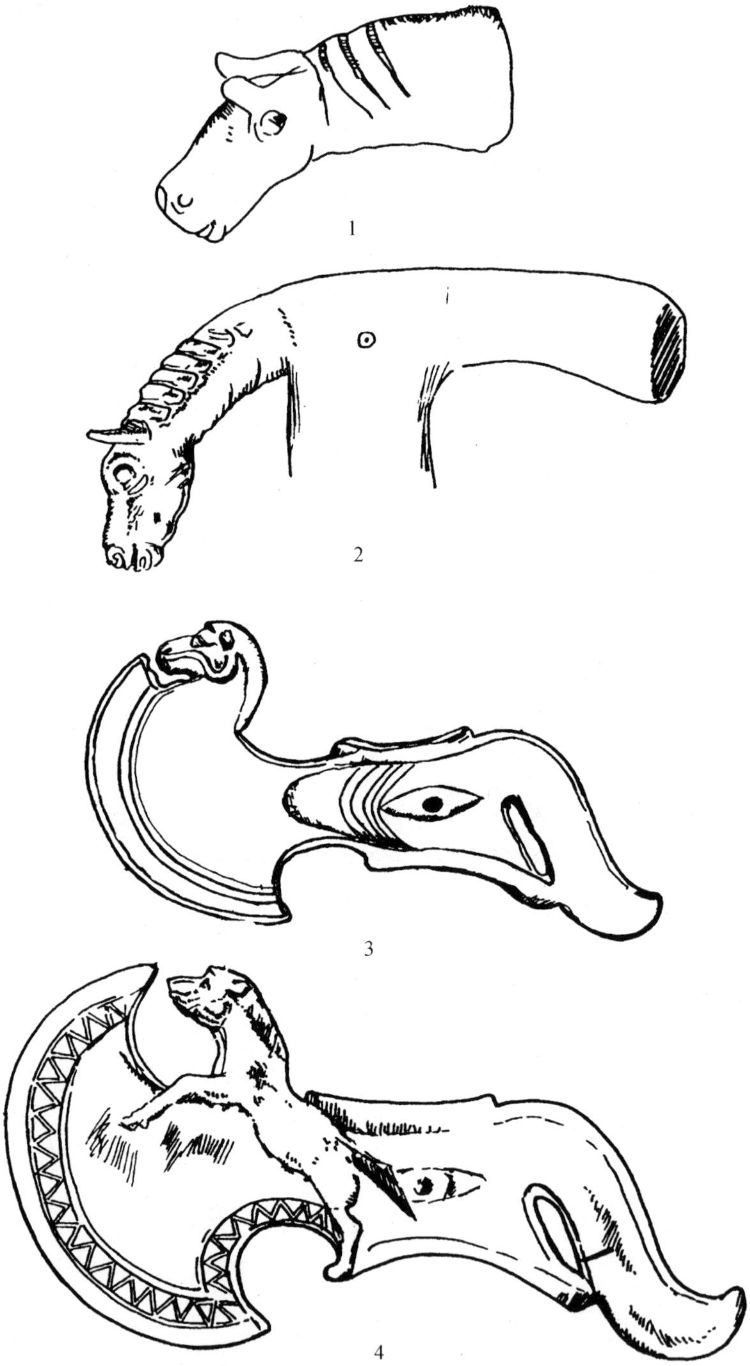

图19 巴克特里亚南部出土带有马形象的青铜器制品和青铜斧

1～4.采集［4为马赫波吾比安（Mahboubian）藏品）］

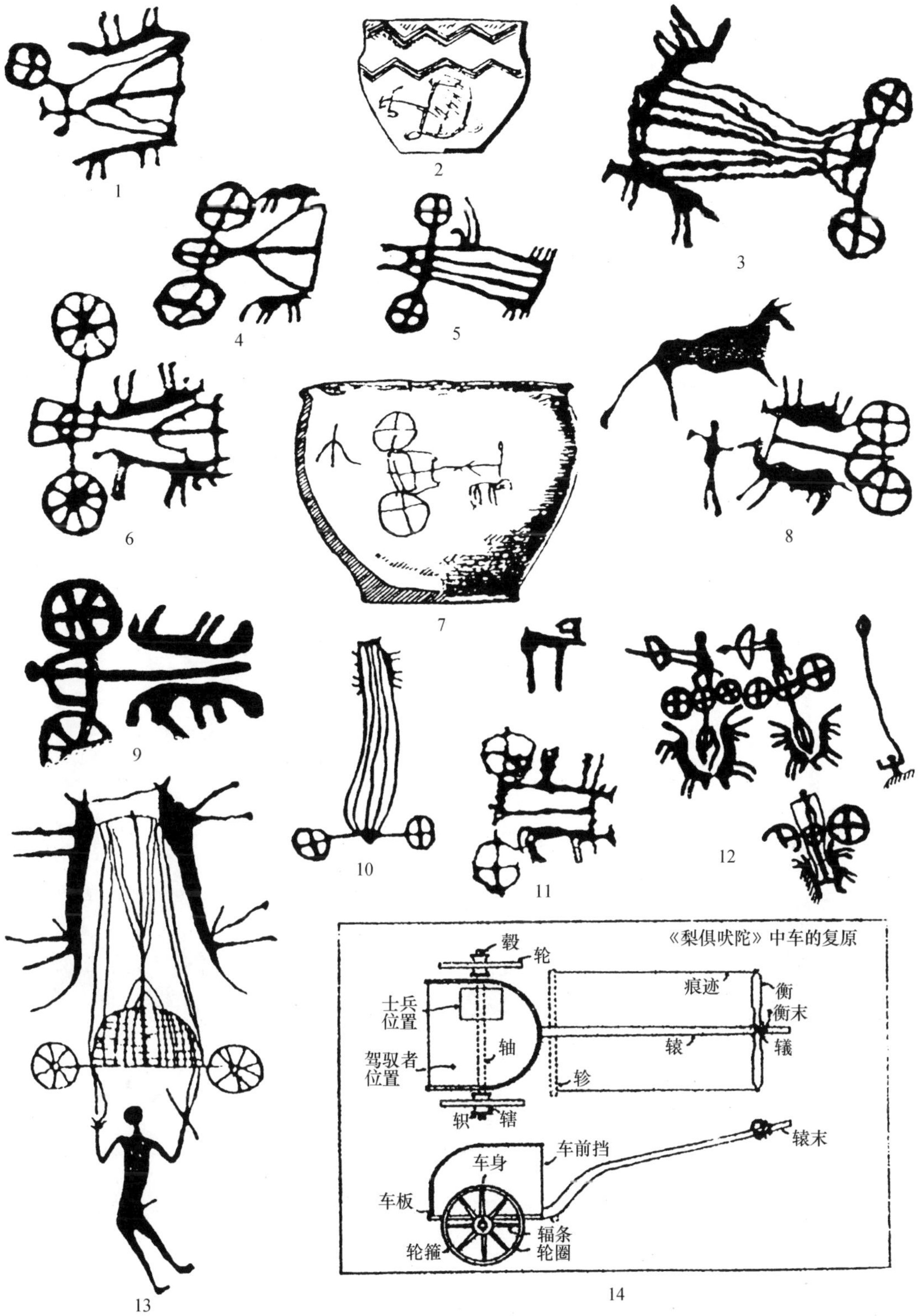

图20　安德罗诺沃和木椁墓罐上的和哈萨克斯坦中部、帕米尔高原和图瓦岩画的双轮马拉轻型战车形象

［根据《梨俱吠陀》（*Rigveda*）中的马拉双轮马拉轻型战车复原］

岩画：1、3. 库巴加尔（Koibagar）Ⅲ期　4. 库克-布拉克（Kok-Bulak）　5、10. 库巴加尔Ⅰ期　6. 松-楚列克（Syyn-Churek）（图瓦）　8. 加巴耶夫卡（Gabaevka）　9. 铁克-塔什（Tekke-Tash）（帕米尔高原）　11. 沁格（Chinge）（图瓦）　12. 阿普曾（Arpauzen）Ⅴ期　13. 阿克孜尔加（Akdzhilga）（帕米尔）

墓葬：2. 斯帕斯库耶（Spasskoe）Ⅰ期（乌拉尔地区）　7. 苏哈亚萨拉特夫卡（Sukhaya Saratovka）（伏尔加地区）　14.《梨俱吠陀》双轮马拉轻型战车的复原（根据W. Rau 1983：fig. 5）

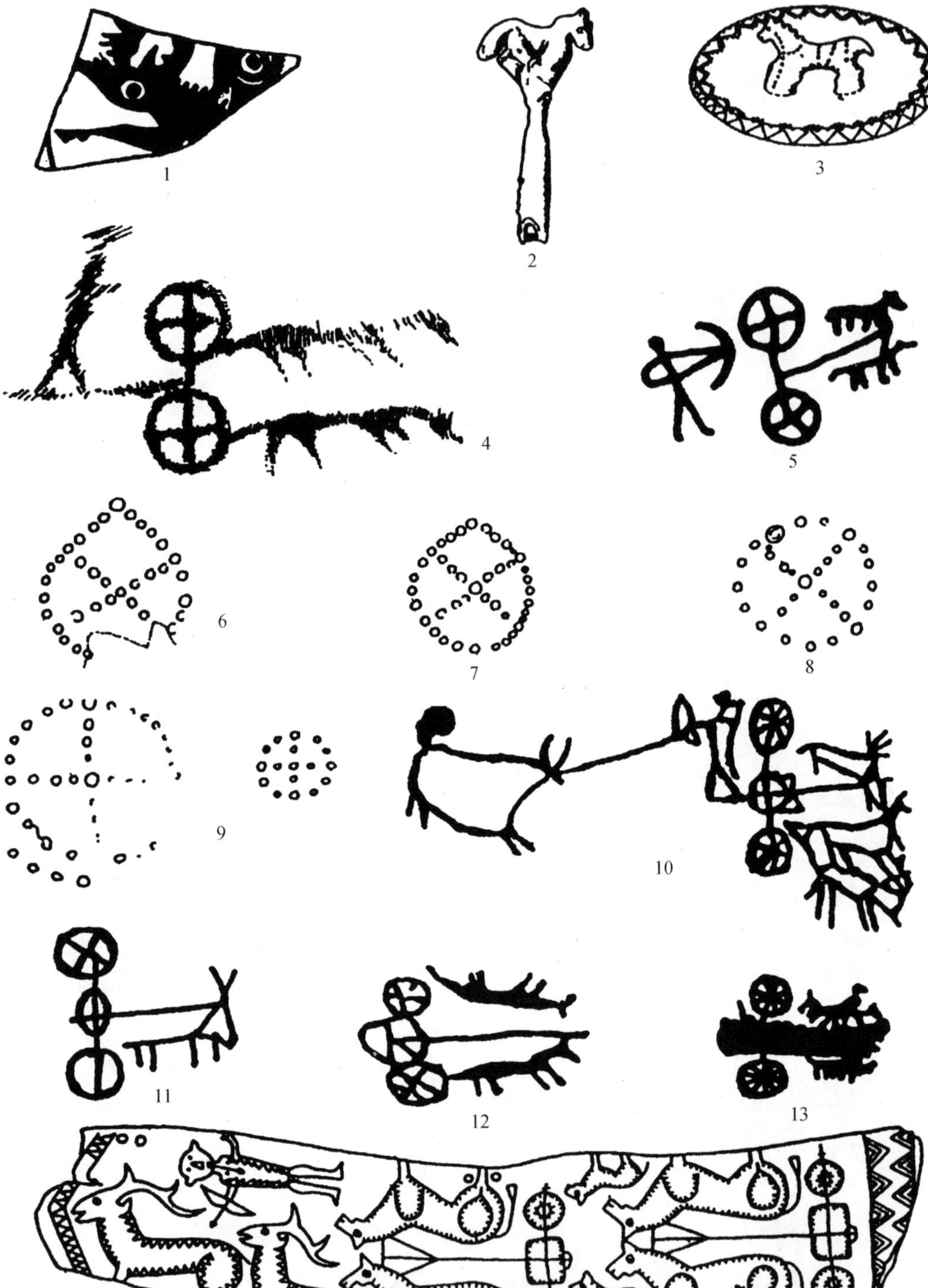

图21　斯瓦特、中国新疆和蒙古的车、马形象

陶：1. 毕勒库特格旺代（Bir-Kotghwandai）［噶勒盖（Ghalegai）Ⅳ］　3. 泥质器盖（劳耶班尔墓地）

青铜器：2. 青铜棒状物［卡特位伊墓地（Katelai necropolis）］

岩画：4. 乐察–嘎塔（Lecha-gata）（出自岩画）　5. 托拉（Thor）（印度河北岸）　6～9. 杜尔邦代（Durbandai）23号遗址

10. 龙山（青海省）　11. 李家湾子（巴里坤县）　12. 巴达克山（Badakhshan）　13. 沁城（Congcheng）（哈密）

骨牌：14. 南山根102号墓

［1～9为斯瓦特；10～13为新疆（12为帕米尔高原）；14为内蒙古］

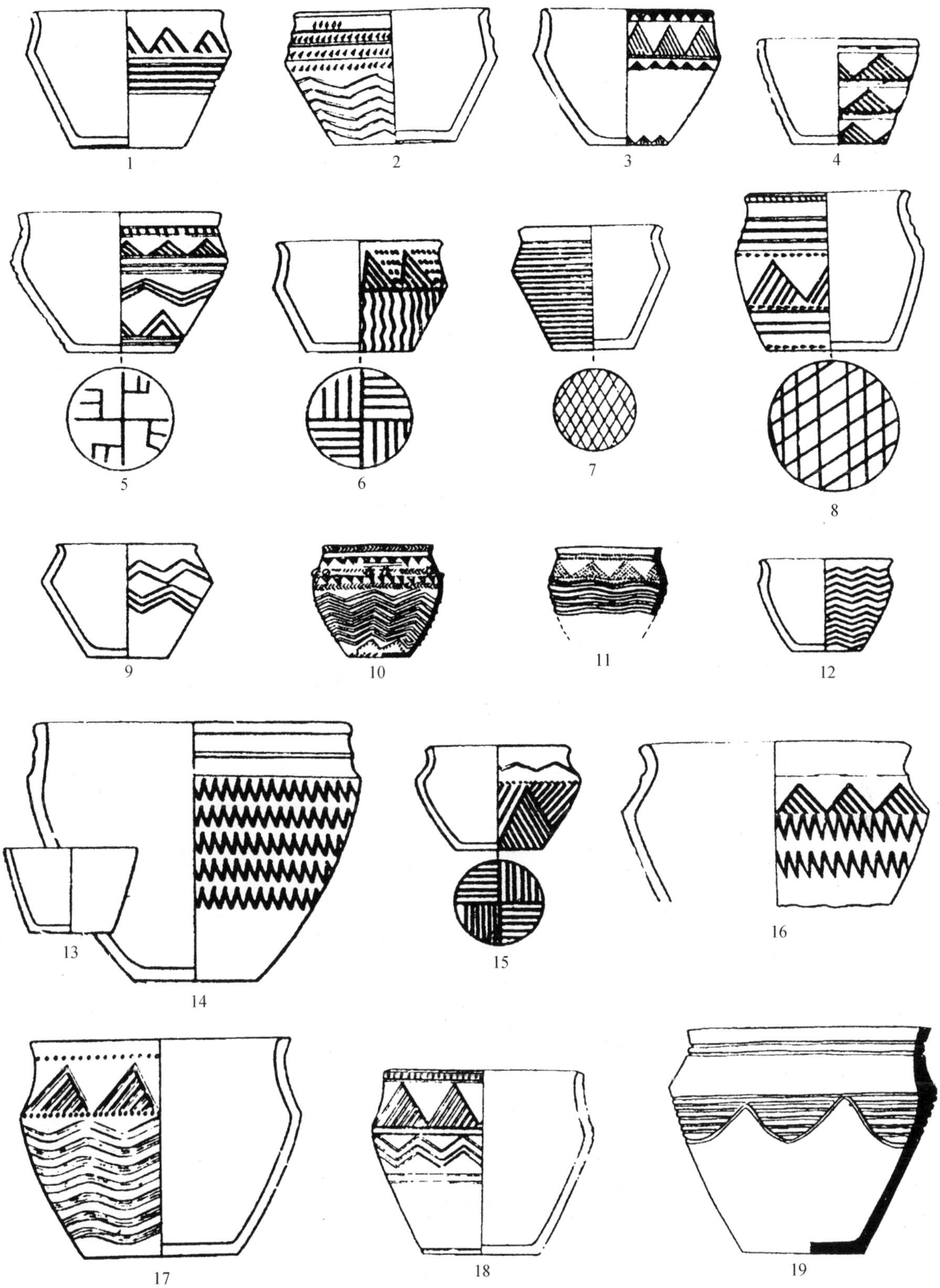

图22　彼德罗夫卡类型陶器（出自哈萨克斯坦北部的彼德罗夫卡墓地）

图23　出自乌兹别克斯坦图盖聚落的陶器

1～6. 萨拉子目农业聚落类型　7～16. 手制的彼德罗夫卡类型陶器

图24　阿拉库尔类型的安德罗诺沃陶器（乌拉尔地区阿拉库尔墓地）

图25　费德罗沃类型的安德罗诺沃陶器（哈萨克斯坦北部墓地）

1、2、5～12. 出自博罗沃耶墓地　3、4. 出自毕列克–库尔（Biyrek-Kol'）墓地

图26 塔乌特尼（Tautary）类型的安德罗诺沃陶器（哈萨克斯坦南部的塔乌特尼墓地）

图27　阿塔苏类型的安德罗诺沃陶器（哈萨克斯坦中部和塔什肯特绿洲）

1. 叶费莫夫卡（Efimovka）　2. 叶尔希柏克（El' shibek）　3、6、9. 阿塔苏　4、8. 卡拉干达（Karaganda）地区塔什肯特绿洲　5. 赞吉–阿塔（Zangi-Ata）　7. 奇姆肯特–塔什肯特（Chimkent-Tashkent）路

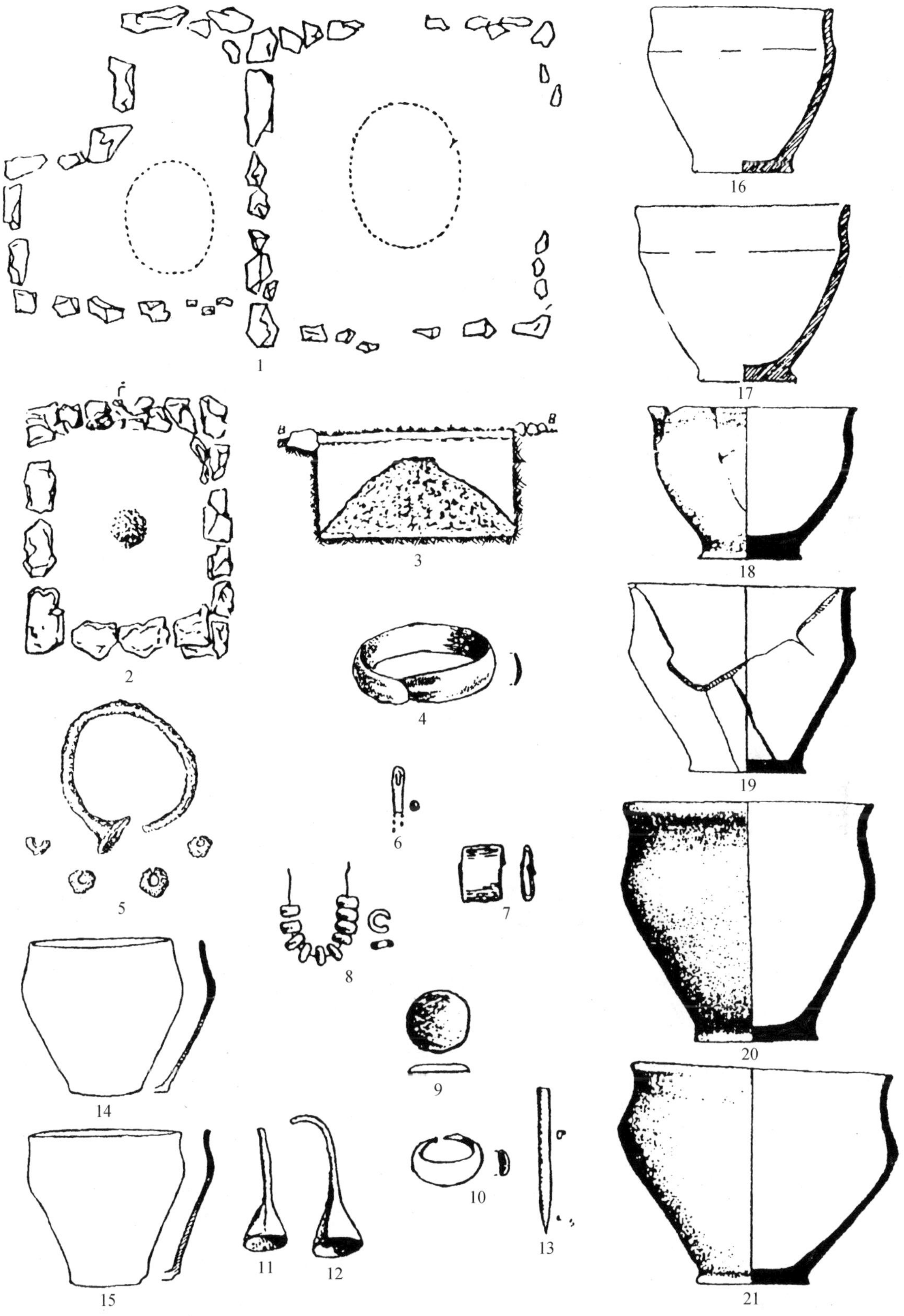

图28　七河流域类型的安德罗诺沃器物组合

1～4、6～15. 塔什-秋别Ⅱ　5、16、17. 铁吉尔门-萨伊　18～21. 乌尊布拉克

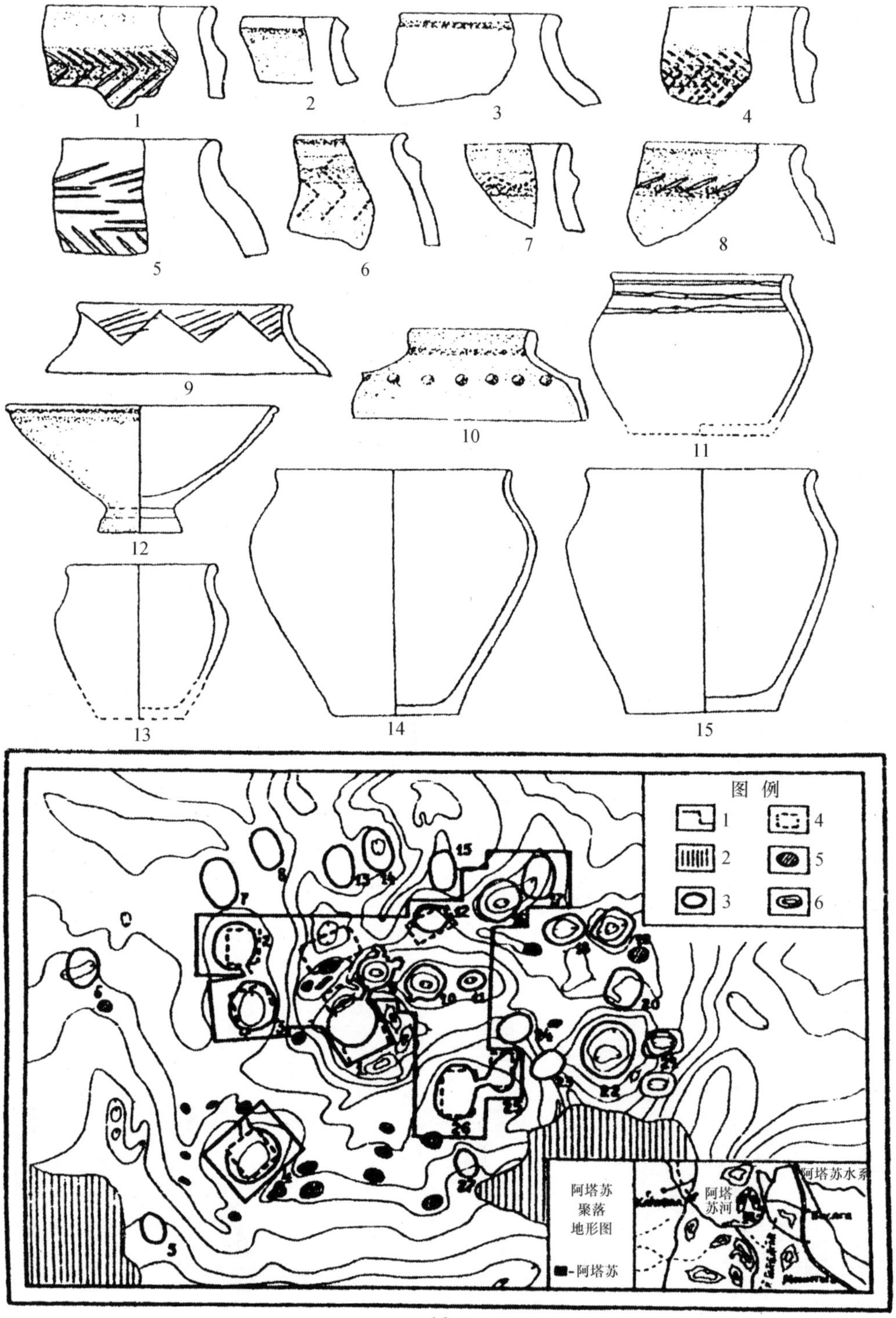

16

图29 哈萨克斯坦中部的安德罗诺沃–阿列克谢夫卡晚期类型的器物组合

1～15. 伊克朋（Ikpen'）聚落遗址（顶层）的陶器 16. 阿塔苏聚落地形图

要点：1. 发掘区域 2. 原始灰坑 3. 晚期房子分布区 4. 早期房子分布区 5. 灰堆 6. 等高线（2米）

插图：阿塔苏聚落及其环境图

河流：卡拉扎尔河（Karazhal）、阿塔苏河、阿伽杜尔河（Agadyr'）、博萨加河（Bosaga）、蒙蒂河（Mounty）

图中名词：阿塔苏、阿塔苏聚落地形图、阿塔苏水系

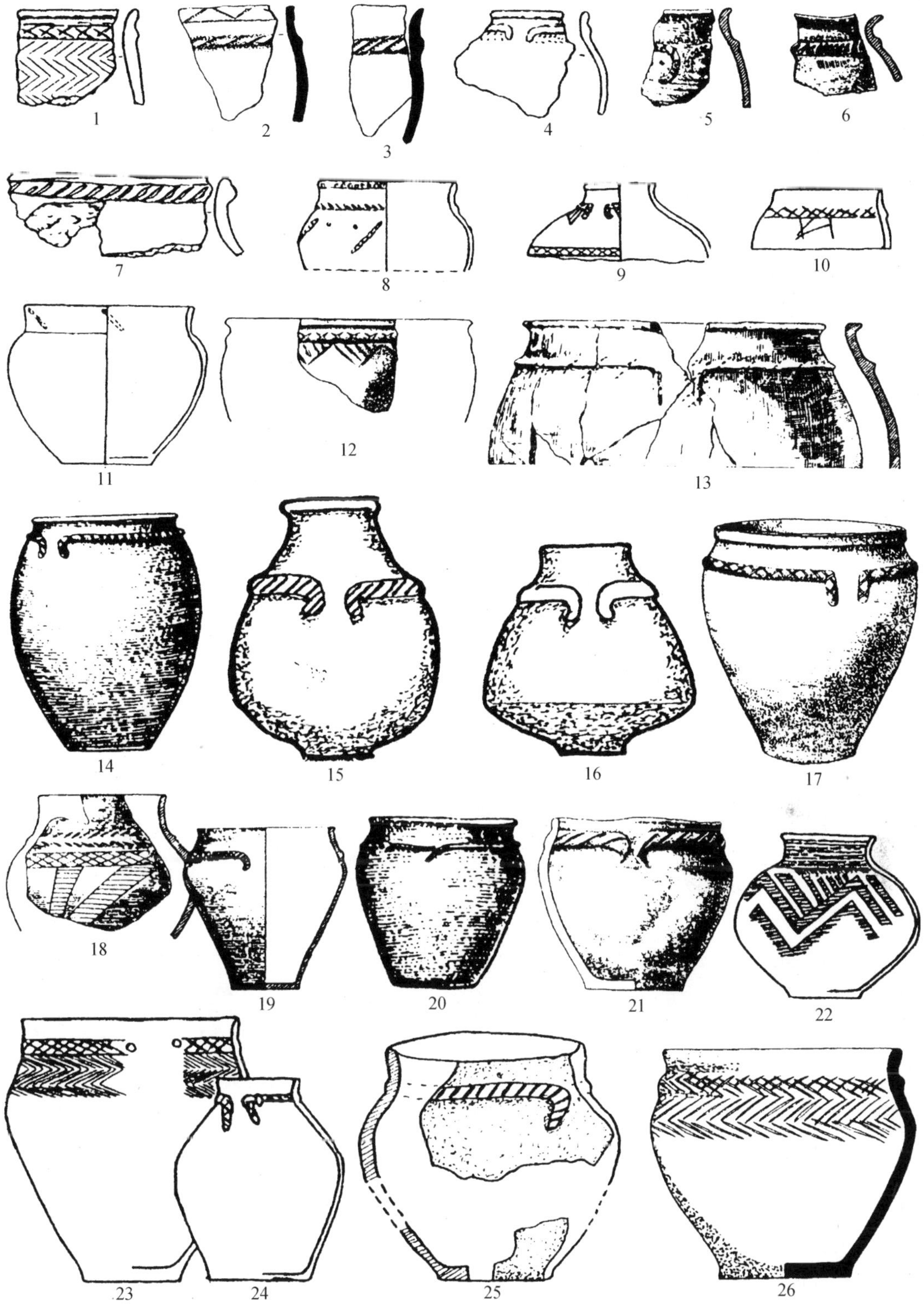

图30　亚洲草原的阿列克谢耶夫卡类型的附加堆纹陶器，以及南俄和伊朗出土的同类器物

遗址：1、4. 肯特　2、3. 克罗夫斯科耶（Kirovskoe）　5、6. 别罗泽尔卡（Belozerka）　7、8. 冬加尔（Dongal）　9～11、19、22. 新尼科尔斯科耶（Novonikolskoe）　12. 别尕兹　13. 特鲁西尼克沃（Trushnikovo）　14. 切尔沃诺耶奥则努（Chervonnoe Ozero）　15、16. 吉延（伊朗）　17. 伊万诺夫卡　18. 萨尔加里　20. 乌什喀尔喀（Ushkalka）　21. 贝科沃　23、24. 彼德罗夫卡Ⅱ

墓葬：25. 波拉-库尔宝勒德（Bola-Kulboldy）　26. 阿列克谢耶夫卡（Alekseevka）

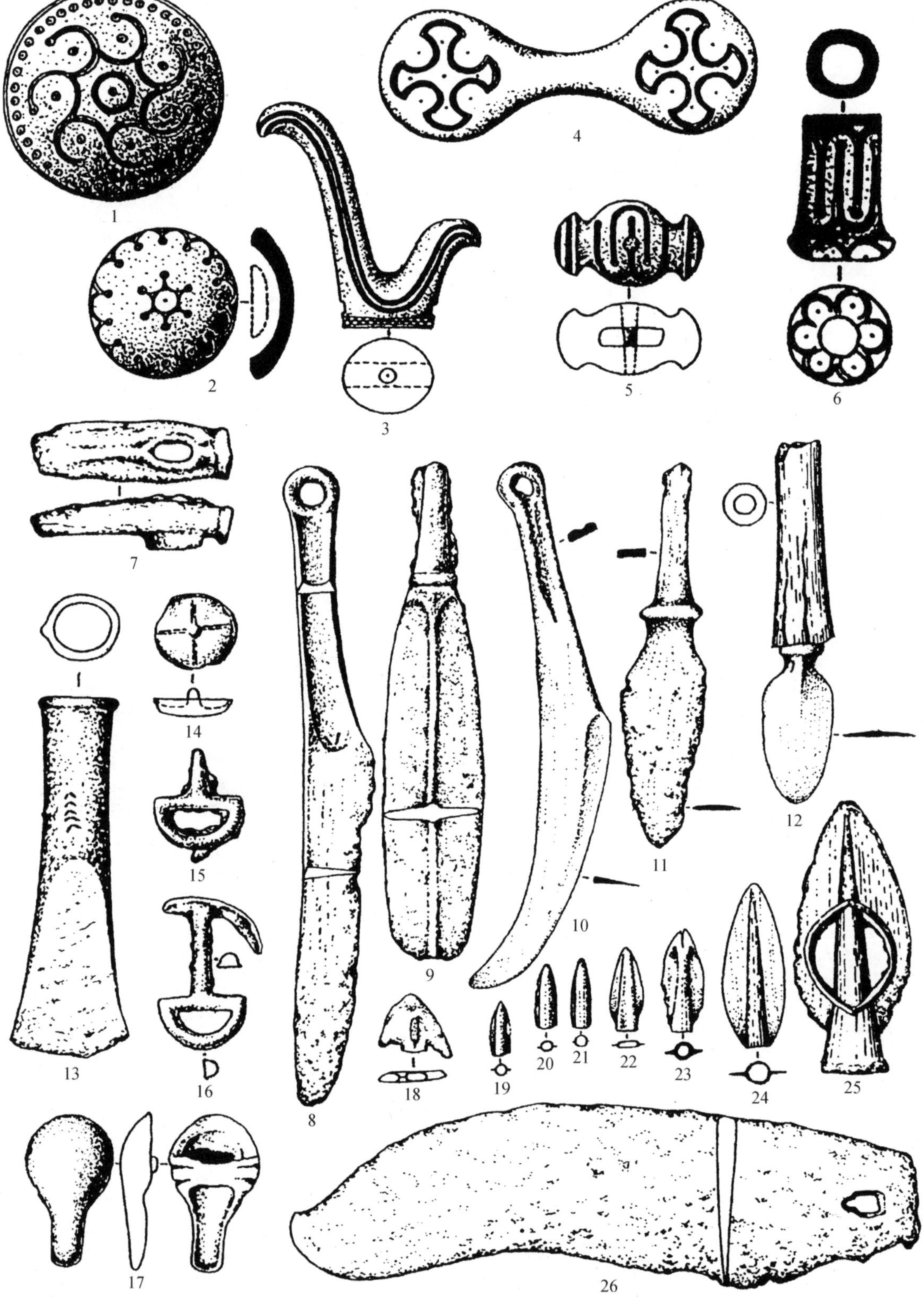

图31　哈萨克斯坦中部的青铜时代末期的手工制品

1～6. 骨质　7～26. 青铜质地

（肯特聚落，根据Varfolomeev 2003：fig. 3～5）

图32 伊朗东北部（North-East Iran）、巴克特里亚、马尔吉亚那和近东（Near East）交通工具

1. 巴克特里亚南部的银碗［收藏于巴黎卢浮宫］ 2. 葬有四轮马车、巴克特里亚骆驼和马的古勒3200号富人墓 4. 墓葬中车轮复原（Dubova 2004：fig. 21，41） 6～11. 图章 3. 德佩–希萨尔（Depe-Hissar）的使用交叉辐条轮子的车 5、6. 巴克特里亚的圆柱 7. 库尔–特佩（Kül-tepe）卡努姆（Karum）Ⅱ 8. 骑士形象的小木板 9. 纽约大都会艺术博物馆收藏的马科动物的双马双轮战车（Biga with equids，New York Metropolitan Museum of Art） 10. 特尔布拉克（Tell-Brak）收藏的方形马牌饰 11. 印有苏鑫王（King Šu-sin）名字的印章

图33　中亚南部发现的车和巴克特里亚骆驼

1、2、16. 古勒　3. 巴克特里亚　4. 萨帕里–德佩　5～11、15、22、23. 阿尔金–德佩　12、20、21. 纳马兹加–德佩（Namazga-depe）　13、14. 卡拉–德佩（Kara-depe）　17、19. 托克洛克Ⅰ　18. 托克洛克Ⅲ

（1、4为石质；其他为泥质）

图34 哈萨克斯坦中部和吉尔吉斯斯坦岩画上的巴克特里亚骆驼

1. 阿普曾Ⅲ 2、5、9、10. 库伊巴加尔（Koibagar）Ⅲ 3、4、6、7. 塞伊玛里-塔什 8. 库伊巴加尔Ⅱ

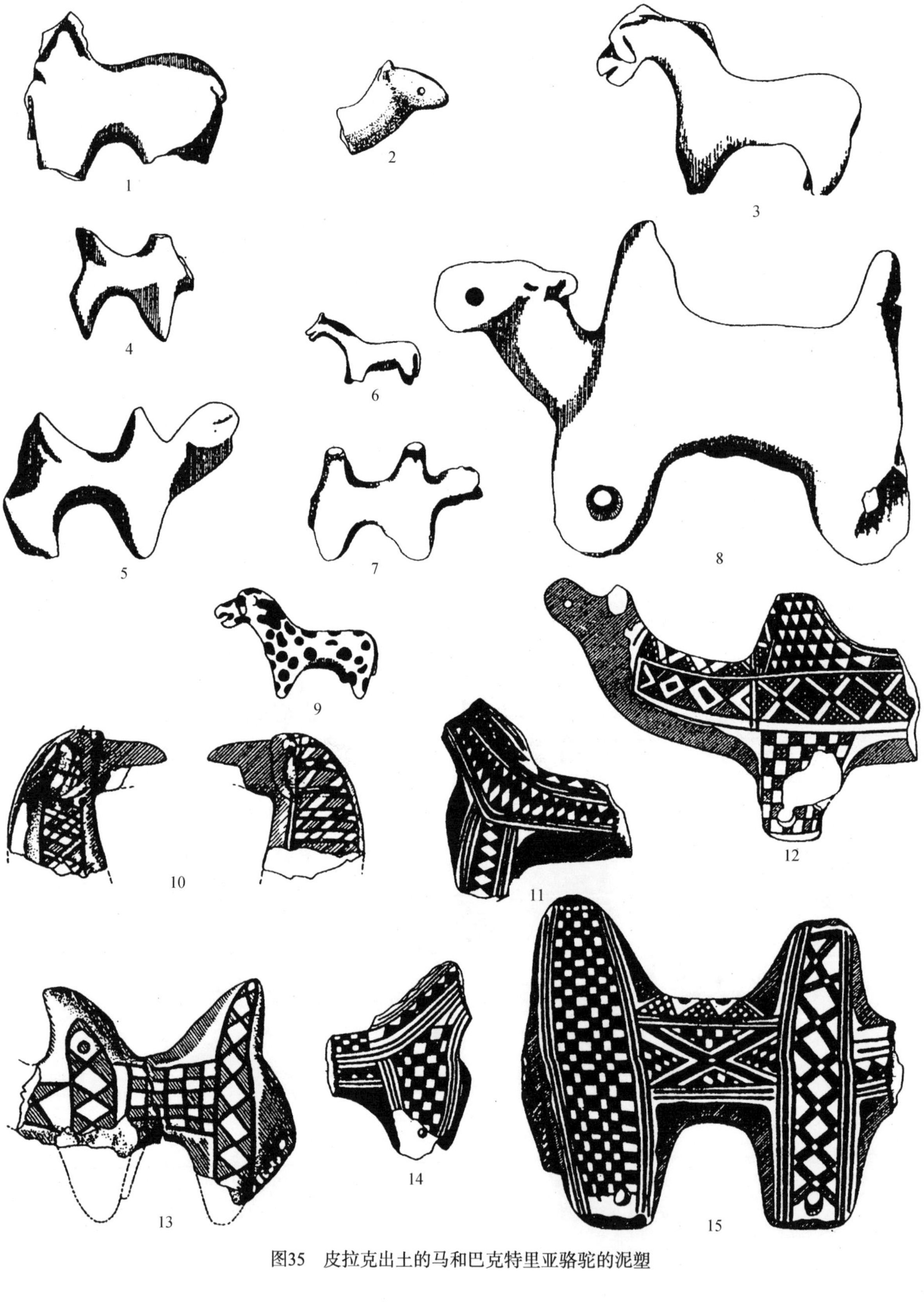

图35　皮拉克出土的马和巴克特里亚骆驼的泥塑

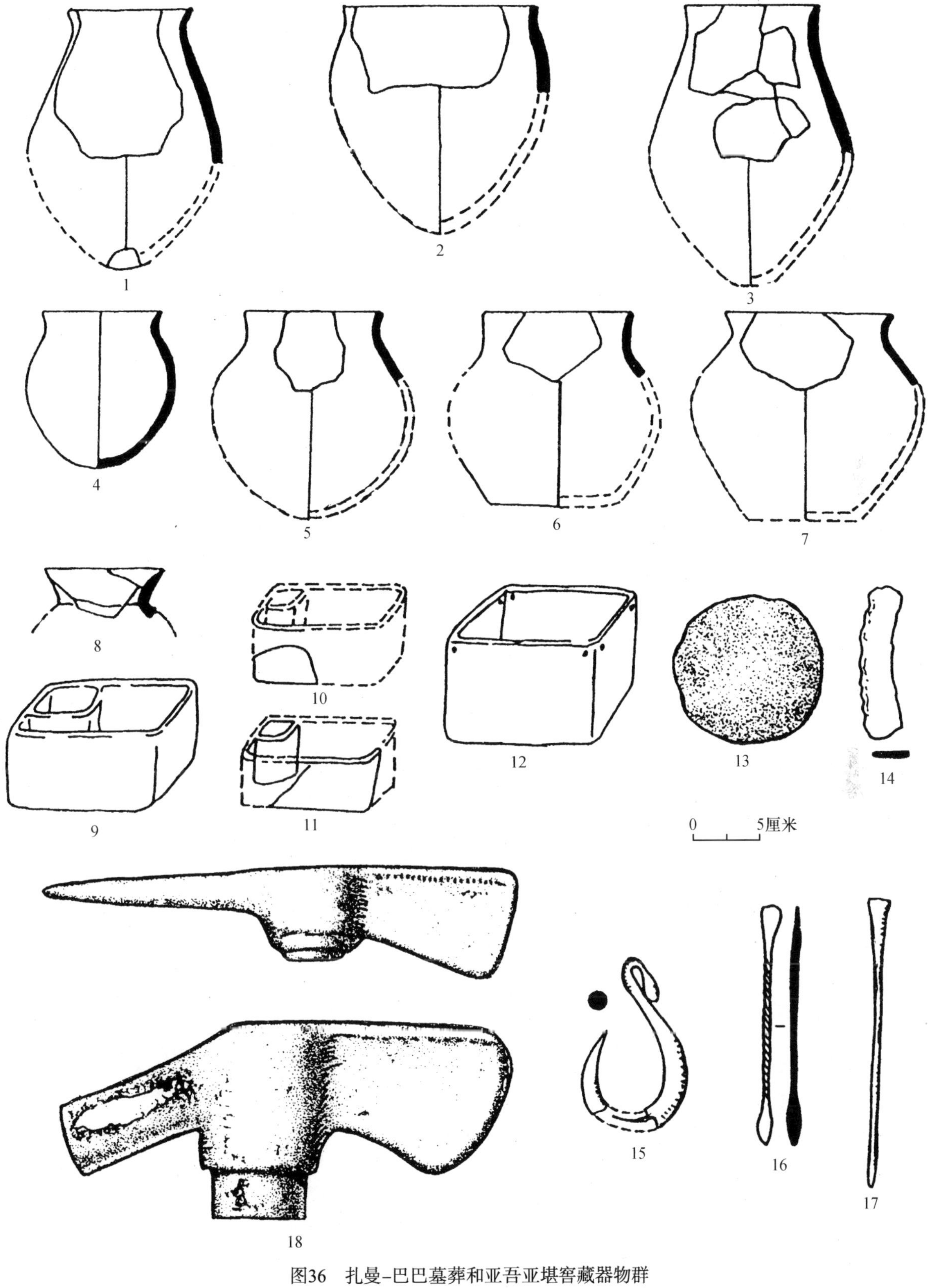

图36　扎曼-巴巴墓葬和亚吾亚堪窖藏器物群

1～12. 陶质　13～17. 红铜手工制品　18. 亚吾亚堪窖藏出土的斧凿和斧锤

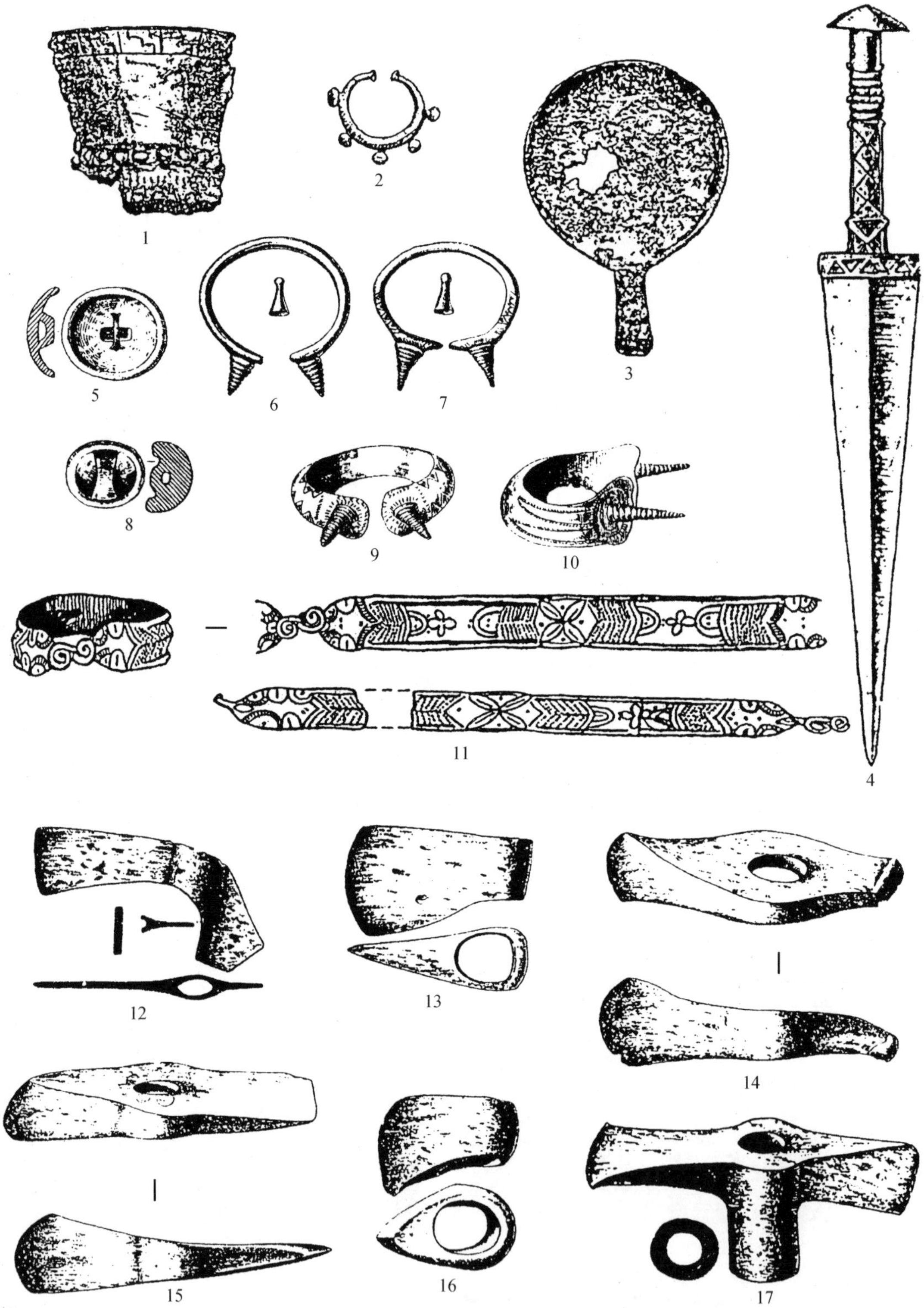

图37　中亚出土的红铜时代和青铜时代的铁质手工制品

1、2. 努列克　3. 卡拉-皮乔克（Kara-Pichok）　4. 拉米特（Ramit）　5、8. 布里奇莫拉　6、7、9. 伊斯坎德尔　10. 乌兹根　11. 帕尔哈尔德（Parhard）墓地　12. 普伊哈屯（Pul-i Khatun）　13. 桑沃尔（Sangvor）　14. 夏尔-夏尔（Shar-Shar）　15. 尧-萨伊（Jori-sai），片治肯特　16. 阿拉克沁（Arakchin）　17. 代纳（Daina）

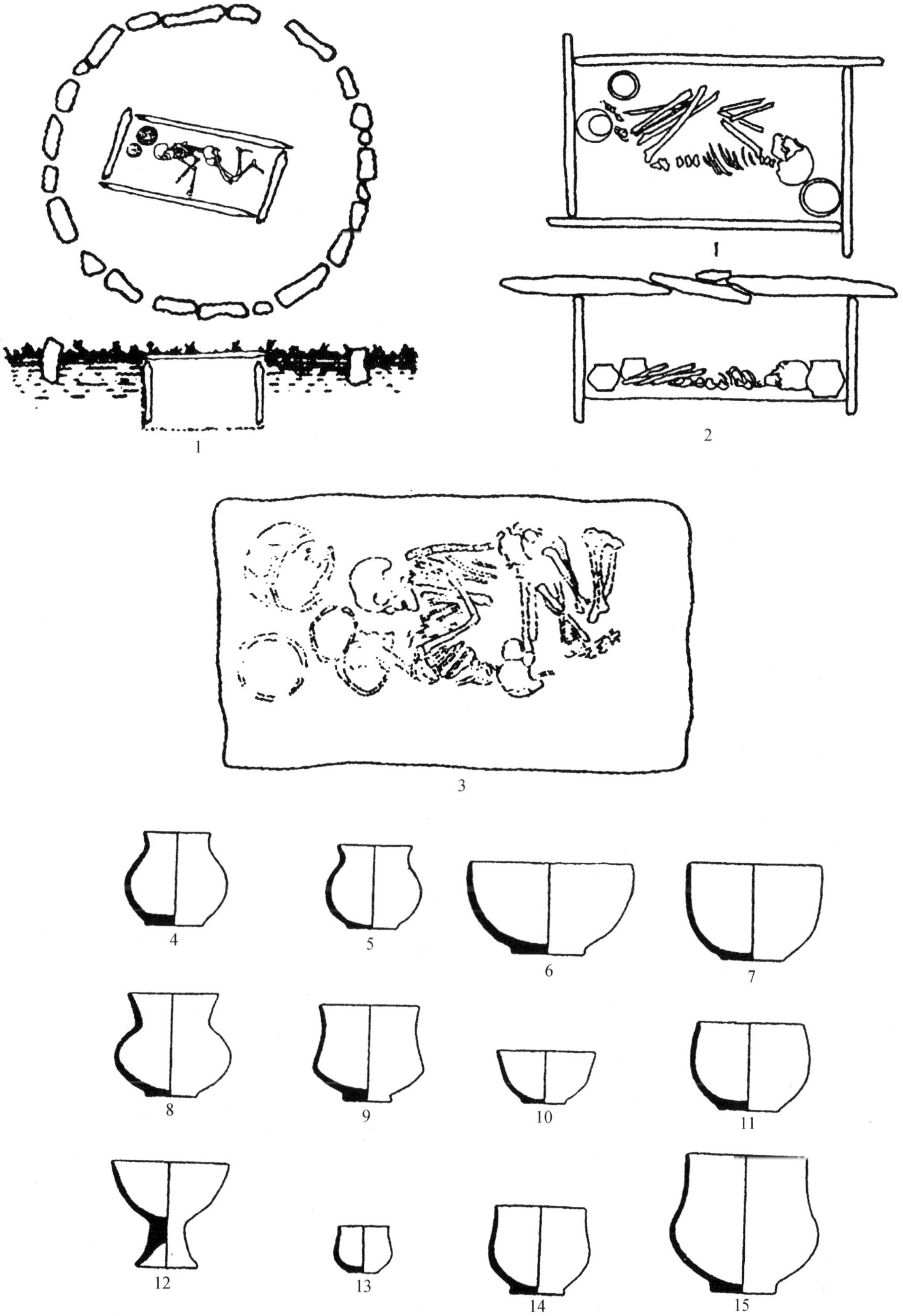

图38　斯瓦特海拉依出土的安德罗诺沃类型墓葬及陶器组合

1. 叶列诺夫卡（Elenovka）　3. 巴依图（Baitu）（乌拉尔地区）　2、4～15. 海拉依

（4～15为陶器）

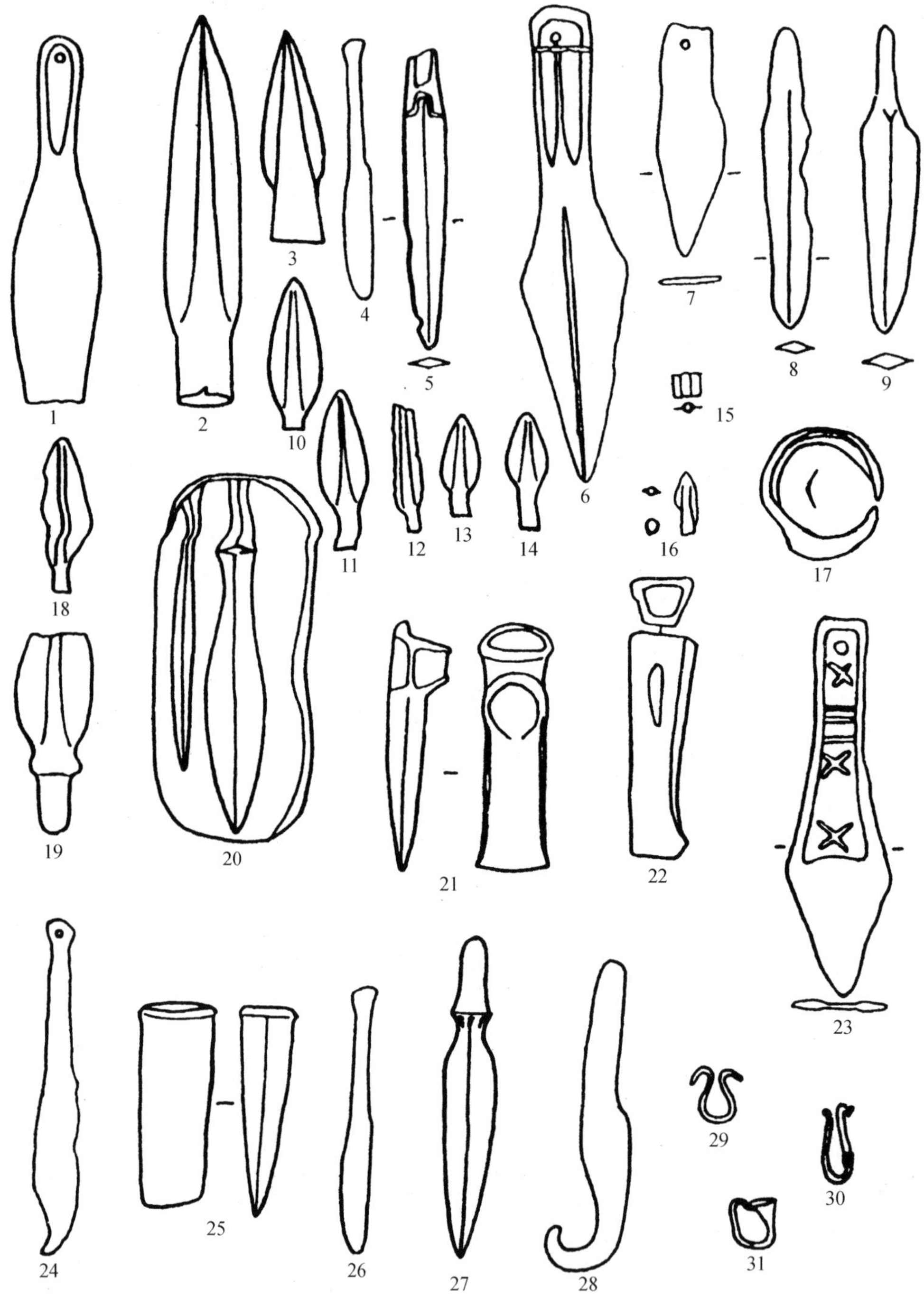

图39　中亚南部和阿富汗的安德罗诺沃类型青铜器

采集：1. 瓦克苏瓦（Vakhshuvar）　2. 撒马尔罕　3. 阿什哈巴德　13. 巴拉–依西姆（Bala-Ishim）　14. 乌兹别克斯坦　15. 库因–库羽的水井　27. 库林–特佩（Kulin-tepe）　28. 瓦拉赫沙（Varakhsha）　29. 阿勒塞夫–萨伊（Arsaf-sai）　30. 塔什肯特绿洲

聚落：6. 达什里　12. 安诺（Anau）南山　16. 托克洛克2　17. 塔赫拜2　19. 肖土盖ⅡB　24. 纳马兹加–德佩（B. A. Kufin于1952年发掘）　25、31. 康古特–土特　26. 卡里姆–柏德

墓葬：4. 比什肯特Ⅱ1号墓　5. 提戈洛瓦亚巴卡（Tigrovya Balka）7号墓葬　7～10、18. 图尔克哈尔（7为20号墓地；8为51号墓地；9为58号墓地；10为6号墓地；18为45号墓地）　11. 努列克　20、21、23. 库姆萨伊（20、21为4号墓地；23为1号墓地）　22. 坦迪玉尔（Tandyryul）

（25为石模；其他为青铜）

图40　土库曼斯坦南部和阿富汗出土的安德罗诺沃晚期类型陶器，装饰有附加堆纹

聚落：1～10. 肖土盖　11～16. 艾尔肯–德佩　17～19. 特肯–德佩（Tekkemn-tepe）

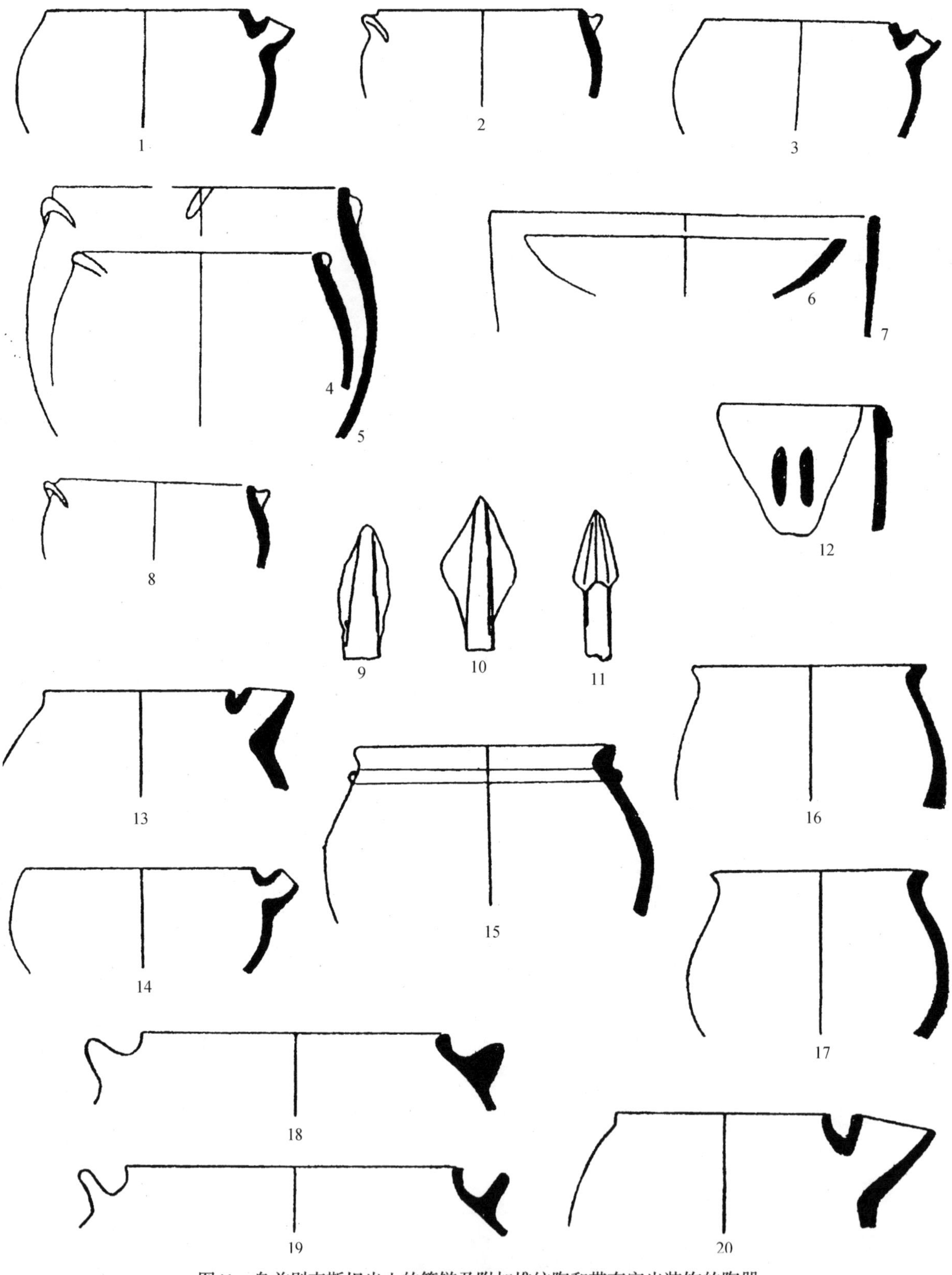

图41 乌兹别克斯坦出土的箭镞及附加堆纹陶和带有突出装饰的陶器

聚落：1～12. 塔拉什干-特佩（Talashkan-tepe） 13～20. 库秋克-特佩ⅠA层

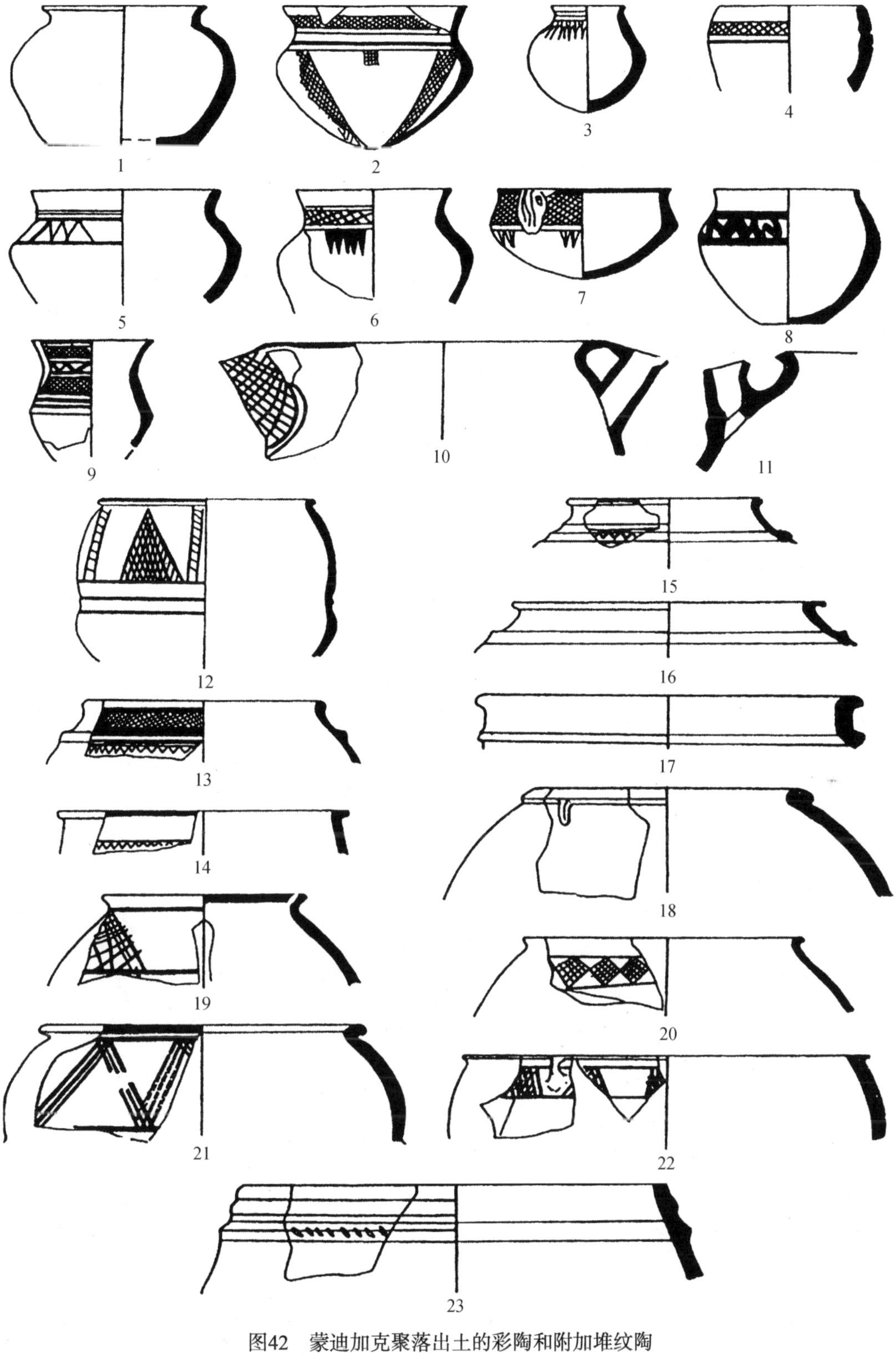

图42　蒙迪加克聚落出土的彩陶和附加堆纹陶

1～14.Ⅴ　15～23.Ⅵ

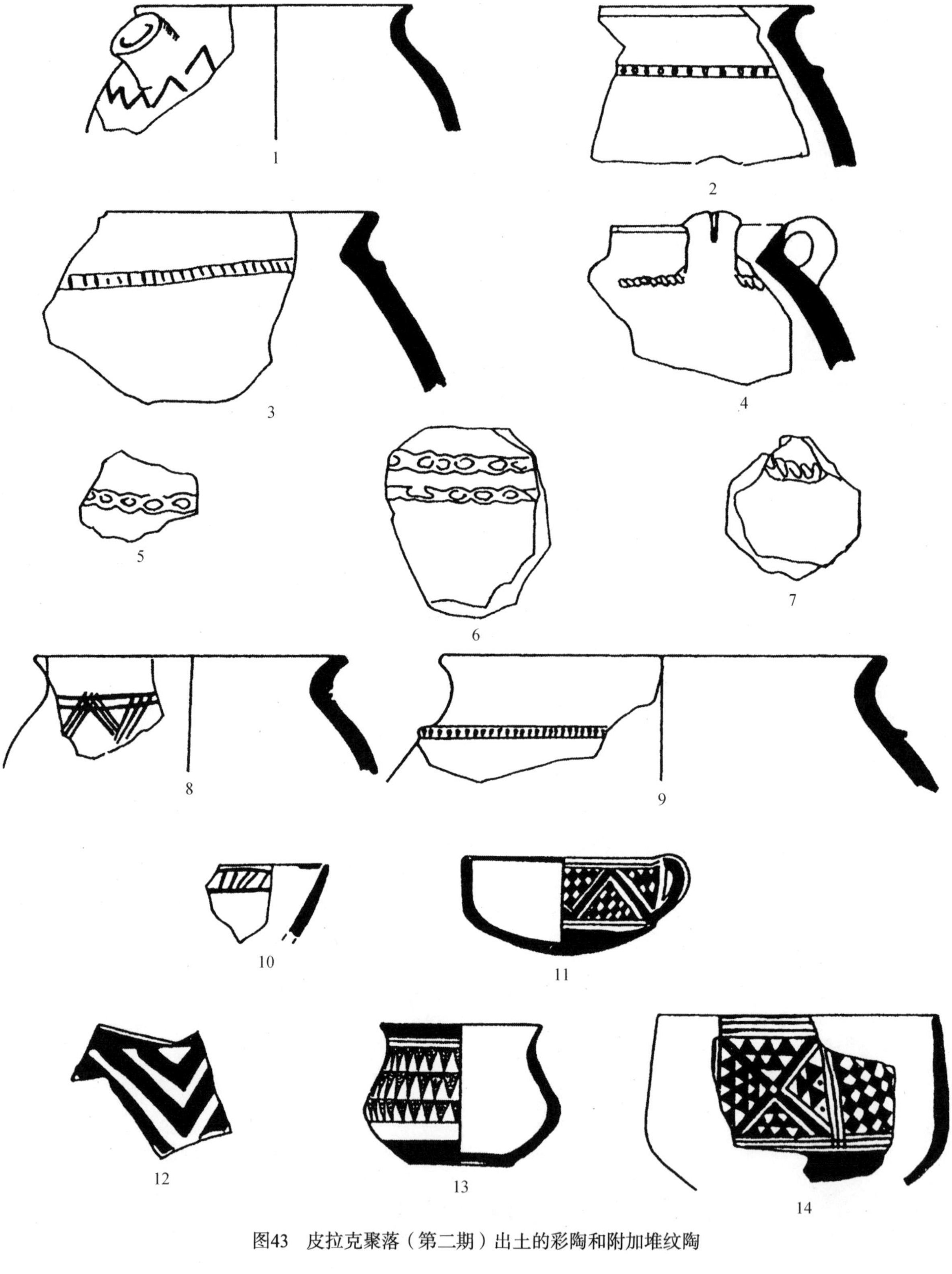

图43　皮拉克聚落（第二期）出土的彩陶和附加堆纹陶

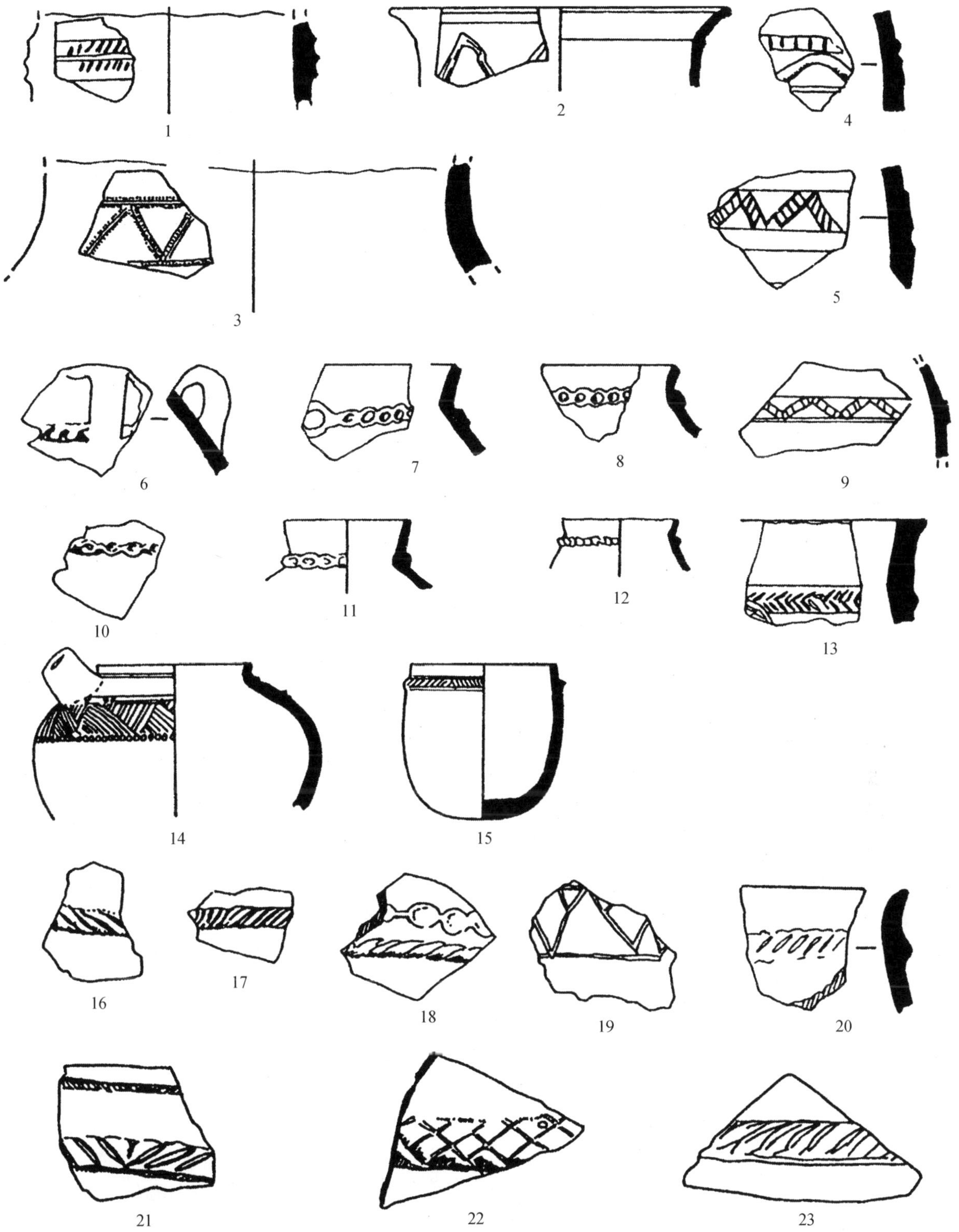

图44　兴都斯坦和俾路支的附加堆纹陶器

1～3. 图兰巴　4、5、9、13. 莫克兰（Makran）出土的杜拉–巴斯特（Durrah-e-Bast）容器　6、10、14、15. 皮拉克　7、8. 杜尔–汗　11、12. 巴塔米–丹　20. 拉纳–昆代（Rana-Ghundai），表面　21～23. 莫乎–卡拉（Mohul-Kala）

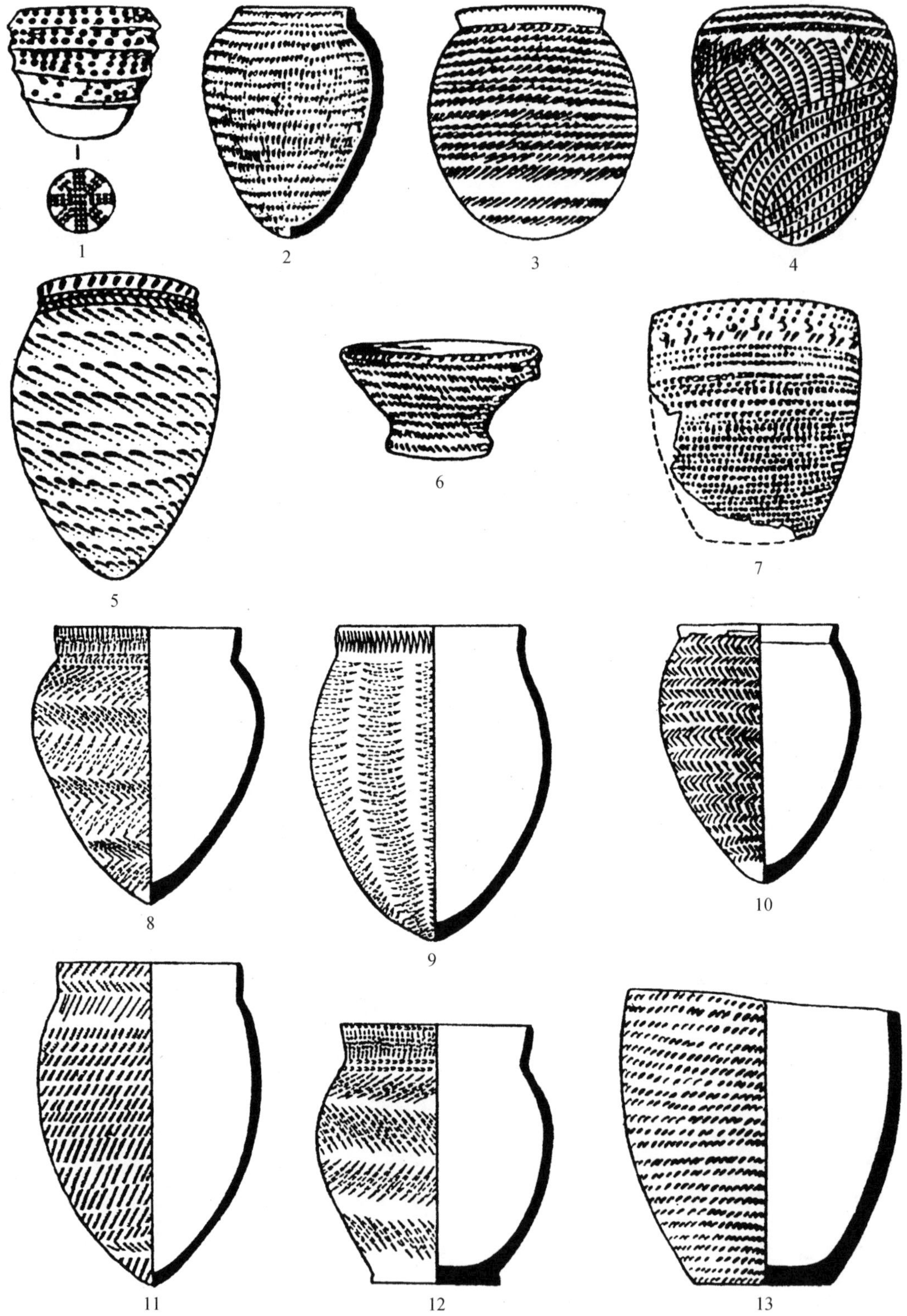

图45　阿凡纳谢沃文化陶器

古墓群：1～7. 阿凡纳谢沃（Afana’seva Gora）　8、9、13. 尼孜尼图美沁（Nizhnii Tumechin）
10、11. 巴尔苏其卡（Barsuchikha）Ⅳ　12. 库尤木

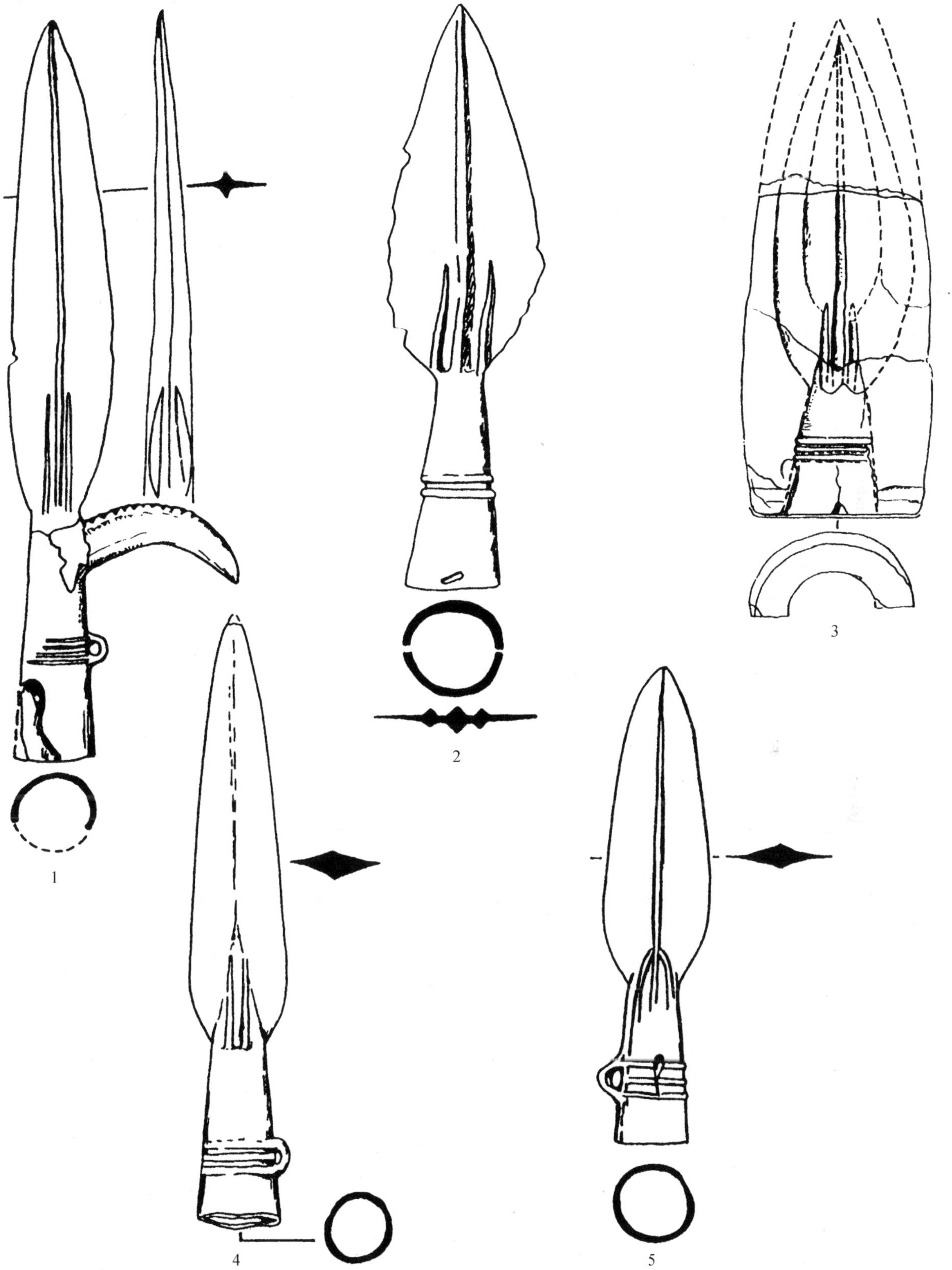

图46　阿尔泰地区出土的矛

采集：1. 出自恰雷什（Charysh）　2. 出自索兹嘎（Souzga）　3. 卡兰土尔（Kalantyr'）聚落出土（石质模型）
4. 出自帕凡诺沃（Parfenovo）　5. 出自博拉（Burla）

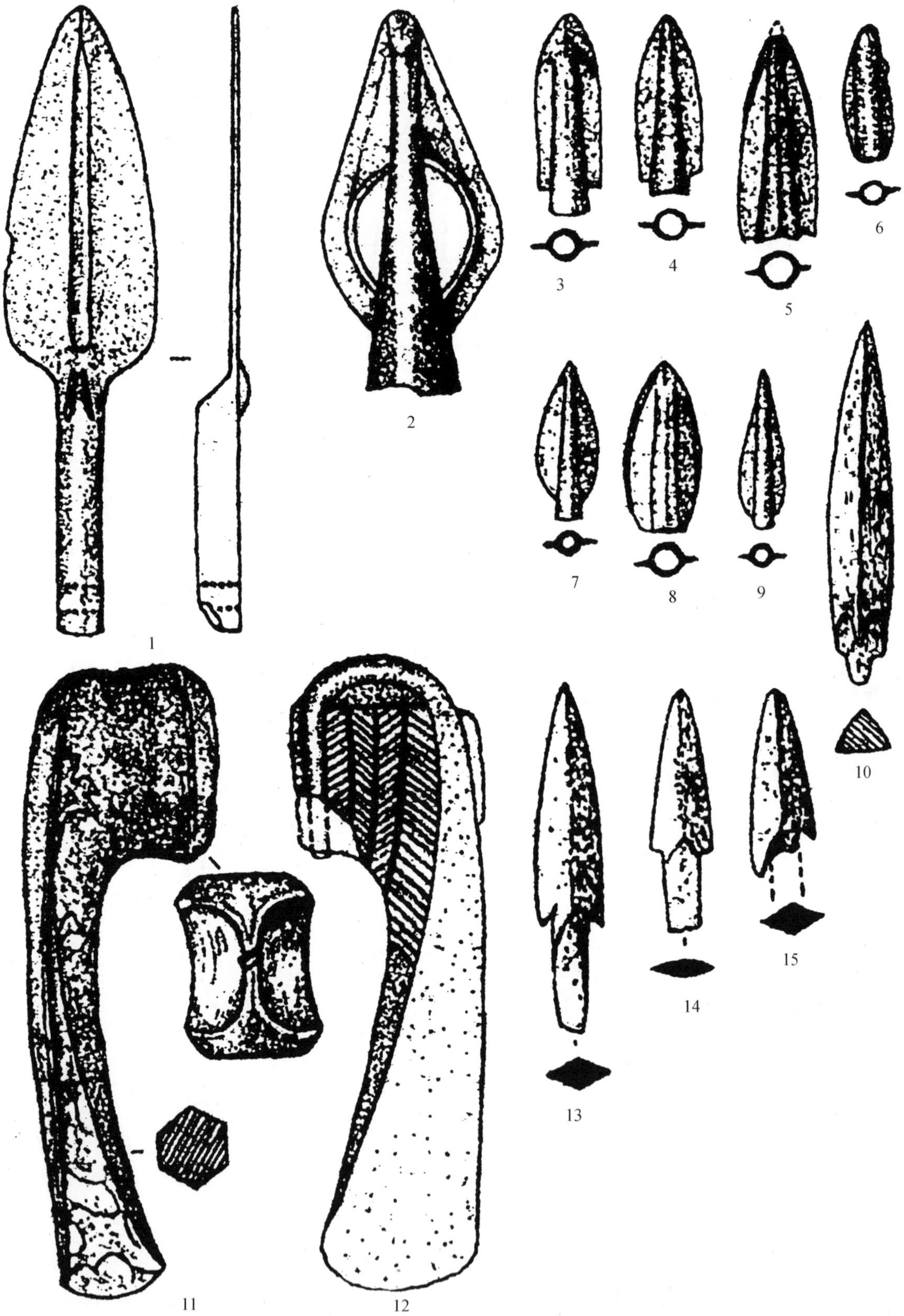

图47　阿尔泰地区出土的阿列克谢耶夫卡类型武器

聚落：1. 库莱卡（Kureika）　2. 布堪斯科耶（Bukanskoe）　10. 苏维埃布特（Sovetskii Put'）
11.克莱斯特扬斯库耶（Krestyanskoe）　13～15. 鲁伯列沃（Rublevo）Ⅵ
（其他均为采集）

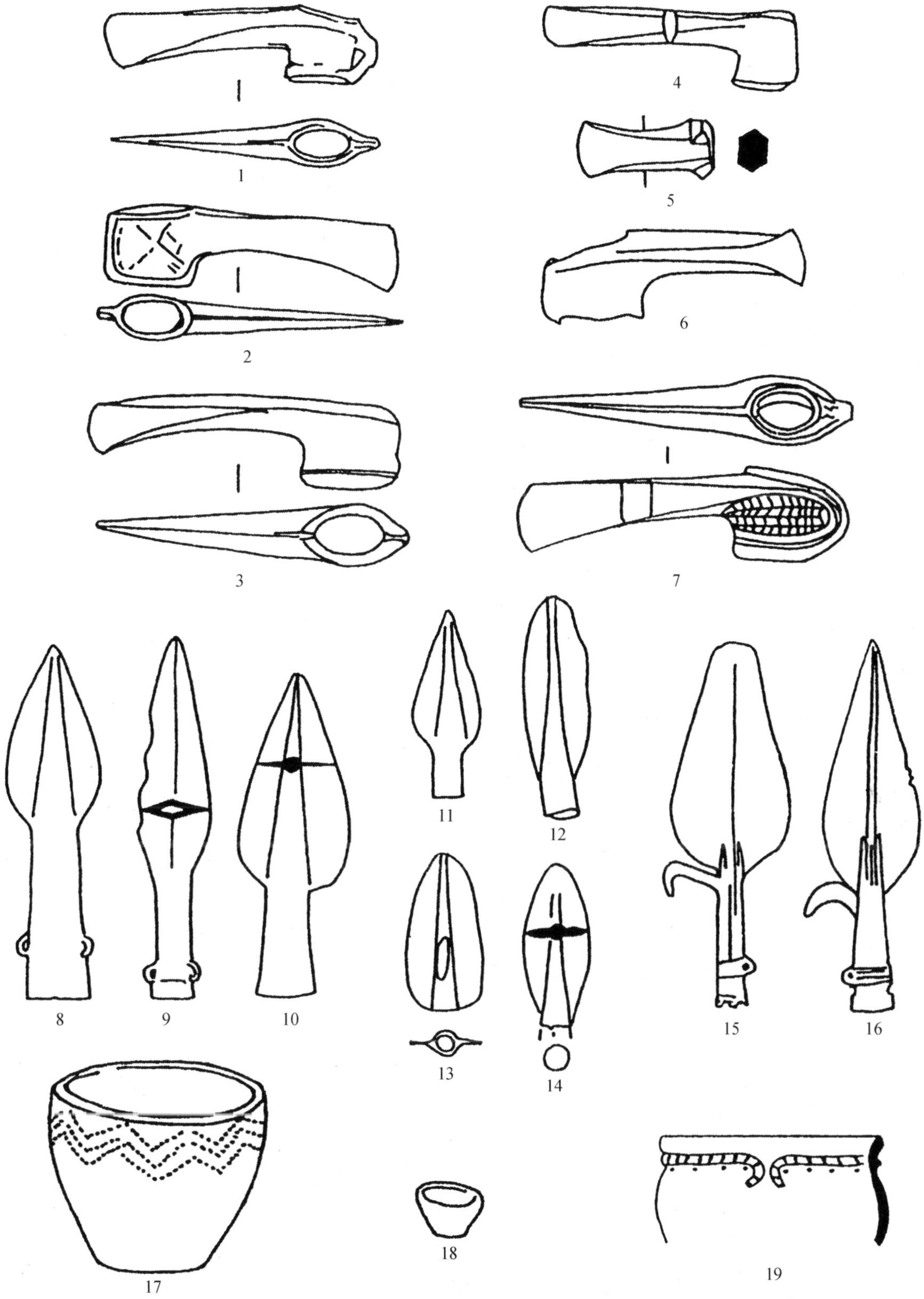

图48　西伯利亚、新疆和蒙古出土的青铜武器和陶器

1. 乌尔拉波沃（Urlapovo）　2. 谢姆奈卡（Shemonaikha）　3. 克莱斯特扬斯库耶（Krestyanskoe）　4、6. 奇台（Guchung）　5、7. 塔城　8～10. 中原商墓　11. 楼兰（Krorän）　12. 花园子（Gül Bagh）　13. 焉布拉克（Yanbulaq）　14. 克尔桑（Qaraüzhmä /Qurangzima）　15. 青海沈那　16. 罗斯托夫卡　17、18. 塔城卫所大墓地　19. 乌鲁兹福尔那克钢退（Uluz Verkhnekilgantui）43号墓（蒙古）

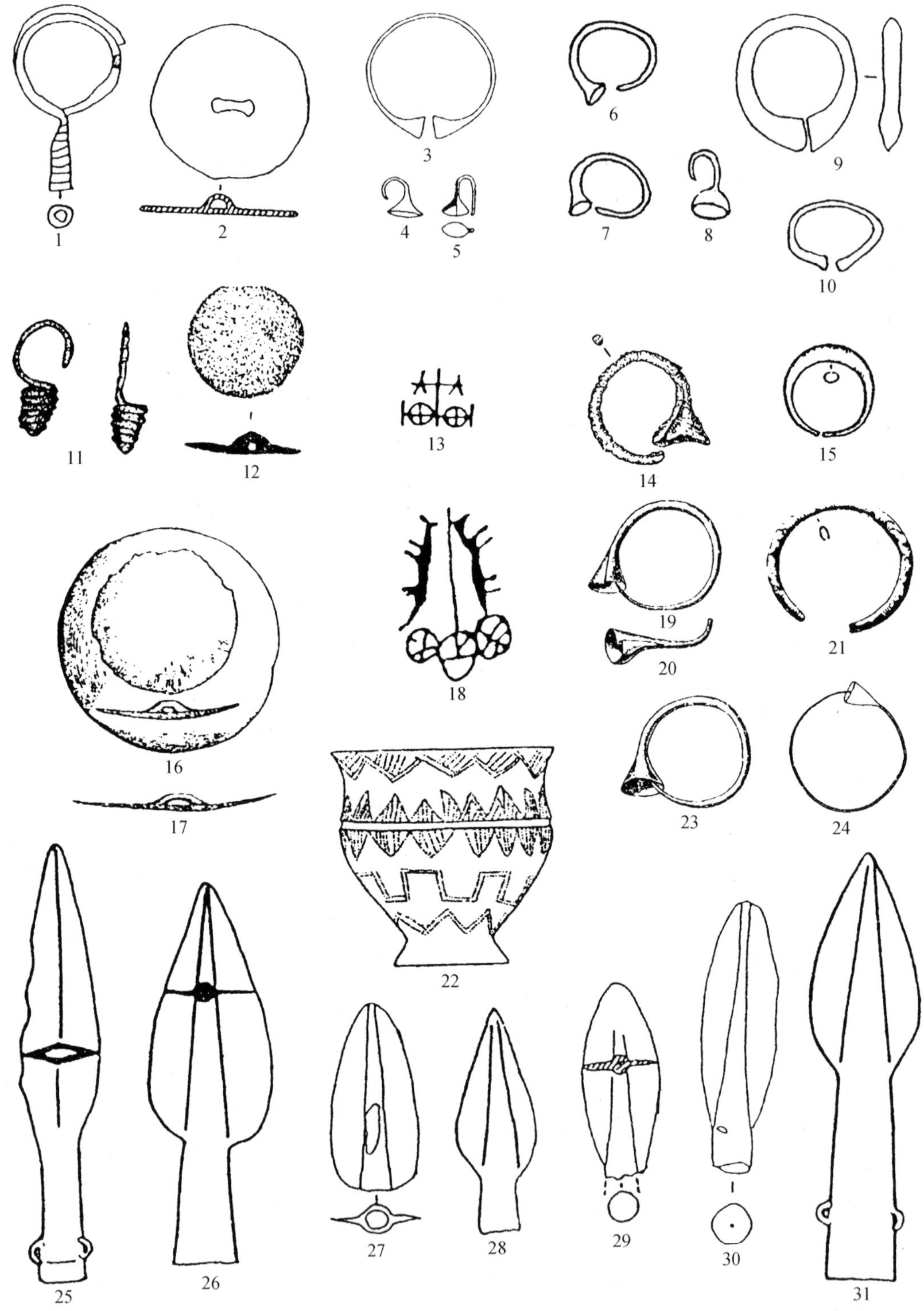

图49　新疆、中原、费尔干纳和七河流域出土的安德洛诺沃罐、岩画、装饰品和武器

1、2、9、27. 焉布拉克　3. 甘肃　4、8、10. 刘家海　5. 夏家店　6、7. 墩北　11. 泰姆格里　12、14. 库尔-萨伊　13. 中原式样的车
15、21. 别尕兹　16、17. 沙马什窖藏　18. 格尔霍巴德赫山（Ge' er Huobadeheshan）岩画（帕米尔）　19、20、23. 塔什-秋别Ⅱ
22. 塔城（Saz）　24. 瓦蒂尔　25、26、31. 中原商代墓葬　28. 楼兰　29. 克尔桑　30. 花园子

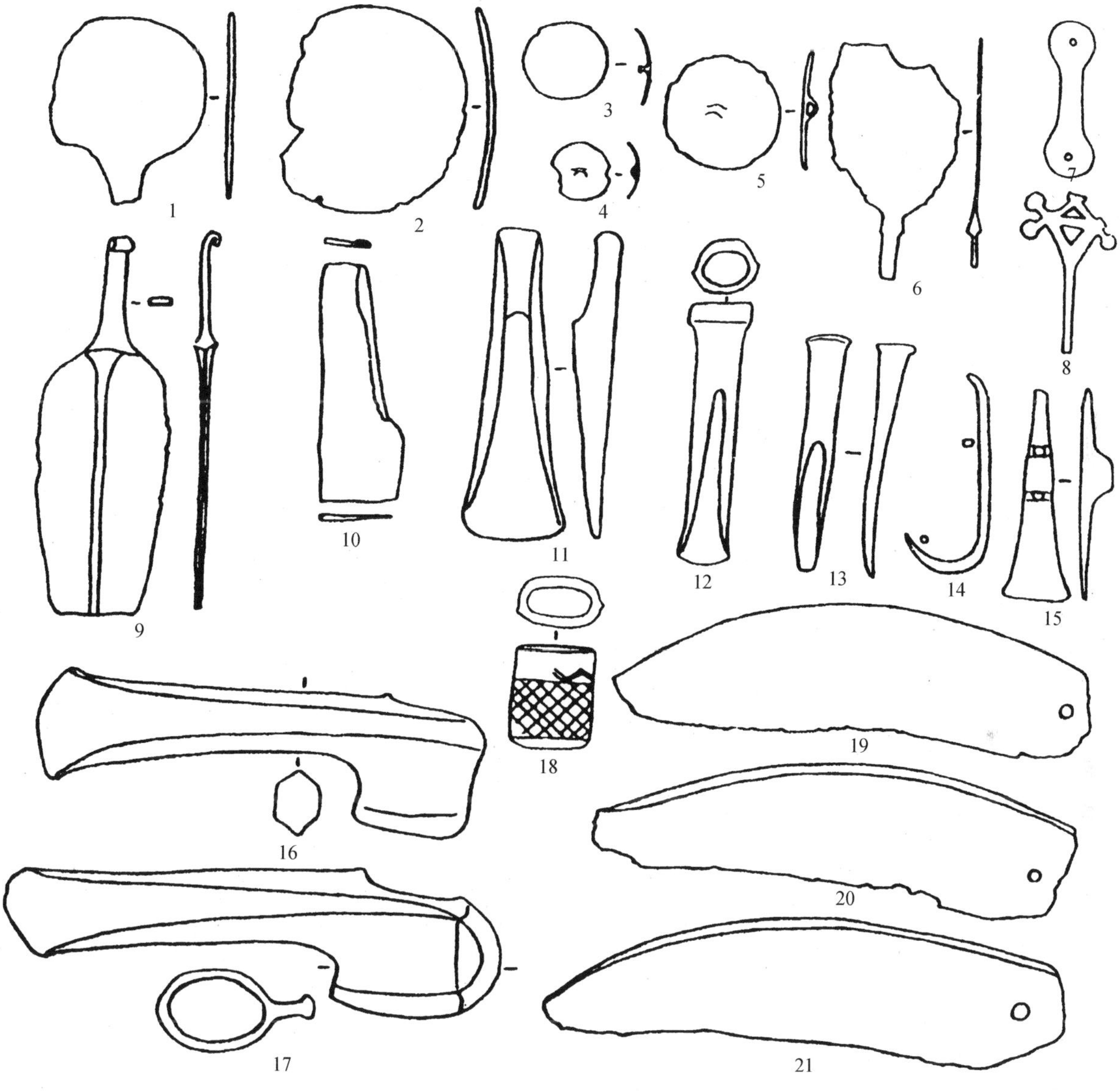

图50　沙马什窖藏（青铜）

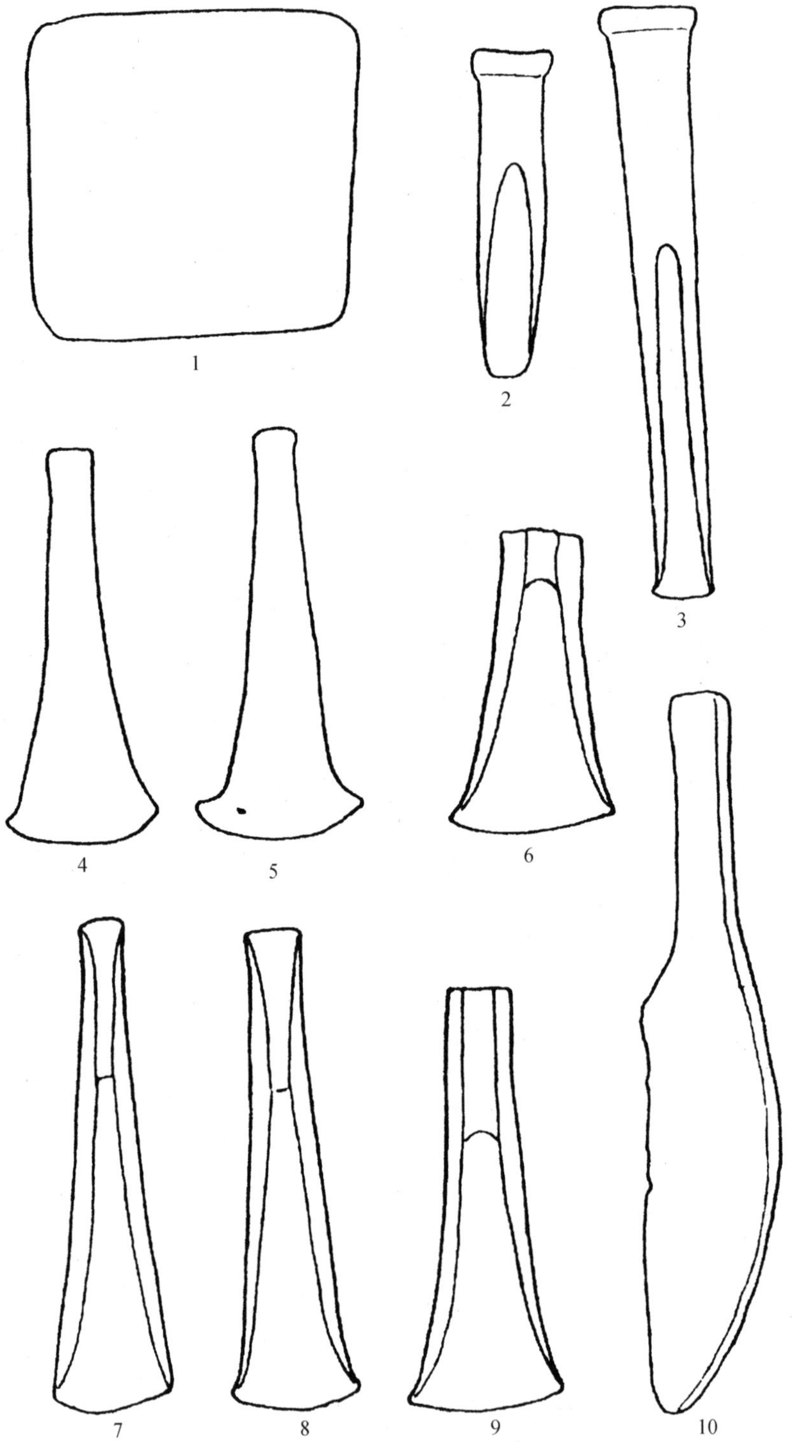

图51　图尤克窖藏（青铜）

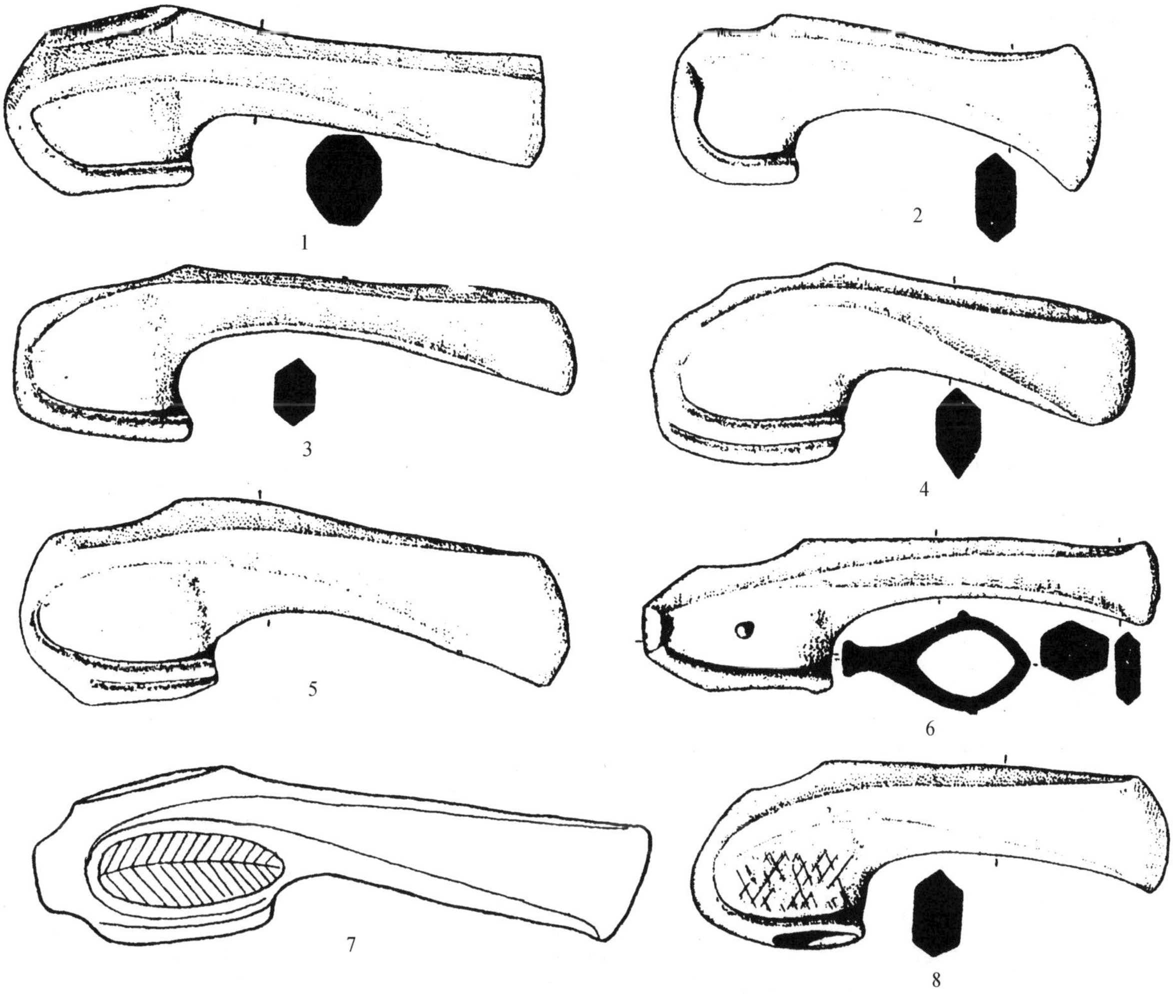

图52　吉尔吉斯斯坦、费尔干纳和新疆出土的安德罗诺沃类型的铜斧

采集：1. 新帕夫洛夫卡（Novo-Pavlovka）　2. 伊万诺夫卡　3. 卡伊拉库姆聚落（模子）

窖藏：4、5、8. 苏克鲁克　6. 伊塞克–库尔（Issyk-kul'）　7.阿尕尔森

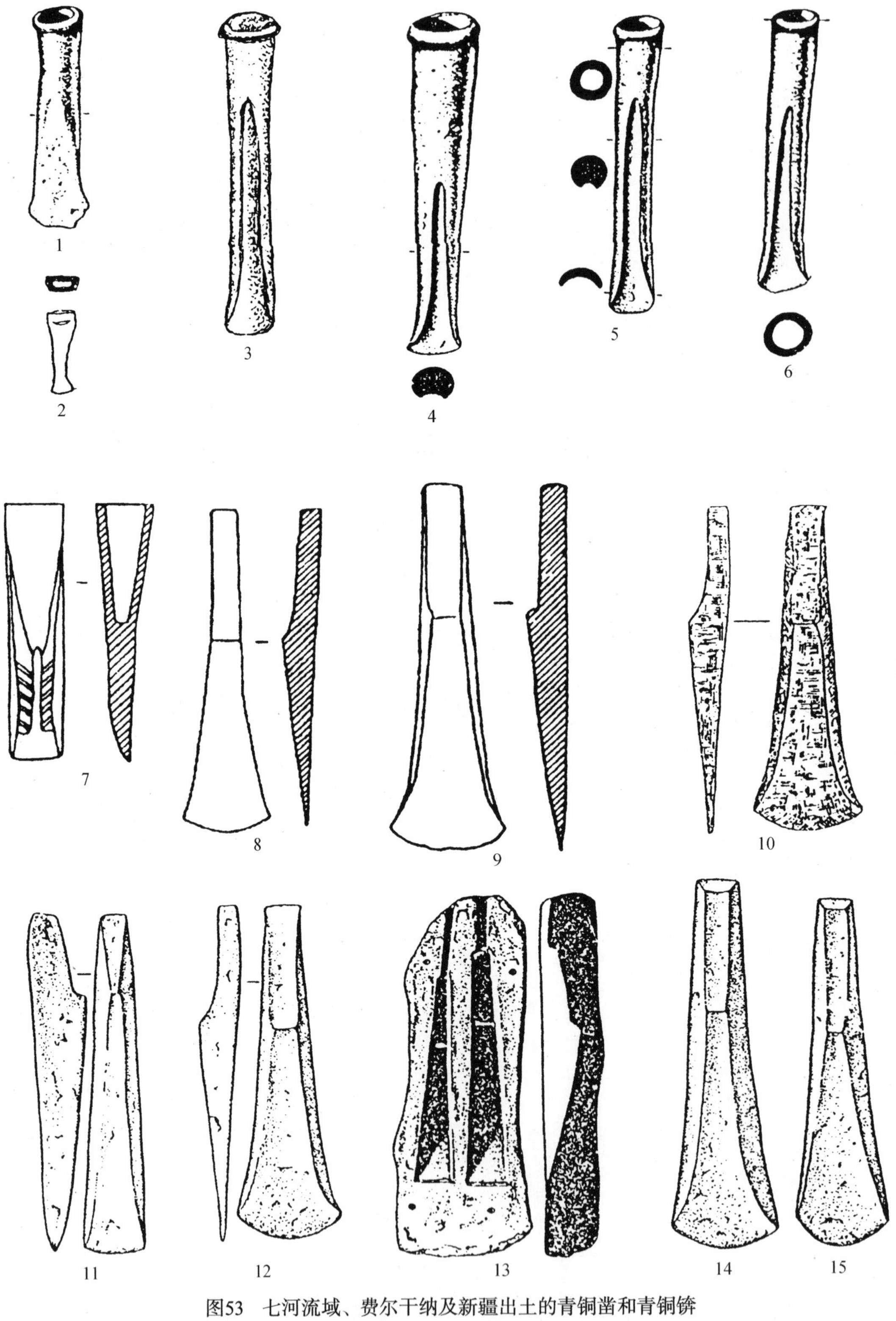

图53　七河流域、费尔干纳及新疆出土的青铜凿和青铜锛

采集：1、15. 比什凯克　7. 伊犁　8. 乌鲁木齐　11. 卡拉科尔　13. 阿列克桑德诺夫卡（Aleksandrovka）（石模）

窖藏：2、3、10. 阿尕尔森（根据安志敏的照片，1998：3）　5、14. 萨德沃耶　6、12. 苏克鲁克　9. 图尤克　4. 达维尔津聚落

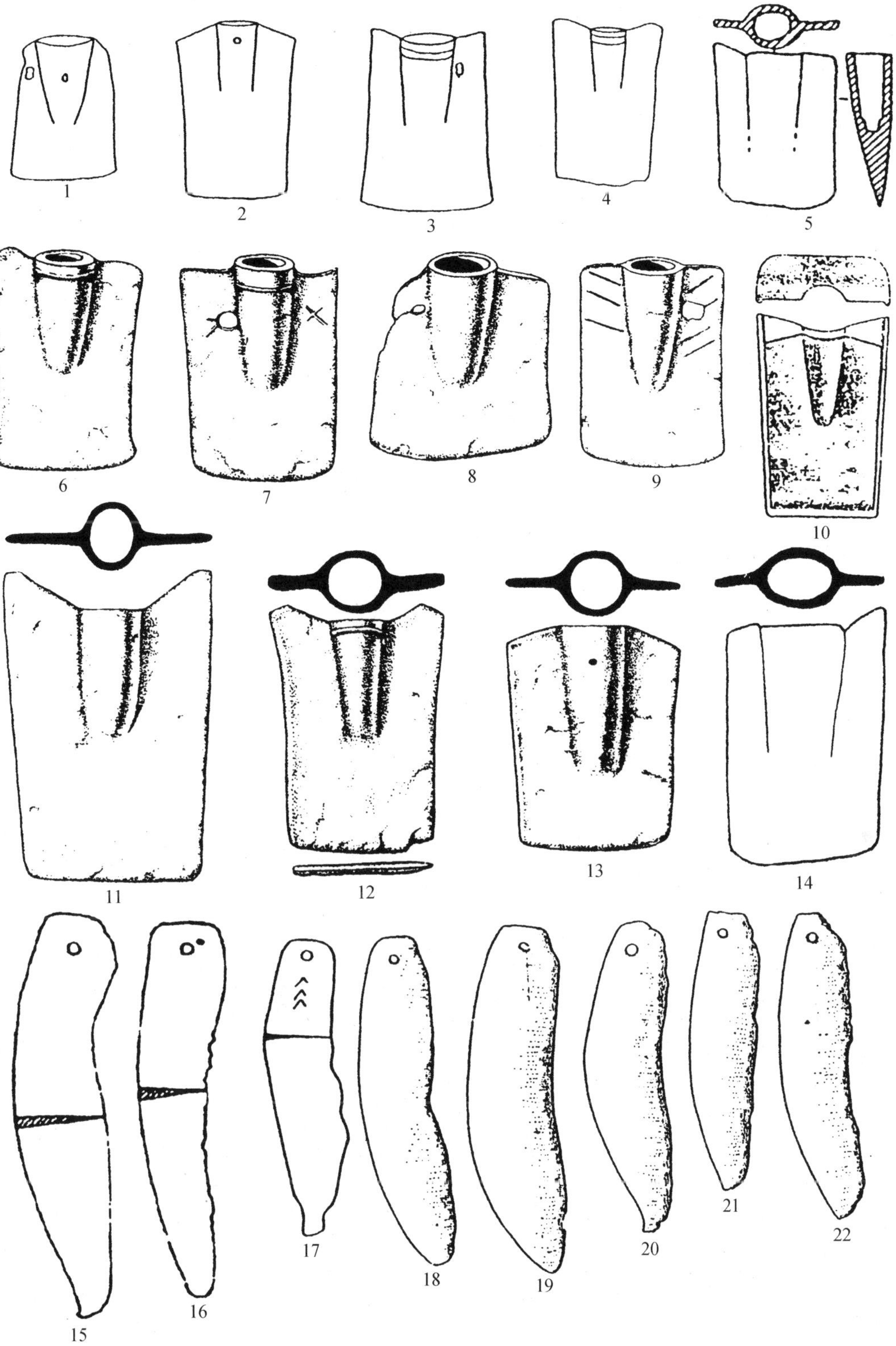

图54　亚洲草原和新疆出土的青铜有銎铲和镰刀

1、3. 库尔丘姆　2. 中亚　4、6. 新帕夫洛夫卡　5. 乌鲁木齐　7. 比什凯克　8. 康特（Kant）　9. 伊万诺夫卡　10. 绍穆什（Samus）Ⅳ聚落（石模）　11. 提普　12. 热吉塔姆（Ringitam'）　13. 锡尔河上游　14～16. 塔城　17. 阿尕尔森　18、19、21、22. 楚河（Chu river）运河　20.伊万诺夫卡

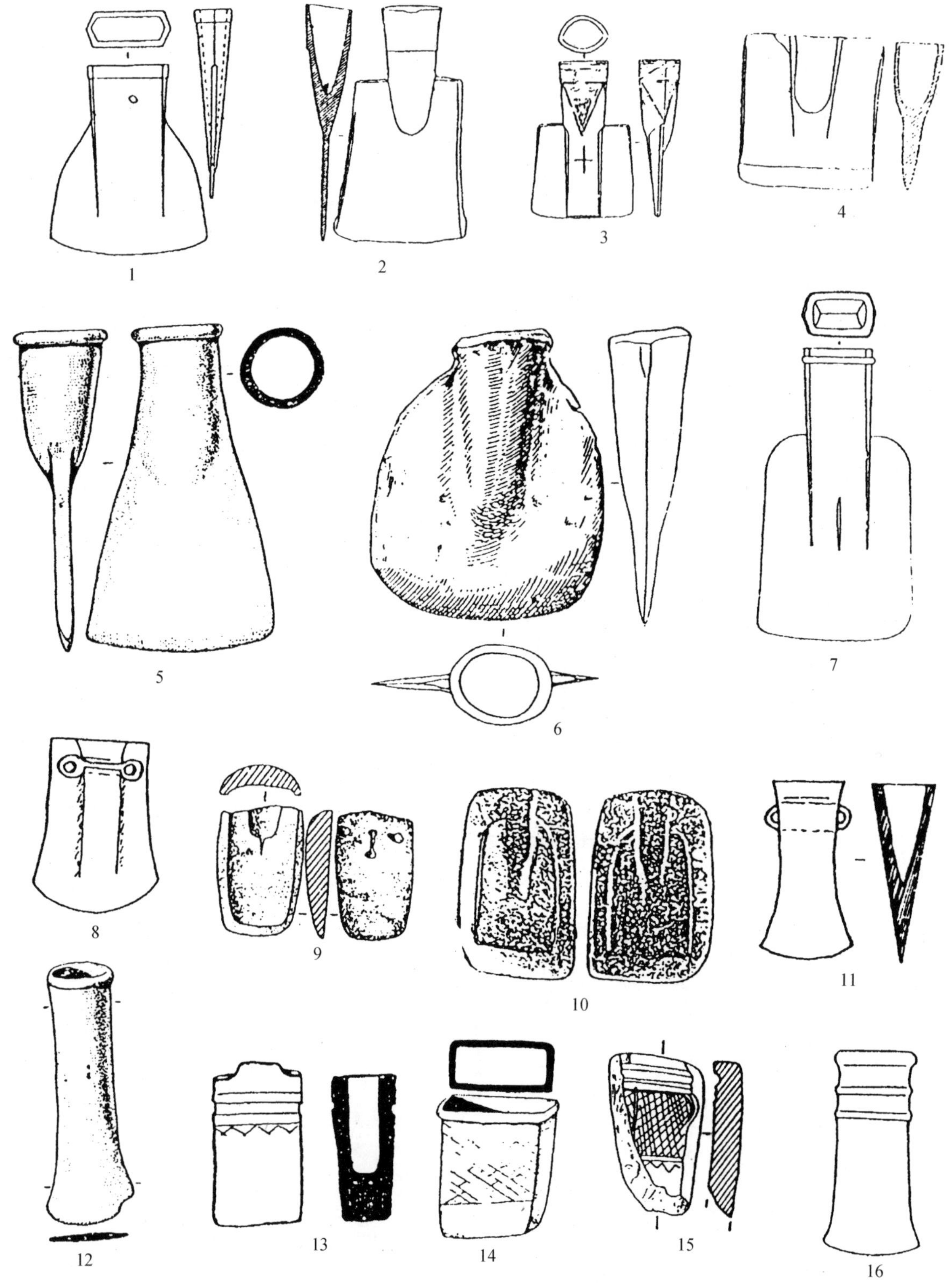

图55　出自中原、新疆、费尔干纳、七河流域和西伯利亚的有銎青铜铲和青铜斧

中原商墓出土：1. 新安出土　2、3. 妇好墓出土　7. 大司空村出土

采集：4. 塔城　5. 勒柏迪诺夫卡（Lebedinovka）　6. 扎巴（Dzhappa）　8. 乌辛斯克耶（Usinskoe）　9. 奥泽诺耶（Ozernoe）　10. 克尔木齐　11. 哈密（Qumul）　16. 辛塔拉

窖藏：12、14. 萨德沃耶　13. 阿尕尔森　15. 朱开沟遗址Ⅴ期

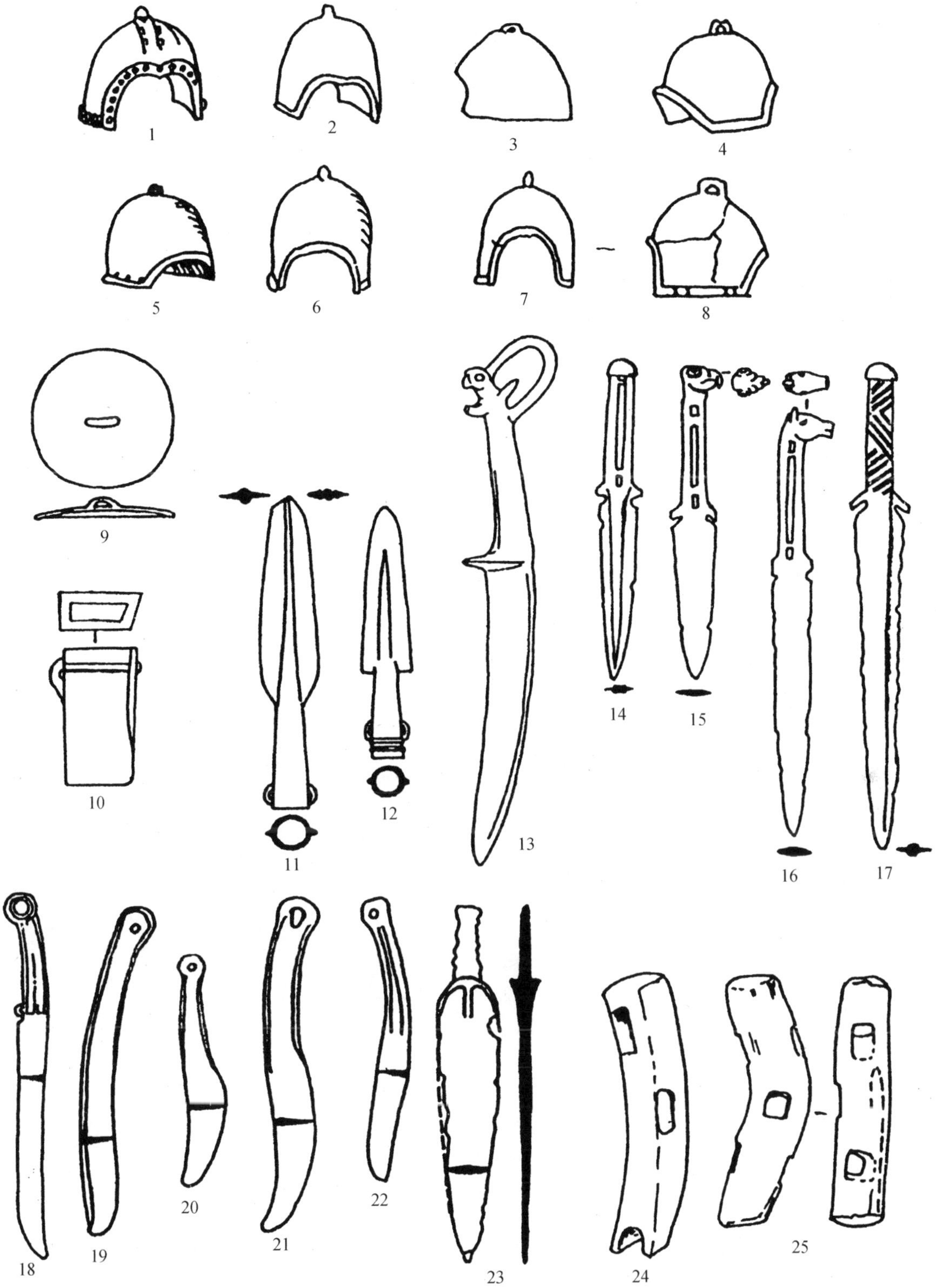

图56　中国中原和北方出土的青铜头盔、青铜镜、青铜刀、青铜短剑、骨质颊片

1～8. 中原出土　9、19～23. 天山北路墓葬出土　10～12、14～17. 北京附近的白浮出土　13. 妇好墓出土　18.《朱开沟》第五章　24、25. 辛村出土

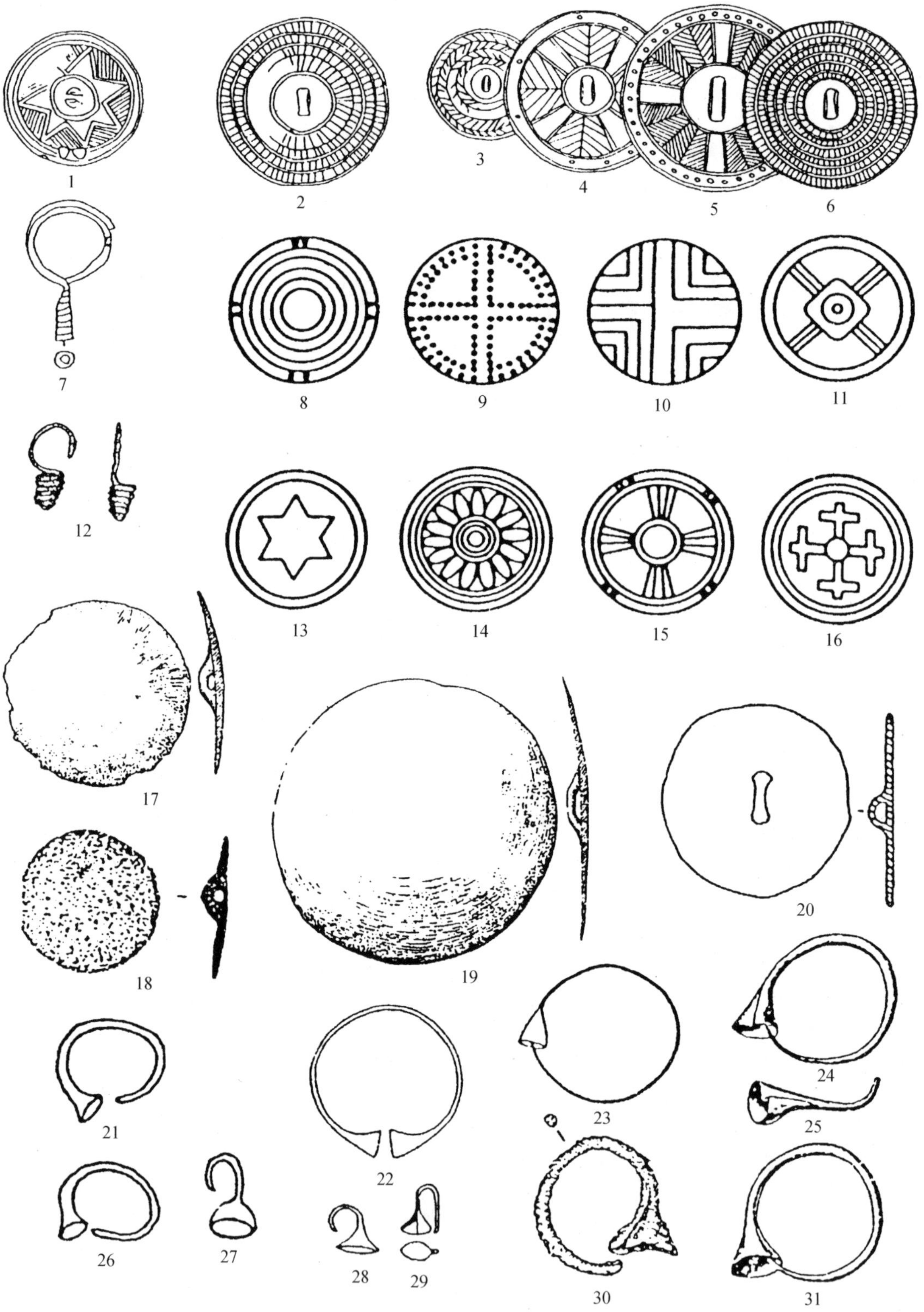

图57　亚洲草原、新疆、内蒙古和中原出土的镜子、盘子、耳环和喇叭形环

1. 内蒙古　2. 青海尕马台　3～6. 妇好墓　7、20. 焉布拉克　21、26. 墩北　22. 甘肃　27、28. 刘家海　29. 夏家店

安德罗诺沃墓地：8. 塔斯提-布塔克（Tasty-butak）　9、10. 博罗沃耶　11、16. 布尔库尔达克（Bylkyldak）Ⅰ　12. 泰姆格里　13. 布尔库尔达克Ⅲ　14. 阿拉库尔　15. 阿列克谢耶夫卡　18、30. 库尔-萨伊　17、19. 沙马什窖藏　23. 瓦蒂尔　24、25、31. 塔什-秋别Ⅱ（青铜质、青铜表面包薄金、金质）

参考书目

参考书目中的缩写如下：

AAH: *Acta archaeologica Hungarica*. Budapest.

AMI: *Archaeologiche Mitteilungen aus Iran*. Berlin.

AO: *Arkheologicheskie otkrytiya*.

ASGE: *Arkheologicheskii sbornik Gosudarstvennogo Ermitazha*. St. Petersburg.

BAEIAP: *The Bronze Age and Early Iron Age Peoples of Eastern Central Asia*, ed. V. Mair. 2 vols. Washington, D.C., 1998.

BASOR: *Bulletin of American School of Oriental Research*.

BMFEA: *Bulletin of the Museum of Far Eastern Antiquities*. Stockholm.

BMOIP: *Byulleten' Moskovskogo obshchestva ispytatelei prirody*. Moscow.

BVUIM: *Bronzovyi vek Uralo-Irtyshskogo mezhdurech' ya*. Chelyabinsk, Russia, 1984.

DKPP: *Drevnie kul' tury Povolzh' ya i Priural' ya*. Kuibyshev, Russia, 1978.

DSA: *Dostizheniya sovetskoi arkheologii v XI pyatiletke. Tezisy*. Baku, Azerbaijan, 1985.

EAF: *Ethnographisch-archäologische Forschung*. Berlin.

EAZ: *Ethnographisch-archäologische Zeitschrift*. Berlin.

EO: *Etnograficheskoe obozrenie*.

EW: *East and West*. Rome.

IAN KirgSSR SON: *Izvestiya Akademii nauk Kirgizskoi SSR. Seriya obshchestvennykh nauk*. Frunze, Kirghizstan.

IAN SSSR: *Izvestiya Akademii nauk SSSR*. Moscow.

IIGK: *Istoriya Iranskogo gosudarstva i kul' tury*. Moscow, 1971.

IMKU: *Istoriya material' noi kul' tury Uzbekistana*. Tashkent.

ITN: *Isotoriya tadzhikskogo naroda*. Moscow, 1963. Dushanbe, 1998.

IzIS: *Iz istorii Sibiri*. Tomsk, Russia.

Izv: *SOAN SON*: *Izvestiya Sibirskogo otdeleniya Akademii nauk SSSR Seriya obshchestvennykh nauk*. Novosibirsk.

JIES: *Journal of Indo-European Studies*. Washington, D.C.

JRAS: *Journal of the Royal Asiatic Society*. London.

KD 1970: *Karakumskie drevnosti*. Ashkhabad, 1970.

KSIA: *Kratkie soobshcheniya Instituta arkheologii*. Moscow.

KSIE: *Kratkie soobshcheniya Instituta etnografii*. Moscow.

KSIIMK: *Kratkie soobshcheniya Instituta istorii material' noi kul' tury*. Moscow.

LOIA: *Leningradskoe Otdelenie Instituta Arkheologii* (Leningrad Department of Archaeological Institute). St. Petersburg.

MDAFA: *Mémoires de la delegation archéologique française en Afghanistan*. Paris.

MGU: Moscow State University.

MIA: *Materialy i issledovaniya po arkheologii SSSR*. Moscow-St. Petersburg.

MKhE: *Materialy Khorezmskoi ekspeditsii*. Moscow.

NAA: *Narody Azii i Afriki*. Moscow.

PAPP: *Problemy arkheologii Povolzh' ya i Priural' ya*.Kuibyshev. Russia, 1976.

PAUKS: *Problemy arkheologii Uralo-Kazakhstanskikh stepei*. Chelyabinsk, Russia, 1988.

PAUS: *Problemy arkheologii Urala i Sibiri*. Moscow, 1973.

PDKK: *Po sledam drevnikh kul' tur Kazakhstana*.Almaty, Kazakhstan, 1970.

PIDO: *Problemy istorii dokapitalisticheskikh obshchestv*. St. Petersburg.

PIOP: *Problemy izucheniya i okhrany pamyatnikov kul' tury Kazakhstana*. Almaty, Kazakhstan, 1980.

PPS: *Proceedings of the Prehistoric Society*. London.

PRK: *Poiski i raskopki v Kazakhstane*. Almaty, Kazakhstan, 1972.

PSAH: *Prehistoric Steppe Adaptation and the Horse*, ed. M. Levine, C. Renfrew, and K. Boyle. Cambridge, 2003.

RA: *Rossiiskaya arkheologiya*. Moscow.

RiV: *Rossiya i Vostok: problemy vzaimodeistviya kul' tury drevnikh narodov stepnoi Evrazii i fenomen protogorodskoi tsivilizatsii Yuzhnogo Urala*. Part Ⅴ, books 1–2. Chelyabinsk, Russia, 1995.

SA: *Sovetskaya arkheologiya*. Moscow.

SAA: *South Asian Archaeology*.

SAI: *Svod arkheologicheskikh istochnikov*. Moscow.

SE: *Sovetskaya etnografiya*. Moscow.

TIE: *Trudy Instituta etnografii*. Moscow.

TIIAE AN KirgSSR: *Trudy instituta istorii, arkheologii i etnografii Akademii nauk Kirgizskoi SSR*. Frunze, Kirghizstan.

TIIAE AN Turk SSR: *Trudy Instituta istorii, arkheologii i etnografii Akademii nauk Turkmenskoi SSR*. Ashkhabad, Turkmenistan.

TIIYaL. Kirg. FAN SSSR: Trudy Instituta istorii, yazyka i literaturi Kirgizskogo filiala Akademii nauk SSSR. Frunz, Kirghizstan.

TKhE: *Trudy Khorezmskoi ekspeditsii*. Moscow.

TMOIP: *Trudy Moskovskogo obshchestva ispytatelei prirody*. Moscow.

TSGU: *Trudy Samarkandskogo Gosudarstvennogo universiteta*. Samarkand.

TYuTAKE: *TrudyYuzhno-Turkmenistanskoi arkheologicheskoi kompleksnoi ekspeditsii*. Ashkhabad, Turkmenistan.

UAS: *Ural' skoe arkheologicheskoe soveshchanie*.

UIZh: *Ukrains' kii istoricheskii istorricheskii zhurnal*. Kiev.

USA: *Uspekhi sredneaziatskoi arkheologii*. St. Petersburg.

VANKazSSR: *Vestnik Akademii nauk Kazakhskoi SSR*. Almaty, Kazakhstan.

VDI: *Vestnik drevnei istorii*. Moscow.

VKKDTs: *Vzaimodeistvie kochevykh kul' tur i drevnikh tsivilizatsii*. Almaty, Kazakhstan, 1989.

VPAP: *Voprosy periodizatsii arkheologicheskikh pamyatnikov Tsentral' nogo i Severnogo Kazakhstana*. Karaganda, Kazakhstan, 1987.

ZDMG: *Zeitschrift der Deutschen Morgenländischen Gesellschaft*. Leipzig, Wiesbaden.

非俄语资料

7000 ans d' art en Iran. 1961. Paris.

Academia Sinica. 1948.

Achse. 1986. *Achse, Rad und Wagen*. Göttingen, Sweden.

Amchler, W. 1939. Tierreste der Ausgraubungen von dem "Grossen Königs Hügel" Shah Tepe in Nord-Iran. In *The Sino-Swedish Expedition* 9. vol. Ⅶ. Stockholm.

An Zhimin. 1998. Cultural Complexes of the Bronze in the Tarim Basin and Surrounding Areas. *BAEIAP*, vol. 1.

Anati, E. 1960. Bronze Age Chariots from Europe. *PPS*. No. XXVI. N. S.

Ancient Art of Xinjiang. 1994. (In Chinese; ed. Mu Shunying.) Ürümchi.

Anthony, D. 1986. The "Kurgan Culture" Indo-European Origins and the Domestication of the Horse, a Reconsideration. *Current Anthropology*, vol. 27, no. 4.

——. 1995. Horse, Wagon and Chariot: Indo-European Languages and Archaeology. *Antiquity*, vol. 69, no. 264. (September).

——. 1998. The Opening of the Eurasian Steppe at 2000 B.C. *BAEIAP*, vol. 1.

Anthony, D., and D. Brown. 1991. The Origins of Horseback Riding. *Antiquity*, vol. 65, no. 246.

——. 2000. *Eneolithic Horse Exploitation in the Eurasian Steppes: Late Prehistoric Exploitation of the Eurasian Steppe*. Cambridge.

Anthony, D., and N. B. Vinogradov. 1995. Birth of the Chariot. *Archaeology*. March-April.

Arne, T. 1945. *Excavations at Shah Tepe, Iran*. Stockholm.

Arus, D. 1993. Crete and Anatolia in the Middle Bronze Age: Sealings from Faistet and Karahoyuk. In *Studies in Honour of T. Özguç*. Ankara.

Åström, P., ed. 1987. *High, Middle or Low? International Colloquium in Absolute Chronology*. Pts. 1–2. Göteborg, Sweden.

Avanesova, N. A. 1995. Bustan VI, une necropole de l' age du Bronze dans l' ancienne Bactriane. *Arts Asiatiques*, vol. 4.

——. 1996. Pasteurs et agriculteurs de la vallée du Zeravshan au début de l' âge du bronze. In *Sarazm* [Tajikistan] *Céramiques*, ed. B. Lyonnet. Paris.

Azzaroli, A. 1985. *An Early History Horsemanship*. Leiden.

Barber, E. J. W. 1995. A Weaver' s-Eye View of the Second Millenium Tarim Basin Finds. *JIES*, vol. 23, pts. 3–4.

——. 1998. Bronze Age Cloth and Clothing of the Tarim Basin: The Krorän (Loulan) and Qumul (Hami) Evidence. *BAEIAP*, vol. 2.

Barnard, N. 1961. Bronze Casting and Bronze Alloys in Ancient China. *Monumenta Serica*. Tokyo.

Behrens, H. 1964. *Die neolithischen frühmetallzeitlichen Tierskelettfunde der Alten Welt*. Halle.

Benecke, N. 1993a. Tierdomesticationen in Europa in vor- und frühgeschichtlicher Zeit: Neue Daten zu einen alten Thema. *Bericht der Romisch-Germanischen Kommission*, p. 74.

——. 1993b. *Vortrag zur Tierdomestikatonen in Europa in vor- und frühgeschichtlicher Zeit*. Prague.

——. 2002. Zu den Anfängen der Pferdehaltung in Eurasien. *Ethnographische-archäologische Zeitschrift*, No. 43.

Benecke, N., and A.von den Driesch. 2003. Horse Exploitation in the Kazakh Steppes During the Eneolithic and Bronze Age. *PSAH*.

Benveniste, E. 1949. Noms d' animaux en Indo-Européen. *Bulletin de la société de linguistique*. Vol. 45. l. Paris.

Bergman, F. 1935. Hedin' s Lou-lan Finds. *BMFEA*, vol. 7.

——. 1939. Archaeological Researches in Sinkiang, Especially the Lop-Nor Region: Report from the Scientfic Expedition to the North-West Provinces of China under the Leadership of Dr. Sven Hedin. The Sino-Swedish Expedition. *Archaeology*, vol. VII. Stockholm.

Berthelot, A. 1930. *L' Asie ancienne Central et Sud-oriental d' après Ptolemée*. Paris.

Betancourt, P. 1987. Dating the Aegean Bronze Age with Radiocarbon. *Archaeology*, vol. 29.

Boessneck, J., and A.von den Driesch. 1975. *Tierknochenfunde von Korüçütepe bei Elâzig in Ostanatolien: -Korüçütepe*. Vol. I. Amsterdam.

——. 1976. Pferde im 4/3 Jahrtausend v. Chr. in Ostanatolien. *Säugetierkündliche Mitteilungen*, vol. 24, no. 2. Berlin.

Bökönyi, S., 1959. Die prehalluviale Wirbeltiere aus Ungarns. *AAH*, vol. 11, no.1.

——. 1991. Late Chalcolithic Horses in Anatolia. In *Equids in the Ancient World*, ed. R. H. Meadow and H. P. Uerpmann, vol. II. Wiesbaden.

——. 1994. The Role of the Horse in the Exploitation of the Steppes. In *The Archaeology of the Steppes: Methods and Strategies*. Naples.

Botta, P. E., and E. Flandin. 1849–1850. *Monument de Nineve*. Paris.

Bower, B. 1995. Indo-European Pursuits. *Science News* 147: 8.

Bradley, R. S., ed. 1989. *Global Changes of the Past*. Colorado.

Braudel, F. 1949. *Méditerrannée et le monde méditerrannéen de Filippe II*. Paris.

Bulliet, R. 1975. *The Camel and the Wheel*. Cambridge, Mass.

Bunker, E. C. 1993. Gold in the Ancient Chinese World. *Artibus Asiae* 53 1/2.

——. 1997. *Ancient Bronzes of the Eastern Eurasian Steppes from the A. Sackler Collection*. New York.

——. 1998. Cultural Diversity in the Tarim Basin Vicinity and Its Impact on Ancient Chinese Culture. *BAEIAP*, vol. 2.

Burrow, T. 1935. Tocharian Elements in Kharosthi Documents. *JRAS*, vol. 7.

——. 1955. *The Sanskrit Language*. London.

Casal, J. -M. 1961. Fouilles de Mundigak. *MDAFA*. XVII. Vols. I, II. Paris.

Chang, Kwang-Chih. 1959. Chinese Prehistory in Pacific Perspective. *Harvard Journal of Asiatic Studies*, 22.

——. 1968. *The Archaeology of Ancient China*. New Haven.

Chen, K., and F. Hiebert. 1995. The Late Prehistory of Xinjiang in Relation to Its Neighbors. *Journal of World Prehistory*, vol. 9.

Cheng, Te-K' un. 1960. *Archaeology in China*. Vol. II. *Shang China*. Cambridge.

——. 1963. *Archaeology in China*. Vol. III. Cambridge.

Chernykh, E. N. 1992. *Ancient Metallurgy in the USSR*. Cambridge.

Childe, G. 1951. The First Wagon and Carts from the Tigris to the Severn. *PPS*, vol. XVII.

——. 1954. The Diffusion of Wheeled Vehicles. *EAF*, vol. 1.

Coleman, J., and C. Walz, eds. 1997. *Greeks and Barbarians: Essays on the Interactions Between the Greeks and Non-Greeks in Antiquity and the Consequences of Europocentrism*. Philadelphia.

Compagnoni, B., and M. Tosi. 1978. The Camel: Its Distribution and State of Domestication in the Middle East During the Third Millennium B.C. in Light of Finds from Shahr-i Sokhta. In *Approach to Final Analysis in the Middle East.* Peabody Museum Bulletin no. 2.

Coon, C. 1951. Cave *Explorations in Iran, 1949*. Philadelphia.

Crouwel, J. 1981. *Chariots and Other Means of Land Transport in Bronze Age Greece.* Amsterdam.

Debaine-Francfort, C. 1988; 1989. Archéologie du Xinjiang des origines aux Han. *Paléorient* (1988) 14, 1 (1989) 15, 1.

——. 1995. Du Néolithique l' âge du Bronze en Chine du Nord-Ouest: La culture de Qijia et ses connexions. In *Mémoires de la Mission Archéologique Française en Asie Centrale*, vol. VI. Paris.

——. 2001. Xinjiang and North-western China Around 1000 B. C. In *Migration und Kulturtransfer*. Bonn.

Dewall, M. von. 1964. *Pferd und Wagen im Frühen China*. Bonn.

Diakonoff, I. M. 1995. Two Recent Studies of Indo-Iranian Origins. *Journal of the American Oriental Society*, vol. 115, no. 3.

——. 1996. Pre-Median Indo-Iranian Tribes in Northern Iran? *Bulletin of Asia Institute*, no. 10.

Dickinson, O. 1994. *The Aegean Bronze Age*. Cambridge.

Dietz, S. 1991. The Argolid at the Transition to the Mycenaean Age. In *Studies in the Chronology and Cultural Development in the Shaft Grave Period*. Copenhagen.

Dietz, U. 1992. Zur Frage vor bronzezeitlichen Trensebelege in Europa. *Germania*, vol. 70.

Drews, R. 1988. *The Coming of the Greeks: Indo-European Conquests in the Aegean and Near East*. Princeton.

Duerst, J. 1908. Animal Remains from the Excavations at Anau. In *Explorations at Turkestan*, ed. R. Pumpelly, vol. II. Washington.

During Caspers, E. 1971. La hachette trouée de la sépulture E de Khurab dans le Balouchistan persan: examen retrospectif. *Iranica antiqua*, vol. 9.

——. 1997. Bactrian elements in the Harappan glyptic repertoire. *SAA* 1995, vol. 1. New Delhi.

Ebeling, E. 1951. *Bruchstücke einer mittelassyrischen Vorschriftensammlung für die Akklimatisierung und Trainierung von Wagenpferden*. Berlin.

Erdenebaatar, Diimaajav. 2004. Burial Materials Related to the History of the Bronze Age in the Territory of Mongolia. In *Metallurgy in Ancient Eastern Eurasia from the Urals to the Yellow River*, ed. K. Linduff. New York.

Fairservis, W. 1956. The Chronology of the Harrapan Civilization and the Aryan Invasions. *Man*, vol. 56.

——. 1957. Archaeological Surveys in the Zhob and Loralai Districts, West Pakistan. *Anthropological Papers, American Museum of Natural History*. Vol. 47, part 2.

Fitzgerald-Huber, L. 1995. Qijia and Erlitou: The Question of Contacts with Distant Cultures. *Early China*, vol. 2.

——. 1997. Review: C. Debaine-Francfort. La culture de Qijia et ses connexions (publ. 1995). *Early China*, vol. 22.

Flannery, K. A. 1965. The Ecology of Early Food Production in Mesopotamia. *Science*, no. 147.

Forde, C. D .1963. *Habitat, Economy and Society: A Geographical Introduction to Ethnology*. New York.

Fowler, P. 1967. The Archaeology of Fyfield and Overton Downs. *Natural History*, vol. 62.

Francfort, H. -P. 1989. Fouilles de Shortughai. *Recherches sur l' Asie Centrale*, vols. I, II. Paris.

Franke-Vogt, U. 2001. The Southern Indus Valley During the Later 2nd and 1st millennia B. C. The Dark Ages. In *Migration und Kulturtransfer*. Bonn.

Furumark, A. 1941. *The Chronology of Mycenaean Pottery*. Stockholm.

Gening, V. F. 1979. The Cemetery at Sintashta and the Early Indo-Iranian Peoples. *JIES*, vol. 7.

Ghirshman, R. 1939. *Fouilles de Sialk près de Kashan*. Vol. II. Paris.

Gimbutas, M. 1970. *Proto-European Culture: Indo-European and Indo-Europeans*. Philadelphia.

——. 1977. The First Wave of Eurasian Steppe Pastoralists into Copper Age Europe. *JIES*, vol. 5, no. 4.

Good, I. 1995. Notes on a Bronze Age Textile from Hami, Xinjiang, with Comments on the Significance of Twill. *JIES*, vol. 23: 3–4.

Gordon, D. A. 1958. *The Prehistoric Background of Indian Culture*. Bombay.

Goriachev, A. 2004. The Bronze Age Archaeological Memorials in Semirechie. In *Metallurgy in Ancient Eastern Eurasia from the Urals to the Yellow River*, ed. K. Linduff. New York.

Götzelt, T. 1996. Ansichten der Archäologie der Erforschung der "mittleren Bronzezeit." Espelkamp, Germany.

Griaznov, M. 1969. *Southern Siberia*. Geneva.

Guo, D. S. 1994. Lower Xiajiadian Culture. In *The Archaeology of Northern China: Beyond the Greal Wall*, ed. Sarah Milledge Nelson. London.

Hadingham, E. 1994. The Mummies of Xinjiang. *Discover*, vol. 15, no. 4 (April 1994).

Hahn, E. 1896. *Die Haustiere und ihre Beziehungen zur Wirtschaft des Menschen*. Leipzig.

Han, Kangxin. 1994. The Study of Ancient Human Skeletons from Xinjiang China. *Sino-Platonic Papers*, no. 51. Philadelphia.

——. 1998. The Physical Anthropology of the Ancient Populations of theTarim Basin and Surrounding Areas. *BAEIAP*, vol. 2.

Han, Rubin, and Shuyun Sun. 2004. Preliminary Studies on the Bronze Excavated from the Tianshanbeilu Cemetery, Hami, Xinjiang. In *Metallurgy in Ancient Eastern Eurasia from the Urals to the Yellow River*, ed. K. Linduff. New York.

Hančar, F. 1955. *Das Pferd in prähistorischer und früher historischer Zeit*. Vienna.

Handicock, P. 1912. *Mesopotamian Archaeology*. New York.

Hanfmann, G. M. 1961. A Near Eastern Horseman. *Syria*, vol. 38.

Häusler, A. 1981. Zur ältesten Geschichte von Rad und Wagen in Nordpontischen Raum. *EAZ*, vol. 22, pt. 4.

——. 1982. Zur Geschichte von Rad und Wagen in Steppen Eurasiens. *Das Altertum*, vol. 2, pt. 1.

——. 1992. Archäologie und Ursprung der Indogermanen. *Das Altertum*, September.

——. 1993. Struktur und Evolution der Bestattungssitten in Neolithikum und in der frühen Bronzezeit Mittel-und Osteuropas. *Etnographisch-Archäologische Zeitschrift*, vol. 93.

——. 1994. The North Pontic Region and the Beginning of the Eneolithic in South-East and Central Europe. In *The Arehaeology of the Steppes: Methods and Strategies*. Naples.

——. 1996. Invasionen aus den nordpontischen Steppen nach Mitteleuropa im Neolithikum und in der Bronzezeit: Realität oder Phantasie-produkt? *Archäologische Informationen*, 19. N 1, 2.

Heine-Geldern, R. von, 1959. Lungshan Culture and East Caspian Culture. In *International Symposium on the History of Eastern and Western Cultural Contacts*. Tokyo.

Hermann, A. 1931. *Lou-Lan. China, Indien und Rom im Lichte der Ausgrabungen am Lobnor* Leipzig.

Herzfeld, E. 1937–1938. Die Kunst des zweiten Jahrtausend in Vorderasien. *AMI*: (1937) vol. 8, no. 3; (1938) vol. 9. Berlin.

Hiebert, Fredrik T. 1994. Origins of the Bronze Age Oasis Civilization in Central Asia. *American School of Prehistoric Research Bulletin*, 42. Peabody Museum of Archaeology and Ethnology, Harvard University.

Higham, C. 1989. *The Archaeology of Mainland Southeast Asia*. Cambridge.

Horn, S. 1950, 1952. The Camel in the Near East during the 3rd and 2nd Millennia B. C. *AO*, no. 5: (1950) vol. XIX; (1952) vol. XXI.

Hsü, K. J. 1998. Did the Xinjiang Indo-Europeans Leave Their Home Because of Global Cooling? *BAEIAP*, vol. 2.

Huang, Wenbi. 1948. The *Exploration Around Lob-Nor*. Beijing.

Humbach, H. 1972. Historisch-geographische Noten zum sechsten Buch der Geographie des Ptolemaios. In *Jahrbuch des Römisch-germanischen Zentralmuseums*. Mainz.

Humphrey, C., and D. Sneath, eds. 1996. *Culture and Environment in Inner Asia*. Cambridge.

Hüsing, G. 1905. Die Name Zarathustra. *Orientalistische Literaturzeitung*, vol. 8.

Hüttel, H. -G. 1977. Zur westlichen Komponente des chinesischen Pferd-Wagen-Komplexes der Shang-und frühen Chou-Zeit. *Beiträge zur allgemeinen und vergleichenden Archäologie*, vol. 1. Munich.

Ivanov, V. V. 1985. Tocharian and Ugrian. In *Studia Linguistica diachronica et synchronica*. Berlin.

Izushi, J. 1930. Temba Ko (The Horse of the Sun in Chinese Tradition and Western Horses of the Han Period). *Toyo gakuho*, vol. 18. Tokyo.

Janhunen, J. 1998. The Horse in East Asia: Reviewing the Linguistic Evidence. *BAEIAP*, vol. 1.

Jankowska, N. 1981. Life of the Military Elite in Arraphe. In *Studies on the Civilization and Culture of Nuzi and the Hurrians, in Honor of E. R. Lachman*, ed. M. A. Morrison and D. I. Owen. Winona Lake, Indiana.

——. 1982. The Mitannian Sattiwasa in Arraphe. In *Studies in Honor of I. Diakonoff*. Warminster.

Jarrige, J. -F. , and M. Santoni. 1979. *Fouilles de Pirak*. 2 vols. Paris.

Jettmar, K. 1970. Cross-dating in Central Asia. *Central Asiatic Journal*, vol. 14, no. 4.

——. 1980. *Neue Felsbildern und Inschriften in der Nordgebirgen Pakistan*. Bonn.

——. 1985a. Cultures and Ethnic Groups West of China in the Second and First Millennium B. C. *Asian Perspectives*, vol. 24, no. 2.

——. 1985b. Non-Buddhist Traditions in the Petroglyphs of the Indus Valley. SAA, 1983; *Istituto Orientale*, vol. 23.

——. 1992. Archäologie in Xinjiang und ihre Bedeutung für Südsibirien. In *Beiträge zur allgemeinen und vergleichenden Archäologie*, vol. 12.

——. 1997. Bemerkungen zu Arkaim. *Eurasia Antiqua*, vol. 3, pp. 249–254.

Juliano, A. 1985. Possible Origins of the Chinese Mirror. *Source*, vol. 4, pt. 3.

Justi, F. 1895. *Iranisches Namenbuch*. Marburg, Germany.

Kamberi, D. 1994. The Three-Thousand-Year-Old Chärchän Man Preserved at Zaghunluq, *Sino-Platonic Papers*, no. 44.

Kammenhuber, A. 1966. *Hippologia Hethitica*. Wiesbaden.

Karlgren, B. 1945. Some Weapons and Tools of the Yin Dynasty. *BMFEA*, 17.

Karo, G. 1930. *Schachtgräber von Mykenai*. Munich.

Kemp, B., and R. Merrilees. 1980. *Minoan Pottery in Second Millennium Egypt*. Mainz.

Kent, R. 1953. *Old Persian*. New Haven.

Khazanov, A. M. 1984. *Nomads and the Outside World*. Cambridge.

Koch, T. 1961. *Zur Geschichte des Pferdes*. Jena, Germany.

Kohl, P. L. 1992. Central Asia (West Turkestan): Neolithic to the Early Iron Age. In *Chronologies in Old World Archaeology*, vol. 1, R. W. Erich, ed. 179–196. Chicago.

——. 1994. *Central Asia: Paleolithic Beginnings to the Iron Age*. Synthese 14. Editions Recherche sur les Civilisations. Paris.

Krause, R., B. Becker, and B. Kromer.1989. Zur absoluten Chronologie der frühen Bronzezeit. In *Germania*, vol. 67, no. 2. Berlin.

Krause, W. 1952. *Westtocharische Grammatik*. 1. Das Verbum. Heidelberg.

Kromer, B., and B. Becker. 1993. German Oak and Pine ^{14}C Calibration 7200–9439 B. C. *Radiocarbon*, vol. 35.

Kümmel, H. 1967. Ersatzritualen für die hethitischen König. In *Studien zu den Boghazköi-Texten Texten*. Wiesbaden.

Kuniholm, F. 1993. A Date-List for Bronze Age and Iron Age Monuments Based on Combined Dendrochronological and Radiocarbon Evidence. In *Anatolia and Its Neighbors: Studies in Honor of N. Özgüc*. Ankara.

Kuzmina, E. E. 1976. "Bactrian Mirage" and the Archaeological Reality. *East and West*, vol. 26, nos. 1–2.

——. 1983. Stages in the Development of Wheeled Transport in Central Asia During the Eneolithic and Bronze Ages. *Soviet Studies in History*, vol. 22, nos.1–2.

——. 1985. Classification and Periodization of Andronovo Cultural Community Sites. *International Association for the Study of the Cultures of Central Asia. Inform. Bulletin*, no. 9. Moscow.

——. 1994a. Horses, Chariots and Indo-Iranians: Archaeological Spark in the Historical Dark. *SAA* (1993), vol. 1. Helsinki.

——. 1994b. Stages of the Development of Stock Breeding Husbandry and the Ecology of the Steppes in Light of the Archaeological and Paleozoological Data. In *The Archaeology of the Steppes: Methods and Strategies*. Naples.

——. 1997a. The Cultural Connections Between the Shepherds of the Steppes and South Central Asia, Afghanistan and India in the Bronze Age. *SAA*, 1, 1995, Cambridge.

——. 1997b. The Eurasian Steppes. The Transition from Early Urbanism to Nomadism. In *III International Conference of European Association of Archaeologists*. Ravenna.

——. 1998a. Cultural Connections of the Tarim Basin People and the Shepherds of the Asian Steppes in the Bronze Age. In *The Bronze Age and Early Iron Age Peoples of Eastern Central Asia. BAEIAP*, vol. 1.

——. 1998b. *Three Chronological Methods and Three Ways of Synchronization of Bronze Age Sites in the Eurasian Steppes*. In *4th Annual Meeting of European Association of Archaeologists*. Göteborg, Sweden.

——. 2001a. The First Wave of Indo-Iranian Migration to the South. *JIES*, vol. 29, nos. 1, 2.

——. 2001b. Pre-history of the Great Silk Road: Cultural Connections of the Xinjiang Population with Andronovo Culture Tribes in the Bronze Epoch. In *Silk Road Art and*

Archaeology, vol. 7. Kamakura.

——. 2003. Origins of Pastoralism in the Eurasian Steppes. *PSAH*.

——. 2004. Historical Perspectives on the Andronovo and Early Metal Use in Eastern Asia. In *Metallurgy in Ancient Eastern Eurasia from the Urals to the Yellow River*, ed. K. Linduff. New York.

Kuzmina, E. E., and N. Vinogradova. 1983. Beziehungen zwischen bronzezeitlichen Steppen- und Oasenkulturen in Mittelasien. In *Beiträge zur allgemeinen und vergleichenden Archäologie*, vol. 5. Munich.

——. 1996. Contacts Between the Steppe and Agricultural Tribes of Central Asia in the Bronze Age. In *Anthropology and Archaeology of Eurasia*, vol. 34, no. 4. Philadelphia.

Lamb, H. H. 1982. *Klima und Kulturgeschichte*. Rowohlts.

Lamberg-Karlovsky, C. 1969. Further Notes on the Shaft-hole Pick-axe from Khurab, Makran. *Iran*, vol. VII.

Lambert, W. 1960. The Domesticated Camel in the Second Millennium. Evidence from Alalakh and Ugarit. *BASOR*, no. 160.

Lattimore, O. 1928. *Innermost Asia*, vols. 1–3. Oxford.

——. 1967. *Inner Asian Frontiers of China*. Boston.

——. 1979. Herdsmen, Farmers, Urban Culture. In *Pastoral Production and Society*. Cambridge.

Layard, A. H. 1849. *Nineveh and Its Remains*. London.

——. 1852. *Discoveries Among the Ruins of Nineveh and Babylon*. New York.

Levine, M. 1990. Dereivka and the Problem of Horse Domestication. *Antiquity*, vol. 64, no. 245.

——. 1999. Botai and the Origins of Horse Domestication. *Journal of Anthropological Archaeology*, vol. 18 (1).

Li, Chi. 1957. *The Beginnings of Chinese Civilization*. Seattle.

——. 1977. *Anyang*. Seattle.

Lichardus, J. 1984. Zum frühbronzezeitlichen Totenritual im Westlichen Schwarzmeergebiet. In *III Thracologischer Kongress*, vol. 1. Sofia.

——. 1991. Die Kupferzeit als historische Epoche. In *Die Kupferzeit als historische Epoche*.

Bonn.

Ligabue, G., and S. Salvatori, eds. 1988. *Bactria, an Ancient Oasis Civilization from the Sands of Afghanistan*. Venice.

Lin, Shaomin. 1982. *Changing Climate of China in Historical Time*. Taipei.

Lin, Yueh-Hwa. 1938. A Report on an Archaeological Site of Anyang, Honan, North China. *Report for Anthropology*, no. 28. Harvard University.

Lin, Yun. 1986. A Reexamination of the Relationship Between Bronze of the Shang Culture and of the Northern Zone. In *Studies of Shang Archaeology*, ed. K. Chang. New Haven.

Linduff, K. 1994. The Many Worlds of China. In *Korean Ancient Historical Society*, vol. 5. Seoul.

——. 1995. Zhukaigou: Steppe Culture and the Rise of Chinese Civilization. *Antiquity*, vol. 69, p. 262.

——. 1996a. Art and Identity. The Chinese and Their "Significant Others" in the Third and Second Millennium B. C. In *Cultural Contact, History and Ethnicity in Inner Asia*. Toronto.

——. 1996b. Strangers in Their Midst: The Presence of "Others" at Anyang. In *EAAN: Association for Asian Studies*. Honolulu.

——. 1997. Here Today and Gone Tomorrow: The Emergence and Demise of Bronze Producing Culture Outside the Central Plain. In *Integrated Studies of Chinese Archaeology and Historiography*, vol. 4. Taipei.

——. 1998. The Emergence and Demise of Bronze-Producing Cultures Outside the Central Plain. *BAEIAP*.

——. 2000a. The Emergence of Metallurgy in China. In *The Beginnings of Metallurgy in China*, ed. K. Linduff, Han Rubin, and Sun Shuyun. Lewiston, NY.

—— 2000b. Imaging the Horse in Early China: Frorn the Table to the Stable. In *Horses and Humans: The Evolution of the Human-Equine Relationship: Festschrift in Honor of Mary Littauer*, ed. S. L. Olsen, L. Bartosiewicz, and A. Choyke. Oxford.

——. 2003. A Walk on the Wild Side: Late Shang Appropriation of Horses in China. *PSAH*.

Littauer, M., and J. Crouwel. 1973. Early Metal Models of Wagons from the Levant. In *Levant*, vol. Ⅴ. Beirut.

——. 1977a. The Origin and Diffusion of the Cross-Bar Wheel? *Antiquity*, vol. 51, p. 202.

——. 1977b. Chariot with Y-poles in the Ancient Near East. *Archäologischer Anzeiger* 92, Supp. 1: 1–8.

——. 1979. *Wheeled Vehicles and Ridden Animals in the Ancient Near East*. Leiden.

——. 1996a. The Origin of the True Chariot. In *Antiquity*, vol. 70, no. 270, December.

——. 1996b. Robert Drews and the Role of Chariotry in Bronze Age Creece. *Oxford Journal of Archaeology*, vol. 15, no. 3.

Loehr, M. 1949a. Ordos Daggers and Knives: New Material, Classification, and Chronology. In *Artibus Asiae*, vol 12.

——. 1949b. Weapons and Tools from Anyang and Siberian Analogies. *American Journal of Archaeology*, vol. 53, no. 2.

——. 1956. *Chinese Bronze Age Weapons*. London.

Lubotsky, A. 1998. Tocharian Loan Words in Old Chinese: Chariot, Chariot Gear and Town Building. *BAEIAP*, vol. 1.

Luckenbill, D. 1927. *Ancient Records of Assyria and Babylonia*, vol. 1. Chicago.

Lyonnet, B. 1996. *Sarasm* (*Tajikistan*) *Céramiques*. Paris.

Mair, V. 1995a. Mummies of the Tarim Basin. *Archaeology*, vol. 48.

——. 1995b. Prehistoric Caucasoid Corpses of the Tarim Basin. *Journal of Indo-European Studies*, vol. 23, nos. 3–4.

——, ed. 1998. The *Bronze Age and Early Iron Age Peoples of Eastern Central Asia* (*BAEIAP*). 2 vols. Washington, D. C.

——. 2003. The Horse in Late Prehistoric China: Wresting Culture and Control from the "Barbarians." *PSAH*.

——. 2005. Genes, Geography, and Glottochronology: The Tarim Basin during Late Prehistory and History. In Karlene Jones Bley, et al., ed., *Proceedings of the Sixteenth Annual UCLA Indo-European Conference* (Los Angeles, November 5–6, 2004). *JIES* Monograph Series, 50. Washington, D.C.: Institute for the Study of Man.

——. 2006. The Rediscovery and Complete Excavation of Ördek' s Necropolis. *JIES*, 34, 3–4 (Fall/Winter).

——. 2007. Horse Sacrifices and Sacred Groves among the North(west)ern Peoples of East Asia. *Ouya Xuekan* (*Eurasian Studies*), 6.

Mallory, J. P. 1981. The Ritual Treatment of the Horse in the Early Kurgan Tradition. *JIES*, vol. 9.

——. 1989. *In Search of the Indo-Europeans: Language, Archaeology and Myth*. London.

——. 1995. Speculations on the Xinjiang Mummies. *JIES*, vol. 23, nos. 3–4.

——. 1998. A European Perspective on Indo-Europeans in Asia. *BAEIAP*, vol. 1.

Mallory, J. P., and V. Mair. 2000. *The Tarim Mummies*. London.

Manning, S. 1988. The Bronze Age Eruption of Thera: Absolute Dating, Aegean Chronology and Mediterranean Cultural Relations. *Journal of Mediterranean Archaeology*, vol. 1, no. 1

——. 1995. *The Absolute Chronology of the Aegean Early Bronze Age*. Sheffield.

Maringer, J. 1950. *Contribution to the Prehistory of Mongolia*. Stockholm.

Markwart, J. 1938. *Wehrot und Arang*. Leiden.

Maxwell-Hyslop, K. 1955. Note on a Shaft-hole Axe-pick from Khurab, Makran. In *Iran*, vol. XVII.

Mayrhofer, M. 1966. *Die Indo-Aryer im Alten Vorderasien*. Wiesbaden.

Meadow, R. H. 1996. The Origins and Spread of Agriculture and Pastoralism in Northwestern South Asia. In *The Origins and Spread of Agriculture and Pastoralism in Eurasia*, ed. D. R. Harris. London.

Mei, J., and C. Shell. 1998. Copper and Bronze Metallurgy in Late Prehistoric Xinjiang. In *BAEIAP*. vol. 2.

——. 1999. The Existence of Andronovo Cultural Influence in Xinjiang During the 2nd Millennium B. C. *Antiquity*, vol. 73, no. 281.

Meissner, B. 1920. *Die Kultur Babylonien und Assyrien*. 2 vols. Heidelberg.

Meyer, E. 1953. *Geschichte des Altertums*. Vol. II. Stuttgart.

Moorey, P. R. 1969. The Earliest Near Eastern Spoked Wheels and Their Chronology. *PPS*, vol. XXXIV (1968, 1969).

——. 1986. The Emergence of the Light Horse-Drawn Chariot in the Near East. 2000–1500 B. C. *World Archaeology*, vol. 18, pt. 2.

Nagel, W. 1966. Der mesopotamische Streitwagen und seine Entwicklung im ostmediterranen Bereich. In *Berliner Beiträge zur Vor- und Frühgeschichte*, vol. 10.

Narr, K. 1975. Viehzuchtprobleme und archäologisch-osteologische Quellen. *Anthropos*, vol. 53, nos. 3–4.

Necrasov, O. 1971. Die neolitischen Equiden Rumäniens und das Problem der Domestikation des Pferdes. In *Résumés des communication présentées au III congrès internationale des musées d' agriculture*. Budapest.

Oancea, A. 1976. Branches de mors au corps en forme de disque. In *Thraco-Dacica*, vol. 1. Bucharest.

Oates, J. 2003. A Note on the Early Evidence for the Horse and the Riding of Equids in Western Asia. *PSAH*.

Olsen, S., ed. 2006. *Horses and Humans: Evolution of Human-Equine Relationships*. Oxford.

Özgüç, T. 1950. *Ausgrabunden in Kultepekaniš*. Ankara.

——. 1953. *Kultepe Kaisi Raporu*, 1949. Ankara.

——. 1986. *Kultepe-Kaniš*, vol. II. Ankara.

Pedersen, H. 1941. *Tocharisch vom Gesichtspunkt der indo-europäischen Sprachvergleichung*. Copenhagen.

Peng, Ke. 1998. The Andronovo Bronze Artifacts Discovered in Toquztara County in Ili, Xinjiang. *BAEIAP*, vol. 2.

Penner, S. 1998. *Schliemanns Schachtgräberrund und der europäische Nordosten*. Bonn.

Piggott, S. 1952. *Prehistoric India to 1000 B. C.* London.

——. 1962. Heads and Hoofs. *Antiquity*, vol. 36, no. 142.

——. 1969. The Earliest Wheeled Vehicles and the Caucasian Evidences. *PPS*, no. 34.

——. 1970. Copper Vehicle Models in the Indus Civilisation. *JRAS*, no. 2.

——. 1978. Chinese Chariotry: An Outsider' s View. In *Art of the Eurasian Steppelands*, vol. 4. London.

——.1983. *The Earliest Wheeled Transport from the Atlantic Coast to the Caspian Sea*. London.

Pinault, G. -J. 1998. Tocharian Languages and Pre-Buddhist Culture. *BAEIAP*, vol. 1.

Pittman, H. 1984. *Art of the Bronze Age*. New York.

Porada, E., ed. 1980. *Ancient Art in Seals*, vols. 1–3. Princeton.

Possehl, G. 1990. *Scientific Dates for South Asian Archaeology*. Philadelphia.

——. 1994. *Radiometric Dates for South Asian Archaeology*. Philadelphia.

Potratz, J. 1966. Das Pferdetrensen des Alten Orient. In *Analecta Orienlalia*, vol. 41. Rome.

Pritzwald, F. S. von. 1924. *Die Klassengeschichte der Wirtschaftstiere für die Geschichte der Menschheit*. Jena, Germany.

Pulleyblank, E. 1966. Chinese and Indo-Europeans. *JRAS*, 1–2.

——. 1996. Early Contacts Between Indo-Europeans and Chinese. *International Review of Chinese Linguistics*, vol. 1, no. 3.

Pumpelly, R. 1908. *Explorations in Turkestan*. Washington, D.C.

Pyankova, L. 1994. Central Asia in the Bronze Age: Sedentary and Nomadic Cultures. *Antiquity*, vol. 68, no. 259.

Randsborg, K. 1992. Historical Implications: Chronological Studies in European Archaeology c. 2000–500 B. C. In *Acta Archaeologia* (Copenhagen) 62.

Rassamakin, Yu. Yu. 1994. The Main Directions on the Development of Early Pastoral Societies of Northern Pontic Zone: 4500–2450 (Pre-Yamnaya Cultures and Yamnaya Culture). *Baltic-Pontic Studies*, vol. 2.

——. 1999. The Eneolithic of the Black Sea Steppe: Dynamics of Cultural and Economic Development 4500–2300 B. C. In *Late Prehistoric Exploitation of the Eurasian Steppe*. Cambridge.

——. 2002. Aspects of Pontic Steppe Development (4550–3000 B. C.) in the Light of the New Cultural Chronological Model. In *Ancient Interactions: East and West in Eurasia*, ed. K. Boyle, C. Renfrew, M. Levine. Oxford.

Rau, W. 1983. *Zur vedischen Altertumskunde*. Akademie der Wissenschaften und der Literatur, Mainz. Wiesbaden.

Raulwing, P. 2000. *Horses, Chariots and Indo-Europeans*. Budapest.

Reineke, P. 1897. Über OK einige Beziehungen der Altertümer China' s zu denen des skytisch-sibirischen Völkerkreises. *Zeitschrift für Ethnologie*, vol. 29.

Renfrew, C. 1987. *Archaeology and Language*. London.

——. 1992. Trade Beyond the Material. In *Trade and Exchange in Prehistoric Europe*, pp. 5–16. Oxford.

——. 1998. The Tarim Basin, Tocharian and Indo-European Origins: A View from the West. In *BAEIAP*, vol. 1.

Richthofen, F. 1878. *Bemerkungen zu den Ergebnissen von Oberstleutenant Przewalski' s Reise nach dem Lopnor und Altyn-tagh*. Berlin.

Ritter, K. 1837. *Die Erdkunde von Asien*. 7.

Saggs, H. 1963. Assyrian Warfare in the Sargonid Period. *Iraq*, vol. 25, no. 2.

Salonen, A. 1956. *Hippologia Accadica*. Helsinki.

——. 1964. Notes on Wagons and Chariots in Ancient Mesopotamia. *Studia Orientalia*, vol. 14, Helsinki.

Salvatori, S., ed. 1989. *Bactria*. Venice.

Sarianidi, V. I. 1998. *Margiana and Protozoroastrianism*. Athens.

Schafer, E. 1950. The Camel in China Down to the Mongol Dynasty. *Sinologica*, vol. II, no. 4. Basel.

Schäfer, H., and W. Andrae. 1925. *Die Kunst des Orients*. Berlin.

Schmidt, E. 1937. *Excavations at Tepe Hissar, Damghan*. Philadelphia.

——. 1953. *Persepolis*. Vol. I. Chicago.

——. 1957. *Persepolis*. Vol. II. Chicago.

——. 1970. *Persepolis*. Vol. III. Chicago.

Schrader, O. 1907. *Sprachvergleichung und Urgeschichte*. Jena, Germany.

——. 1935. *Die Indogermanen*. Leipzig.

Shaughnessy, E. 1988. Historical Perspectives on the Introduction of the Chariot into China. *Harvard Journal of Asiatic Studies*, vol. 48, no. 1.

Sherratt, A., and S. Sherratt. 1988. The Archaeology of Indo-European: An Alternative View. *Antiquity*, vol. 62.

Shiratori, Kurakiti (Kurakichi). 1957. On the Ts' ung-ling Traffic Route Described by C. Ptolemaios. In *Memoirs of the Research Department of the Toyo Bunko*. Tokyo.

Shui, Tao. 1998. On the Relationship Between the Tarim and Fergana Basins in the Bronze Age. *BAEIAP*, vol. 1.

Sieg, T., and W. Siegling. 1931. *Tocharische Grammatik*. Göttingen.

Smolian, Y. 1964. Studien zur Entstehung und Ausbreitung des Wagen. *EAZ*, vol. I, no. 5.

Stacul, G. 1966. Notes on the Discovery of a Necropolis near Kherai in the Gorband Valley (Swāt, W. Pakistan). *EW* 16, N 3–4.

Stein, A. 1904. *Sand-buried Ruins of Khotan*. London.

——. 1907. *Ancient Khotan*. 2 vols. Oxford.

——. 1921. *Serindia*. 5 vols. Oxford.

——. 1928. *Innermost Asia*. 3 vols. Oxford.

Sulimirski, T. 1968. Naistarze wozy w Europie a probleme indoeuropeyski. In *Liber J. Kostrzewski... dedicatus*. Wroclaw.

Telegin, D. 1986. *Dereivka*: *A Settlement and Cemetery of Copper Age Horse Keepers on the Middle Dnieper*. Oxford.

Thureau-Dangin, F., and M. Dunand. 1936. *Tel-Barsib*. Paris.

Todorova, S. 1979. *Ehneolit Bolgarri*. Sofia.

Tomaschek, W. 1888. Übet OK das arimaspische Geschichte des Ariaseas. In *Sitzungsberichte der Akademie der Wissenschaften in Wien: Philologisch-historische Klasse*, p. 116.

Toynbee, A. J. 1935. A *Study of History*. London.

Trene, W. 1965. *Achse, Rad und Wagen*. Munich.

Uerpmann, H. -P. 1990. Die Domestication des Pferdes in Chalkolithikum West und Mitteleuropas. In *Madrider Mitteilungen*, vol. 31. Madrid.

Umehara, Sueji, and Jin Hsu. 1964. *Ancienl Capital of the Shang Dynasty at Anyang*. Tokyo.

Vinogradova, N. 1993. Interactions between Farming and "Steppe" Tribes in the Bronze Age South Tajikistan. *SAA*, 1991. Stuttgart.

——. 1994. The Farming Settlement of Kangurttut (South Tajikistan) in the Bronze Age. *Archäologische Mitteillungen aus Iran*, vol. 27.

Waals, Y. van der. 1964. Prehistoric Disc Wheels from the Netherlands. In *Palaeohistoria*. Groningen, Netherlands.

Wagner, M. 2001. Kayue-ein Fundkomplex des 2 Jahrtausends v. Chr. am Nordwestrand des chinesischen Zentralreiches. In *Migration und Kulturtransfer*. Bonn.

Waley, A. 1955. The Heavenly Horses of Ferghana. A New View. *History Today*, vol. I, no. 2.

Walz, R. 1951. Zur Geschichte des Kameliden. *ZDMG*, n. s. vol. 101.

——. 1954. Neue Untersuchungen zur Domestikationsproblem des altweltlichen Cameliden. *ZDMG*, n. s. vol. 104, no. 29.

Wang, Binghua. 1987. Recherches historiques préliminaires sur les Saka du Xinjiang ancien. *Arts Asiatiques*, vol. 42.

Warren, P., and P. Hankey. 1989. *Aegean Bronze Age Chronology*. Bristol.

Wesner, J. 1939. Fahren und reiten im Alteuropa und im Alten Orient. *Der Alte Orient*, vol.38.

White, L. 1959. The *Evolution of Culture*. New York.

Willcts, W. 1965. *Chinese Art*. London.

Windekens, A. van. 1976. *Le. Tokharian confronté avec les autres langues indoeuropéennes*. Vol. I. Louvain.

Winter, W. 1998. Lexical Archaisms in the Tokharian Languages. *BAEIAP*, vol. 1.

Yadin, J. 1963. *The Art of Warfare in Biblical Lands*. Jerusalem.

Yankowska (Yankovskaya), N. B. 1981. Life of the Military Elite in Arraphe. *Studies on the Civilization and Culture of Nuzi and the Hurrians, in Honor of E. Lacheman*, ed. D. I. Owen and M. Morrison. Winona Lake, Indiana.

——. 1982. The Mitannian Šattiwasa in Arraphe. *Studies in Honor of I. M. Diakonoff*. Warminster.

Zaharia, E. 1990. *La culture de Monteoru la deuxième étape de developpement à la lumière des fouilles de Sarata Monteoru*. Vol. 34. Dacia.

Zeuner, F. 1955. The Identity of the Camel on the Khurab Pick. *Iraq*, vol. 17.

——. 1963. A *History of Domesticated Animals*. London.

Ziegler, C. 1962. *Die Terracotten der Warka*. Berlin.

俄语资料

Abetekov, A. K. 1963. Pogrebeniya epokhi bronzy mogilnika Tegirmen-Sai. *KSIA*, vol. 93.

Adrianov, B. V. 1987. *Neosedloe naselenie mira*. Moscow.

Agapov, S. A., I. B. Vasil' ev, O. V. Kuz' mina, and A. P. Semenova. 1983. Srubnaya kul' tura lesostepnogo Povolzh' ya. In *Kul' tury bronzovogo veka Vostochnoi Evropy*. Kuibyshev, Russia.

Agapov, S. A., I. B. Vasil' ev, and V. I. Pestrikova. 1990. *Khvalynskii eneoliticheskii mogil' nik*. Saratov, Russia.

Akishev, K. A. 1972. *K probleme proiskhozhdeniya nomadizma v aridnoi zone drevnego Kazakhstana*. PRK.

Akishev, K. A., and A. K. Akishev. 1983. *Drevnee zoloto Kazakhstana*. Almaty, Kazakhstan.

Alekseev, V. P. 1961. Paleoantropologiya Altae-Sayanskogo nagor' ya epokhi neolita i bronzy. *TIE*, n.s., vol. 71, no. III.

——. 1971. Chelovek: biologiya i sotsiologicheskie problemy. *Priroda*, vol. 8.

——. 1984. *Stanovlenie chelovechestva*. Moscow.

——. 1992. Antropologicheskii ocherk naseleniya drevnego i rannesrednevekovogo Vostochnogo Turkestana. In *Vostochnyi Turkestan*, vol. 2. Moscow.

——. 1993. *Ocherki ekologii cheloveka*. Moscow.

Alekseeva, T. I. 1986. *Adaptivnye protsessy v populyatsiyakh cheloveka*. Moscow.

Antonova, E. V. 1988. Bronzovyi vek. In *Vostochnyj Turkestan v drevnosti i rannem srednevekov' e*. Moscow.

Arkaim. 1995. Chelyabinsk, Russia.

Arkheologicheskii atlas Chelyabinskoi oblasti. Kizilskii raion. 2003. Chelyabinsk, Russia.

Arkheologiya Ukrainskoi SSR. 1985. Vol. 1. Kiev.

Arkheologiya Ukrainskoi SSR. 1987. Vol. 2. Kiev.

Arutyunov, S. A. 1989. *Narody i kul' tury: razvitie i vzaimodejstvie*. Moscow.

Askarov, A. 1962a. Nizov' ya Zeravshana v epokhu bronzy. Avtoref. kand. diss. Leningrad.

——. 1962b. Pamyatniki andronovskoi kul' tury v nizov' yakh Zeravshana.*IMKU*, vol. 3.

——. 1973. *Sapallitepa*. Tashkent.

——. 1977. *Drevnezemledel' cheskaya kul' tura epokhi bronzy yuga Uzbekistana*.Tashkent.

——. 1981. K peredatirovke kul' tury Zaman-Baba. In *Kul' tura i iskusstvo drevnego Khorezma*. Moscow.

Askarov, A., and L. I. Al' baum. 1979. *Poselenie. Kuchuktepa*. Tashkent.

Askarov, A. A., and T. Sh. Shirinov. 1993. *Rannaya Gorodskaya Kul' tura Epokhi Bronzy Yuga Sredney Azii*. Samarkand.

Avanesova, N. A. 1972. Osobennosti sredneaziatskikh ukrashenii epokhi bronzy. *TSGU*. Novaya seriya, vol. 218.

——. 1975a. K voprosu o bronzovykh strelakh stepnykh plemen epokhi bronzy. In *Materialy po arkheologii Uzbekistana*. Samarkand.

——. 1975b. Ser' gi i visochnye podveski andronovskoi kul' tury. In *Pervobytnaya arkheologiya Sibiri*. St. Petersburg.

——. 1978. K voprosu o visloobushnykh toporakh andronovskogo kul' turnogo massiva. In *Voprosy arkheologii, drevnei istorii i etnografii Uzbekistana*. Samarkand.

——. 1991. *Kul' tura pastusheskikh plemen epokhi bronzy Aziatskoi chasti SSSR* (*po metallicheskim izdeliyam*). Tashkent.

Bader, O. N. 1964. *Drevneishie metallurgi, Priural' ya*. Moscow.

——. 1970. *Bassein Oki v epokhu bronzy*. Moscow.

——. 1971. Bronzovyi nozh iz Seimy s loshad' mi na navershii. *KSIA*, vol. 127.

Balandin, R. K., and L. G. Bondarev. 1988. In *Priroda i tsivilizatsiya*. Moscow.

Bannikov, A. G. 1945. *Materialy po biologii i geografii rasprostraneniya verblyudov khaftagaev*. Moscow.

Batanina, I. M. 1995. Distantsionnye metody pri arkheologicheskikh issledovaniyakh v zapovednike Arkaim. In *Kul' tura drevnikh narodov stepnoi Evrazii i fenomen protogorodskoi tsivilizatsii Yuzhnogo Urala*, vol. 2. Chelyabinsk, Russia.

Batyrov, B. Kh. 1974. Fauna poseleniya Sapalli-tepa. *IMKU*, vol. 2.

Belanovskaya, T. D. 1977. K voprosu o paleoekonomike neoliticheskikh plemen nizov' ev Dona. In *Problemy arkheologii i etnografii*, vol. 1. St. Petersburg.

——. 1978. Khronologicheskie ramki neoliticheskogo poseleniya Rakushechnyi Yar na Nizhnem Donu i metody ikh opredeleniya. *KSIA*, vol. 153.

Belenitsky, A. M. 1948. Khuttal' skaya loshad' v legende i istoricheskom predanii. *SE*, vol. 4.

Berezanskaya, S. S., V. V. Otroshchenko, N. N. Cherednichenko, and I. N. Sharafutdinova. 1986. In *Kul' tura epokhi bronzy na territorii Ukrainy*. Kiev.

Bernshtam, A. M. (A. N.) 1941. *Arkheologicheskii ocherk Severnoi Kirgizii*. Frunze, Kirghizstan.

——. 1948. Aravanskie naskal' nye izobrazheniya i davan' skaya (ferganskaya) stolitsa Ershi. *SE*, vol. 4.

——. 1952. Istoriko-arkheologicheskie ocherki Tsentral' nogo Tyan-Shan' ya i Pamiro-Alaya. *MIA*, no. 26.

Bertels, E. Eh. 1924. Otryvki iz Avesty. In *Vostok*. Kn. 4. Moscow, St. Petersburg.

——. 1951. Novye dannye po izucheniyu Avesty. *Uchenye zapiski IVAN SSSR*, vol. VIII.

Besedin, V. I. 1996. "Mykenskie" ornamenty v Vostochnoi Evrope. *Severo-Vos-tochnoe Priazov' e v sisteme evropeiskikh drevnostei*, vol. 1. Donetsk, Ukraine.

——. 1999. "Mykenskii" ornamentalnyi stil' epokhi bronzy v Vostochnoi Evrope. In *Evraziiskaya lesostep' v epokhu metalla*. Voronezh, Russia.

Bestuzhev, G. N. 1987. Nozh i shilo-aksessuarii obryada posvyashcheniya. In *Drevnosti Kubani*. Krasnodar, Russia.

Bibikov, S. N. 1965. Khozyaistvenno-ekonomicheskii kompleks razvitogo Tripol' ya. *SA*, No. 1.

Bibikova, V. I . 1967, 1970. K izucheniyu drevneishikh domashnikh loshadei Vostochnoi Evropy. *BMOIP*. Otd. Biologii, vol. 22, pt. 3.; vol. 25, pt. 5.

——. 1969. Do istorii domestikatsii konya na pivdennomu skhodi Evropi. *Arkheologiya*, vol. 22.

Bobomulloev, S. 1993. Raskopki pogrebal' nogo sooruzheniya iz Zardchakhalify. *Izvestiya* AN Tadzhikistana, vol. 3, p. 56.

Bochkarev, V. S. 1986. K voprosu o khronologicheskom sootnoshenii Seiminskogo i Turbinskogo mogil' nikov. In *Problemii arkheologii Podneprov' ya*. Dnepropetrovsk, Ukraine.

——. 1992. Novye absolyutnye daty dlya bronzovogo veka Evropy. In *Severnaya Aziya ot drevnosti do srednevekovya*. St. Petersburg.

——. 1995. Kul' turogenez i razvitie metalloproizvodstva v epokhu pozdnei bronzy. In *Drevnie indoiranskie kul' tury Volgo-Ural' ya*. Samara, Russia.

——. 1998. Problemii kulturno-khronologicheskoi interpretatsii novoi (absolutnoi) khronologii bronzovogo veka Evropy. In *Chteniya, posvyashchennye 90-letiyu B. B.* Piotrovskogo. St. Petersburg.

Bogdanov, S. V. 2004. Epokha medi stepnogo Priural' ya. Ekaterinburg.

Bogolyubsky, S. N. 1929. *Proiskhozhdenie verblyudov*. Almaty, Kazakhstan.

Bogoslovsky, B. B. 1960. *Ozerovedenie*. Moscow.

Bol' shov, S. V. 1995. Problemy kul' turogeneza v lesnoi polose Srednego Povolzh' ya v abashevskoe vremya (K voprosu o sootnoshenii abashevskikh i balanovskikh pamyatnikov). In *Drevnie indoiranskie kul' tury Volgo-Ural' ya*. Samara, Russia.

Bol' shov, S. V., and O. V. Kuz' mina. 1995. Novye issledovaniya II Vilovatovskogo mogil' nika. In *Drevnie indoiranskie kul' tury Volgo-Ural' ya*. Samara, Russia.

Bongard-Levin, G. M., and Eh. A. Grantovsky. 2001. *Ot Skifii do Indii*. St. Petersburg.

Borisov, A. A. 1975. *Klimaty SSSR v proshlom i nastoyashchem*. St. Petersburg.

Bostongukhar, S. 1998. *Verkhov' ya Zeravshana vo II tys. do n.e.* Dushanbe, Tajikistan.

Botalov, S. G., S. A. Grigor' ev, and G. B. Zdanovich. 1996. Pogrebal' nye kompleksy epokhi bronzy Bol' shekaraganskogo mogil' nika. In *Materialy po arkheologii i etnografii Yuzhnogo Urala*. Chelyabinsk, Russia.

Bratchenko, S. N. 1976. *Nizhnee Podon' e v epokhu srednei bronzy*. Kiev.

——. 1989. Luk i strili dobi eneolitu-bronzi Pivdnya skhidnoi Evropi. *Arkheologiya*, vol. 4. Kiev.

Braudel, F. 1986. *Struktury povsednevnosti: vozmozhnoe i nevozmozhnoe*. Vol. 1. Moscow.

Brovender, Yu. M., and V. V. Otroshchenko. 1996. Karpato-mikenskii ornamental' nyi stil' v materialakh poseleniya Kapitanovo I. In *Dono-Donetskii region v sisteme drevnostei stepi i lesostepi epokhi bronzy Vostochnoevropeiskoi stepi i lesostepi*. Vol. 2. Voronezh, Russia.

Bruks, K. 1952. *Klimaty proshlogo*. St. Petersburg.

Buchinsky, I. B. 1979. *Drevnii klimat Russkoi ravniny*. St. Petersburg.

Budyko, M. I. 1970. *Klimat v proshlom i budushchem*. St. Petersburg.

Budyko, M. I., G. G. Golitsyn, and Yu. A. Izrael' . 1986. *Global' nye klimaticheskie katastrofy*. Moscow.

Chernikov, S. S. 1960. Vostochnyi Kazakhstan v epokhu bronzy. *MIA*, no. 88.

Chernyakov, I. T. 1996. Kultura mnogovalikovoi keramiki-vostochnyi areal Balkano-Dunaiskogo kulturogenesa. In *Severo-vostochnoe Priasovie v sisteme evrasiiskikh drevnostei*, vol. 1. Donetsk, Ukraine.

Chernyakov, I. T., and G. N. Toshchev. 1985. Kul' turno-khronologicheskie osobennosti kurgannykh pogrebenii epokhi bronzy Nizhnego Dunaya. In *Novye materialy po arkheologii Severo-Zapadnogo Prichernomor' ya*. Kiev.

Chernykh, E. N. 1966. *Istoriya drevneishei metallurgii Vostochnoi Evropy*. Moscow.

——. 1978. *Gornoe delo i metallurgiya drevnei Bolgarii*. Sofia, Bulgaria.

——. 1996. Kargalinskii gorno-metallurgicheskii kompleks na Yuzhnom Urale. XIII *UAS*, vol.1. Ufa, Russia.

——. 1997. Izotopnye chasy istorii chelovechestva. *Priroda*, vol. 2.

——. 1998. *Kargaly*. Moscow.

Chernykh, E. N., and S. V. Kuz' minykh. 1989. *Drevnyaya metallurgiya Severnoi Evrazii*, Moscow.

Chikisheva, T. A. 1994. Kharakteristika paleoantropologicheskogo materiala pamyatnikov Bertekskoi doliny. In *Drevnie kul' tury Bertekskoi doliny*. Novosibirsk.

Chlenova, N. L. 1983. Predystoriya "Torgovogo puti" Gerodota. *SA*, no. 1.

——. 1995. Problema Prarodiny irantsev i drevneishie gorodishcha Yuzhnogo Urala i sopredel' nykh territotii. *RiV*.

Chzhun, Suk-Be. 2000. O khronologii kompleksov s kinzhalami epokhi pozdnei bronzy iz Severnogo Kitaya. In *Arkheologiya, paleoekologiya i paleodemografiya Evrazii*. Moscow.

Danilenko, V. N. 1969. *Neolit Ukrainy*. Kiev.

——. 1974. *Eneolit Ukrainy*. Kiev.

Danilenko, V. M. (V. N.), and M. M. (N. N.) Shmaglii. 1972. Pro odin povorotnii moment v istorii eneolitichnogo naselennya pivdennoi Evropi. *Arkheologiya*, vol. 6. Kiev.

Debets, G. F. 1948. *Paleoantropologiya SSSR*. Moscow.

Degtyareva, A. D. 1985. *Metalloobrabotka v epokhu pozdnei bronzy na territorii Semirech' ya*. Vestnik MGU. Ser. Istoricheskaya, vol. 3.

Demkin, V. A. 1997. *Paleopochvovedenie i arkheologiya*. Pushchino.

——. 2000. Paleopochvennye issledovaniya v doline reki Sok. *Paleopochvovedenie*, vol.1.

Demkin, V. A., and T. S. Demkina. 2000a. Dinamika paleoekologicheskikh uslovii v Volgo-Ural' skikh stepyakh za istoricheskoe vremya. In *Problemy regional' noi ekologii*. Pushchino.

——. 2000b. Vozmozhnosti rekonstruktsii pogrebal' noi pishchi v keramicheskikh sosudakh iz kurganov bronzovogo i rannezheleznogo veka. *EO*, vol. 4.

Depenchuk, N. P., and V. S. Krisachenko. 1987. *Ekologiya it eoriya evolyutsii* (*Metodologicheskii aspekt*). Kiev.

Dergachev, V. A., and V. L. Sorokin. 1986. O zoomorfnom skipetre iz Moldavii i proniknovenii stepnykh eneoliticheskikh plemen v Karpato-Dunaiskie zemli. *Izvestiya Akademii Nauk Moldavskoi SSR*.

Dinnesman, L. G. 1977. *Biogeotsenozy stepei v golotsene*. Moscow.

Dremov, I. I. 1996. Gruntovye mogil' niki epokhi srednei bronzy Belogorskoe I, II. In *Okhrana i issledovanie pamyatnikov arkheologii Saratovskoi oblasti*. Saratov, Russia.

Dubyagin, P. S., F. D. Chikrizov, V. A. Churinov, et al. 1982. *Novye materialy neolita-bronzy iz Severnogo Prikaspiya. Volgo-Ural' skaya step' i lesostep' v epokhu rannego metalla*. Kuibyshev, Russia.

Dyakonov, I. M. 1982. O prarodine nositelei indoevropeiskikh dialektov. VDI, vols. 3–4.

——. 1995. Prarodina indoevropeitsev (Po povodu knigi E. E. Kuz' minoi "Otkuda prishli indoarii?" Moscow, 1994). *VDI*, vol. 1.

Dzen-Litovsky, A. I. 1957. Paleogeograficheskaya stratigrafiya donnykh otlozhenii ozer i torfyanykh bolot SSSR. *Trudy Laboratorii ozerovedeniya AN SSSR*, vol. 5.

Dzerseevsky, B. 1975. *Obshchaya tsirkulyatsiya atmosfery*. Moscow.

Dzhaparidze, O. M. 1960. *Arkheologicheskie raskopki v Trialeti*. Tbilisi, Georgia.

——. 1976. *K etnicheskoi istorii gruzinskikh plemen*. In Georgian. Tbilisi, Georgia.

Ekologicheskie ocherki o prirode i cheloveke. 1988. Moscow.

Eneolit Vostochnoi Evropy. 1980. *Mezhvuzovskii sbornik nauchnykh statei*, vol. 235. Kuibyshev, Russia.

Epimakhov, A. V. 1996. Kurgannyi mogil' nik Solntse II-nekropol' ukreplennogo poseleniya Ust' e. In *Materialy po arkheologii i etnografii Yuzhnogo Urala*. Chelyabinsk, Russia.

——. 2003. Yuzhnoe Zaural' e v epokhu srednei bronzy. Chelyabinsk, Russia.

Erdniev, G. E. 1975. Kavkaz i kalmytskaya step' v epokhu bronzy. *V Krupnovskie chteniya po arkheologii Kavkaza*. Moscow.

Ermolova, N. M. 1970. Novye materialy po izucheniyu ostatkov mlekopitayushchikh iz drevnikh poselenii Turkmenii. *KD*, vol. 3.

Esayan, S. A. 1966. *Oruzhie i voennoe delo v drevnei Armenii*. Yerevan, Armenia.

——. 1976. *Drevnyaya kul' tura plemen Severo-Vostochnoi Armenii v III-I tys. d on. e.* Yerevan, Armenia.

Evdokimov, V. V. 1981. Raboty Karagandinskogo otryada. *AO*. Moscow.

——. 1984. Narodonaselenie stepnogo Pritobol' ya v epokhu bronzy. Avtoref. kand. diss. Kiev.

——. 2000. *Istoricheskaya sreda epokhi bronzy stepei Tsentral' nogo i Severnogo Kazakhstana*.

Almaty, Kazakhstan.

Evdokimov, V. V., and V. G. Loman. 1989. Raskopki yamnogo kurgana v Karagandinskoi oblasti. *Voprosy arkheologii Tsentral' nogo i Severnogo Kazakhstana*.Karaganda, Kazakhstan.

Evdokimov, V. V., and E. R. Usmanova, 1990. Znakovyi status ukrashenii v pogrebal' nom obryade. *Arkheologiya Volgo-Ural' skikh stepei*. Chelyabinsk, Russia.

Evsyukov, V. V., and S. A. Komissarov. 1983. Bronzovaya model' kolesnitsy epokhi Chun' tsyu [Chunqiu] v svete sravnitel' nogo analiza kolesnichnykh mifov. In *Novoe v arkheologii Kitaya*. Novosibirsk.

Fedorov, E. K. 1972. *Vzaimodeistvie obshchestva i prirody*. St. Petersburg.

Fedorov, N. V. 1957. Stratigrafiya chetvertichnykh otlozhenii i istoriya razvitiya Kaspiiskogo morya. *Trudy Geograficheskogo instituta AN SSSR*. 106.

Fersman, A. E. 1962. *Dragotsennye i tsvetnye kamni SSSR*. Moscow.

Fisenko, V. A. 1967. Plemena katakombnoi kul' tury Severo-Zapadnogo Prikaspiya. Avtoref. kand. diss.

Formosov, A. A. 1951. K voprosu o proiskhozhdenii andronovskoi kul' tury. *KSIIMK*. Vol. 39.

——. 1959. Mikroliticheskie pamyatniki aziatskoi chasti SSSR. SA, no. 2.

——. 1972. K istorii drevneishego skotovodstva na yuge SSSR. *TMOIP*, vol. XLVIII. Moscow.

——. 1977. *Problemy etnokul' turnoi istorii kamennogo veka na territorii Evropeiskoi chasti SSSR*. Moscow.

Frolov, Ya. V. 1996. Novye sluchainye nakhodki predmetov vooruzheniya iz Vostochnogo Kazakhstana. *Sokhranenie i izuchenie kul' turnogo naslediya Altaya*. Barnaul, Russia.

Galkin, L. L. 1992. Kochevniki epokhi bronzy Severnogo Kazakhstana. In *Margulanovskie chteniya*. Almaty, Kazakhstan.

Galochkina, N. G. 1977. Novye dannye ob issledovanii pamyatnikov epokhi bronzy. In *Ketmen' Tyube*. Frunze, Kirghizstan.

Gamburg, B. Z., and N. G. Gorbunova. 1956. Mogil' nik epokhi bronzy v Ferganskoi doline. *KSIIMK*, vol. 69.

——. 1957. Novye dannye o kul' ture epokhi bronzy Ferganskoi doliny. *SA*, no. 3.

Gamkrelidze, T. V., and V. V. Ivanov. 1984. *Indoevropeiskii yazyk i indoevropeitsy*. Two vols.

Tbilisi.

Ganyalin, A. F. 1956a. Pogrebenie epokhi bronzy u seleniya Yangi-Kala. *TYu-TAKE*, 7.

——. 1956b. Tekkem-Tepe. *TIIAE AN TurkSSR*, vol. 2.

. 1959. K stratigrafii Namazga-Tepe. *TIIAE AN TurkSSR*, vol. 5.

Gei, A. N. 2000. *Novotitorovskaya kul' tura*. Moscow.

Gening, V. F. 1977. Mogil' nik Sintashta i problema rannikh indoiranskikh plemen. *SA*, no. 4.

Gening, V. F., G. B. Zdanovich, and V. V. Gening. 1992. *Sintashta*. Chelyabinsk, Russia.

Georgiev, V. 1958. *Issledovaniya po sravnitel' no-istoricheskomu yazykoznaniyu*. Moscow.

Gerasimov, I. P. 1937. Osnovnye cherty razvitiya sovremennoi poverkhnosti Turana. *Trudy Instituta geografii AN SSSR*, vol. 25.

——. 1956. Aridnye i semiaridnye oblasti SSSR i ikh geograficheskie analogii. In *VIII Mezhdunarodnyi geograficheskii kongress*. Moscow, St. Petersburg.

——. 1993. *Struktura i dinamika prirody Zemli*. Moscow.

Gibert (Hiebert), F. 1994. Khronologiya Margiany i radiokarbonnye daty. *Rossiiskii etnograf*, vol.1.

Glushkov, I. G. 1986. Keramika samus' sko-seiminskoi epokhi lesostepnogo Priirtysh' ya. Avtoref. kand. diss. Novosibirsk.

Glushkov, T. N. 1992. Udel' nyi ves tkachestva v sisteme drevneishikh proizvodstv. In *Vtorye istoricheskie chteniya pamyati M. P. Gryaznova*, vol. 1. Omsk.

Goncharova, Yu. V. 1996. K voprosu o klassifikatsii diskovidnykh psalii s shipami epokhi pozdnei bronzy na territorii Vostochnoi Evropy. In *Drevnie kul' tury i tekhnologii*. St. Petersburg.

——. 1999. Nekotorye aspekty interpertatsii pogrebenii s diskovidnymi psaliyami v stepnoi i lesostepnoi zonakh Evrazii. Stratum plus. *Kishinev*, vol. 2.

Gorbunov, V. S. 1990. *Nekotorye problemy kul' turogeneticheskikh protsessov epokhi bronzy Volgo-Ural' ya*. Sverdlovsk, Russia.

Gorbunov, V. S., I. V. Denisov, R. B. Ismagilov. 1990. *Novye materially po epokhe bronzy Yuzhnogo Priural' ya*. Ufa, Russia.

Gorbunova, N. G. 1995. O kul' ture stepnoi bronzy Fergany. *ASGE*. 32.

Gorelik, M. V. 1985. Boevye kolesnitsy Perednego Vostoka III–II tys. do n.e. In *Drevnyaya*

Anatoliya. Moscow.

Grigor' ev, S. A. 1994. Drevnyaya metallurgiya Yuzhnogo Urala. Avtoref. kand. diss. Moscow.

Grigor' ev, V. V. 1873. *Vostochnyi ili Kitaiskii Turkestan*. St. Petersburg.

Gromova, V. I. 1949. Istoriya loshadei (r. equus) v Starom Svete. In *Trudy Paleontologicheskogo instituta*, vol. XVII. Moscow-St. Petersburg.

Gryaznov, M. P. 1955. Nekotorye voprosy istorii slozheniya i razvitiya rannikh kochevykh obshchestv Kazakhstana i Yuzhnoi Sibiri. *KSIE*, vol. 24.

——. 1957. Etapy razvitiya khozyaistva skotovodcheskikh plemen Kazakhstana i Yuzhnoi Sibiri v epokhu bronzy. *KSIE*, vol. 26.

——. 1999. Afanas' evskaya kultura na Enisee. St. Petersburg.

Gryaznov, M. P., and E. B. Vadetskaya. 1968. Afanas' evskaya kul' tura. In *Istoriya Sibiri*, vol. Ⅰ. St. Petersburg.

Gulyamov, Ya. G., U. Islamov, and A. Askarov. 1966. *Pervobytnaya kul' tura v nizov' yakh Zerafshana*. Tashkent.

Isakov, A. I. 1991. Verkhov' ya Zeravshana v epokhu eneolita i bronzy. Avtoref. dokt. diss. Novosibirsk.

Istoriya Kazakhskoi SSR. 1988. Almaty, Kazakhstan.

Istoriya ukrainskogo naroda. 1997. Kiev.

Itina, M. A. 1961. Mogil' nik bronzovogo veka Kokcha-3. *MKhE*, vol. 5.

——. 1967. O meste tazabag' yabskoi kul' tury sredi kul' tur stepnoi bronzy. *SE*, no. 2.

——. 1977. *Istoriya stepnykh plemen Yuzhnogo Priaral' ya*. Moscow.

Ivanov, G. E., and N. A. Isaev. 1999. Bronzovyi topor c poseleniya Krest' yanskoe IV. In *Sokhranenie i izuchenie kul' turnogo naslediya Altaya*, vol. Ⅹ. Barnaul, Russia.

Ivanov, I. V. 1983. Izmenenie prirodnykh uslovii stepnoi zony v golotsene. *IAN SSSR. Seriya geograficheskaya*, no. 2.

Ivanov, I. V., and I. B. Vasil' ev. 1995. *Chelovek, priroda i pochvy Ryn-Peskov Volgo-Ural' skogo mezdurech' ya v golotsene*. Moscow.

Ivanov, V. V. 1963. Khettskii yazyk. Moscow.

——. 1974. Opyt istolkovaniya drevneindiiskikh ritual' nykh i mifologicheskikh terminov, obrazovannykh ot ašva "kon." In *Problemii istorii yazykov i kul' tury narodov Indii*.

Moscow.

——. 1992. Tokhary. In *Vostochnyi Turkestan v drevnosti i srednevekovie*. Moscow.

Izbitser, E. V. 1993. Pogrebeniya s povozkami stepnoi polosy Vostochnoi Evropy i Severnogo Kavkaza Ⅲ–Ⅱ tys. do n.c. Avtorcf. kand. diss. St. Petersburg.

Kadyrbaev, M. K., and A. N. Mar' yashev. 1977. *Naskal' nye izobrazheniya khrebta Karatau*. Almaty, Kazakhstan.

Kalieva, S., G. Kolbin, and V. Logvin. 1992. Mogil' nik u poseleniya Bestamak. In *Margulanovskie chteniya*. Petropavlovsk, Russia.

Karabaspakova, K. M. 1987. K voprosu o kul' turnoi prinadlezhnosti pamyatnikov epokhi pozdnei bronzy Severo-Vostochnogo Semirech' ya i ikh svyaz' s pamyatnikami Tsentral' nogo Kazakhstana. *VPAP*.

——. 1989. Etnokul' turnye svyazi naseleniya epokhi pozdnei bronzy Semirech' ya. In *Margulanovskie chteniya*. Almaty, Kazakhstan.

——. 1991. K voprosu o kul' turnoi prinadlezhnosti pamyatnikov nachal' nogo etapa pozdnei bronzy Semirech' ya. In *Problemy kul' tur nachal' nogo etapa, epokhi pozdnei bronzy Volgo-Ural' ya*. Saratov, Russia.

Kassin, N. G. 1947. *Materialy po paleogeografii Kazakhstana*. Almaty, Kazakhstan.

——. 1949. Osnovnye voprosy izucheniya geologii Zapadnogo Kazakhstana. *Vestnik Akademii Nauk Kazakhskoi Respubliki*, vol. 2.

Kats, N. Ya. 1952. K istorii pozdnechetvertichnoi flory i klimata Severa SSSR. In *Materialy po chetvertichnomu periodu SSSR*, vol. 3. Moscow.

Kes' , A. S. 1969. Osnovnye etapy razvitiya Aral' skogo morya. In *Problema Aral' skogo morya*. Moscow.

Khabdulina, M. K., and G. B. Zdanovich. 1984. Landshaftno-klimaticheskie kolebaniya golotsena i voprosy kul' turno-istoricheskoi situatsii v Severnom Kazakhstane. *BVUIM*. Moscow.

Khalikov, A. Kh., 1969. *Drevnyaya istoriya Srednego Povolzh' ya*. Moscow.

Khaveson, N. M. 1940. Dikie i domashnie formy verblyudovykh. In *Problemy proiskhozhdeniya, evolyutsii i porodoobrazovaniya domashnikh zhivotnykh*, vol. 1. Moscow, St. Petersburg.

Khavrin, S. V. 1992. Pamyatniki andronovskoi kultury na territorii Severnogo Kitaya. In

Severnaya Evraziya v epokhu bronzy i rannego zheleza. St. Petersburg.

Khazanov, A. M. 1973. *O periodizatsii istorii kochevnikov Evraziiskikh stepei: Problemy etnografii Vostok*. Moscow.

——. 1975. *Sotsial' naya istoriya skifov*. Moscow.

Khotinsky, N. A. 1977. *Golotsen Severnoi Azii*. Moscow.

——. 1980. Tri tipa izmenenii klimata Severnoi Evrazii v golotsene. In *Kolebaniya uvlazhnennosti Aralo-Kaspiiskogo regiona v golotsene*. Moscow.

——. 1982. Golotsenovye khronosrezy: diskussionnye problemy paleogeografii golotsena. In *Razvitie prirody territorii SSSR v pozdnem pleistotsene i golotsene*. Moscow.

Khudyakov, Yu. S., and S. A. Komissarov. 2002. *Kochevaya tsivilizatsiya Vostochnogo Turkestana*. Novosibirsk.

Kibirov, A., and P. N. Kozhemyako. 1956. Novye pamyatniki epokhi bronzy. *TIIAE AN KirgSSR*, vol. 2.

Kileinikov, V. V., and A. I. Yudin. 1993. Kostyanye orudiya i izdeliya Varfolomeevskoi stoyanki. In *Arkheologicheskie vesti*, vol. 1. Saratov, Russia.

Kircho, L. B., and S. G. Popov. 1999. K voprosu o radiouglerodnoi khronologiii drevneishikh tsivilizatsii Srednei Azii. Stratum plus. Kishinev 2.

Kiryushin, Yu. F. 1987. Novye mogil' niki rannei bronzy na Verkhnei Obi. In *Arkheologicheskie issledovaniya na Altae*. Barnaul, Russia.

——. 2002. Eneolit i rannyaya bronza yuga Zapadnoi Sibiri. Barnaul, Russia.

Kiryushin, Yu. F., and G. E. Ivanov. 1996. Novye nakhodki metallicheskikh izdelii iz Shipunovskogo raiona. In *Sokhranenie i izuchenie kul' turnogo naslediya Altaya*. Barnaul, Russia.

——. 2001. Novyi seiminsko-turbinskii mogil' nik Shipunovo V na Altae. In *Istoriko-kul' turnoe nasledie Severnoi Asii*. Barnaul, Russia.

Kiryushin, Yu. F., and A. M. Maloletko. 1979. *Bronzovyi vek Vasyugan' ya*. Tomsk, Russia.

Kiryushin, Yu. F., and P. I. Shul' ga. 1996. Andronovskoe pogrebenie na reke Charysh. In *Izv. Altaiskogo gosuniversiteta*, vol. 2.

Kiselev, S. V. 1949. Drevnyaya istoriya yuzhnoi Sibiri. *MIA*, no. 9.

——. 1951. *Drevnyaya istoriya Yuzhnoi Sibiri*. Moscow.

——. 1960. Neolit i bronzovyi vek Kitaya. *SA*, 4.

Kislyi, A. 1996. Poseleniya moryakov XVII–XV vv. do n. e. v Vostochnom Krymu. In *Severo-vostochnoe Priazov' e v sisteme evraziiskikh drevnostei*, vol. 1. Donetsk, Ukraine.

Kolebaniya uvlazhnennosti Aralo-Kaspiiskogo regiona v golotsene. 1980. Moscow.

Koltsov, P. M. 1986. Neoliticheskoe poselenie Dzhangar. In Problemy epokhi neolita lesnoi i leso-stepnoi zony Vostochnoi Evropy. Orenburg, Russia.

Komarova, M. N. 1962. Otnositel' naya khronologiya pamyatnikov andronovskoi kul' tury. *ASGE*, vol. 5.

Komissarov, S. A. 1980. Chzhouskie kolesnitsy. Izv. *SOAN SON*, vol. 1, no.1.

——. 1997. Kul' tura bronzovogo veka Vostochnogo Turkestana. In *Gumanitarnye issledovaniya: itogi poslednikh let*. Novosibirsk.

Komissarov, S. A., V. E. Larichev, et al. 1998. O rannikh bronzovykh zerkalakh, naidennykh na territorii Vostochnogo Turkestana. *Rerikhovskie chteniya* 1997.

Korobkova, G. F. 1981. Khozyaistvennye kompleksy rannikh zemledel'- cheskosk-otovodcheskikh obshchestv yuga SSSR. Avtoref. dokt. diss. Moscow.

Korol' kova, E. F. 1998. Obrazy verblyudov i ikh razvitie v iskusstve rannikh kochevnikov Evrazii. In *Arkheologicheskie pamyatniki Orenburzh' ya*. Orenburg, Russia.

Kosarev, M. F. 1981. *Bronzovyi vek Zapadnoi Sibiri*. Moscow.

Kosintsev, P. 1995. Loshad' rannikh indoariev. In *Konevody stepei Evrazii*, 6. Petropavlovsk, Russia.

——. 1996. Zhivotnovodstvo abashevskoi kul' tury. *AKIO*. Tambov: 21–23.

——. 2000. Kostnye ostatki zhivotnykh iz ukreplennogo poseleniya Arkaim. *Arkheologicheskii istochnik i modelirovanie drevnikh tekhnologii*. Chelyabinsk, Russia.

Kostyukov, V. P., A. V. Epimakhov, and D. V. Nelin. 1995. Novyi pamyatnik srednei bronzy v Yuzhnom Zaural' e. In *Drevnie indoiranskie kul' tury Volgo-Ural' a*. Samara, Russia.

Kotova, N. S. 1994. Mariupol' skaya kul' turno-istoricheskaya oblast' (Dnepro-Donskoe mezhdurech' e). In *Arkheologichni pam' yatki ta istoriya starodavnego poseleniya Ukrainy*, pt. 1. Kovel, Ukraine.

Kovalev, A. A. 2002. O proiskhozhdenii kompleksa form bronzovykh lezviinykh izdelii drevnego Kitaya (epokha Cya-Shan [Xia-Shang]). In *Stepi Evrazii v drevnosti i srednevekov' e*. St. Petersburg.

Kovalev, A. A., and A. D. Rezepkin. 1995. Kuril' nitsy iz dol' menov v urochishche Klady i problema proiskhozhdeniya afanas' evskoi kul' tury. In *Problemy proiskhozhdeniya okunevskoi kul' tury*. St. Petersburg.

Kovalevskaya, V. B. 1976. *Kon' i vsadnik*. Moscow.

Kozhemyako, P. N. 1960. Pogrebeniya epokhi bronzy v Kirgizii. *IAN KirgSSR*, vol. 2, no. 3.

Kozhin, P. M. 1970. O psaliyakh iz afanas' evskikh mogil. *SA*, no. 4.

——. 1977. Ob in' skikh kolesnitsakh. In *Rannyaya etnicheskaya istoriya narodov Vostochnoi Azii*. Moscow.

——. 1987. Kolesnichnye syuzhety v naskal' nom iskusstve Tsentral' noi Azii. In *Arkheologiya, etnografiya, antropologiya Mongolii*. Novosibirsk.

Kozhomberdiev, I., and N. G. Galochkina. 1972. Pamyatniki epokhi bronzy v doline Ketmen' -Tyube. *USA*, vol. 1.

Kozhomberdiev, I., and E. E. Kuzmina. 1980. Shamshinskii klad epokhi pozdnei bronzy v Kirgizii. *SA*, no. 4.

Krasheninnikov, I. M. 1951. *Geograficheskie raboty*. Moscow.

Kremenetsky, K. V. 1991. *Palaeoekologiya drevneishikh zemledeltsev i skotovodov Russkoi ravniny*. Moscow.

Krizhevskaya, L. Ya. 1978. K voprosu o nizhnei granitse neolita stepei Severo-Vostochnogo Prichernomor' ya. *KSIA*.

——. 1983. *Izyskaniya po mezolitu i neolitu SSSR*. St. Petersburg.

Kuchera, S. 1977. *Kitaiskaya arkheologiya*. Moscow.

——. 1981. Nekotorye problemy istorii Kitaya v svete radiokarbonnykh datirovok. In *Etnicheskaya istoriya narodov Vostochnoi i Yugo-Vostochnoi Azii v drevnosti i v srednie veka*. Moscow.

——. 1984. *Rannyaya istoriya Sin' tszyana. Vostochnyi Turkestan i Srednyaya Aziya*. Moscow.

——. 1988. Novoe dostizhenie arkheologov i antropologov KNR. Kraniologicheskaya seriya Gumugou. In D*evyatnadtsataya nauchnaya konferentsiya "Obshchestvo i gosudarstvo v Kitae."* Abstracts, pt. 2. Moscow.

——. 2000. Vozniknovenie metallurgii v drevnem Kitae. *Drevnosti*, no. 31. Moscow.

Kuftin, B. A. 1941. *Arkheologicheskie raskopki v Trialeti*. Tbilisi.

——. 1954. Raboty YuTAKEh v 1952 g. po izucheniyu kul' tur Anau. Jsv. AN Turkm. SSR. No. 7.

Kul' baka, V., and D. Kachur. 2000. *Indoevropeis' ki plemena Ukrainy epokhi paleometalu*. Mariupol'.

Kurkov, A. A. 1969. Osnovnye etapy razvitiya landshaftov aziatskikh pustyn' v kainozoe. *Izvestiya AN SSSR. Seriya geograficheskaya*, vol. 6.

Kuzmina, E. E. 1958. Mogil' nik Zaman-Baba. *SE*, vol. 2.

——. 1961. K voprosu o nekotorykh tipakh orudii Kirgizii epokhi pozdnei bronzy. *IAN Kirg SSR, SON*, vol. 3, no. 3.

——. 1963a. Drevneishaya figurka verblyuda iz Orenburgskoi oblasti i problema domestikatsii baktrianov. *SA*, no. 2.

——. 1963b. Kupukhta&mdashmogil' nik andronovskoi znati. *KSIA*, vol. 93.

——. 1963c. O yuzhnykh predelakh rasprostraneniya stepnykh kul' tur epokhi bronzy v Srednei Azii. In *Pamyatniki kamennogo i bronzovogo vekov Evrazii*. Moscow.

——. 1965. Khronologiya gruppy kladov Semirech' ya. *MIA*, no. 130.

——. 1966. Metallicheskie izdeliya eneolita i bronzovogo veka v Srednei Azii. *SAI*. V4–9.

——. 1968. Nekotorye spornye voprosy istorii pervobytnoi kul' tury v nizov' yakh Zeravshana. *SA*, no. 2.

——. 1970. Semirechenskii variant kul' tury epokhi pozdnei bronzy. *KSIA*, vol. 122.

——. 1971. Tsilindricheskaya pechat' iz Mervskogo oazisa so stsenoi edinoborstva. *IIGK*. Moscow.

——. 1973a. Navershie so vsadnikami iz Dagestana. *SA*, no. 2.

——. 1973b. Ob an' yanskoi linii sinkhronizatsii sibirskikh bronz. *IzIS*, vol. 7.

——. 1974a. Kolesnyi transport i problema etnicheskoi i sotsial' noi istorii drevnego naseleniya yuzhnorusskikh stepei. *VDI*, vol. 4.

——. 1974b. O nekotorykh voprosakh andronovskoi demografii. *Izv. SOAN SON*, no. 2.

——. 1977a. Rasprostranenie konevodstva i kul' ta konya u iranoyazychnykh plemen Srednei Azii i drugikh narodov Starogo Sveta. In *Srednyaya Aziya v drevnosti i srednevekov' e*. Moscow.

——. 1977b. *V strane Kavata i Afrasiaba*. Moscow.

——. 1978a. Svyazi evraziiskikh stepei i Sredizemnomor' ya vo vtoroi chetverti Ⅱ tys. do n.e. *DKPP*.

——. 1978b. Syuzhet protivoborstva dvukh zhivotnykh v iskusstve aziatskikh stepei. *KSIA*, vol. 154.

——. 1980a. Eshche raz o diskovidnykh psaliyakh evraziiskikh stepei. *KSIA*, vol. 161.

——. 1980b. Etapy razvitiya kolesnogo transporta Srednei Azii v epokhu eneolita i bronzy. *VDI*. no. 4.

——. 1981. Slozhenie skotovodcheskogo khozyaistva v stepyakh Evrazii i rekonstruktsiya sotsial' noi struktury obshchestva drevneishikh pastusheskikh plemen. In *Materialy po khozyaistvu i obshchestvennomu stroyu plemen Yuzhnogo Urala*. Ufa, Russia.

——. 1986. Goncharnoe proizvodstvo u plemen andronovskoi kul' turnoi obshchnosti. In *Vostochnyi Turkestan i Srednyaya Aziya v sisteme kul' tur drevnego i srednevekovogo Vostoka*. Moscow.

——. 1988. Kul' turnaya i etnicheskaya atributsiya pastusheskikh plemen Kazakhstana i Srednei Azii epokhi bronzy. *VDI*, vol. 2.

——. 1992. *Tri napravleniya kul' turnykh svyazei andronovskikh plemen i khronologiya andronovskoi kul' turnoi obshchnosti. Severnaya Evraziya v epokhu bronzy i rannego zheleza*. St. Petersburg.

——. 1994c. *Otkuda prishli Indoarii?* Moscow.

——. 1995. Evraziiskaya step' : intensivnyi ili ekstensivnyi put' istoricheskogorazvitiya? *RiV*.

——. 1996–1997. Ekologiya stepei Evrazii i problema proizkhozhdeniya nomadizma, *VDI*, 1996, vol. 2; 1997, vol. 2.

——. 1998c. Kul' turnye svyazi naseleniya basseina Tarima s pastukhami andronovskoi kul' tury Aziatskikh stepei v epokhu bronzy. In *Sibir' v panorame tysyacheletii*, vol. 1. Novosibirsk.

——. 1998d. Metodika etno-arkheologicheskikh rekonstruktsii (etnogenez indoirantsev). *VI mezhdunarodnyi seminar: interpretatsiya arkheologicheskikh i etnograficheskikh issledovanii*, vol. Ⅰ. St. Petersburg.

——. 2004. Sovremennoe sostoyanie problemy domestikatsii loshadi i proiskhozhdeniya kolesnits. *U istokov tsivilizatsii*. Moscow.

Kuzmina, E. E., and V. A. Livshits. 1987. Eshche raz o proiskhozhdenii yurty. In *Proshloe Srednei Azii. Dushanbe*, Tajikistan.

Kuzmina, E. E., and A. A. Lyapin. 1984. Novye nakhodki stepnoi keramiki epokhi bronzy na Murgabe. In *Drevnie kul' tury Turkmenistana*. Ashkhabad, Turkmenistan.

Kuzmina, E. E., and V. I. Mokrynin. 1985. Novaya stoyanka epokhi bronzy v Kirgizii i problemy zaseleniya Semirech' ya. In *Iz istorii drevnego Kirgizstana*. Frunze, Kirgizstan.

Kuzmina, E. E., and K. F. Smirnov. 1976. Pogrebeniya bronzovogo veka pod Orskom i problema khronologicheskogo sootnosheniya pamyatnikov epokhi bronzy Priural' ya. *PAPP*.

Kuzmina, I. E. 1995. O proiskhozhdenii domashnikh loshadei. *Konevody stepei Evrazii*. Petropavlovsk, Russia.

Kuzmina, O. V., and E. S. Sharafutdinova. 1995. Khronika seminara "Problemy perekhoda ot epokhi srednei bronzy k epokhe pozdnei bronzy v Volgo-Ural' e." In *Drevnie indoiranskie kul' tury Volgo-Ural' ya*. Samara, Russia.

Kuzminykh, S. V., and E. N. Chernykh. 1988. K probleme proiskhozhdeniya kel' tov-lopatok. In *Khronologiya i kul' turnaya prinadlezhnost' pamyatnikov kamennogo i bronzovogo veka Yuzhnoi Sibiri*. Barnaul, Russia.

Kuznetsov, P. F. 1996. Novye radiouglerodnye daty dlya khronologii kul' tur eneolita-bronzovogo veka yuga lesostepnogo Povolzh' ya. *Arkheologiya i radiouglerod*, vol. 1. St. Petersburg.

Kuznetsova, E. F., and T. M. Teplovodskaya. 1994. *Drevnyaya metallurgiya i goncharstvo Tsentral' nogo Kazakhstana*. Almaty, Kazakhstan.

Kyzlasov, L. R. 1979. *Drevnyaya Tuva*. Moscow.

Larichev, V. E. 1959. Drevnie kul' tury Severnogo Kitaya. In *Trudy Sibirskogo otdeleniya AN SSSR. Dal' nevostochnyi filial AN SSSR. Seriya istoricheskaya*, vol. 1. Vladivostok.

——. 1961. Bronzovyi vek severo-vostochnogo Kitaya. *SA*, no. 1.

Lavrushin, Yu. A., and E. A. Spiridonova. 1995a. Geologicheskaya istoriya zony evraziiskikh stepei v poslednie 10000 let. *RiV*.

——. 1995b. Rezul' taty paleomorfologicheskikh issledovanii na stoyankakh neolita-bronzy v basseine r. Samary. In *Neolit i eneolit yuga lesostepi Volgo-Ural' skogo mezhdurech' ya*.

Orenburg, Russia.

Leontiev, N. 1980. Kolesnyi transport epokhi bronzy na Enisee. *Voprosy arkheologii Khakassii*. Abakan, Russia.

Leskov, A. M. 1964. Drevneishie rogovye psalii iz Trakhtemirova. *SA*, no. 1.

——. 1971. Predskifskii period v stepyakh Severnogo Prichernomor' ya. In *Problemy skifskoi arkheologii*. Moscow.

Lev, D. N. 1972. Itogi raboty arkheologicheskogo otryada Samarkandskogo Gosudarstvennogo universiteta. In *Trudy otryada Samarkandskogo Gosudarstvennogo universiteta*. Uzbekistan.

Levine, M., and Yu. Rassamakin. 1996. O probleme arkheologicheskikh issledovanii pamyatnikov neolita-bronzy Ukrainy. In *Dono-Donetskii region v sisteme drevnostei epokhi bronzy vostochno-evropeiskoi stepi i lesostepi*, vol. 2. Voronezh, Russia.

Lin, Yun. 1990. Pereotsenka vzaimosvyazei mezhdu bronzovymi izdeliyami shanskoi kul' tury i severnoi zony. In *Kitai v epokhu drevnosti*. Novosibirsk.

Lipsky, A. M. 1961. Novye dannye po afanas' evskoi kul' ture. In *Voprosy istorii Sibiri i Dal' nego Vostoka*. Novosibirsk.

Lisitsyna, G. N. 1972. Istoriya oroshaemogo zemledeliya v Yuzhnoi Turkmenii (rannezemledel' cheskaya epokha). *USA*, vol. 1.

Liss, O. L., and I. A. Berezina. 1982. Razvitie bolotoobrazovatel' nogo protsessa v tsentral' noi chasti Zapadnoi Sibiri. In *Razvitie prirody territorii SSSR v pozdnem pleistotsene i golotsene*. Moscow.

Litvinenko, R. A. 1995a. Pamyatniki pokrovskogo tipa na Severskom Dontse. *Arkheologicheskie vesti*, vol. 4.

——. 1995b. Territorial' no-khronologicheskie sootnosheniya kultur mnogovalikovoi keramiki i dono-volzhskoi abashevskoi. In *Konvergentsiya i divergentsiya v razvitii kultur epokh eneolita-bronzy Srednei i Vostochnoi Evropy*. St. Petersburg.

——. 1996. Kostyanye pryazhki kak khronologicheskii indicator dlya kul' tur bronzovogo veka uga Vostochnoi Evropy. In *Dono-Donetskii region v sisteme drevnostei epokhi bronzy Vostochnoevropeiskoi stepi i lesostepi*, vol. 2. Voronezh, Russia.

Litvinsky, B. A. 1954. *Drevneishie stranitsy gornogo dela Tadzhikislana i drugikh respublik Srednei Azii*. Dushanbe, Tajikistan.

——. 1962. Pamyatniki epokhi bronzy i rannego zheleza Kairak-Kumov. In *Drevnosti Kairak-Kumov*, ed. B. A. Litvinsky, A. P. Okladnikov, and V. A. Ranov. Dushanbe, Tajikistan.

——. 1963. Bronzovyi vek. *ITN*, vol. 1. Moscow.

——. 1964. Tadzhikistan i Indiya. *Indiya v drevnosti*. Moscow.

——. 1972. *Drevnie kochevniki "Kryshi mira."* Moscow.

Litvinsky, B. A., et al. 1962. *Drevnosti Kairak-Kumov*. Dushanbe, Tajikistan.

Logvin, V. N. 1995. K probleme stanovleniya sintashtinsko-petrovskikh drevnostei. *RiV*.

Loman, V. G. 1987. Dongal' skii tip keramiki. *Voprosy periodizatsii arkheologicheskikh pamyatnikov Tsentral' nogo i Severnogo Kazakhstana*. Karaganda, Kazhakstan.

——. 1989. Raskopki yamnogo kurgana v Karagandinskoi obl. *Voprosy arkheologii Tsentral' nogo i Severnogo Kazakhstana*. Karaganda, Kazhakstan.

Lubo-Lesnichenko, E. I. 1961. *Drevnie kitaiskie selkoviye tkani i vysivki V v. do n. e. -III v. n. e. v sobranii gosudarslvennogo Ermitaza*. St. Petersburg.

——. 1975. *Privoznye zerkala Minusinskoi kotloviny*. Moscow.

——. 1988. Velikii Shelkovyi put'. In *Vostochnyi Turkestan*, vol. 1. Moscow.

Mackay, E. 1951. *Drevneishaya kul' tura doliny Inda*. Moscow.

Maksimenkov, G. A. 1968. Okunevskaya kul' tura i ee sosedi na Obi. In *Istoriya Sibiri*, vol. 1. St. Petersburg.

——. 1978. *Andronovskaya kul' tura na Enisee*. St. Petersburg.

Mallory, J. P., and D. Telegin. 1994. Poyava kolesnogo transportu na Ukraini sa radiocarbonnimi dannimi. In *Problemi khronologii kultur eneolita-bronzovogo veka Ukrainy i Yuga-Vostochnoi Evropy*. Dnepropetrovsk, Ukraine.

Malov, N. M. 1985. Nekotorye itogi izucheniya poselenii epokhi bronzy severnykh raionov Nizhnego Povolzh' ya. In *Dostizheniya sovetskoi arkheologii v XX pyatiletke*. Baku, Azerbaijan.

——. 1995. Indoevropejskaya neurbanisticheskaya tsivilizatsiya epokhi paleometallov Evraziiskoi skotovodcheskoi istoriko-kul' turnoi provintsii-Zveno mozaichnoi mirotselostnosti. In *Konvergentsiya i divergentsiya v razvitii kul' tur epokhi eneolita-bronzy Srednei i Vostochnoi Evropy*. St. Petersburg.

Malov, N. M., and V. V. Filipchenko. 1995. Pamyatniki katakombnoi kul' tury Nizhnego

Povolzh' ya. In *Arkheologicheskie vesti*, vol. 4. St. Petersburg.

Malyutina, T. S. 1991. Stratigraficheskaya pozitsiya materialov fedorovskoi kul' tury na mnogosloinykh poseleniyakh Kazakhstanskikh stepei. In *Drevnosti Vostochno-Evropeiskoi lesostepi*. Samara, Russia.

Malyutina, T. S., and G. B. Zdanovich. 1995. Kuisak-ukreplennoe poselenie protogorodskoi tisivilizatsii Yuzhnogo Zaural' ya. *RiV*.

Mamonova, N. N. 1979. Drevnee naselenie Mongolii po dannym paleoantropologii. In *III Mezhdunarodnyi kongress po monglovedeniyu*. Ulan-Bator, Mongolia.

Mandelshtam, A. M. 1959. *Materialy k istoriko-geograficheskomu obozreniyu Pamira i Pripamirskikh oblastei*, vol. 2. Stalinabad, Tajikistan.

——. 1966. Pamyatniki stepnogo kruga epokhi bronzy na yuge Srednei Azii. In *Srednyaya Aziya v epokhu kamnya i bronzy*. Moscow.

——. 1968. Pamyatniki epokhi bronzy v Yuzhnom Tadzhikistane. *MIA*, no.145.

Margulan, A. Kh. 1979. *Begazy-dandybaevskaya kul' tura Tsentral' nogo Kazakhstana*. Almaty, Kazakhstan.

Markaryan, E. S. 1973. *O genezise chelovecheskoi deyatel' nosti i kul' tury*. Yerevan, Armenia.

——. 1981. Uzlovye problemy teorii kul' turnoi traditsii. *SE*, no. 2.

Markevich, V. I. 1974. *Bugo-dnestrovskaya kul' tura na territorii Moldavii*. Kishinev, Moldova.

Markov, G. E. 1966. Raskopki grota Dam-Dam Gheshme II. *SA*, no. 2.

——. 1973. Nekotorye problemy vozniknoveniya i rannikh etapov kochevnichestva v Azii. *SE*, no.1.

——. 1976. *Kochevniki Azii (struktura khozyaistva i obshchestvennaya organizatsiya)*. Moscow.

Martynov, A. I., A. N. Mar' yashev, and A. K. Abetekov. 1992. *Naskal' nye izobrazheniya Saimaly-Tasha*. Almaty, Kazakhstan.

Marushchenko, A. A. 1959. El' ken-Tepe. *TIIAE AN TurkSSR*, vol. 5.

Maryashev, A. N., and A. A. Goryachev. 1998. *Naskal' nye izobrazheniya Semirech' ya*. Almaty, Kazakhstan.

——. 1999. Pamyatniki kul' saiskogo tipa epokhi pozdnei i final' noi bronzy Semirech' ya. In *Istoriya i arkheologiya Semirech' ya*, vol. 1. Almaty, Kazakhstan.

Masimov, E. V. 1972. *Problemy oledeneniya Zemli i ritmy v prirode*. St. Petersburg.

Masimov, I. 1976. *Keramicheskoe proizvodstvo epokhi bronzy v Yuzhnoi Turkmenii*. Ashkhabad, Turkmenistan.

Masimov, I. S. 1979. Izuchcnic pamyatnikov epokhi bronzy nizovii Murgaba. *SA*, no. 1.

Masson, V. M. 1959. Drevnezemledel' cheskaya kul' tura Margiany. *MIA*, no. 73.

——. 1966. Kul' tura Zaman-Baba. *Srednyaya Aziya v epokhu kamnya i bronzy*. Moscow.

——. 1970. Raskopki na Altyn-depe. Ashkhabad, Turkmenistan.

——. 1971. *Poselenie Dzheitun*. Leningrad.

——. 1998. Epokha drevneishikh velikikh stepnykh obshchestv. *Arkheologicheskie vesti*, vol. 5. St. Petersburg.

Matveev, A. V. 1998. *Pervye andronovtsy v lesakh Zaural' ya*. Novosibirsk.

Matveev, Yu. P. 1996. Kostyanye pryazhki i otnositel' naya khronologiya kul' tur epokhi bronzy Donetsko-Volzhskogo regiona. In *Dono-Donetskii region v sisteme drevnostei epokhi bronzy Vostochnoevropeiskoi stepi i lesostepi*. Voronezh, Russia.

Matveev, Yu. P., and A. D. Pryakhin. 1995. Pogrebeniya voinov-kolesnichikh na territorii lesostepnogo Podon' ya i periodizatsiya pamyatnikov epokhi bronzy Dono-Volzhsko-Ural' skoi lesostepi. In *Konvergentsiya i divergentsiya v razvitii kul' tur epokhi eneolita-bronzy Srednei i Vostochnoi Evropy*. St. Petersburg.

Matyukhin, A. 1994. Iz istorii issledovaniya Bolshedmitrievskogo kurgannogo mogilnika. In *Problemy sokhranenia arkheologicheskogo naslediya*. Saratov, Russia.

Matyushchenko, V. I. 1973a. Andronovskaya kul' tura na Verkhnei Obi. *IIS*, vol. 11.

——. 1973b. Samus' skaya kul' tura. *IIS*, vol. 10b.

——. 1975. Mogil' nik u derevni Rostovka. In *Arkheologiya Severnoi i Tsentral' noi Azii*. Novosibirsk.

Matyushchenko, V. I., and G. V. Lozhnikova. 1970. Raskopki mogil' nika u derevni Rostovka bliz Omska v 1966–1969 gg. *Polevye raboty 1969*. Tomsk, Russia.

Matyushchenko, V. I., and G. V. Sinitsyna. 1988. *Mogil' nik u derevni Rostovka vblizi Omska*. Tomsk, Russia.

Matyushin, G. N. 1982. *Eneolit Yuzhnogo Urala*. Moscow.

Melent' ev, A. N. 1970. Vozniknovenie skotovodstva v Evraziiskikh stepyakh. In *Problemy epokhi eneolita stepnoi i lesostepnoi polosy Vostochnoi Evropy*. Orenburg, Russia.

——. 1976. Pamyatniki seroglazovskoi kul' tury (Neolit Severnogo Prikaspiya). *KSIA*, vol. 41.

Merpert, N. Ya. 1961. Abashevskie pamyatniki severnoi Chuvashii. *MIA*, no. 97.

——. 1968. Drevneishaya istoriya naseleniya stepnoi polosy Vostochnoi Evropy. Avtoref. dokt. diss. Moscow.

——. 1974. *Drevneishie skotovody Volzhsko-Ural' skogo mezhdurech' ya*. Moscow.

——. 1995. K voprosu o drevneishikh krugloplanovykh poseleniyakh Evrazii. *RiV*.

Mil' kov, F. N. 1953. *Vozdeistvie rel' efa na rastitel' nost' i zhivotnyi mir*. Moscow.

——. 1967. *Osnovnye problemy fizicheskoi geografii SSSR*. Moscow.

Mochalov, O. D. 1996. Yugo-zapadnye svyazi Volgo-Ural' ya i Zaural' ya v epokhu srednei bronzy po dannym izucheniya KSI. In *Abashevshaya KIO v sisteme drevnostei Vostochnoi Evropy*. Tambov, Russia.

Moiseev, N. B. 1990. Zakhoronenie kolesnichego v Pichaevskom kurgane. In *Arkheologicheskie issledovaniya, v Tsentral' nom Chernozem' e*. Belgorod, Russia.

Moiseev, N. B., and K. Yu. Efimov. 1995. Pichaevskii kurgan. In *Drevnie indoiranskie kul' tury Volgo-Ural' ya*. Samara, Russia.

Mokin, A. S., and Yu. A. Shishkov. 1979. *Istoriya klimata*. St. Petersburg.

Molodin, V. I. 1977. *Epokha neolita i bronzy lesostepnogo Ob' -Irtysh' ya*. Novosibirsk.

——. 1985. *Baraba v epokhu bronzy*. Novosibirsk.

——. 1998. Nakhodki keramiki begazy-dandybaevskoi kul' tury v Sin' tszyanei ikh znachimost' dlya ponimaniya kul' turno-istoricheskikh protsessov v zapadnykh rajonakh Tsenral' noi Asii. In *Problemy arkheologii, etnografii, antropologii Sibiri i sopredel' nykh territorii*. Novosibirsk.

Molodin, V. I., and S. V. Alkin. 1997. Mogil' nik Gumugou (Sin' tszyan) v kon-tekste afanas' evskoi problemy. In *Gumanitarnye issledovaniya: itogi poslednikh let*. Novosibirsk.

Mordkovich, V. G. 1982. *Stepnye ekosistemy*. Moscow.

Morgunova, N. L. 1984. Epokha neolita i eneolita v lesostepnoi zone Volgo-Ural' skogo mezhdurech' ya. Avtoref. kand. diss. Moscow.

——. 1995. *Neolit i eneolit yuga, lesostepi Volgo-Ural' skogo Mezhdurech' ya*. Orenburg, Russia.

Morgunova, N. L., and A. Yu. Kravtsov. 1994. *Pamyatniki drevneyamnoi kul' tury na Ileke*. Ekaterinburg.

Movsha, T. G. 1961. O svyazi plemen tripol' skoi kul' tury so stepnymi plemenami mednogo veka. *SA*, no. 2.

——. 1981. Problemy svyazei Tripol' e-Kukuteni s plemenami kul' tur stepnogo areala. In *Studia Praehistorica*, vols. 5–6.

——. 1984. Khronologiya Tripol' e-Kukuteni i stepnye kul' tury epokhi rannego metalla v ee sisteme. In *Problemy arkheologii Podneprov' ya III–I tys. do n. e.* Dnepropetrovsk, Ukraine.

——. 1993. Vzaimovidnosini slepovikh i zemlerobs' kikh kul' tur v epokhu eneolitu-rann' ebronzonovogo viku. *Arkheologiya*, 3.

Murav' ev, Yu. A. 1988. Kul' turologiya kak metodologicheskaya tendentsiya v sovremennoi zapadnoi filosofii. *Filosofskie nauki*, vol. 1.

Murzaev, Eh. M. 1957. *Srednyaya Aziya*. Moscow.

——. 1990. *V serdtse Azii*. Moscow.

Narynov, S. Zh. 1980. Osnovnye zakonomernosti razvitiya zhilishch kochevnikov Srednei Azii i Kazakhstana. *PIOP*.

Nefedkin, A. K. 2001. *Boevye kolesnitsy i kolesnichiye drevnikh grekov (XVI–I vv. do n. e.)*. St. Petersburg.

Neishtadt, M. I. 1957. *Istoriya lesov i paleogeografiya SSSR v golotsene*. Moscow.

——. 1965. Nekotorye itogi izucheniya golotsena. In *Paleogeografiya i khronologiya pleistotsena i golotsena po dannym radiouglerodnogo metoda*. Moscow.

Nelin, D. V. 1995. Pogrebeniya epokhi bronzy s bulavami v Yuzhnom Zaural' e i Severnom Kazakhstane. *RiV*.

——. 1999. Vooruzhenie i voennoe delo naseleniya Yuzhnogo Zaural' ya i Severnogo Kazakhstana epokhi bronzy. Avtoref. kand. diss. Ufa, Russia.

Nizov' ya Amu-Dar' i. Sarykamysh. Uzboi. Istoriya formirovaniya i zaseleniya. 1960. *MKhE*, vol. 3. Moscow.

Novgorodova, Eh. A. 1989. *Drevnyaya Mongoliya*. Moscow.

Novozhenov, V. A. 1989. Kolesnyi transport epokhi bronzy Uralo-Kazakhstanskikh stepei. In *Voprosy arkheologii tsentral' nogo i severnogo Kazakhstana*. Karaganda, Kazakhstan.

——. 1994. *Naskal' nye isobrazheniya povozok Srednei i Tsentral' noi Asii*. Almaty, Kazakhstan.

Obel' chenko, O. V. 1978. Shakhrivaironskaya pryazhka. In *Istoriya i arkheologiya Srednei Azii*. Ashkhabad, Turkmenistan.

Obshchestvo i prirodnaya sreda. 1980. Moscow.

Obydennov, M. F. 1986. *Pozdnii bronzovyi vek Yuzhnogo Urala*. Ufa, Russia.

Obydennov, M. F., and K. I. Korepanov. 1997. *Iskusstvo Urala i Prikamya*. Ufa, Russia.

Obydennov, M. F., and A. F. Shorin. 1995. *Arkheologicheskie kul' tury pozdnego bronzovogo veka drevnikh ural' tsev (cherkaskul' skaya i mezhovskaya kul' tury)*. Ekaterinburg.

Odum, Yu. 1975. *Osnovy ekologii*. Moscow.

Okladnikov, A. P. 1956. Peshchera Dzhebel-pamyatnik drevnei kul' tury prikaspiiskikh plemen Turkmenii. In *TYuTAKE*, vol. 7. Ashkhabad, Turkmenistan.

——. 1959. Tripody za Baikalom. SA, no. 3.

Orazbaev, A. M. 1970. Poselenie Chaglinka (Shagalaly): nekotorye formy i tipy zhilishch. *PDKK*.

Otroshchenko, V. V. 1986. Kostyanye detali pletok iz pogrebenii srubnoi kul' tury. *SA*, no. 3.

——. 1990. O vozmozhnosti uchastiya poltavkinskikh i katakombnykh plemen v slozhenii srubnoi kul' tury. *SA*, no. 1.

——. 1993. Kleinodi zrubnogo suspil' stva. *Arkheologiya*, vol. 1.

——. 1994. Do utochnenne khronologii sintashtinskoi kultury. In *Problemy khronologii kul' tur eneolita-bronzovogo veka Ukrainy i yuga Vostochnoi Evropy*. Dnepropetrovsk, Ukraine.

——. 2001. *Problemi periodizatsii kul' tur seredn' oi ta pizn' oi bronzi pivdnya Skhidnoi Evropi*. Kiev.

Otroshchenko, V. V., and O. P. Motsya. 1989. Obryad krematsii u starodavn' ogo naselennya territorii Ukraini (V tis. do n.e. –I tis. n.e.). *Arkheologiya*, vol. 2.

Petrenko, A. G. 1982. Kostnye ostatki zhivotnykh s poseleniya Mullino. In *Matyushin G. N. Eneolit Yuzhnogo Urala*. Moscow.

——. 1984. *Drevnee i srednevekovoe zhivotnovodstvo Srednego Povolzh' ya i Predural' ya*. Moscow.

Petrosyan, L. N. 1976. K voprosu o rekonstruktsii drevnikh armyanskikh sredstv peredvizheniya. In *Tezisy sessii etnograficheskikh i arkheologicheskikh issledovanii*. Dushanbe, Tajikistan.

Petrov, A. M. 1995. *Velikij shelkovyi put'*. Moscow.

Petrov, M. P. 1964. *Pustyni SSSR i ikh osvoenie*. Moscow.

——. 1966; 1967. *Pustyni Tsentral' noi Asii*. Moscow, I. 1966. St. Petersburg, II. 1967.

Pogorelov, V. I. 1989. Yamno-katakombnye pogrebeniya Srednego Dona. *SA*, no. 2.

Polivanov. V. D. 1968. *Stat' i po obshchemu yazykoznaniyu*. Moscow.

Poltaraus, B. V., and A. V. Kislov. 1986. *Klimatologiya*. Moscow.

Popov, S. A., and K. F. Smirnov. 1973. Kamennyi molot-navershie iz Orenburzh' ya. In *Problemy arkheologii Urala i Sibiri*. Moscow.

Posrednikov, V. A. 1992. O yamnykh migratsiyakh na vostok i afanas' evskoprotokharskaya problema. In *Donetskii arkheologicheskii sbornik*. Donetsk, Ukraine.

Potemkina, T. M. 1978. Raboty Tobolo-Irtyshskogo otryada. In *Arkheologicheskie otkrytiya 1977*. Moscow.

——. 1985. *Bronzovyi vek lesostepnogo Pritobol' ya*. Moscow.

Predtechensky, P. P. 1957. *Pozdnelednikovaya i poslelednikovaya istoriya klimata SSSR*. Moscow.

Prirodnye sistemy Yuzhnogo Urala. 1999. Chelyabinsk, Russia.

Problemy arkheologii, etnografii, antropologii Sibiri i sopredel' nykh territorii. 1999. Ed. A. P. Derevyanko and V. I. Molodin. Novosibirsk.

Problemy drevnei istorii Severnogo Prikaspiya. 1990. Kuibyshev, Russia.

Problemy kul' tur nachal' nogo etapa epokhi pozdnei bronzy Volgo-Ural' ya. 1991. Saratov, Russia.

Problemy vzaimodeistviya cheloveka i prirodnoi sredy. 2001. Tyumen', Russia.

Pryakhin, A. D. 1992. *Step' i lesostep' v epokhu bronzy*. Ufa, Russia.

——. 1995. Dono-Volzhsko-Ural' skaya lesostep' na styke srednei i pozdnei bronzy. *RiV*.

Pryakhin, A. D., and V. I. Besedin. 1998. Konskaya uzda perioda srednei bronzy Vostochnoevropeiskoi stepi i lesostepi. *RA*, 3.

Pryakhin, A. D., V. I. Besedin, and Yu. P. Matveev. 1989. *Kondrashkinskii kurgan*. Voronezh, Russia.

Pryakhin, A. D., and Yu. P. Matveev. 1991. Kurgan u seleniya Bogoyavlenskii. *SA*, no. 1.

Pryakhin, A. D., Yu. P. Matveev, and Yu. D. Razuvaev. 1990. *Usmanskii kurgan*. Voronezh, Russia.

Psalii. 2004. Ed. A. N. Usachuk. Donetsk, Ukraine.

Pustovalov, S. Zh. 1990. O formakh politogeneza v katakombnom obshchestve Severnogo Prichernomor' ya. In *Problemy izucheniya katakombnoi KIO*. Zaporozh' e, Ukraine.

Pyankov, I. V. 1988. Vostochnyi Turkestan v svete antichnykh istochnikov. In *Vostochnyi Turkestan*, vol. I. Moscow.

——. 1997. *Srednyaya Aziya v antichnoi geograficheskoi traditsii*. Moscow.

Pyankova, L .T. 1989. *Drevnie skotovody Yuzhnogo Tadzhikistana*. Dushanbe, Tajikistan.

Pyatkin, B. N. 1976. Metallurgiya i metallurgi andronovskogo vremeni. *IIS*, 21.Tomsk, Russia.

Rakhilin, V. K. 1989. *Obshchestvo i zhivaya priroda*. Moscow.

Ranov, V. A. 1998. Neolit (gissarskaya kul' tura), *ITN*. Dushanbe, Tajikistan.

Rogozhinskii, A. E. 1999. Mogil' niki epokhi bronzy urochishcha Tamgaly. In *Istoriya i arkheologiya Semirech' ya*. Almaty, Kazakhstan.

Rtveladze, E. 1995. Nefritovye izdeliya v Srednei Azii. In *Nasledie predkov*, vol. 2, p. 14. Dushanbe, Tajikistan.

Rudenko, S. I. 1961. K voprosu o formakh skotovodcheskogo khozyaistva i kochevnikakh. In *Materialy po elnografii*. St. Petersburg.

Ryabova, V. Ya. 1983. Raboty Arzhinovskogo otryada v 1976. In *Drevnosti Dona*. Moscow.

Ryndina, N. V. 1971. *Drevneishee metalloobrabatyvayushchee proizvodstvo Vostochnoi Evropy*. Moscow.

Safronov, V. A. 1970. Khronologiya pamyatnikov II tys. do n.e. yuga Vostochnoi Evropy. Avtoref. kand. diss. Moscow.

Samashev, Z. S. 1992. *Naskal' nye izobrazheniya Verkhnego Priirtysh' ya*. Almaty, Kazakhstan.

Samsonov, S. K. 1963. *Paleogeografiya Zapadnoi Turkmenii v novokaspiiskoe vremya*. Moscow.

Sarianidi, V. I. 1958. Keramicheskoe proizvodstvo drevnemargianskikh poselenii. *TYuTAKE*, vol. 7.

——. 1964. Khapuz-depe kak pamyatnik epokhi bronzy. *KSIA*, vol. 98.

——. 1968. O velikom lazuritovom puti na Drevnem Vostoke. *KSIA*, vol. 114.

——. 1975. Stepnye plemena epokhi bronzy v Margiane. *SA*, no. 2.

——. 1976. Pechati-amulety Murgabskogo stilya. *SA*, no. 1.

——. 1977. *Drevnie zemledel' tsy Afganistana*. Moscow.

——. 1979. K voprosu o kul' ture Zaman-Baba. In *Etnografiya i arkheologiya Srednei Azii*. Moscow.

——. 1990. *Drevnosti strany Margush*. Ashkhabad, Turkmenistan.

Sava, E. N. 1992. *Kul' tura mnogovalikovoi keramiki Dnestrovsko-Prutskogo Mezhdurechya*. Kishinev.

Savinov, D. G. 1994. *Afanas' evskaya kul' tura. Drevnie kul' tury Bertekskoi doliny*. Novosibirsk.

Savinov, D. G., and V. V. Bobrov. 1995. Kurgany andronovskoi kul' tury mogil' nika Yurman I v Zapadnoi Sibiri. *Arkheologicheskie vesti* 4. St. Petersburg.

Semenov, V. A. 1993a. Drevneishaya migratsiya indoevropeitsev na vostok. *Arkheologicheskii vestnik*. Vol. 4. St. Petersburg.

——. 1993b. *Neolit i bronzovyi vek Tuvy*. St. Petersburg.

Shaposhnikova, O. G. 1985. Yamnaya kul' turno-istoricheskaya obshchnost' . In *Arkheologiya Ukrainskoi SSR*. Vol. 1. Kiev.

Sharafutdinova, E. S. 1995. Tendentsii razvitiya posudy v kul' ture mnogovalikovoi keramiki (KMK). *Drevnie indoiranskie kul' tury Volgo-Ural' ya*. Samara, Russia.

Sharafutdinova, I. I. 1982. *Stepnoe Podneprov' e v epokhu pozdnei bronzy*. Kiev.

Shchetenko, A. Ya. 1968. Raskopki poseleniya epokhi bronzy Taichanak-depe. *KD*, vol. 2.

Sher, Ya. A. 1980. *Petroglify Srednei i Tsentral' noi Azii*. Moscow.

Shilov V. P. 1970. Pokhozhdennya kochevogo skotarstva u skhidnii Evropi. *UIZh*, no. 7.

——. 1975. Modeli skotovodcheskikh khozyaistv stepnykh oblastei Evrazii v epokhu eneolita i rannego bronzovogo veka. *SA*, no. 1.

Shishlina, N. I . 1990. O slozhnom luke srubnoi kul' tury. In *Problemy arkheologii Evrazii*. Moscow.

Shnirelman, V. A. 1978. Sovremennye kontseptsii proiskhozhdeniya proizvodyashchego khozyaistva (problema mekhanizma). *SA*, no. 3.

——. 1980. *Proiskhozhdenie skotovodstva*. Moscow.

——. 1989. *Vozniknovenie proizvodyashchego khozyaistva*. Moscow.

Shnitnikov, A. V. 1957a. Izmenchivost' obshchei uvlazhnennosti materikov Severnogo Polushariya. *Zapiski Geograficheskogo obshchestva SSSR*, vol. 16. N. S.

——. 1957b. Ozera Zapadnoi Sibiri i Severnogo Kazakhstana i mnogovekovaya izmenchivost' uvlazhnennosti stepei. *Trudy Laboratorii ozerovedeniya AN SSSR*, vol. 5.

——. 1961. Dinamika vodnykh resursov basseina Arala v svete ego klimaticheskikh transgressii. Ozera Nizhnego Povolzh' ya i Aralo-Kaspiiskoi nizmennosti. *Trudy Laboratorii ozerovedeniya AN SSSR*, vol. 14.

——. 1969. *Vnutrivekovaya izmenchivost' komponentov obshchei uvlazhnennosti*. Moscow.

Shuvalov, S. A. 1966. Geografo-geneticheskie zakonomernosti formirovaniya pustynno-stepnykh i pustynnykh pochv na territorii SSSR. In *Pochvovedenie*, vol. 3.

Sinyuk, A. T. 1980. Eneolit lesostepnogo Dona. In *Eneolit Vostochnoi Evropy*. Kuibyshev, Russia.

——. 1996. *Bronzovyi vek basseina Dona*. Voronezh, Russia.

Sinyuk, A. T., and V. V. Kileinikov. 1976. Kurgan u s. Vvedenki na Donu. *SA*, no. 1.

Sinyuk, A. T., and I. A. Kozmirchuk. 1995. Nekotorye aspekty izucheniya abashevskoi kul' tury v basseine Dona. In *Drevnie indoiranskie kul' tury Volgo-Ural' ya*. Samara, Russia.

Smirnov, A. M. 1996. *Kurgany i katakomby epokhi bronzy na Severskom Dontse*. Moscow.

Smirnov, K. F. 1957. O pogrebeniyakh s konyami i truposozhzheniyakh epokhi bronzy v Nizhnem Povolzh' e. *SA*, no. 27.

——. 1961. Arkheologicheskie dannye o drevnikh vsadnikakh povolzhskoural' skikh stepei. *SA*, no. 1.

Smirnov, K. F., and E. E. Kuzmina. 1977. *Proiskhozhdenie indoirantsev v svete noveishikh arkheologicheskikh otkryii*. Moscow.

Sokolov, I. I. 1961. *Kopytnye zveri: Mlekopitayushchie Sovetskogo Soyuza*. Moscow.

Sosnovsky, G. P. 1934. Drevneishie sherstyanye tkani Sibiri. *PIDO*, no. 2.

Spiridonova, E. A. 1991. *Evolutsiya rastitel' nogo pokrova basseina Dona v pleistotsene i golotsene*. Moscow.

Spravochnaya knizhka i adres-kalendar' Turgaiskoi oblasli. 1911. Orenburg, Russia.

Sprishevsky, V. I. 1957. Chustskoe poselenie epokhi bronzy. *KSIIMK*, no. 71.

——. 1963. Chustskoe poselenie (K istorii Fergany v epokhu bronzy). Kand. diss. Tashkent.

Steblin-Kamensky, I. M. 1995. Arrisko-ural' skie svyazi mifa o Yime. *RiV*.

Sungatov, F. A., and F. F. Safin. 1995. Issledovanie kurgannykh mogil' nikov v Zaural' e v 1991 g. In *Nasledie vekov*. Ufa, Russia.

Surgai, V. T. 1951. *K istorii gornogo promysla Kirgizii*. Frunze, Kirghizstan.

Tairov, A. D. 2003. Izmeneniya klimata stepei i lesostepei Tsentralnoi Evrazii vo II–I tys. do n. e. In *Materialy k istoricheskim rekonstuktsiyam*. Chelyabinsk, Russia.

Tashbaeva, K. I. 1999. Novye issledovaniya Saimaly-Tasha. In *Novoe o drevnem i srednevekovom Kyrgyzstane*, vol. 2. Bishkek, Kirghizstan.

Telegin, D. Ya. 1965. *Dnipro-Donets' ka kul' tura*. Kiev.

——. 1973. *Seredn' o-stogivs' ka kul' tura epokhi midi*. Kiev.

——. 1991. *Neoliticheskie mogil' niki mariupol' skogo tipa*. Kiev.

——. 1993. Ob absolyutnom vozraste katakombnoi kul' tury po radiouglerodnym opredeleniyam. In *Novye otkrytiya i metodicheskie osnovy arkheologicheskoi khronologii*. St. Petersburg.

Tkachev, A. A. 1991. Kul' tura naseleniya Tsentral' nogo Kazakhstana v epokhu razvitoi bronzy. Avtoref. kand. diss. Moscow.

——. 1998. K probleme proiskhozhdeniya petrovskoi kul' tury. *Arkheologicheskie pamyatniki Orenburzh' ya*. Orenburg, Russia.

Tkachev, A. A., and N. A. Tkacheva. 1996. Ser' gi andronovskoi kul' tury. In *Sokhranenie i izuchenie kul' turnogo naslediya Altaya*. Barnaul, Russia.

Tkachev, V. V. 1995. O sootnoshenii sintashtinskikh i petrovskikh pogrebal' nykh kompleksov v stepnom Priural' e. *RiV*.

——. 1996. O kurgannoi stratigrafii poltavkinskikh i sintashtinskikh pogrebenii v stepnom Priural' e. UAS, vol. XIII. Ufa, Russia.

——. 1998. K probleme proiskhozhdeniya petrovskoi kul' tury. In *Arkheologicheskie pamyatniki Orenburzh' ya*. Orenburg, Russia.

Tkacheva, N. A., 1997. Pamyatniki epokhi bronzy Verkhnego Priirtysh' ya. Avtoref. kand. diss. Barnaul, Russia.

Tokharskie yazyki. 1959. Moscow.

Tolstov, S. P. 1948. *Drevnii Khorezm*. Moscow.

——. 1962. *Po drevnim deltam Oxa i Yaksarta*. Moscow.

Tolstov, S. P., and M. A. Itina. 1960. Problema suyarganskoi kul' tury. *SA*, no. 1.

Trifonov, V. A. 1996a. K absolyutnomu datirovaniyu "mikenskogo" ornamenta epokhi razvitoi bronzy Evrazii. In *Arkheologiya i radiouglerod*, no. 1. St. Petersburg.

——. 1996b. Popravki k absolyutnoi khronologii kul' tur epokhi eneolitabronzy Severnogo Kavkaza. In *Mezhdu Aziei i Evropoi*. St. Petersburg.

Trofimova, T. A. 1961. Cherepa iz mogil' nika tazabag' yabskoi kul' tury Kokcha3. *MKhE*, vol. 5.

Tsalkin, V. I. 1956. Predvaritel' nye rezul' taty izucheniya faunisticheskogo materiala iz raskopok Dzhebela. In *TYuTAKEH*, vol. 7. Ashkhabad, Turkmenistan.

——. 1958. Fauna iz rannikh pamyatnikov Srednego Povolzh' ya. *MIA*, vol. 58.

——. 1970a. Drevneishie domashnie zhivotnye Srednei Azii. BMOIP. *Otdelenie biologii*, vols. 1–2.

——. 1970b. *Drevneishie domashnie zhivotnye Vostochnoi Evropy*. Moscow.

——. 1972a. O vremeni i tsentrakh proiskhozhdeniya domashnikh zhivotnykh v svete dannykh sovremennoi arkheologii. IAN SSSR. *Seriya geograficheskaya*, vol. 1.

——. 1972b. Fauna iz raskopok andronovskikh pamyatnikov v Priural' e. In *Osnovnye problemy teriologii*. Moscow.

Tsyb, S. V. 1980. Rannyaya gruppa afanas' evskikh pamyatnikov i vopros o proiskhozhdenii afanas' evskoi kul' tury. In *Drevnyaya istoriya Altaya*. Barnaul, Russia.

——. 1984. Afanas' evskaya kul' tura Altaya. Avtoref. kand. diss. Kemerovo.

Tsybiktarov, A. D. 1998. *Kul' tura plitochnykh mogil Mongolii i Zabaikal' ya*. Ulan-Udeh, Russia.

Uspanov, U. U. 1949. Zemel' nye resursy Zapadnogo Kazakhstana. *VAN KazSSR*, no. 2 (74).

Vadetskaya, E. B. 1980. *Pervye skotovody Sibiri. Arkheologiya. Priirtysh' ya*. Tomsk, Russia.

——. 1986. *Arkheologicheskie pamyatniki v stepyakh Srednego Eniseya*. St. Petersburg.

Vaiman, A. A. 1961. *Shumero-vavilonskaya matematika*. St. Petersburg.

Vainberg, B. I. 1999. *Etnogeografiya Turana v drevnosti: Ekologiya i paleogeografiya*, vol. 1. Moscow.

Vainshtein, S. I. 1991. *Mir kochevnikov Tsentra Azii*. Moscow.

Varenov, A. V. 1985. Drevneishie zerkala Kitaya, otrazhayushchie etnokul' turnye kontakty. In *Problemy drevnikh kul' tur Sibiri*. Novosibirsk.

——. 1987. Drevneishie kinzhaly Kitaya. Izv. *SOAN SON*, no. 10, issue 2.

——. 1989. *Drevnekitaiskii kompleks vooruzheniya epokhi razvitoi bronzy*. Novosibirsk.

——. 1997. "Karasukskie" nozhi i kinzhaly iz Vostochnogo Turkestana: nakhodki analogii, konteksty, problemy. In *Problemy arkheologii, etnografii, antropologii Sibiri sopredel' nykh territorii*, vol. 3. Novosibirsk.

——. 1998a. K utochneniyu khronologii V etapa stoyanki Dzhukaigou. In *Obshchestvo i gosudarstvo v Kitae. 28 konferentsiya*, vol. 1. Moscow.

——. 1998b. Yuzhnosibirskie kul' tury epokhi rannei i pozdnei bronzy v Vostochnom Turkestane. *Gumanitarnye nauki v Sibiri*, vol. 3.

——1999. Materialy novoi kul' tury epokhi bronzy iz mogil' nika Keermutsi v Severnom Sin' tsyane. *Evraziya: kulturnoe nasledie drevnikh tsivilizatsii*, vol. 2.

Varfolomeev, V. V. 1987. Otnositel' naya khronologiya keramicheskikh kompleksov poseleniya Kent. *VPAP*.

——. 1988. O kul' turnoi prinadlezhnosti pamyatnikov s valikovoi keramikoi Sary-Arki. *PAUKS*.

——. 1991. Sary-Arka v kontse bronzovoi epokhi. Avtoref. kand. diss. Almaty, Kazakhstan.

Vasil' ev, I. B. 1980. Eneolit lesostepnogo Povolzh' ya. In *Eneolit Vostochnoi Evropy*. Kuibyshev, Russia.

——. 1981. *Eneolit Povolzh' ya. Step' i lesostep'* . Kuibyshev, Russia.

——, ed. 1995. *Drevnie indoiranskie kultury Volgo-Uralya*. Samara, Russia.

Vasil' ev, I. B., P. F. Kuznetsov, and A. P. Semenova. 1991. Pamyatniki potapovskogo tipa lesostepnogo Povolzh' ya. In *Problemy kul' tur nachal' nogo etapa epokhi pozdnei bronzy Volgo-Ural' ya*. Saratov, Russia.

——. 1992. Pogrebeniya znati epokhi bronzy v Srednem Povolzh' e. In *Arkheologicheskie vesli*, vol. 1. St. Petersburg.

——. 1994. Potapovskii kurgannyi mogil' nik indoiranskikh plemen na Volge. Samara, Russia.

——. 1995a. Pamyatniki potapovskogo tipa v lesostepnom Povolzh' e. Drevnie indoiranskie kul' tury Volgo-Ural' ya. Samara, Russia.

——. 1995b. Problema perekhoda ot epokhi srednei k epokhe pozdnei bronzy na Urale, Volge i Donu. *RiV*.

Vasil' ev, I. B., and G. I. Matveeva. 1979. Mogil' nik u s. S' ezzhee na r. Samare. *SA*, no. 4.

——. 1986. *U istokov istorii Samarskogo Povolzh' ya*. Kuibyshev, Russia.

Vasil' ev, I. B., and A. A. Vybornov. 1988. *Neolit Povolzh' ya: Step' i lesostep'* . Kuibyshev, Russia.

Vasil' ev, I. B., A. A. Vybornov, R. S. Gabyashev, N. L. Morgunova N., and G. G. Tenin. 1980. Vilovatovskaya stoyanka v lesostepnom Zavolzh' e. In *Eneolit Vostochnoi Evropy*. Kuibyshev, Russia.

Vasilyukhina, M. A. 1969. Yuzhnye predely rasprostraneniya boreal' noi flory na yuge Zapadnoi Sibiri i v Severnom Kazakhstane. In *Arealy rastenii flory*. St. Petersburg.

Veklich, M. F. 1987. *Problemy paleoklimatologii*. Kiev.

Viktorova, V. D. 1989. Teoreticheskie osnovaniya ekologicheskogo podkhoda k izucheniyu drevnei istorii. In *Stanovlenie i razvitie proizvodyashchego khozyaistva na Urale*. Sverdlovsk, Russia.

Vinnikov, A. Z., and A. T. Sinyuk. 1990. *Po dorogam minuvshikh stoletii*. Voronezh, Russia.

Vinogradov, A .V. 1968. *Neoliticheskie pamyatniki Khorezma*. Moscow.

——. 1974. Raboty na mogil' nike Tumek-Kichidzhik v Severnoi Turkmenii. *AO*, 1973. Moscow.

——. 1975. Klimaticheskie ritmy i osvoenie pustynnykh ravnin Srednei Azii. *Pervobytnyi chelovek. Material' naya kul' tura. Prirodnaya sreda*. Moscow.

——. 1981. *Drevnie okhotniki i rybolovy sredneaziatskogo Mezhdurech' ya*. Moscow.

Vinogradov, A. V., M. A. Itina, and L, T. Yablonsky. 1986. Drevneishee naselenie nizov' ev Amudar' i. *TKhE*, vol. 15.

Vinogradov, A. V., and E. E. Kuzmina. 1970. Liteinye formy iz Lyavlyakana. *SA*, no.2.

Vinogradov, A. V., E. E. Kuzmina, and V. M. Smirin. 1973. Novye pervobytnye pamyatniki v severo-vostochnom Priaral' e. *PAUS*.

Vinogradov, A. V., and E. D. Mamedov. 1975. *Pervobytnyi Lavlakan*. Moscow.

Vinogradov, N. B. 1983. Yuzhnoe Zaural' e i Severnyi Kazakhstan v rannealakul' skii period (po pamyatnikam petrovskogo tipa). Avtoref. kand. diss. Moscow.

——. 1995a. Khronologiya, soderzhanie i kul' turnaya prinadlezhnost' pamyatnikov sintashtinskogo tipa v Yuzhnom Zaural' e. In *Istoricheskie nauki*, vol. 1. Chelyabinsk, Russia.

——. 1995b. Yuzhnye motivy v keramicheskikh kompleksakh epokhi bronzy v Yuzhnom Zaural' e. In *Konvergentsiya i divergentsiya v razvitii kul' tur epokhi eneolita-bronzy Srednei i Vostochnoi Evropy*, pp. 71–74. St. Petersburg.

——.2003. *Mogil' nik bronzovogo veha Krivoe Ozero v Yuzhnom Zaural' e*. Chelyabinsk, Russia.

Vinogradova, N. M. 2004. *Yugo-zapadnyi Tadzhikistan v epokhu pozdnego Bronzovogo veka*. Moscow.

Volkova,V. S., and T. P. Levina. 1982. Rastitel' nost' golotsena Zapadnoi Sibiri po palinologicheskim dannym. In *Razvitie prirody territorii SSSR v pozdnem pleistotsene i golotsene*. Moscow.

Yankowska (Yankovskaya), N. B. 1956. Nekotorye voprosy ekonomiki Assiriiskoi derzhavy. *VDI*, vol. 1.

Yanshin, A. L. 1961. Voprosy paleogeografii chetvertichnogo perioda i noveishei tektoniki Aralo-Turgaiskoi nizmennosti. In *Materialy Vsesoyuznogo soveshchaniya po izucheniyu chetvertichnogo perioda*, vol. 3. Moscow.

Yanushevich, Z. V. 1986. *Kul' turnye rasteniya Severnogo Prichenomor' ya*. Kishinev, Moldova.

Yuan' Ke. 1965. *Mify drevnego Kitaya*. Moscow.

Yudin, A. N. 1988. Varfolomeevskaya neoliticheskaya stoyanka (pervye itogi issledovaniya). In *Arkheologicheskie kul' tury Severnogo Prikaspiya*. Kuibyshev, Russia.

Zadneprovsky, Yu. A. 1962. Drevnezemledel' cheskaya kul' tura Fergany. *MIA*, no. 118.

——. 1966. Pamyatniki andronovskoi kul' tury. *Srednyaya Aziya v epokhu kamnya i bronzy*. Moscow.

——. 1992. Drevnie bronzy Sin' tszyana (KNR). *Drevnosti*, vol. 3. Moscow.

——. 1993. Kul' turnye svyazi naseleniya epokhi bronzy i rannego zhelezaYuzhnoi Sibiri i Sin' tszyana. In *Problemy kul' turogeneza i kul' turnoe nasledie*, vol. II. St. Petersburg.

——. 1994. Fergana i Tarim. In *Lavrovskie chteniya*. St. Petersburg.

——. 1995. Bronzovyi vek Sin' tszyana. In *Kyunerovskie chteniya*. St. Petersbürg.

——. 1996. Osnovnye etapy istorii kul' tury Yuzhnogo Kyrgyzstana v svete novykh dannykh. In *Drevnii i srednevekovyi Kyrgyzstan*. Bishkek, Kirgizstan.

——. 1997. Oshskoe poselenie. *K istorii Fergany v epokhu pozdnei bronzy*. Bishkek, Kirgizstan.

Zaibert, V. F. 1993. *Eneolit Uralo-lrtyshskogo Mezhdurech' ya*. Petropavlovsk, Russia.

Zaikov, V. V. 1995. Mineral' no-syr' evaya baza pamyatnikov epokhi bronzy na Yuzhnom Urale ("Strana gorodov"). *RiV*.

Zaikov, V. V., G. B. Zdanovich, and A. M. Yuminov. 1995. Mednyi rudnik bronzovogo veka "Vorovskaya yama" (Yuzhnyi Ural). *RiV*.

Zaikova, E. V. 1995. Sostav metallicheskikh izdelii poseleniya Sintashta. *RiV*.

——. 2000. Geochimicheskie tipy medi i bronz v metallicheskikh izdeliyakh poseleniya Sintashta. In *Arkheologicheskii istochnik i modelirovanie drevnikh tekhnologii*. Chelyabinsk, Russia.

Zdanovich, D. G. 1997. *Sintashtinskoe obshchestvo: sotsial' nye osnovy "kvazigorodskoi" kul' tury*. Chelyabinsk, Russia.

——. 2002. *Arkaim: Nekropol'* . Vol. 1. Chelyabinsk, Russia.

Zdanovich, G. B. 1975. Periodizatsiya i khronologiya pamyatnikov epokhi bronzy Petropavlovskogo Priishim' ya. Avtoref. kand. diss. Moscow.

——. 1988. *Bronzovyi vek Uralo-Kazakhstanskikh stepei*. Sverdlovsk, Russia.

——. 1989a. Fenomen prototsivilizatsii bronzovogo veka Uralo-Kazakhstanskikh stepei. *VKKDTs*.

——. 1989b. Protogorodskaya kul' tura bronzovogo veka Zaural' ya kak sostavlyayushchaya chast' "stepnoi tsivilizatsii Evrazii." *Problemy arkheologii skifosibirskogo mira*. Tezisy. 1. Kemerovo.

——. 1990. *Arkaim. Rifei*. Chelyabinsk, Russia.

——. 1992a. Arkaim: arii na Urale. In *Fantastika i nauka*, vol. 25. Moscow.

——. 1992b. Arkhitektura poseleniya Arkaim. In *Margulanovskie chteniya*.

——, ed. 1995a. *Arkaim*. Chelyabinsk, Russia.

——. 1995b. Sintashtinsko-mikenskii kul' turno-khronologicheskii gorizont: stepi Evrazii i elladskii region v XVIII–XVI vv. do n.e. *RiV*.

——. 1997. Arkaim-kul' tovyi kompleks epokhi srednei bronzy Yuzhnogo Zaural' ya. *RA*, vol. 2.

Zdanovich, G. B., and L. L. Gaiduchenko. 1992. Zapovednik Arkaim-perspektivy issledovaniya. In *Margulanovskie chteniya*. Petropavlovsk, Russia.

Zdanovich, G. B., and V. F. Gening. 1985. Oboronitel' nye ukrepleniya epokhi bronzy Uralo-kazakhstanskikh stepei. *DSA*.

Zdanovich, G. B., and T. S. Malyutina. 1996. Abashevskaya kul' tura i sintashtinskii ochag kul' turogeneza. In *Abashevskaya KIO v sisteme drevnostei Vostochnoi Evropy*. Tambov, Russia.

Zdanovich, G. B., and D. G. Zdanovich. 1995. Protogorodskaya tsivilizatsiya "Strany gorodov" Yuzhnogo Zaural' ya (opyt modeliruyushchego otnosheniya k drevnosti). *RiV*.

Zdanovich, S. Ya. 1979. Sargarinskaya kul' tura—zaklyuchitel' nyi etap bronzovogo veka v Severnom Kazakhstane. Avtoref. kand. diss. Moscow.

——. 1981. Novye materialy po istorii skotovodstva v Zaural' e i Severnom Kazakhstane v epokhu final' noi bronzy. In *Materialy po khozyaistvu i obshchestvennomu stroyu plemen Yuzhnogo Urala*. Ufa, Russia.

Zhuk, A. V. 1997. Debyut IKS' a. In *Chetvertye istoricheskie chteniya pamyati M. P. Gryaznova*. Omsk.

Zimina, M. M. 1966. *Afanas' evskoe pogrebenie iz Tuvy. Sibirskii arkheologicheskii sbornik*. Novosibirsk.

Zimma, B. 1948. Ochag andronovskoi kul' tury v Severnoi Kirgizii. *TIIYaL. Kirg. FAN SSSR*, vol. 2.

Zlatkin, I. Ya. 1971. Kontseptsiya istorii kochevykh narodov A. Toinbi i istoricheskaya deistvitel' nost' . In *Sovremennaya istoriografiya stran Zarubezhnogo Vostoka*. Moscow.

Zubakov, V. A. 1972. *Paleogeografiya Zapadno-Sibirskoi nizmennosti v pozdnem pleistotsene i golotsene*. St. Petersburg.

英汉名词对照表

A

Abashevo 阿巴舍沃
Achaemenid 阿契美尼德
Afana’seva Gora Afanasievo 阿凡纳谢沃
Aga’ersen Agharsin 阿尕尔森
Agadyr’ 阿伽杜尔
Aishrak 艾希拉克
Akdzhilga 阿克孜尔加
Akhal Teké 汗血马
Akjilga 阿克吉拉
Aksu-Ayuly 阿克苏–阿玉里
Ak-Tangi 阿克–唐吉
Aktyubinsk (Aktyubinsku *uye zd*) 阿克秋宾斯克
Ak-Zhunas 阿克–居那斯
Alabuga 阿拉布加
Alagou 阿拉沟
Alakul 阿拉库尔
Alalach 阿拉切
Alandskoye 阿兰德斯库耶
Albaum, L. I. 阿尔巴吾姆
Aleksandrovka 阿列克桑德诺夫卡
Alekseev, V. P. 阿列克谢夫
Alekseeva, T. I. 阿列克谢娃
Alekseevka 阿列克谢耶夫卡
Alekseevskoe 阿列克谢夫斯考耶
Aleksev 阿列克谢沃
Alexandaria 亚历山大里亚
Alexander the Great 亚历山大大帝
Alexandrovka 亚历山德罗夫卡
Alkin, S. V. 阿尔金
Altyn Tagh 阿尔金山
Altyn-depe 阿尔金–德佩
Alwighul 艾维沟
Amangeldy 阿曼盖尔地
Amchler, W. 雅姆切勒
Amiet, P. 艾米雅特
Amu Darya, Amudarya River 阿姆河
Anatolia 安纳托利亚
Anau 安诺
Andreevo 安德列沃

Besedin, V. I.	别谢金
Besh-Tash	贝希–塔什
Bestamak	别斯塔马克
Bestmak	别斯特马克
Bezmein	别济梅恩
Bibikova	毕毕科娃
Big Chust Canal	大楚斯特渠
Bike	柏克
Binford, L.	宾福德
Bir-Kotghwandai	毕勒库特格旺代
Bishkek	比什凯克
Bishkent	比什肯特
Biyrek-Kol’	毕列克–库尔
Bliznetsy (Kumak)	布里孜内楚（库马克）
Bluchin	布鲁沁
Blytt	布利特
Bochkarev, V. S.	博切卡廖夫
Bogdanova-Berezovskaya	伯格达诺娃–别列佐夫斯卡亚
Bogolyubovo	博戈柳博沃
Bogolyubsky, S. N.	博戈柳布斯基
Bogoyavlensky	博古亚夫连斯基
Boian	博扬
Bökönyi, S.	伯克易
Bola-Kulboldy	波拉–库尔宝勒德
Bolshekaragansky, Bolshekaraganskii	波尔希卡拉甘斯基
Bolshie Balkhany	博尔协巴尔哈尼
Bolshoii Malyi Tuzkan	博尔肖马依土斯坎
Borodaevka	波诺德叶夫卡
Borovkovka	波诺夫科夫卡
Borovoe	博罗沃耶
Bosaga	博萨加
Botai	波泰
Braudel, F.	布罗代尔
Bredinsky	布列丁斯基
Brilievka	布里列夫卡
Brichmulla	布里奇莫拉
Budakalash	布达卡拉希
Bug-Dniester	布格–德涅斯特
Bugor, Molyukhov	摩尔羽科夫·伯格尔
Bukanskoe	布堪斯科耶
Bukhara	布哈拉
Bulliet, F.	布列特
Bunker, E. C.	邦克
Burla	博拉
Bustan	布斯坦
Bykovo	贝科沃
Bylkyldak	布尔库尔达克

C

camelus bactrianus	巴克特里亚双峰骆驼
Camelus Knoblochi-Nering	双峰驼
Caro, G.	卡罗
Carpatho-Danube	喀尔巴阡–多瑙河
Caspian Sea Littoral	里海沿海
Catacomb	洞室墓
Caucasus	高加索
Chakka	恰卡

Chanhu-daro　昌胡–达罗
Charwighul　察吾乎沟
Charysh　查鲁什
Chatkal　恰特卡尔
Chekatai　切卡台
Chelyabinsk University　车里雅宾斯克大学
Cherednichenko, N. N.　切雷德尼申科
Cheremukhovyikus, S.　车勒姆库伊库斯特
Chernavoda　切尔那夫达
Chernikov, S. S.　切尔尼科夫
Chernorechie　车尔诺列切
Chernovaya　车尔诺瓦亚
Chernykh, E. N.　车尔尼克
Chervonnoe Ozero　切尔沃诺耶奥则努
Chesnokovo　切斯诺科沃
Childe, V. G.　柴尔德
Chimbai　钦拜
Chimbailyk　奇姆拜克
Chimkent-Tashkent　奇姆肯特–塔什肯特
Chinge　沁格
Chistolebyazh’e　奇斯图勒布雅孜
Chlenova, N. L.　切列诺娃
Chöchäk　塔城
Chon-Kemin Ton　崇–克闽
Chu river　楚河
Chust　楚斯特
Chyrgail　楚尔盖
Cismonolian Steppe　蒙古草原独立体
Club of Rome　罗马俱乐部
Compagnoni, B.　科帕格诺尼
Congcheng　沁城（哈密）
Coon, C.　科恩
Cro-Magnon　克鲁马努人
Crouwel, D.　克劳威尔
Cucuteni　库库特尼

D

Daina　代纳
Dakhana　达哈那
Dalverzin　达维尔津
Dam-dam Chashme Cave　旦–旦查什岩洞
Dandybaevsky　当杜巴耶夫斯基
Danilenko, V. N.　丹尼连科
Danube　多瑙河
Dards　（印）达尔德人
Darvi-Somon　达尔维–索蒙
Dashly　达什里
Dashti Kozi　达史提科兹
Dashti-Asht　达史提–阿希特
Daviekanovo　达维卡诺沃
Debaine-Francfort, C.　迪拜尼–法兰克福
Debets, G. F.　德贝茨
Dereivka　德瑞夫卡
Dergachev, V. A.　德尔加切夫
Djanbas　江巴斯
Djangar　江格尔
Djebel　杰贝尔
Dnieper　第聂伯河
Don Abashevo　顿河阿巴舍沃

Dongal 冬加尔
Driesch, A. von den 冯登德里施
Durbandai 杜尔邦代
During Caspers, E. 杜林开斯普林
Dur-Khan 杜尔-汗
Durna Skelya 杜尔纳斯科尔亚
Durrah-e-Bast 杜拉-巴斯特
Dushanbe 杜尚别
Dzal-Aryk 扎尔-阿鲁克
dzeren 黄羊
Dzhal-azyk 扎尔-孜克
Dzhappa 扎巴
Dzharkutan 扎尔库坦
Dzhazy-Kechu 扎兹-克秋
Dzheitun 斋屯
Dzhetygora 折图嘎拉
Dzhumba 珠姆巴
dziggetai/onagers 中亚野驴

E

Efimovka 叶费莫夫卡
El'shibek 叶尔希柏克
Elcnovka 耶列诺夫卡
Elenovsky 艾勒诺夫斯基
Elken-depe 艾尔肯-德佩
Elo 耶罗
Elovka 也洛夫卡
Elunino 叶伦宁奥
Emba 恩巴河
Equid kunga 骡子
Eratosthnoes 埃拉托色尼
Ermak 叶尔马克
Ermolina, N. M. 耶莫利娜
Ermolova, N. M. 耶摩洛娃
Ezero 耶泽诺

F

Fatyanovo-Balanovo 法捷安诺沃-巴拉诺沃
Fedorovo 费德罗沃
Fedorovsky 费多罗夫斯基
Ferghana 费尔干纳
Filtovka 菲尔托夫卡
Finno-Ugric 芬兰-乌戈尔语
Fisenko, V. A. 菲申科
Flannery, K. 弗兰纳里
Fomichev, A. Yu. 弗米切夫
Forde, C. D. 福德
Formozov, A. A. 福尔莫佐夫
Frunze 伏龙芝
Furumark, A. 富鲁马克

G

Gabaevka 加巴耶夫卡
Gamkrelidze, T. V. 加姆克列利茨
Gandhara 犍陀罗
Ganyalin, A. F. 甘亚林

Iskander	伊斯坎德尔
Iskanderkul	伊斯坎德尔湖
Issyk Kul	伊塞克湖
Istomin	伊斯托明
Itina, M. A.	伊提娜
Ivanov, I. V.	伊万诺夫
Ivanovka	伊万诺夫卡
Izbitser, E. V.	易兹比切尔

J

jailau	逐水草方式
Janhunen, J.	杨胡宁
Jarrige, J.-F.	贾里奇
Jaxartes	药杀水
Jeitun	哲通
Jettmar, K.	耶特玛尔
Jhukar	丘加尔
Jori-sai	尧-萨伊

K

Kachi	卡奇
Kachur, D.	卡秋尔
Kadesh	卡代什
Kainda	卡因达
Kairak-Kumy	凯伊拉克-库米
Kairakum	卡伊拉库姆
Kalantyr'	卡兰土尔
Kalieva, S. S.	卡列娃
Kalmykia	卡尔梅克
Kalmykii	卡尔梅奇
Kamenka	卡缅卡
Kamennaya Mogila	卡缅纳亚莫吉拉
Kamenny Ambar (Kamennyi Ambar)	卡梅尼伊阿巴尔
Kanai	卡那依
Kandagar	坎大哈
Kangurt-Tut	康古尔特-土特
Kant	康特
Kara Mazar	卡拉玛扎尔
Karaganda	卡拉干达
Karakhoja	哈喇霍加
Karakmat	卡拉克马特
Karakol	卡拉科尔
Karakoram	喀喇昆仑
Kara-Koshuku-Kul	喀拉-科束库-库尔
Kara-Kuduk	卡拉-库达克
Karalemata-Sai	卡拉乐马特-萨伊
Karamkul	卡拉姆库尔
Kara-Pichok	卡拉-皮乔克
Karashar	焉耆
Karasuk	卡拉苏克
Karatagh	卡拉塔格山
Karatau	卡拉套
Karatayevka	卡拉特耶夫卡
Karategin	卡拉特甘
Karazhal	卡拉扎尔河
Kargaly	卡尔加里
Karim-Berdy	卡里姆-柏德

Karkaralinsk 卡尔卡拉林斯克
Karum 卡努姆
Kashgar 喀什噶尔
Kashkarchi 卡什卡尔奇
Kashmir 克什米尔
Kashpirsky 卡希皮尔斯克
Katelai 卡特拉伊
Kavat 卡瓦特
Kazangulovo 卡赞古洛沃
Kekelik-sai 科克里克–萨伊
Kelleli 科勒依
Kelteminar 克尔捷米纳尔
Kemer 凯梅尔
Kent 肯特
Kerch 刻赤
Keremchi 克尔木齐
Kersan 克尔桑
Ketmen-tyube 柯特门–秋别
Khak 哈克
Khapuz-depe 哈普兹–德佩
Kharakhojo 哈拉和卓
Khatkhala 卡特哈拉
Khavalyansk 赫瓦伦斯克
Khavrin 卡夫林
khavtagais 巴克特里亚野骆驼
Khazanov A. M. 卡扎诺夫
Kherai 海拉依
Khodji-Yagona 胡集–亚格那
Khokhlova, D. S. 胡赫洛娃
Khorezm 花剌子模
Khorsabad 豪尔萨巴德
Khotinsky, N. A. 霍金斯基
Khotunsumbul 和静（维吾尔语）
Khripunovo 科尼普罗沃
Khurab 库拉伯
Khvalynsk 赫瓦伦斯克
King Šu-sin 苏鑫王
Kirovskoe 克罗夫斯科耶
Kiselev, S. V. 吉谢列夫
Kisenet 克森内特
Kish 基什
Kizil'skoe 克孜勒斯科耶
Koilbagar 库巴加尔
Kok-Bulak 库克–布拉克
Kokcha 科克查
Kokchin 库克沁
Kök-turaq 兰州湾子
Kokuibel-su 克奎贝尔–苏
Komissarov, S. A. 科米萨诺夫
Könchi Darya 孔雀河
Kondratovka 康德拉托夫卡
Kondrashovsky 孔德拉索夫斯基
Kondrovshkinsky 孔德诺夫希金斯基
Konstantinovsky 康斯坦丁诺夫斯基
Kopeny 考朋尼
Kopet Dagh 科佩特山
Korchi 考尔奇
Korkino 科尔基诺
Korobkova, G. F. 考罗伯克娃
Korov'ya Pristan 科洛夫亚普里斯坦

Kosintsev, P. A.	科辛采夫
Kotova, N. S.	科托娃
Kovlevskaya, V. B.	科瓦列夫斯卡娅
Kozhin, P. M.	柯金
Kozlov, P. K.	科兹洛夫
Krainov, D. A.	克莱诺夫
Kranoe Znamya	红旗村
Krasnaya Krucha	克拉斯那亚科鲁察
Krasnoselki	克拉斯诺塞尔基
Krasnyi Yar	克拉森伊亚尔
Kremenetsky, K. V.	克列门茨基
Krestyanskoe	克莱斯特扬斯库耶
Krimea	克里米亚
Krivoe Ozero	克里沃耶奥则努
Krivoi Rog	克里沃伊罗格
Krorän	楼兰
Kuban	库班
Kucha	库车
Kuchuke-tepe	库秋克–特佩
Kuin-Kuyu	库因–库羽
Kuisak	库伊萨克
Kul'baka, V.	库尔巴卡
Kul'-sai	库尔–萨伊
Kulan-Sai	库兰–萨伊
Kulevichi	库列维切
Kulin-tepe	库林–特佩
Kül-tepe/Kanish	库尔–特佩
kumiss	马奶酒
Kumsai	库姆萨伊
Kuraili	库赖里
Kurchum	库尔丘姆
Kureika	库莱卡
Kurkov, A. A.	库尔科夫
Kurota	库诺塔
Kurteke	库尔特克
Kustanai	库斯塔奈
Kuturluk	库图尔鲁克
Küysu	库苏
Kuyum	库尤木
Kuyunjik	库扬及克
Kuzin Khutor	库金库托尔
Kuzmina, E. E.	库兹米娜
Kuznetsov, P. F.	库兹涅佐夫
Kvitya	基辅特亚
Kyzyl Kum	克孜尔库姆
Kyzyl-Arvat	克孜尔–阿瓦特
Kyzylbulak	克孜尔布拉克
Kyzylkur	克孜尔库尔
Kyzyl-sai	克孜尔–萨伊
Kyzyl-su	克孜尔–苏
Kzyl-Rabat	克孜勒–拉巴特

L

la longue durée	长时段
Ladurie, Emmanuel Le Roy	勒华拉杜里
Lamberg-Karlovsky, C.	兰伯格–卡罗夫斯基
Lattimore, O.	拉铁摩尔
Lavrushin, Yu. A.	拉夫鲁新

Lebedinovka 勒柏迪诺夫卡
Lecha-gata 乐察–嘎塔
Leskov, A. M. 莱斯科夫
Letnik 列特尼克
Levant 黎凡特
Levine, M. A. 雷雯
Lichardus, J. 理查尔都斯
Lipovy Ovrag 利普吾奥夫拉格
Lisitsyna, G. N. 里斯楚那
Littauer M. 利陶尔
Litvinsky, B. A. 李特文斯基
Liventsovka 里温特少夫卡
Loebanr 劳耶班尔
Loehr, M. 罗樾
Lola 罗拉
Lop Nor 罗布泊
Lopatino 罗帕提诺
Lopatinsky 罗帕亭斯基
Lubotsky, A. 罗伯茨基
Lukyanovka 卢科亚诺夫卡
Lyavlyakan 亚吾亚堪

M

Madau 玛道
Magnitogorsk 马格尼托哥尔斯克
Mahboubian 马赫波吾比安
Makhan Darya 马汉河
Makran 莫克兰
Malokrasnoyarka 马洛克拉斯洛瓦卡
Maltese cross 马耳他十字
Maly Koitas 麻里库伊塔斯
Malyie Kopani 马列孔帕尼
Malyuana, T. S. 马尔羽娜
Mamenny Ambar 玛门尼安巴尔
Mammedov 马姆多夫
Mandelshtam, A. M. 曼德尔斯塔姆
Mar’evka 马尔耶夫卡
Marcellinus, Ammianus 马塞林
Mari 马里
Marievka 马利耶夫卡
Mariupol 马里乌波尔
Markaryan, Eh. S. 马克尔杨
Marushchenko, A. A. 玛鲁申科
Masson, V. M. 马松
Matveer-Kurgan 马特维夫–库尔干
Meadow, R. 梅泰
Mei, D. 梅伊
Mela, Pomponius 梅拉
Merpert, N. Ya. 梅尔佩特
Meru 木鹿
Merv 梅尔夫
Mikhallovka 米哈罗夫卡
Mily-Kuduk 米利–库达克
Minusinsk 米努辛斯克
Miran 米兰
Mirnyi 米尔尼
Mohul-Kala 莫乎–卡拉
Moinak 莫依纳克
Molodin, V. I. 莫罗丁

Mongghul Kürä 昭苏
Monteoru 蒙泰奥鲁
Montesuqieu 孟德斯鸠
Moorey, P. R. 默里
Morgunova, N. L. 摩尔古诺娃
moufflon 欧洲盘羊
Mounty 蒙蒂河
Mullino 莫尼诺
Muminabad 穆明纳巴德
Mundigak 蒙迪加克
Munshunkur 芒逊库尔
Murat 穆拉特
Murg (h) ab 牟尔加布
Museum of Anthropology and Ethnography in St. Petersburg 圣彼得堡人类学和考古学博物馆
Mycenean shaft burials 迈锡尼竖穴墓
Mynshunkur 明逊库尔
Mysskayat 穆斯卡雅

N

Nabokov, V. 纳博科夫
Nadporozhye-Azov 纳德波罗热–亚速
Nagar 那加尔
Naimaitai 尕马台
Namazga 纳马兹加
Nanyn 纳伦河
Naukat 纳吾卡特
Necropolis 大墓地
Nemirov 涅米诺夫
Nephrite Road 玉石之路
New French Historical School 新法兰西历史学院
Nikiforovskii 尼克弗诺夫斯克
Nikolaevka 尼科拉耶夫卡
Nilqa 尼尔卡
Nimrud 尼姆鲁德
Nisaean 尼萨种马
Nitryanski Kradok 尼楚扬斯基克拉杜克
Nizhnii Tumechin 尼孜尼图美沁
Nizhny Don 顿河下游文化
Nobotitarovo 诺伯提塔罗沃
Norsun-tepe 诺尔逊–特佩
Novonikolaevka 新尼科拉耶夫卡
Novonikolskoe, Novonikul'skoe, Novonikolskye, Novonikolskoye 新尼科尔斯科耶
Nov. Orlyanka 新奥尔伦卡
Novoorsk 新沃尔斯克
Novo-pavlovka 新帕洛夫卡
Novopavlovsky 新帕夫洛夫斯克
Novorossiiskii 新洛斯科
Novosibirsk 新西伯利亚
Novosvobodnaya 新斯夫博那亚
Novotitarovskaya 新提塔努乌斯卡
Novotitorovka 新提托诺夫卡
Novozhenov, V. A. 诺沃热诺夫
Novy Kumak 新库马克
Novyi Rizadei 新利扎德

Nurek 努列克
Nuristani 努里斯坦人

O

Ob' 鄂毕河
Ocher 奥齐尔
Odum, Yu. 奥登
Okladnikov, A. P. 奥克拉德尼克夫
Okunevo 奥库涅沃
Olgino (Ol'gino) 奥吉诺
Orekhovsko 奥列科夫斯克
Orekhovskoe 奥列科夫斯考耶
Orenburg 奥伦堡
Orlovo 奥尔洛沃
Orlynka 奥尔伦卡
Orsk 鄂尔斯克
Ortau 斡脱
Osh 奥什镇
Ostanny 奥斯坦尼
Otomani 奥特玛尼
Otroshchenko, V. V. 奥特洛申科
Ovadan 奥瓦丹
Oxus 奥克斯河（乌浒水）
Ozernoe 奥泽诺耶

P

Pamirs 帕米尔
Pan-Germanism 泛日耳曼主义
Panjikent 片治肯特
Parau 帕劳
Parfenovo 帕凡诺沃
Parhard 帕尔哈尔德
pars pro toto 以部分代替整体
Pasekovo 帕塞科沃
Patama-sai 帕塔玛–萨伊
Patami-Damb 巴塔米–丹
Patani Damb 帕塔尼丹
Pavlovka 帕夫洛夫卡
Pavlovsky Plodosovkhoz 帕夫劳夫斯基普罗道索夫克斯
Pazyryk 巴泽雷克
Penner, S. 彭纳
Persepolis 波斯波利斯
Pervo-Konstantinovka 佩尔沃–康斯坦丁诺夫卡
Petrenko, A. G. 彼得连科
Petrov, A. M. 佩特罗夫
Petrovka 彼德罗夫卡
Petrovo 彼得罗沃
Petryaevsky 佩楚耶夫斯基
Pickayevsky 皮切耶夫斯基
Pidoplichko, I. G. 皮多普利奇科
Piggott, P. 皮戈特
Pikshik 皮克西克
Piotrovsky, B. B. 皮奥特洛乌斯基
Pirak 皮拉克
Pisarevka 皮萨列夫卡

Pokroskoe 波克罗斯科耶
Pliny the Elder 老普林尼
Pokrovka 波克罗夫卡
Pokrovsky 伯克诺夫斯基
Poltavka 波尔塔夫卡
Mela, Pomponius 梅拉
Ponto-Caspian Steppe 黑海–里海草原
pood 普特（俄罗斯重量单位）
Popov, S. A. 波波夫
Potapovka 波塔波夫卡
Potapovo-type 波塔波沃类型
Prakrit 帕拉克里语（梵语俗语，古代印度语）
Prigorodnoe 普利高罗诺耶
Prikazanskaya 勃列克卡赞斯卡亚
Pritzwald, F 普里茨瓦尔德
Privetnoe 普利夫特诺耶
prototowns 原始城市
Prut 普鲁特河
Pryakin, A. D. 普里亚欣
Przhevalsky/Przewalsk, N. M. 普热瓦尔斯基
Pul-i Khatun 普伊哈屯
Pulleybank, E. 蒲立本

Q

Qaraüzhmä=Qurangzima=Ka'ersang 卡尔桑
Qizilchoqa 克孜尔确卡
Qumul 哈密（维吾尔语）

R

Radchenskoe 拉德辰斯克耶
Radoshin 拉多欣
Rakushechy Yar 拉库什楚雅尔
Ramit 拉米特
Rana-Ghundai 拉纳–昆代
Rassamakin, Yu. Yu. 拉萨马钦
Razorskoye 拉泽尔斯库耶
Regar 雷加尔
Reineke, P. 赖内克
Renfrew, C. 伦福儒
Repin Khuto 列宾胡图
Richthofen 李希霍芬
Rigveda 吠陀
Ringitam' 热吉塔姆
Rodniki 罗德尼奇
Rostov 罗斯托夫
Rostovka 罗斯托夫卡
Rublevo 鲁伯列沃
Ryn-Sands 雷恩沙漠

S

Sadovoe (Sadovoye) 萨德沃耶
Safronov, V. A. 萨夫罗诺夫
Saimaly-tash 塞伊玛里–塔什
Saka 塞种

Samara Institue of the History and Archaeology 萨马拉历史考古研究所
Samarkand 撒马尔罕
Sampul 山普尔
Samsonov, S. K. 萨姆斯诺夫
Samus 绍穆什
Sanguyr 桑桔尔
Sangvor 桑沃尔
Sapalli-depe 萨帕里–德佩
Saqqara 塞加拉
Saraadach 萨拉德切
Saratov Transvolga 萨拉托夫泛伏尔加
Sarazm 萨拉子目
Sardis 萨尔迪斯
Sargary 萨尔加里
Sargon 萨尔贡
Sargov Ulus 萨尔高夫乌鲁斯
Sarianidi, V. I. 萨利亚尼迪
Sary-Arka 萨雷–阿卡
Sarym-Sakly 萨鲁–萨克里
Satan 萨坦
Savinov 萨维诺夫
Sayan 萨彦
Scythian 斯基泰人
Selentash 色楞塔什
Selezni 谢列兹尼
Selezrei 塞列兹哥伊
Semenov, V. A. 谢苗诺夫
Semiozernoye 色米奥泽罗诺耶
Semirechye 七河地区
Semitic 闪族语
Serander 谢尔南
Seres 色雷斯
Sermancha 塞曼察
Shahr-i Sokhta 夏克–索克塔
Shah-tepe 沙–特佩
Shalmaneser 撒缦以色
Shamshi-Adad 沙马什–阿达德
Shar-shar 夏尔–夏尔
Shemonaikha 谢姆奈卡
Shilov, V. P. 希洛夫
Shilovskoe 希劳夫斯科耶
Shipunovo 希普诺沃
Shmaglii, N. N. 希马格里
Shnirelman 史尼列尔曼
Shnitnikov, A. V. 席尼特尼科夫
Shor-depe 绍尔–德佩
Shortandy-Bulak 绍尔坦迪–布拉克
Shortughai 肖土盖
Siab 希亚勃
Sialk 锡亚尔克
Sigetsenmortan 斯伊岑姆坦
Simteropol 辛菲罗波尔
Sinitic, i. e. Chinese 汉语
Sintash 石人子
Sintashta 新塔什塔
Sinyuk 辛尤克
Sistan 锡斯坦
Skelya Kamenolomnya 斯科尔亚卡梅诺洛门亚
Skelya 斯科尔亚
Smagul 斯玛古尔

Smirnov, K. F. 斯米尔诺夫
Smolino 斯茂里诺
Sogdiana 索格底亚那
Solntse 稍恩柴
Solonchanka 稍龙昌卡
Sopka 苏普卡
Sorokin, V. Ya. 肖罗金
Sosnovo-Mezinsk 索斯诺伏–美耶辛斯克
Souzga 索兹嘎
Sovetskii Put' 苏维埃布特
Sovkhoz Kirova 索夫科兹克诺瓦
Soviet Ethnography 《苏维埃民族学》
Spasskoe 斯帕斯库耶
Spiridonovka 斯皮里都诺夫卡
Spiridonva, E. A. 斯皮里多诺娃
Srubna 斯鲁邦
Staraya Kalitva 斯特拉亚卡利提瓦
Starobogdanovka 斯塔尔伯格达诺夫卡
Staroe 斯塔诺耶
State Hermitage Museum 圣彼得堡冬宫博物馆
Steblin-Kamensky, I. M. 斯特博林–卡缅斯基
Stein, A. 斯坦因
Stekenberg 斯特肯伯格
Stepnoye 斯代普诺耶
still history 静止不变的历史
Storozhevaya Mogila 斯图洛齐瓦亚莫吉拉
Stredny Stog 斯莱德涅斯多格
Studentsy 斯图登楚
Subbotovo 苏博托沃
Sukhaya Saratovka 苏哈亚萨拉特夫卡
Sukuluk 苏克鲁克
Sura 苏拉
Surski 苏尔斯基
Surski-Dnieper 苏尔斯基–第聂伯
Surtandy 苏尔坦帝
Susa 苏萨
Susiana 苏希亚那
Suskan 苏斯坎
Suvorovka 苏沃洛夫卡
Suyargan 苏亚尔干
Svatovo 斯瓦托沃
Swat 斯瓦特
Syezzheye 锡尔茨耶
Syr Darya 锡尔河
Syyn-Churek 松–楚列克

T

Taichanak-depe 泰查拉克–德佩
Taip 泰普
Takhirbai 塔赫拜
Takhta-Bazr 塔赫塔–巴扎尔
Tal'yanka 塔尔扬卡
Talapty 塔拉普提
Talas Ala Tau 塔拉斯阿拉套
Talas 塔拉斯
Talashkan 塔拉什干

Tamgaly	泰姆格里
Tanabergen	塔那博尔根
Tanais-on-the-Don	顿河流域
Tandyr Yul	坦迪玉尔
Tandyriul	汤坦迪留尔
tarpan	泰班马
Tash-Bashat	塔什–巴夏特
Tash-Kazgan	塔什–喀兹干
Tashkent	塔什肯特
Tash-kurghan	塔什–库尔干
Tash-Tyube	塔什–秋别
Tasty-butak	塔斯提–布塔克
Tautary	塔乌特尼
Tay	泰河
Tazabagyab	塔扎巴格雅布
Teagrab	特格拉布
Tegirmen-Sai	铁吉尔门–萨伊
Tegirmen-sai	铁吉门–萨伊
Teguzak	特谷匝克
Tekkem-tepe	特肯–德佩
Tekke-tash	铁克–塔什
Tel-Agrab	特尔–阿格拉卜
Telegin, D. Ya.	捷列金
Tell el Amarna	特勒阿马尔奈
Tell el Ajjul	特尔阿居尔
Tell-Bayder	特尔–拜德尔
Tell-Brak	特尔–布拉克
Telzhan-kuzeu	铁勒赞–库祖
teminus post puem	年代的下限
Temirtau	铁米勒淘
Tepe Gaora	特佩高拉
tepes	土冢
Tepsei	泰普塞伊
Termez	铁尔梅兹
terminus ante quem	终点
Tersakdyvan Pass	铁尔萨克达坂
Tes’	特斯
Tglath-Pileser	特格拉赫–皮勒瑟尔
Thor	托拉
Three Brothers burial mound	三兄弟墓葬
Tigrovaya Balka	提戈洛瓦亚巴卡
Til Barsip	提尔–巴尔斯普
Tillya	迪利雅
Tiryns	提伦斯
Tissafured	提萨福雷德
Titarov	提塔罗夫
Titovo	季图沃
Tocharian	吐火罗人
Todorova, S.	托多洛娃
Togolok	托克洛克
Tolstov, S. P.	托尔斯托夫
Tolstova	托斯托瓦
Toquztara	土库兹塔来
Toseg	图赛格
Tosi, M.	托希
Transcapia	特兰斯卡斯皮亚
Toynbee, Arnold	汤因比
Transcapia	特兰斯卡斯皮亚
Trifonov V. A.	特里福诺夫
Tripolye	特里波利耶

Troitsk 特罗伊茨克
Trushnikovo 特鲁西尼克沃
Tsalkin, V. I. 柴尔金
Tsarev Kurgan 察列夫库尔干
Tsatsa 查查
Tsyb, S. V. 秋布
Tsyganskaya 楚冈斯卡亚
Tugai 图盖
Tulamba 图兰巴
Tulkhar 图尔克哈尔
Tumek-Kichidjik 图迷克–基奇吉克
Tupkhana 图普哈那
Tuqiu 土丘
Turbino-Seima 图宾诺–塞伊玛
Turganik 图尔嘎尼克
Turgen 图尔根
Turina Gora 图里那部拉
Turko-Altaians 突厥–阿勒泰人
Turksib 土西铁路
Tursumbai 吐尔逊巴依
Tuyuk 图尤克
Tyup 提普

U

Uerpmann, H. P. 伍尔普曼
Uibat, M. 武伊巴特
Ulug-depe 乌卢格–德佩
Uluz Verkhnekilgantui 乌鲁兹福尔那克钢退
Ulyubai 乌尔俞拜
Ur 乌尔
Urgut 乌尔古特
Urlapovo 乌尔拉波沃
Uruksur 乌鲁克苏尔
Usatovo 乌萨托沃
Ushkalka 乌什喀尔喀
Ushkatta 乌什卡塔
Usinskoe 乌辛斯克耶
Usman 乌斯曼
Ust'-Narym 乌斯特–纳鲁
Ustie, Ustye 乌斯季耶
Utevka 乌特耶夫卡
Uvarovo 乌瓦诺夫
Uzgen 乌兹根
Uzunbulak 乌尊布拉克

V

Vainshtein, S. I. 魏恩泰因
Vakhsh 瓦卡什
Vakhshuvar 瓦克苏瓦
Varakhsha 瓦拉赫沙
Varenov, A. V. 瓦列诺夫
Varfolomeevka 瓦勒夫洛梅夫卡
Varfolomeyevka 瓦尔弗罗美耶夫卡
Varna 瓦尔纳
Varro 瓦罗
Varzyk 瓦尔济克
Vasil'ev, I. B. 瓦西里耶夫

Zardcha-Khalifa	扎查–哈利法	Zhaman-Kargala	扎曼–卡尔加拉
Zarechnoe	海参崴	Zhaman-Uzen	扎曼–乌曾
Zdanovich, D. G.	D. G. 兹达诺维奇	Zhob	兹霍布
Zdanovich, G. B.	G. B. 兹达诺维奇	Zhurumbai	祖努柏
Zebu cattle	瘤牛	Zincirli	辛其尔里
Zeravshan	泽拉夫善	Zolotya Gora	佐洛特亚山

译 后 记

在翻译本书过程中，因本人学科知识的缺乏和水平局限，遇到了重重困难，幸好在编辑赵越女士的不断鼓励和帮助下，四处请教，以此尽量减少错误。

在翻译名称时，尽量根据已发表的著述来寻求与前辈学者的一致，但因译法众多，只能根据一些工具书和学术水平较高的著述来寻求一致。特别是在遇到较小地方的名称时，感到无从下手，只能通过各种渠道求教于学俄语的学生或者老师，如“Uj”是在俄罗斯乌拉尔地区特罗伊茨克附近的一条河流，汉语音译为“乌依河”。而在翻译时也遇到在俄语转译成英语的过程中，可能出现了词语拼写的不同，如正文中的“Patami-Damb”，而在图44中则出现了“Patani Damb”，且这两个词均各出现一次，而借助工具书，也无从检索，故再三斟酌，以正文内容为准。正如英译者在转写说明中所说的，在地名的转写上，从汉语文献、波斯文献等文献中转写过来的名词都比较困难，而把转写成英文的名词再准确地转写成汉语，更是难上加难。然而，中译者还是由衷地想尽力将其翻译准确。

翻译中出现的错误，由中译者本人负责。中译者也是在翻译中不断学习，寻求进步，不断完善自己的知识体系，提高水平。在此请各位师友多多批评指正，本人定当虚心改正，不断进步。

李春长

2015年8月于乌鲁木齐